Jannis Panagiotidis
Postsowjetische Migration in Deutschland

Jannis Panagiotidis

Postsowjetische Migration in Deutschland

Eine Einführung

Mit einem Vorwort von Sergey Lagodinsky

Der Autor

Jannis Panagiotidis ist wissenschaftlicher Geschäftsführer am Research Center for the History of Transformations (RECET) der Universität Wien. Von 2014 bis 2020 war er Juniorprofessor für Migration und Integration der Russlanddeutschen am Institut für Migrationsforschung und Interkulturelle Studien (IMIS) der Universität Osnabrück.

Dieses Buch ist erhältlich als:
ISBN 978-3-7799-3913-9 Print
ISBN 978-3-7799-5129-2 E-Book (PDF)

1. Auflage 2021

in der Verlagsgruppe Beltz · Weinheim Basel
Werderstraße 10, 69469 Weinheim

Herstellung und Satz: Ulrike Poppel
Druck und Bindung: Beltz Grafische Betriebe, Bad Langensalza
Printed in Germany

Weitere Informationen zu unseren Autor_innen und Titeln finden Sie unter: www.beltz.de

Inhalt

Vorwort

Dieses Buch ist die bisher ausführlichste Untersuchung des Phänomens, dass die meisten in Deutschland beharrlich „die Russen“ nennen. Bevor wir nach Deutschland kamen, waren wir keine: Wir waren Juden und Deutsche, ukrainische, kasachische und ja, gelegentlich auch russische Staatsbürger. Wir waren Lehrerinnen und Handwerker, Facharbeiter und Ärztinnen. Wir waren Männer und Frauen und manche sicherlich auch dazwischen. Genau genommen sind wir vieles davon auch nach der Einwanderung geblieben oder geworden. Doch der vorherrschende mediale und mentale Drang nach Vermengung hat uns, die diversen ehemaligen Sowjetbürger und ihre Nachkommen, durch die Wahrnehmung der deutschen Gesellschaft homogenisiert. Die Perspektive unserer neuen Heimat auf uns machte uns zu einer migrantischen H-Milch: weiß, persistent und in jedem Supermarkt anzutreffen. Von ALDI bis KaDeWe: die „H-Russen“ scheinen überall zu sein.

Die meisten von uns kamen Ende der achtziger und Anfang der neunziger Jahre nach Deutschland. Wir waren es, die mit unseren Jogginghosen und zu groß geratenen Daunenjacken die langweilige C&A-Mode des Westens noch mehr aufmischten, als es die früheren DDR-Bürger taten. Wir befreiten die farbenfrohe Schminke aus der Gefangenschaft des Straßenstrichs und brachten sie zusammen mit der Russenhocke auf die Straßen des deutschen Mainstreams. Doch wir waren auch die strengen Klavierlehrerinnen der deutschen Kinder, die fleißigen Volkswagen-Facharbeiter und die angenehm nahbaren Ärztinnen, die keine teuren Monitore brauchten, um die Krankheiten ihrer Patientinnen und Patienten zu erkennen. Wenn ich auf die ersten Deutschland-Fotos von mir und meiner Familie schaue, sehe ich diese Ambivalenz: Ärzte und Ingenieure, eine Schulleiterin und einen Schiffsbaukonstrukteur, die allesamt so aussehen, als wären sie gerade aus einem Mars-Raumschiff am Hamburger Rathausmarkt abgestiegen. Die Blicke wirken verloren, die Outfits deplatziert. Wir kamen mit selbst genähten Stofftaschen an und stürzten uns in den Kampfalltag. Wir haben uns umgezogen und umtrainiert, Sprachen gelernt und Unis abgeschlossen: Hallo Deutschland, wir sind da!

Doch jahrelang hat Deutschland sich an anderen „Migranten“ abgearbeitet, sich über andere gestritten und vor anderen gefürchtet. Über uns, die H-Russen, hat höchstens die Nachbarschaft unserer Wohnheime geschimpft. Und auch das nur, bis wir unsere Wohnungen mit oder ohne Wohnberechtigungsschein bezogen haben. Ab dann verschwanden wir endgültig aus dem Problembewusstsein der frisch vereinigten deutschen „Nation“, bis …

Bis eines Tages eine junge Frau Lisa F. Schulprobleme bekam und aus Angst vor elterlichem Zorn bei einer Bekanntschaft übernachtete. Ihren Eltern erzählte sie, sie sei von Flüchtlingen festgehalten und vergewaltigt worden. Der Vorfall rief NPD, den Ersten russischen Fernsehkanal und zahlreiche russischsprachige Demonstrierende auf den Plan und auf die deutschen Straßen. Deutschland horchte auf. Die H-Russen waren wieder da. Der Rest ist Geschichte. Auch diese Geschichte erzählt und analysiert Jannis Panagiotidis in diesem Buch.

Mit dem Fall von Lisa aus Berlin-Marzahn haben „wir" uns wieder gemeldet. Und zwar in unserer hässlichen, Kreml-affinen und flüchtlingsfeindlichen Gestalt. Plötzlich haben wir die Gesellschaft nicht wie früher bloß mit unserem Erscheinungsbild irritiert, sondern mit „unseren" Gedanken gefährdet. Seitdem sind die „H-Russen" episodisch immer wieder da, wahlweise als Agenten des Kremls, rechtspopulistische Wähler, terrorisierende Tschetschenen oder betrügerische Pflegedienste. Über uns wird so geredet, wie man sich über andere Gruppen öffentlich kaum zu reden trauen würde: „Russische Pflege-Mafia" markieren die Zeitungen und Staatsanwaltschaften alle Pflegeeinrichtungen pauschal. „Sie kommen mit einem deutschen Schäferhund" wurde über die stolzen heimkehrenden Aussiedlerinnen und Aussiedler geschrieben.

Aber auch das sind bloß Episoden! „Russischsprachige" Migrant*innen sind als dauerhafte Akteure der Diskussion über den Aufbau des neuen deutschen „Wir" weiterhin nicht vorhanden. Im Gegensatz zu anderen großen Migrantengruppen sind die „Russischsprachigen", obwohl zahlenmäßig genauso stark, kein wahrnehmbarer gesamtgesellschaftlicher Faktor. Weder in den Köpfen der Mehrheitsgesellschaft noch in ihren eigenen Köpfen. Die Lehre aus dieser Sequenz zwischen Unsichtbarkeit und Sichtbarkeit ist gefährlicher als man denkt: In dieser unserer deutschen Gesellschaft, richtet sich der Anteil der Aufmerksamkeit für „migrantische Kollektive" nach dem zugeschriebenen Problempotenzial oder einfach nur Ängsten. Als Migrant existierst Du nur als „Problemmigrant".

Dieses Buch ist ein Versuch, diesen Teufelskreis zu durchbrechen, das schier Unmögliche zu leisten: Postsowjetische Migranten aus dem Kerker der Unsichtbarkeit zu holen und zugleich nicht zu zwangsproblematisieren. Vielleicht muss man dazu, wie der Autor dieses Buches, sowohl Wissenschaftler als auch persönlich Insider sein, mit uns „Russen" Seit an Seit aufgewachsen sein.

Vielleicht muss man dafür aber auch ein notorisch optimistischer Forscher sein – der Versuch könnte sich als untauglich erweisen. Denn die Ursachen für unsere gesellschaftspolitische Unsichtbarkeit als Gruppe könnten sowohl in den tiefen Strukturen der bundesrepublikanischen Identität als auch in der Komplexität unserer Gruppe „der Postsowjetischen" selbst liegen.

Aus der Perspektive der Mehrheitsgesellschaft fallen wir nicht auf, weil unsere Existenzberechtigung in Deutschland aus der Sicht der Mehrheitsgesellschaft an gefestigte ureigene Narrative dieser Gesellschaft anknüpft. Die drei wichtigsten gesellschaftspolitischen Gruppen der russischsprachigen Migranten

– die Deutschen aus Russland (Spät-/Aussiedler), die jüdischen Zuwanderer und die politisch-kulturellen Dissidenten aus Russland – ordnen sich nahtlos in vorhandene Diskurse der bundesrepublikanischen Gesellschaft über sich selbst ein: die Migration der Deutschen aus Russland in das Narrativ über „Krieg und Vertreibung", die Zuwanderung der jüdischen Migranten in die „Aufarbeitung der Holocaust-Geschichte", die russischen Kultur-Dissidenten in das Narrativ über Systemkonkurrenz zwischen Freiheit (Europa) und Autoritarismus (Putin). In allen diesen Narrativen spielen die russischsprachigen Zuwanderer eine organische Nebenrolle. Sie fügen sich in die vorhandenen gesamtdeutschen Identitäten hinein. Alle drei Narrative erschüttern und irritieren Deutschland nicht annähernd im selben Maße, wie die (angeblich) explosive Frage des kulturellen Clashes und Fantasien der „Eigenbedrohung" durch „den Islam" oder „die Einwanderung aus Afrika". Im Gegensatz zu anderen Gruppen waren wir (wenn auch mit Abstrichen) hier gewollt, konnten zumindest unsere Koffer packen und in Flieger steigen, statt zu Fuß oder auf Booten das Mittelmeer und einen Kontinent zu durchqueren. Und unsere Existenz hier wirkt für die Mehrheit nicht bedrohlich, sondern sogar etwas heimisch.

Zugleich wurzelt diese Unsichtbarkeit auch in uns selbst, in unserer gewählten Sprachlosigkeit. Die größte Ursache dafür – der Wille und die Möglichkeit, sich selbst aufzulösen. Mit einigen markanten Ausnahmen geht es den „H-Russen" selbst in der großen Breite um eine kulturelle und ja, langfristig auch religiöse Selbstaufgabe. Auch wenn es in der ersten Generation nicht immer so aussieht, perspektivisch ist diese Option für die meisten akzeptabel. Die kulturellen oder religiösen Hürden der Aufnahmegesellschaft für die als „weiß" wahrgenommenen Zuwanderer sind niedrig. Wenn nicht für sich selbst, so zumindest für ihre Kinder, geht es den meisten Russischsprachigen nicht nur darum, deutsch zu leben, sondern „deutsch zu sein". Bei Deutschen aus Russland ist diese Einstellung ausdrücklich: Ich erinnere mich an Podien mit Vertretern ihrer Landsmannschaft, in denen sie mich und das Publikum mit Verve, starkem russischem Akzent und Sprachfehlern ultimativ aufforderten, sie nicht als „russischsprachig" zu bezeichnen. Diese Szenen kann man belächeln, sie offenbaren aber einen wichtigen Aspekt der eigenen Zielidentität und ein Selbstbewusstsein des Dazugehörens. Dieses ausdrückliche Selbstverständnis von vielen Deutschen aus Russland ist unausgesprochen auch bei vielen jüdischen Zuwanderern vorhanden: Sie wirken anders, wollen aber nicht anders sein. Die „H-Milch-Russen" wollen sich im Teig der deutschen Gesellschaft auflösen.

Es ist diese Einstellung der freiwilligen Sprachlosigkeit, die auch dafür sorgt, dass die numerische Stärke der postsowjetischen Migrant*innen sich nicht in gesellschaftspolitische Ambitionen übersetzt. Mehr noch, es gibt eine bewusste Entscheidung der größten Zuwanderungsgruppe, den Deutschen aus Russland, sich nicht als „Migranten" zu sehen und daher auch keine ebenbürtige Kooperation mit anderen „russischsprachigen" Gruppen in Deutschland einzugehen, keine aktive Rolle im Migrations- und Inklusionsdiskurs der deutschen Gesellschaft zu spielen. Diese Abhebung der größten Teilgruppe zersplittert das Potenzial und macht die H-Russen zu dem, was sie heute sind: ein kulturelles Kuriosum mit einem großen gesamtgesellschaftlichen Beitrag, aber ohne eine gefestigte gesellschaftspolitische Identität und somit ohne eine wahrnehmbare Rolle in Debatten und Politik.

Die Diagnose ist eine überraschend einfache: Während in Deutschland hoch und runter über Integration und Inklusion gestritten wird, findet unbemerkt von der Öffentlichkeit hier ein anderes Experiment mit einer der größten Einwanderungsgruppen statt – das Experiment der Assimilation. Und diese Untersuchung zeigt, dass wir nach dreißig Jahren ein Zwischenfazit ziehen können: Das Experiment ist größtenteils gelungen. Auf der Strecke bleiben dennoch zahlreiche ungelöste politische Forderungen und Perspektiven von Absicherung im Alter, über die angemessene Jugendarbeit, oder die Anerkennung der beruflichen Qualifikationen (Kapitel 2 und 3). Vor allem bleibt durch den Weg der Assimilation die vormigrantische Vergangenheit oft unerzählt und aberkannt, was für viele Zuwanderer eine biografische Abwertung im neuen Land bedeutet. Das sind Folgen der selbstgewählten kollektiven Sprachlosigkeit im gesellschaftlichen Diskurs. Dass diese Sprachlosigkeit riskant sein kann, zeigen die hohen (wenn auch nicht dramatischen) Werte der AfD-Wähler*innen (Kapitel 7). Was unerzählt und ungehört bleibt, findet seine überraschenden Wege in Form von Komplexen und Überkompensationen.

Die vorliegende Untersuchung von Jannis Panagiotidis zeigt das natürliche Ergebnis der Assimilation: Die selbstgewählte Sprachlosigkeit und aufoktroyierte Unsichtbarkeit der Gruppe der „Postsowjetischen“ wird dem eigentlichen Beitrag dieser Gruppe für die heutige deutsche Gesellschaft nicht gerecht. Dieser Beitrag geht weit über Helene Fischers Weihnachtsshow-Kitsch und Wladimir Kaminers Russendisko hinaus. Der wichtige Mehrwert dieses Buches ist, unsere Unsichtbarkeit zu durchbrechen.

Sergey Lagodinsky
Mitglied des Europäischen Parlaments für Bündnis 90/Die Grünen
Oktober 2020

Danksagungen

Die Initiative für dieses Buch geht auf Magdalena Herzog vom Verlag Beltz Juventa zurück, die mich im August 2017 mit der Idee für ein Überblickswerk zur postsowjetischen Migration in Deutschland kontaktierte. Sie meinte, dass es ein solches Buch noch nicht gebe und es sich lohnen könnte, es zu verfassen. Sie hatte recht.

Im Ergebnis ist diese Arbeit eine Bilanz von fast sechs Jahren Tätigkeit als Juniorprofessor für Migration und Integration der Russlanddeutschen am Institut für Migrationsforschung und Interkulturelle Studien (IMIS) der Universität Osnabrück. Dort hatte ich die Möglichkeit, mich in einem interdisziplinären Umfeld mit der Migrationsforschung in allen ihren Facetten und disziplinären Verästelungen vertraut zu machen. Diese verschiedenen theoretischen und methodischen Inputs vor allem aus der Sozialgeografie, der Kulturwissenschaft und der Erziehungswissenschaft haben meinen Zugang zu diesem Buch geformt, welches wohl nur an einem besonderen Ort wie dem IMIS in dieser Form entstehen konnte. Dafür gilt allen Kolleginnen und Kollegen, mit denen ich in den vergangenen Jahren zu tun hatte, mein ganz herzlicher Dank, ohne sie alle beim Namen nennen zu können. Besonders hervorheben möchte ich allerdings Jochen Oltmer, dem es zu verdanken ist, dass diese Stelle überhaupt am IMIS eingerichtet wurde. Dies geschah mit Mitteln der Bundesbeauftragten für Kultur und Medien (BKM), die mich ebenso wie die Universität Osnabrück in meiner Forschungsarbeit großzügig finanziell unterstützte.

In vielerlei Hinsicht ist dieses Buch ein Ergebnis von Teamwork. Vieles von dem, was ich hier schreibe, habe ich in Kooperation mit Kolleginnen und Kollegen verschiedener Disziplinen erforscht. Kapitel 6 zu Fremdwahrnehmungen und Vorurteilen basiert in großen Teilen auf einer gemeinsamen früheren Publikation mit Wassilis Kassis und Patricia Heller aus den Erziehungswissenschaften. Dies gilt insbesondere für die dort vorgenommenen quantitativen Analysen. Ich danke meinen Ko-Autoren und dem Bundesinstitut für Kultur und Geschichte der Deutschen im östlichen Europa (BKGE), in dessen Jahrbuch der ursprüngliche Artikel erschien, für die Genehmigung zur erneuten Verwendung. Kapitel 7 zu politischen Einstellungen basiert großenteils auf einem gemeinsamen Forschungsprojekt mit dem Politikwissenschaftler Peter Doerschler von der Bloomsburg University in Pennsylvanien, USA. Dieses nahm seinen Anfang während seines Gastaufenthaltes am IMIS im Jahr 2016. Ich bin sehr dankbar dafür, unsere gemeinsam gewonnenen Erkenntnisse in diesem Buch verarbeiten zu dürfen.

Jenseits solcher direkten gemeinsamen Forschungsprojekte habe ich aber über die Jahre auch von vielen Gesprächen mit Kolleginnen und Kollegen profitiert, die im Feld der postsowjetischen Migration unterwegs sind. Viele von ihnen finden sich mit ihren Arbeiten auch in der Bibliografie wieder. Allen voran ist Anna Flack zu nennen, die seit 2015 wissenschaftliche Mitarbeiterin an meiner Professur ist und von der ich viel über kulturwissenschaftliche Perspektiven auf postsowjetische und speziell russlanddeutsche Migration gelernt habe. Mit Hans-Christian Petersen vom BKGE in Oldenburg pflegte ich in all den Jahren einen regen Austausch über alle möglichen Aspekte der russlanddeutschen Geschichte und Gegenwart. Sehr profitiert habe ich auch von der Zusammenarbeit mit Gesine Wallem, die 2016 als Gast am IMIS weilte und mich in der letzten Phase des Schreibprozesses mit einem hervorragenden sprachlichen und inhaltlichen Lektorat unterstützte. In alphabetischer Reihenfolge möchte ich außerdem (und ohne Anspruch auf Vollständigkeit) dankend erwähnen: Dmitrij Belkin, Victor Dönninghaus, Kornelius Ens, Achim Goerres, Tatjana Golova, Darja Klingenberg, Viktor Krieger, Katharina Neufeld und Natalja Salnikova.

Im IMIS hatte ich hervorragende technische Unterstützung bei der Erstellung dieses Buches. Lukas Hennies und Jessica Wehner produzierten die in Kapitel 4 abgebildeten Karten. Mit der Recherche und Beschaffung von Literatur waren über die Jahre mehrere studentische Hilfskräfte betraut, die meine Arbeit sehr erleichterten. Mein besonderer Dank geht an Lars Kravagna für seine Bibliografiearbeit.

Außerhalb des IMIS bin ich städtischen Statistikämtern in der ganzen Bundesrepublik zu Dank verpflichtet, dass sie meine Datenanfragen zügig und kompetent umsetzten und mir so die Grundlage für die lokalen Analysen in den Kapiteln 4 und 7 lieferten. Hervorheben möchte ich Frank Westholt vom Statistikamt in Osnabrück, der mich nicht nur mit Daten, sondern auch mit methodischem Input zu Gini-Koeffizienten und Lokationsquotienten versorgte.

Dieses Buch wäre in dieser Form auch nicht entstanden ohne die Bereitschaft vieler meiner Studierenden mit postsowjetischem Migrationshintergrund, ihrem Dozenten ein Interview zu geben. Dies ist nicht selbstverständlich, weswegen ich ihre Offenheit umso mehr zu schätzen weiß. Ihnen gilt meine Dankbarkeit, genauso wie all den anderen Menschen aus der ehemaligen Sowjetunion, mit denen ich im Laufe der Jahre formelle Interviews und informelle Gespräche geführt habe und die so meinen Blick auf das Feld „postsowjetische Migration“ geformt haben. Ein besonderer Dank gebührt außerdem meiner Mutter Margarete Panagiotidis, die sich am Telefon geduldig meine Ideen für Kapitel anhörte, immer wieder Impulse aus ihrer eigenen Erfahrung als Lehrerin mit russlanddeutschen Schülern und Eltern einbrachte und mitten im (bisher ersten und hoffentlich einzigen) Corona-Lockdown das zweisprachig deutsch-russische Schild des Königreichssaals der Korbacher Zeugen Jehovas fotografierte, das in diesem Buch abgedruckt ist.

Die finale Schreibphase dieses Buches fiel mit genau diesem Corona-Lockdown zusammen – eine Zeit, in der wir erfuhren, dass Universitätsangestellte zwar systemrelevant genug für ein „normales“ Semester mit voller Lehrverpflichtung sind, aber nicht für einen Anspruch auf Kinderbetreuung. Umso wertvoller war die Unterstützung im „Homeoffice“ durch meine Partnerin Eva Garcia Moran, die mich nicht nur immer wieder an die Deadline erinnerte, sondern mir auch bei einem bedeutenden Teil der quantitativen Forschungen in den Kapiteln 4 und 7 behilflich war. Greta Panagiotidis Garcia wiederum hielt mich mit ihrem (fast) immer sonnigen Gemüt bei Laune und ertrug ihrerseits meine angesichts ausgedehnter Nachtschichten nicht immer nur fröhliche Stimmung. Dafür, dass wir gemeinsam durch diese nicht ganz einfache Zeit gekommen sind, widme ich ihnen dieses Buch.

Einleitung

Wer sind die postsowjetischen Migranten?

Postsowjetische Migranten sind die größte Zuwanderungsgruppe in der heutigen Bundesrepublik.[1] Laut Mikrozensus lebten im Jahr 2018 fast 3,5 Millionen Menschen mit Migrationshintergrund aus der ehemaligen Sowjetunion in Deutschland, 2,73 Millionen von ihnen mit eigener Migrationserfahrung.[2] Ihre Hauptherkunftsländer sind die Russische Föderation (~39 %), Kasachstan (~35 %) und die Ukraine (~10 %) (Mikrozensus 2018, Tabelle 2I). Hinter diesen Zahlen verbergen sich heterogene Migrationsphänomene und -gruppen. Zentral geht es um zwei größere ethno-administrative Kategorien von Migranten, die über ihre ethnische Zugehörigkeit im sowjetischen Vielvölkerreich und ihre Kategorisierung durch das bundesdeutsche Aufnahmeregime definiert sind. Zum einen sind dies gut 2,5 Millionen Russlanddeutsche und ihre Familienangehörigen, die von der Bundesrepublik Deutschland als (Spät-)Aussiedler aufgenommen wurden.[3] Zum anderen sind dies ca. 220.000 ehemalige Sowjetbürger jüdischer Herkunft und ihre Familienangehörigen, die Aufnahme als Kontingentflüchtlinge fanden.[4] Beide Migrationsbewegungen fanden schwerpunktmäßig zwischen Ende der

---

1 Ich verzichte in diesem Buch auf das Gender-Sternchen, Gender-Gap oder Binnen-I (außer natürlich, diese werden in zitierten Passagen verwendet). Generische Maskulina, wie z. B. „Migranten", umfassen alle Geschlechter. Wo geschlechtliche Differenzierungen von Bedeutung sind, ist dies eindeutig sprachlich gekennzeichnet.

2 In Deutschland geborene Personen mit deutscher Staatsbürgerschaft werden im Mikrozensus nur dann als „mit Migrationshintergrund" erfasst, wenn sie mit ihren zugewanderten Eltern im selben Haushalt leben. Die zweite Generation postsowjetischer Migranten, von denen die meisten deutsche Staatsbürger sind, ist somit systematisch untererfasst und die Zahl von 3,5 Millionen entsprechend als Mindestwert zu betrachten.

3 Bis Ende 1992 hieß die Rechtskategorie zur Aufnahme von „deutschen Volkszugehörigen" aus der (ehemaligen) Sowjetunion und anderen osteuropäischen Staaten „Aussiedler", seitdem „Spätaussiedler". Die Klammerform (Spät-)Aussiedler bringt zum Ausdruck, dass Russlanddeutsche in beide Kategorien fallen. Da die Mehrzahl der russlanddeutschen Zuwanderer in die Kategorie „Spätaussiedler" fällt und dieser Begriff auch im allgemeinen Sprachgebrauch stark mit dieser Gruppe assoziiert ist, werde ich in der Folge auch ohne Klammern von „Spätaussiedlern" sprechen, wobei damit Aussiedler der früheren Phase ebenso gemeint sind wie Familienangehörige, die keinen eigenen Spätaussiedlerstatus erhielten (vgl. auch Kapitel 2).

4 Die Zahlen zu Spätaussiedlern und Kontingentflüchtlingen beziehen sich jeweils auf die Zuzugsstatistiken und sind nicht gleichzusetzen mit der Anzahl der diesen Kategorien zugehörigen Menschen, die aktuell in Deutschland leben. Gleichwohl bekommen wir so einen Eindruck von den Größenverhältnissen, um die es hier geht.

1980er Jahre und Mitte der „Nullerjahre“ des 21. Jahrhunderts statt. Weitere, zahlenmäßig weniger umfangreiche Migrationsbewegungen aus dem postsowjetischen Raum fallen in die Kategorien von Bildungsmigration, Heiratsmigration und hochqualifizierter Arbeitsmigration, zuletzt auch zunehmend von Fluchtmigration, v. a. aus Tschetschenien und dem Transkaukasus. Auch manche aus der UdSSR stammende Pontosgriechen, die zu Beginn der 1990er Jahre Staatsbürger Griechenlands oder Zyperns wurden, finden in den letzten Jahren als freizügige EU-Bürger den Weg nach Deutschland.

Dieses Buch ist der erste Versuch, das Phänomen der postsowjetischen Migration nach und das Leben der postsowjetischen Migranten in Deutschland umfassend zu beschreiben. Dass es eine solche monografische Gesamtdarstellung bisher noch nicht gibt, ist nicht zuletzt der geschilderten Heterogenität des Phänomens geschuldet. Die Forschung interessierte sich bisher fast ausschließlich für die spezifischen Problemstellungen der einzelnen Gruppen. Betrachtet wurden also die russlanddeutschen Spätaussiedler und die jüdischen Kontingentflüchtlinge als je eigenständige Thematiken, die in der Forschungslandschaft tendenziell unterschiedlich verortet waren: die Spätaussiedler als Teil der Forschungen zu Geschichte, Kultur und Volkskunde der Deutschen aus dem östlichen Europa, die Kontingentflüchtlinge als Teil der Beschäftigung mit der Nachkriegsgeschichte des Judentums in Deutschland im Rahmen Jüdischer Studien.[5]

Ein zweiter Grund ist die Aufmerksamkeitsökonomie der stark von (forschungs-)politischen Interessenslagen abhängigen Migrationsforschung – unter anderem vor dem Hintergrund des immer weiter ausufernden Drittmittelwesens. Gerade für die Erforschung der russlanddeutschen Spätaussiedler gilt, dass sie vor allem solange Konjunktur hatte, wie die Integration dieser Gruppe als besonders problematisch galt. In dem Maße, in dem die Spätaussiedler als „Problemgruppe“ aus dem öffentlichen Bewusstsein verschwanden, „unsichtbar“ wurden und zunächst nach 2001 „Muslime“ und dann ab 2015 „Flüchtlinge“ zu den alles überstrahlenden Themen des Migrationsdiskurses wurden, verlor auch die Forschung zunehmend das Interesse. Dies verweist auf ein generelles Charakteristikum der Beschäftigung mit dem Thema Migration: Es ist vor allem dann von Interesse, wenn es Probleme gibt. Klaus J. Bade (2007, S. 47) kritisierte diesen Fokus auf „Konflikte und Desintegration“ einst mit dem Hinweis, dass auch „die Analyse von Verkehrsunfällen [nicht] zur Entdeckung der Regeln des ruhig flie-

5 Ausnahmen bestätigen, wie so oft, auch hier die Regel. Eine gemeinsame Betrachtung von deutscher und jüdischer Emigration aus der ehemaligen Sowjetunion und ihrer Integration in Deutschland findet sich z. B. schon bei Dietz (2000). Siehe auch Harris (2003). Gängiger waren allerdings vergleichende Untersuchungen zur Integration von Spätaussiedlern in Deutschland und postsowjetischen Juden in Israel. Siehe dazu z. B. Bade/Troen (1993), Joppke/Rosenhek (2002), Münz/Ohliger (2003). Eine Kombination dieser Perspektiven liefere ich in Panagiotidis (2019a).

ßenden Verkehrs" führe. Besonders diese „Verkehrsunfälle" – entwurzelte Jugendliche, erschütterte Identitäten, Gewalt, Ghettoisierungsprozesse, Arbeitslosigkeit – waren es auch, die einen großen Teil der Forschung zu den Spätaussiedlern und, wenn auch weniger dominant und mit anderen Akzentuierungen, zu den Kontingentflüchtlingen ausmachten. Nach gut drei Jahrzehnten postsowjetischer Migration in Deutschland ist es nun an der Zeit, auch den „ruhig fließenden Verkehr" in den Blick zu nehmen.

Bei der Formulierung der Grundlagen für die gruppenübergreifende Betrachtung postsowjetischer Migration ist gleich einem möglichen Missverständnis vorzubeugen: Ziel dieses Buches ist es nicht, die bedeutenden Unterschiede zwischen den verschiedenen Migrationsgruppen zu negieren und gleichsam alle zu „Russen" zu erklären, wie es die populäre Wahrnehmung oft tat und tut und wie es auch gegenwärtige Befürworter expansiver diasporischer Ideologien einer „russischen Welt" (*russkij mir*) gerne hätten (vgl. Laruelle 2015). Die Unterschiede zwischen diesen verschiedenen Kategorien von Migranten sind zahlreich. Dies beginnt mit ihrer Vergangenheit in der Sowjetunion, wo sie unterschiedliche historische Erfahrungen machten und in verschiedenen Regionen und Milieus sozialisiert wurden. Verallgemeinernd gesprochen kamen die meisten Spätaussiedler aus ländlichen Regionen des asiatischen Teils der Sowjetunion (Russland jenseits des Urals und den zentralasiatischen Republiken), während die Kontingentflüchtlinge zumeist den großen Städten der europäischen Teilrepubliken entstammten (Plamper 2019, S. 263). Nach dem Zerfall der Föderation bedeutete dies, dass sie aus unterschiedlichen Staaten kamen: Neben Russland war dies im Fall vieler Spätaussiedler Kasachstan, während ein Großteil der Kontingentflüchtlinge aus der Ukraine emigrierte. Weitere Unterschiede betreffen ihre Aufnahme und ihren Rechtsstatus in Deutschland: Mit der Immigration als Spätaussiedler war der Erhalt der deutschen Staatsangehörigkeit verbunden, während Kontingentflüchtlinge zunächst Ausländer blieben. Dies ging mit unterschiedlichen diskursiven Verortungen einher: Spätaussiedler fanden Aufnahme „als Deutsche", Kontingentflüchtlinge „als Juden", was auch mit ihrer institutionalisierten ethnischen Einordnung im Nationalitätensystem des Vielvölkerreichs UdSSR korrespondierte.

Was spricht also für eine gemeinsame Betrachtung dieser unterschiedlichen Migrationen in einem Buch? Was macht, mit anderen Worten, das „postsowjetische" der postsowjetischen Migration aus? Es handelt sich hierbei zunächst um geteilte geografische, historische und kulturelle Bezüge. Eine wichtige Gemeinsamkeit ist beispielsweise die gesellschaftliche und kulturelle Sozialisation in der (ehemaligen) Sowjetunion, die für alle diese Menschen in der einen oder anderen Weise prägend waren. Ohne die strapazierte Metapher vom *Homo Sovieticus* bemühen zu wollen, ist diese geteilte Sozialisationserfahrung wie auch die Erinnerung an diese Vergangenheit ein Faktor, der auch und gerade nach dem Ende der Sowjetunion und der Emigration aus dem postsowjetischen Raum Zugehörigkeit stiftet, im positiven wie im negativen Sinne (Popkov 2010, S. 257–258). Charakteristisch für die Erfahrungen sowohl der russlanddeutschen als auch der jüdischen Diasporanationalitäten ist dabei die Koexistenz von weitgehender sprachlich-kultureller Assimilation bei fortbestehendem eigenethnischem Bewusstsein und mehr oder weniger offener gesellschaftlicher Diskriminierung. Mit der Assimilation im russisch-sowjetischen Kontext einher ging der Gebrauch der russischen Sprache als *lingua franca* des Sowjetimperiums, weswegen auch häufig von „russischsprachiger Migration" die Rede ist – ein Begriff, der im Laufe dieses Buches zu problematisieren sein wird.

Gleichzeitig teilen postsowjetische Migranten nicht nur Aspekte der sowjetischen Vergangenheit, sondern auch und vor allem der bundesdeutschen Gegenwart und Zukunft. All diese Menschen leben jetzt in Deutschland, was einen neuen gemeinsamen Rahmen schafft, in dem ihre Zugehörigkeiten ausgehandelt werden (müssen), oft auch in Abgrenzung voneinander. Da migrantische Zugehörigkeiten nicht eins-zu-eins aus dem Herkunfts- in den Ankunftskontext übertragen werden und mithin nicht statisch sind, gilt es, die Entwicklungen der letzten Jahre und Jahrzehnte in den Blick zu nehmen. Hier erlaubt es gerade die gemeinsame Betrachtung aller postsowjetischen Migranten, die Heterogenität der oft als homogen konstruierten Großkategorien „russlanddeutsche Spätaussiedler" und „jüdische Kontingentflüchtlinge" zu beleuchten. Unter „den" Spätaussiedlern wie unter „den" Kontingentflüchtlingen gibt es Menschen mit sehr unterschiedlichen Hintergründen und sehr unterschiedlichen Lebens- und Integrationsverläufen in Deutschland. In den vergangenen ca. drei Jahrzehnten seit Beginn der großen Auswanderungen aus der ehemaligen Sowjetunion haben sich aus diesen ursprünglichen Migrationen neue Milieus und Gemeinschaften gebildet, die sich sozial ausdifferenzieren und nicht starr in den ursprünglichen Zuschreibungen als „Deutsche" und „Juden" verharren – auch wenn diese, das ist zu betonen, nach wie vor enorm wirkmächtig sind. In der sich pluralisierenden bundesdeutschen Migrationsgesellschaft stehen den Migrantinnen und Migranten prinzipiell ganz unterschiedliche Selbstverortungen offen: als „Deutsche", als „Juden", als „Russlanddeutsche", als „jüdische Deutsche", als „Russen", „Russischsprachige" und vieles mehr – Selbstverortungen, die sich nicht gegenseitig ausschließen, aber in jedem Fall die ethno-administrativen Vorgaben der sowjetischen Nationalitätennomenklatur und des bundesdeutschen Migrationsregimes aufbrechen.

Ein weiterer gemeinsamer Bezugspunkt im bundesdeutschen Kontext ist die im Vergleich zu anderen Migranten privilegierte Stellung sowohl der Spätaussiedler als auch der Kontingentflüchtlinge. Angehörige beider Kategorien hatten unverzüglichen Zugang zu einem sicheren, unbefristeten Aufenthaltsstatus (im Fall der Spätaussiedler sogar zur deutschen Staatsbürgerschaft) sowie zu umfangreichen (wenn im Laufe der 1990er Jahre auch rückläufigen) Integrationshilfen. Zugleich unterlagen sie einem zentralisierten administrativen Verfahren, welches ihre gleichmäßige Verteilung in Bund und Ländern sicherstellen sollte. Entsprechend kann man durch die vergleichende Betrachtung der Integrationsverläufe dieser Gruppen – vergleichend untereinander, aber auch mit Blick auf Migrationsgruppen mit ganz anderem Status – auch Einblicke in die Wirksamkeit aktiver Integrationspolitik und Migrationssteuerung gewinnen.

Aus dieser privilegierten Stellung ergibt sich auch eine besondere Position der postsowjetischen Migranten in der bundesdeutschen Migrationsgesellschaft. Ihre „migrationspolitische Ausnahmeposition" sorgte zunächst für hohen öffentlichen Erwartungsdruck, lässt sie aber inzwischen als „mustergültig", „unauffällig" und „angepasst" erscheinen (Klingenberg 2019, S. 151). Im hierarchisierenden bundesdeutschen Migrationsdiskurs sind sie relativ weit „oben" angesiedelt, „sie sind als weiße und säkulare, christliche oder jüdische Migrant_innen weit weniger Rassismen ausgesetzt als Bürger_innen und Migrant_innen of Color oder als Muslim_innen klassifizierte Menschen" (Klingenberg 2019, S. 151). Diese Position als „interne Andere" (Klingenberg 2019, S. 151) macht die Untersuchung der stereotypen Wahrnehmungen und Vorurteilsstrukturen, denen sie unterliegen, besonders interessant. Die Herausbildung migrationsgesellschaftlicher Hierarchien zeigt sich gerade auch im Umgang mit solchen „weißen" Migranten.

Wie zu zeigen sein wird, sind postsowjetische Migranten und ihre Nachfahren in den letzten drei Jahrzehnten in all ihrer sozialen, kulturellen, identifikatorischen und lebensweltlichen Heterogenität und vor dem Hintergrund komplexer Inklusions- und Exklusionsprozesse zu einem integralen Teil der deutschen Gesellschaft geworden. Die andauernde Suche nach einem Platz in den Hierarchien der Migrationsgesellschaft führt aber auch zu Konflikten und Konkurrenzen. Der Migrationsforscher Aladin El-Mafaalani (2018) spricht hier vom „Integrationsparadox": Je weiter die Integration ursprünglich marginalisierter migrantischer Gruppen in die Gesellschaft voranschreitet, desto mehr Konflikte um knappe gesellschaftliche Ressourcen gibt es. Diese Konflikte finden aber nicht nur zwischen „Einheimischen" und „Migranten", sondern auch zwischen den mehr oder weniger etablierten und in der gesellschaftlichen Hierarchie unterschiedlich positionierten migrantischen Gruppen statt. Die in den letzten Jahren zu beobachtende Hinwendung von Teilen der postsowjetischen Migranten zur AfD, mit der sich dieses Buch auch befassen wird, ist vor dem Hintergrund dieser konflikthaften Aushandlungsprozesse zu verstehen.

Ansätze, Methoden und Quellen

Dieses Buch passt weder in disziplinäre noch in methodische Schubladen. Es ist Ergebnis der inter- bzw. transdisziplinären Beschäftigung mit dem Phänomen der postsowjetischen Migration und repräsentiert somit Migrationsforschung in einem umfassenden Sinne. Die Studie kombiniert historische Ansätze mit Methoden der quantitativen und qualitativen Sozialforschung, die in den insgesamt acht Kapiteln zum Tragen kommen. Der Anspruch ist dabei, mit Hilfe dieser gemischten Methodik ein möglichst feinkörniges und differenziertes Bild postsowjetischen Lebens in Deutschland zu zeichnen.

Im Sinne der historischen Migrationsforschung interessiert in Kapitel 1 die Verortung der postsowjetischen Migration in der sowjetischen Geschichte und ihre Einbettung in langfristig gewachsene transnationale Netzwerke. Ohne diese Bezüge ist es nicht zu verstehen, wieso in relativ kurzer Zeit nach dem Fall des „Eisernen Vorhangs“ so viele Menschen aus der ehemaligen Sowjetunion nach Deutschland kamen. Auch der Blick auf die spezifischen staatlichen Migrationsregime, die diese Migration ermöglichten, ist historisch informiert, indem er zum einen die Entwicklung dieser rechtlichen und institutionellen Arrangements *in der* Geschichte, aber auch ihre Legitimation *durch die* Geschichte in den Blick nimmt (Kapitel 2).

Im Sinne der quantitativen Sozialforschung nimmt das Buch im weiteren Verlauf eine differenzierte statistische „Vermessung“ der postsowjetischen Migration in Deutschland vor. Dabei geht es in Kapitel 3 zum einen darum, auf Grundlage von Daten des jährlich durchgeführten Mikrozensus bestimmte übergreifende sozioökonomische Charakteristika herauszuarbeiten, die postsowjetische Migranten von anderen statistischen Bevölkerungskohorten unterscheiden. Zugleich geht es um eine Differenzierung von Kohorten innerhalb der Großgruppe, die uns Einblicke in differenzierte Integrationsverläufe der verschiedenen Migrationsgruppen erlauben. In all dem ist die Veränderung über die Zeit besonders spannend, lässt sich daran doch die Entwicklung der strukturellen Integration postsowjetischer Migranten in den letzten Jahren und Jahrzehnten nachvollziehen. Auf ähnliche Art und Weise erfolgt in Kapitel 4 die Betrachtung der postsowjetischen Migration im Raum – ihre Verteilung bzw. Konzentration im Bundesgebiet, in den Ländern und auf lokaler Ebene. Hier verwende ich Daten aus dem Zensus von 2011 wie auch aktuelle Statistiken aus einer Vielzahl unterschiedlicher Städte. Auch in der Betrachtung von Sprachgebrauch, Identifikation und Namensgebung (Kapitel 5), Stereotypen und Vorurteilen (Kapitel 6) und politischen Einstellungen (Kapitel 7) kommen quantitative Methoden zum Tragen, mit denen ich Daten aus ganz unterschiedlichen Quellen – Umfragen, Wahlstatistiken, eigene Erhebungen – aufarbeite.

Im Sinne der qualitativen Sozialforschung basiert das Buch auch auf der Analyse schriftlicher und mündlicher Quellen. Diese Methoden kommen punktuell in den Kapiteln 5, 6 und 7 und schwerpunktmäßig in Kapitel 8 zur Anwendung, wo ich die Vielfalt postsowjetischer Lebenswelten und Milieus in ihren lokalen, nationalen und transnationalen Bezügen darstelle. Meine „Informanten“ sind dabei vor allem sieben Studierende (fünf weiblich, zwei männlich) unterschiedlicher postsowjetischer Hintergründe, die ich im Rahmen meiner Tätigkeit als

Juniorprofessor für Migration und Integration der Russlanddeutschen an der Universität Osnabrück kennenlernte und im Zeitraum von August bis Oktober 2019 interviewte. Sie kommen im Verlauf des Buches immer wieder zu Wort.[6] Vier der sieben Interviewten entstammen Spätaussiedlerfamilien aus Nordwestdeutschland und Westfalen. Elvira, zum Zeitpunkt des Interviews 25 Jahre alt, kam 1998 als Vierjährige nach Deutschland. Ihr Vater ist Russlanddeutscher, die Mutter Russin. Pascal (28) ist auch noch in Russland geboren, kam aber schon im Alter von zwei Monaten nach Deutschland. Seine beiden Eltern sind Russlanddeutsche. Nadja (26) und Thomas (24) sind schon in Deutschland geboren. Nadjas Eltern sind beide Russlanddeutsche, bei Thomas ist es nur die Mutter (wobei der Vater ihren deutschen Nachnamen angenommen hat). Zwei der interviewten Studierenden haben einen jüdischen Hintergrund. Aljona (27) kam erst 2001 mit neun Jahren als Kontingentflüchtling aus der Ukraine nach Deutschland und wuchs nahe Hannover auf. Ihr Vater ist jüdischer, die Mutter ukrainischer Herkunft. Antonie (28) wurde 1991 in Deutschland als Tochter eines deutschen Vaters ohne Migrationshintergrund und einer russisch-jüdischen Mutter geboren. Diese war allerdings nicht als Kontingentflüchtling nach Deutschland gekommen, sondern 1989 aus der Sowjetunion mit einem Touristenvisum nach England gereist, wo sie Antonies Vater kennenlernte. Ihre Kindheit und Jugend verbrachte Antonie in Ostdeutschland. Sophia (30) ist postsowjetisch-griechischer Herkunft. Geboren ist sie in Georgien und lebte in ihrer Kindheit in verschiedenen sowjetischen Nachfolgestaaten und auf Zypern, bevor sie im Alter von zehn Jahren nach Deutschland kam. Dort wuchs sie in Süddeutschland auf und kam zum Studium nach Osnabrück, wo sie inzwischen mit einem Russlanddeutschen verheiratet ist und zwei Kinder hat.

Reflexionen zur Position des Autors

Zusätzlich zu diesen und anderen Interviews, die ich im Laufe der vergangenen Jahre geführt habe und die in der Bibliografie dokumentiert sind, ist die qualitativ-lebensweltliche Perspektive dieses Buches auch durch meine eigenen biografischen Erfahrungen mit Menschen aus der ehemaligen Sowjetunion geprägt, die es hier zu reflektieren gilt. Diese begannen mit meiner Kindheit und Jugend in einer ehemaligen NATO-Siedlung im nordhessischen Korbach, in die nach 1990 viele Spätaussiedlerfamilien zogen. Straße und Spielplatz wurden zu einer Migrationsgesellschaft im Kleinen, wo die Kinder russlanddeutscher Familien auf die Kinder deutscher, serbischer, kosovo-albanischer, griechischer und polendeut-

6 Im Text werden die Zitate und Paraphrasen aus den Interviews nicht einzeln belegt. Datum und Ort der Gespräche sind in der Bibliografie aufgelistet.

scher Familien trafen. Als Lehrerin einer benachbarten Grundschule lernte meine Mutter die Eltern von Aussiedlerkindern kennen, mit allen ihren Ambitionen und Problemen. „Dort waren wir die Faschisten, hier sind wir die Russen" – diesen Satz, mit dem viele Russlanddeutsche ihre doppelte Fremdheitserfahrung auf den Punkt bringen, hörte ich zum ersten Mal von meiner Mutter, die ihn mehr als einmal von russlanddeutschen Müttern vernommen hatte. Die Erfahrungen setzten sich in der 11. Klasse des Gymnasiums mit meiner Freundschaft mit einem neu aus Russland zugewanderten Spätaussiedler fort, dessen Fragen nach deutschen Wörtern Gegenfragen meinerseits nach russischen Wörtern provozierten. Im Zivildienst wiederum freute sich ein russlanddeutscher Mitarbeiter – wie die betreuten Personen in der Lebenshilfe-Werkstatt hießen – über meine so erworbenen Russischkenntnisse (wobei er selber sehr gut Deutsch konnte).

Nach dem Zivildienst motivierten mich ebenjene Russischkenntnisse zum Studium der osteuropäischen Geschichte in Tübingen, wo ich weitere einschlägige Bekanntschaften machte, etwa mit Dmitrij Belkin, dessen Weg als Kontingentflüchtling aus Dnepropetrovsk nach Deutschland und seine erst darauffolgende Selbstfindung als Jude einer breiteren Öffentlichkeit durch sein Buch *Germanija* bekannt wurde (Belkin 2016). Noch mehr russischsprachige Juden traf ich dann während meines einjährigen Forschungsaufenthalts in Haifa, Israel während meiner Promotion. Dort war es normal, dass jemand eine Menschengruppe, etwa an der Bushaltestelle, auf Russisch nach etwas fragte. Irgendjemand würde schon antworten können – manchmal war ich es. Solche alltagsethnografischen Beobachtungen machte ich auch in meinem langjährigen Wohnort Osnabrück immer wieder, wo russlanddeutsche Kassiererinnen im Supermarkt ein ebenso gewohnter Anblick sind wie russlanddeutsche Taxifahrer – Jobs, die übrigens auch in Haifa häufig von postsowjetischen Immigrantinnen und Immigranten ausgeübt wurden.

Durch die wissenschaftliche Beschäftigung mit der Thematik im Rahmen meiner Juniorprofessur „Migration und Integration der Russlanddeutschen" an der Universität Osnabrück lernte ich wiederum das Milieu migrantischer Selbstorganisationen aus dem Bereich der postsowjetischen Migration kennen. Dazu gehörten Aktive der Landsmannschaft der Deutschen aus Russland (LmDR) und anderer russlanddeutscher Verbände, des Museums für Russlanddeutsche Kulturgeschichte in Detmold, aber auch organisierte „Russischsprachige" aus dem Umfeld des Vereines russischsprachiger Eltern e.V. Mit all diesen Personen habe ich mehr als einmal auf Podien gesessen und diskutiert, aber auch im Rahmen von Tagungen und gemeinsamen Projekten kooperiert und so einen direkten Einblick in die Tätigkeiten und Anliegen dieser Organisationen erhalten. Durch den Kontakt zu Dmitrij Belkin wurde ich auch Teil des jüdisch-muslimischen Dialogprojekts „Schalom Aleikum", in dessen Rahmen ich Einblicke in Stimmungen der russisch-jüdischen Gemeinschaft in Deutschland erhielt.

Diese „Alltagsethnografie" fließt direkt oder indirekt auch in dieses Buch ein. Allerdings macht einen der alltägliche und professionelle Kontakt mit Menschen einer bestimmten Herkunft noch nicht zum „Insider". In einem hochgradig ethnisierten Feld, wie es insbesondere die russlanddeutsche Geschichte und Gegenwart ist, ist diese Beobachtung durchaus relevant. Die Frage, wieso ich mich mit Russlanddeutschen beschäftige, obwohl ich doch selber keiner sei, wurde mir mehr als einmal gestellt (interessanterweise scheint es einleuchtender, sich als nicht-Jude mit jüdischen Themen zu befassen). Deutet die Nachfrage noch erstauntes Interesse an, gab es gelegentlich auch offene Ablehnung in dem Sinne, dass man sich doch nicht „von einem Griechen" die eigene Geschichte erklären lasse. Auch kommt es immer wieder zu Irritationen, wenn ich Spätaussiedler in den allgemeinen Kategorien der Migrationsforschung fasse – schon die Bezeichnung „Migrant" stößt hier z. T. auf vehemente Ablehnung, wird sie doch mit dem Begriff „Ausländer" assoziiert.[7] Der wütend hervorgestoßene Satz „Wir sind doch keine Türken!" einer russlanddeutschen Zuhörerin bei einer Tagung zu „Russlanddeutschen in einem vergleichenden Kontext" gehört in dieser Hinsicht zu den denkwürdigsten Erfahrungen, die ich in der Beschäftigung mit dem Thema gemacht habe. Auf der anderen Seite findet sich durch die geteilte Migrationserfahrung (die in meinem Fall eher zugeschrieben als persönlich ist) manchmal eine gemeinsame Gesprächsebene: „Sie wissen ja, wie die Deutschen sind" – auch diesen Satz habe ich von einer Russlanddeutschen an mich gerichtet gehört. Er deutet eine Vertrautheit an, die sich aus einer wahrgenommenen geteilten Distanz zur bundesdeutschen Mehrheitsgesellschaft ergibt. Meine Position in dem Untersuchungsfeld ist also gekennzeichnet durch eine gleichzeitige

7 Hierzu ist der Wikipedia-Eintrag zum Thema „Aussiedler und Spätaussiedler" aufschlussreich: „Jannis Panagiotidis vertritt die These, dass alle aus den Nachfolgestaaten der Sowjetunion Zugezogenen ‚Migranten' seien, auf die die Untersuchungsmethoden angewandt werden müssten, die bei anderen Migrantengruppen (vor allem aus dem Mittelmeerraum) üblich seien. … Die Bezeichnung Deutscher aus Russland als ‚Migranten' trifft bei Aussiedler-Funktionären auf Widerspruch. So meint Dietmar Schulmeister, Landesvorsitzender der Landsmannschaft der Deutschen aus Russland in Nordrhein-Westfalen: ‚Russlanddeutsche sind keine Migranten'. Die ‚Siebenbürgische Zeitung' begründet die Ablehnung der Bezeichnung von Aussiedlern und Spätaussiedlern als ‚Migranten' damit, dass mit dem Begriff fast zwangsläufig die Konnotation ‚Ausländer' verbunden sei. Das wesentliche Merkmal eines Menschen deutscher Volkszugehörigkeit aber sei das ‚kulturelle Selbstverständnis als Deutscher' bereits in seinem Herkunftsland. Der Vorgang des Wohnortwechsels über Staatsgrenzen hinweg sei im Fall der Aussiedler und Spätaussiedler eher mit der Rückkehr von Auslandsdeutschen nach Deutschland vergleichbar, die ebenfalls nicht als ‚Migration' betrachtet werde. Die Zeitung zitiert eine Stellungnahme der Bundeskanzlerin Angela Merkel: ‚Aussiedler und Spätaussiedler sind Deutsche und als solche von ausländischen Migranten zu unterscheiden'." https://de.wikipedia.org/wiki/Aussiedler_und_Spätaussiedler#Migranten (Abfrage: 30.07.2020).

Nähe und Distanz, die in offiziellen Kontexten noch durch den durch meine Position vermittelten Expertenstatus beeinflusst wird.

Ziel dieses Buches ist es, differenzierte, zugleich objektive und empathische Einblicke in die Migration, Integration und Position postsowjetischer Migranten in Deutschland zu geben. Hierbei geht es auch um die Besetzung eines offenen diskursiven Feldes zwischen dramatisierten Integrationsproblemen einerseits und dem idealisierenden Topos der „auffällig unauffälligen" Mustermigranten andererseits (vgl. Panagiotidis 2020b). Es ist ebenso banal wie wichtig zu betonen, dass die Realität stets komplexer ist als solche pauschalen Zuschreibungen. Gleichzeitig ist es mit dem pauschalen Verweis auf Komplexität nicht getan. Dieses Buch möchte einen Beitrag dazu leisten, die vielfältigen Konstellationen im Feld der postsowjetischen Migration in Deutschland genauer zu beschreiben, präziser zu analysieren und besser zu verstehen. Dabei ist auch klar, dass ein solches Einführungswerk nur der Anfang sein kann und im Zweifel mehr Fragen aufwirft als es beantwortet. More research is needed.

Kapitel 1
Die sowjetische Geschichte der postsowjetischen Migration

Begrifflich ist postsowjetische Migration per definitionem ein Phänomen der Zeit nach dem Ende der Sowjetunion im Jahr 1991. Und doch muss man historisch früher ansetzen, um nachvollziehen zu können, wie Menschen aus der ehemaligen Sowjetunion innerhalb von nur ca. anderthalb Jahrzehnten von einer zahlenmäßig marginalen zu einer der größten Migrationsgruppen in der Bundesrepublik Deutschland werden konnten.

Die Geschichte der postsowjetischen Migration ist tief in der sowjetischen und deutschen Geschichte des 20. Jahrhunderts verwurzelt. Primär ist dies die verflochtene Geschichte zweier diasporischer Minderheiten, Deutscher und Juden, die sich im charakteristischen Spannungsfeld aus sowjetischer Nationalitätenpolitik, russifizierender Assimilation, diasporischen Netzwerken und externen „Heimatländern" abspielte. Die Existenz dieser „Heimatländer" – Deutschland und Israel – war zentral für die v. a. ab den 1970er Jahren beginnende Auswanderung von Angehörigen beider Gruppen aus dem „nicht-Auswanderungsland" Sowjetunion.[8] Insbesondere die jüdische Emigration führte aber nicht nur – und lange Zeit nicht mal primär – nach Israel, sondern auch an andere Standorte der jüdischen Diaspora: in die USA und, v. a. ab den 1990er Jahren, „ausgerechnet" nach Deutschland (Belkin/Gross 2010).

Dieses Kapitel zeichnet in einem großen historischen Bogen die Geschichte der Deutschen und Juden in der Sowjetunion im 20. Jahrhundert nach. Auf kollektiver Ebene war dies eine Geschichte von sozialem Aufstieg und der Förderung nationaler Kulturen in der Frühphase des bolschewistischen Regimes, gefolgt von Repressionen in der Zeit des Stalinismus und anhaltender Diskriminierung in der Zeit danach. Auf individueller Ebene war es aber auch eine Geschichte der Ambivalenz zwischen einer „besonderen" ethnischen Selbst- und Fremdwahrnehmung einerseits und einer im Alltag erlebten Normalisierung und „Sowjetisierung" andererseits. Die Kenntnis dieser Zusammenhänge ist zentral, um nachvollziehen zu können, wieso seit den späten 1980er Jahren mehrere Millionen Menschen in die Bundesrepublik kamen, die sich der russischen

8 Dieser Begriff ist adaptiert von Dariusz Stolas für das sozialistische Polen geprägtem Konzept des „non-exit state". Vgl. Stola 2015.

Sprache bedienten, aber sich zu verschiedenen Nationalitäten des sowjetischen Vielvölkerreichs bekannten.

Diasporaminderheiten in der Sowjetunion

Die Sowjetunion, wie auch schon das Russische Zarenreich vor ihr, war ein Vielvölkerreich (Kappeler 1993). Ihre Bevölkerung war konfessionell, sprachlich und kulturell hochgradig heterogen. Im bewussten Gegensatz zum als „Völkergefängnis" verschrienen Zarenreich schrieb sich die frühe Sowjetunion das von Lenin proklamierte „Selbstbestimmungsrecht der Völker" auf die Fahnen. Dies beinhaltete die Schaffung einer komplexen ethnoföderalen Struktur mit Republiken, Autonomen Republiken, Autonomen Gebieten und anderen territorialen Einheiten, die die Heterogenität der Bevölkerung abbilden sollten und den verschiedenen Nationalitätengruppen unterschiedliche Grade von Autonomie gewährten. Diese sollte freilich nicht einer möglichen Sezession, sondern der Loyalität zum neuen Regime und der Hinführung zum Sozialismus dienen: „National in der Form, sozialistisch im Inhalt" war das Motto der frühen sowjetischen Nationalitätenpolitik (Martin 2001; Smith 2013).

Während viele dieser nationalen Gruppen ausschließlich oder schwerpunktmäßig in der Sowjetunion lebten, waren andere über ihre Ethnonationalität mit anderen Staaten assoziiert oder waren Teil grenzüberschreitender Diasporanetzwerke. Ersteres galt z. B. für die Deutschen, die schwerpunktmäßig an der Wolga und im Schwarzmeergebiet siedelten (vgl. als Überblick zu ihrer Geschichte Krieger 2015). Gemäß der sowjetischen Volkszählung waren dies 1926 gut 1,24 Millionen Menschen (Dietz/Hilkes 1992, S. 20). Ihre Präsenz ging auf die Zuwanderung von konfessionell und dialektal heterogenen Kolonisten aus dem vornationalen Deutschland seit der zweiten Hälfte des 18. Jahrhunderts zurück. Im Zarenreich konnten sie dank ihres besonderen Kolonistenstatus eigenständige Strukturen bewahren, die auch nach Aufhebung dieses Status im Jahr 1871 nicht vollständig verschwanden. Im Zuge der Etablierung des Deutschen Reichs und seinen seit den 1890er Jahren zunehmenden Versuchen der Vereinnahmung von „Auslandsdeutschen" stand die Loyalität der ethnischen Deutschen zum – seinerseits immer stärker nationalisierten – Russischen Reich immer wieder in Frage (Neutatz 1993; Manz 2014). Im Ersten Weltkrieg kam es dann zu Pogromen und staatlichen Verfolgungsmaßnahmen (Eisfeld/Hausmann/Neutatz 2013). Nach der Revolution 1917, in Folge des Russischen Bürgerkriegs und der großen Hungersnot an der Wolga 1921/22, emigrierten gut 120.000 Russlanddeutsche nach Deutschland und in vielen Fällen von dort weiter nach Nord- und Südamerika, wo sich schon seit den 1870er Jahren Russlanddeutsche angesiedelt hatten (Schmaltz 2014). Die große Mehrzahl der Russlanddeutschen verblieb jedoch im Land und erlebte zunächst eine erneute Phase von relativer Autonomie.

Für sie entstand unter Führung reichsdeutscher Kommunisten zunächst die „Arbeiterkommune“ an der Wolga, aus der dann 1924 die Autonome Sozialistische Sowjetrepublik der Wolgadeutschen (*Avtonomnaja Sovetskaja Socialističeskaja Respublika Nemcev Povol'žja*) hervorging (vgl. zuletzt Krieger 2018). Die deutsche Sprache war hier offizielle Unterrichts- und Verwaltungssprache. Die zahlenmäßig geringer vertretenen Schwarzmeerdeutschen hatten kein vergleichbares autonomes Territorium, genossen aber auf lokaler Ebene Autonomie (Eisfeld 2016).

Die sowjetischen Juden waren wiederum in ihrer Mehrzahl historischer Teil der aschkenasischen jiddischsprachigen Judenheit Osteuropas (vgl. als Überblick zu ihrer Geschichte Polonsky 2013). Diese war durch die polnischen Teilungen im späten 18. Jahrhundert unter russische Herrschaft gekommen und war durch massenhafte Überseemigration als Reaktion auf Armut, Diskriminierung und Pogrome seit den 1880er Jahren zu einer globalen Diaspora geworden. Andere jüdische Gruppierungen fanden sich v. a. in Georgien und in Usbekistan (bucharische Juden). Insgesamt bekannten sich in der Volkszählung von 1926 mehr als 2,6 Millionen Sowjetbürger als Juden (Polonsky 2012, S. 254). Die Juden in den westlichen Reichsgebieten blieben bis zum Ersten Weltkrieg in ihrer großen Mehrzahl auf den sogenannten „Ansiedlungsrayon“ vom Baltikum bis zum Schwarzen Meer beschränkt, schwerpunktmäßig in den heutigen Baltischen Staaten, Belarus, der Ukraine und der Republik Moldau (zu den Ausnahmen siehe Nathans 2002). Nach der Revolution und dem Ende der Beschränkungen zogen viele von ihnen in die jenseits des alten Ansiedlungsrayons gelegenen Metropolen Moskau und Leningrad bzw. in die Metropolen ihrer traditionellen Siedlungsgebiete wie Minsk, Kiew und Odessa, wo sie einen enormen sozialen Aufstieg erlebten (Freitag 2004; Bemporad 2013). Im sowjetischen Kontext war ihr Status als Nationalität zunächst fraglich, da diese gemäß der sowjetischen Definition eine territoriale Basis voraussetzte. Versuche, eine solche im Fernen Osten im Gebiet Birobidžan oder aber auf der Krim zu schaffen, blieben weitgehend erfolglos (Kuchenbecker 2000; Dekel-Chen 2005). Dennoch wurde eine jüdische ethnische (und nicht etwa religiöse) Identität offiziell anerkannt und das Jiddische als Sprache der „jüdischen Massen“ staatlich gefördert. Gleichzeitig zeigten viele Juden aber eine starke Präferenz für das Russische, da dieses die Sprache der Städte und des sozialen Aufstiegs war (Shneer 2004).

Neben der kollektiven territorialen und kulturellen Fixierung von Nationalität wurde auch die persönliche nationale Zugehörigkeit der Sowjetbürger in ihren Personenstandsdokumenten festgeschrieben. Im fünften Punkt des 1932 eingeführten Inlandspasses war die Ethnonationalität (*nacional'nost'*) einer jeden Person vermerkt, ebenso in Personenstandsurkunden. Diese war erblich, d. h. ein Kind jüdischer Eltern blieb z. B. in den Augen des Staates jüdisch, selbst wenn es kein Jiddisch sprach und die Religion nicht praktizierte. Nur die Abkömmlinge von Mischehen konnten sich entscheiden. Langfristig führte diese institutionalisierte Nationalität dazu, dass nationale Zugehörigkeiten trotz kultureller Assimilationsprozesse bestehen blieben (Brubaker 1994). Die Assimilation an die russische Sprache und Kultur war im Fall der Juden seit der Revolution schon weit fortgeschritten (Slezkine 2006). Bei den Russlanddeutschen verbreitete sich das Russische verstärkt erst in Folge der Ereignisse des Zweiten Weltkriegs (Mukhina 2007).

Der Zweite Weltkrieg

Der deutsche Überfall auf die Sowjetunion 1941 stellte auf unterschiedliche Art und Weise einen dramatischen Einschnitt in die Existenz von Deutschen und Juden in der Sowjetunion dar. In den von NS-Deutschland besetzten Gebieten der 1939 im Zuge des Hitler-Stalin-Pakts expandierten Sowjetunion fiel die dort stark vertretene jüdische Bevölkerung massenhaft dem Holocaust zum Opfer. Gut 2,5 Millionen Menschen wurden hier von den Deutschen ermordet. In den nicht besetzten Teilen hingegen überlebten ca. 2,8 Millionen Juden den Zweiten Weltkrieg – mehr als irgendwo sonst in Europa – als Kämpfer in der Roten Armee oder in der Evakuierung jenseits des Urals (Polonsky 2012, S. 356; Arad 2009). Nach dem Ende des Krieges ließen sich die meisten von ihnen wieder im europäischen Teil der Sowjetunion nieder. Anders als viele andere Überlebende des Holocaust aus osteuropäischen Staaten – etwa aus Polen und Rumänien – konnten sie nach dem Krieg aber nicht in größerer Zahl in den neuen Staat Israel emigrieren, sondern verblieben in ihrer großen Mehrzahl in der Sowjetunion. Langfristig betrachtet war dies eine Voraussetzung für die massenhafte Emigration in der späten Sowjetzeit und danach, von der ein Teil nach Deutschland führte.

Das kollektive Schicksal der Russlanddeutschen wurde durch den deutschen Überfall nachhaltig mit Deutschland verknüpft. Erzählungen der Geschichte der Russlanddeutschen während des Zweiten Weltkriegs fokussieren dabei meist auf die Erfahrung der gut 900.000 Wolgadeutschen und Angehörigen anderer kleinerer deutscher Siedlungsgruppen, die zu Beginn des Krieges von den sowjetischen Behörden deportiert wurden (vgl. Dalos 2014). Das markanteste Datum in diesem Zusammenhang ist der 28. August 1941, der seit einigen Jahren als „Tag der Russlanddeutschen" begangen wird. An diesem Tag erging der Erlass des Präsidiums des Obersten Sowjets der UdSSR „Über die Umsiedlung der Deutschen, die in den Volga-Rayons leben" (abgedruckt in Eisfeld/Herdt 1996, S. 54–55). In der Folge wurden sowjetische Staatsbürger deutscher ethnischer Zugehörigkeit von der Wolga, der Krim, dem Kaukasus, aus Südrussland sowie aus Leningrad und Moskau nach Osten deportiert. Die Autonome Sozialistische Sowjetrepublik der Wolgadeutschen (ASSR) wurde abgeschafft. Nach dem Überfall von NS-Deutschland auf die Sowjetunion am 22. Juni 1941 fürchtete die sowjetische Regierung die Instrumentalisierung der ethnischen Deutschen durch die deutschen Invasoren. Der Umsiedlungsbefehl sprach von „Tausenden und Zehntausenden von Diversanten und Spionen", die von Deutschland für Sabotageakte eingesetzt werden sollten. Um „ernsthaftes Blutvergießen zu verhindern" sei „die gesamte deutsche Bevölkerung, die in den Volga-Rayons ansässig ist, in andere Rayons umzusiedeln, und zwar derart, dass den Umzusiedelnden Land zugeteilt und bei der Einrichtung in den neuen Rayons staatliche Unterstützung gewährt werden soll. Für die Ansiedlung sind die an Ackerland reichen Rayons der Gebiete Novosibirsk und Omsk, der Region Altaj, Kazachstans und weitere benachbarte Gegenden zugewiesen worden" (Eisfeld/Herdt 1996, S. 54–55).

Die mangelhafte Organisation ihrer Umsiedlung, aber auch und vor allem die bald darauf folgende Heranziehung der deportierten russlanddeutschen Männer und dann zunehmend auch Frauen zur Zwangsarbeit in der sogenannten „Arbeitsarmee" (*Trudarmee*, wie es im deutsch-russischen Mischmasch der Deportierten hieß), ließen diese auf dem Papier wohlgeordnet klingende Umsiedlung zu einer Katastrophe für die Russlanddeutschen werden. Sie kostete bis zu 150.000 Menschen das Leben (Krieger 2015, S. 11), zerriss Familien und stellte die Existenz der Russlanddeutschen als ethnische Gruppe nachhaltig in Frage (Mukhina 2007).

Der 28. August 1941 kam allerdings nicht wie ein Blitz aus heiterem Himmel. Die Verdächtigung der Russlanddeutschen als „fünfte Kolonne" muss genauso im zeitlichen Kontext gesehen werden wie ihre kollektive Umsiedlung. Ein Teil dieses Kontexts war die stalinistische Paranoia gegenüber ausländischen Einflüssen. Bereits in den Jahren des stalinistischen Terrors waren die Russlanddeutschen, wie auch andere Diasporanationalitäten mit Verbindungen ins Ausland, zur Zielscheibe gezielter „Operationen" geworden, in denen zehntausende Menschen ermordet wurden (Dönninghaus 2009). Zu dieser Zeit fanden auch schon kollektive Umsiedlungen ethnisch markierter Gruppen wie etwa der Koreaner im Fernen Osten statt. Zu dieser Zeit schlug die in den 1920er Jahren noch affirmativ gemeinte Nationalitätenpolitik der Sowjetunion mit ihrer Förderung großer und kleiner ethnischer Gruppen in ihr Gegenteil um (Martin 2001, Kap. 8).

Neben der Paranoia des stalinistischen Systems gab es aber auch eine politische Realität, in der sich das Deutsche Reich mit der Instrumentalisierung deutscher Minderheiten für seine Expansionspolitik hervortat. Sowohl bei der Zerstörung der Tschechoslowakei 1938 wie auch bei der Invasion Polens 1939 hatten die „volksdeutschen" Minderheiten in diesen Ländern NS-Deutschland den Vorwand zur Intervention gegeben (Brandes 2008; Kochanowski/Sach 2006). Waren die Beschuldigungen gegen die wolgadeutschen „Diversanten" auch unzutreffend, so war die Einbeziehung der „Volksdeutschen" in Osteuropa in die NS-Politik doch real. In diesem Zusammenhang hatte auch das Deutsche Reich in den Jahren vor 1941 bereits ganze deutsche „Volksgruppen" aus dem durch den Hitler-Stalin-Pakt festgelegten sowjetischen Einflussbereich umgesiedelt: Aus den Baltischen Staaten, Galizien, Wolhynien, der Bukowina und Bessarabien wurden sie in den annektierten Teil Polens, den „Warthegau" verbracht, wo sie auf den Höfen vertriebener polnischer Bauern und in den Wohnungen ghettoisierter polnischer Juden untergebracht wurden (Benz 2007). In der Interpretation Götz Alys trug das durch diese „Heim ins Reich"-Siedlungen ausgelöste „Domino" von Bevölkerungsverschiebungen entscheidend zur Entwicklung des Holocaust bei (Aly 1995).

Die Russlanddeutschen im Westen der Sowjetunion, die wegen des schnellen Vorrückens der Wehrmacht unter deutsche (und rumänische) Besatzung gerieten, wurden ebenfalls in die NS-Besatzungspolitik einbezogen (Fleischhauer 1983). Paramilitärische Einheiten wie der „Selbstschutz" beteiligten sich am Holocaust, von dem die „volksdeutsche" Bevölkerung wie auch in anderen Teilen Osteuropas durch Umverteilung des Eigentums der ermordeten Juden profitierte (Bergen 1994; Steinhart 2015). Als Teil des „Generalplan Ost" sollten sie zudem im Rahmen von Siedlungsprojekten auf der Krim und in Wolhynien als „Wehrbauern" neu angesiedelt werden – Pläne, die letztlich wegen des Kriegsverlaufs nicht realisiert wurden (Lower 2005).

Im Zuge der zurückweichenden Ostfront wurden ca. 350.000 Deutsche aus der Ukraine ab 1943 ihrerseits in den „Warthegau" umgesiedelt. Dies beinhaltete die sogenannte „Schleusung" durch die Einwandererzentralstelle (EWZ) im damals Litzmannstadt genannten Łódź, in deren Rahmen die erfassten Russlanddeutschen die deutsche Staatsangehörigkeit erhielten (Strippel 2011). Bereits zuvor waren Teile dieser sogenannten „Administrativumsiedler" in der Deutschen Volksliste Ukraine registriert worden, was auch die Einbürgerung mit sich bringen konnte. Die EWZ-Schleusung führte dann zur umfassenden, wenn auch einzelfallbasierten, Einbürgerung der Deutschen aus der Ukraine, die so nun auch in einem Rechtsverhältnis zu Deutschland standen.

Von den russlanddeutschen „Administrativumsiedlern", die am Ende des Krieges aus dem Warthegau nach Westen flohen, schaffte es nur eine Minderheit – ca. 58.000 Personen – in Deutschland (West und Ost) zu bleiben. Etwa 30.000 von ihnen wanderten in der Nachkriegszeit weiter nach Übersee (Panagiotidis 2020a). Denen, die in der Bundesrepublik blieben, wurde 1955 ihre deutsche Staatsangehörigkeit offiziell bestätigt. Die Mehrzahl der Administrativumsiedler war aber von den Sowjetbehörden zwangsweise repatriiert worden, da diese ihre einseitige Einbürgerung durch NS-Deutschland nicht anerkannten. Als Sowjetbürger wurden sie also zurück in die Sowjetunion gebracht, wo sie nach ihrer „Filtration" durch die Sicherheitsorgane an dieselben sibirischen Verbannungsorte geschickt wurden, wo sich die Deportierten von 1941 bereits befanden (Eisfeld/Martynenko 2012; Mukhina 2007). Dort standen sie dann gemeinsam mit den zuvor deportierten Russlanddeutschen bis 1955 unter einem strengen Verbannungsregime, der sogenannten Kommandantur.

Das Ergebnis dieser kollektiven Verfolgungserfahrung war ein Stück weit paradox. Einerseits begünstigte die Zerstörung der existierenden Autonomiestrukturen und die territoriale Zerstreuung der Russlanddeutschen langfristig ihre Assimilation an die russische Sprache und Kultur. Andererseits wurden die bis dahin räumlich und dialektal getrennten Wolga- und Schwarzmeerdeutschen – wie auch die Angehörigen verschiedener Konfessionen innerhalb dieser regionalen Gemeinschaften – durch die Erfahrung der gemeinsamen Verbannung und der hier erfolgenden Vermischung erstmals zu „Russlanddeutschen" als einer umfassenden Erfahrungs- und Schicksalsgemeinschaft (Mukhina 2007; Dalos 2014).

Die Nachkriegszeit zwischen Assimilation und Ablösung

Die Nachkriegsexistenz von Russlanddeutschen und russischen Juden spielte sich im Spannungsfeld zwischen anhaltender herkunftsbasierter Stigmatisierung, post-stalinistischer Normalisierung, fortschreitender Assimilation und gleichzeitiger „Ablösung von der Sowjetunion" (Armborst 2001) von aktivistischen Teilen beider Gruppen ab. Auch die Auswanderung wurde für beide Gruppen zunehmend ein Thema. Dies war vor allem ab Beginn der Entspannungspolitik der 1970er Jahre der Fall, als die Sowjetunion ihr bis dahin extrem restriktives Ausreiseregime partiell und temporär lockerte und Angehörigen ethnischer Minderheiten die Ausreise ermöglichte. Den existierenden familiären Netzwerken und den aufnahmebereiten ethnischen „Heimatländern" im Westen – Deutschland und Israel – kam dabei eine zentrale Rolle zu, da die sowjetischen Behörden Emigration i. d. R. nur als humanitäre Familienzusammenführung und im designierten externen „Heimatland" der Diasporanationalitäten gestatteten.

Nach Ende des Krieges kehrten die Juden, die den Kriegsdienst in der Roten Armee überlebt oder die Kriegszeit in der Evakuierung verbracht hatten, an ihre Heimatorte zurück. Wer aus den während des Krieges von den Deutschen besetzten Gebieten stammte, musste meist feststellen, dass dort verbliebene Familienmitglieder im Holocaust ermordet worden waren (Polonsky 2012, S. 603). Solche Juden, die vor dem Krieg polnische Staatsbürger gewesen waren und den Krieg in der Sowjetunion überlebt hatten, emigrierten in vielen Fällen nach Westen, wo sie zunächst als Displaced Persons (DPs) im besetzten Deutschland Aufnahme fanden und von dort weiter meistens nach Israel gingen (Grossmann/Lewinsky 2012, S. 87–94). Juden, die nur sowjetische Staatsbürger gewesen waren, hatten diese Möglichkeit nicht und blieben in ihrer Mehrzahl in der UdSSR.

Anders als andere sowjetische Nationalitäten wie die Deutschen, Polen, Griechen, Krimtataren, Tschetschenen u. a. waren die Juden in der Sowjetunion vor 1945 nicht Ziel kollektiver Verfolgung oder gar Deportation durch das stalinistische Regime gewesen. Im Gegenteil gewährte die sowjetische Führung während des Krieges dezidiert jüdischen Gruppierungen wie dem Jüdischen Antifaschistischen Komitee beträchtliche Freiräume, nicht zuletzt um Sympathien und Ressourcen der internationalen jüdischen Diaspora für die sowjetischen Kriegsanstrengungen zu mobilisieren (Lustiger 2000). Dies änderte sich nach Ende des Krieges. Im Zuge der allgemeinen Verschärfung der gesellschaftlichen Repression im Spätstalinismus und der wachsenden xenophoben Paranoia im frühen Kalten Krieg wurden die sowjetischen Juden ihrerseits zum Objekt von Verdächtigungen mangelnder Loyalität. Juden wurden nun gleichzeitig als „Kosmopoliten" und „Zionisten" verfolgt, was sie in beiden Fällen nach stalinistischer Lesart zu Feinden des sowjetischen Volkes machte – alles klassische antisemitische Topoi (Grüner 2008; Lustiger 2000; Holz 2001). Nach Ansicht mancher Autoren drohte den Juden im Kontext der „Ärzte-Verschwörung" 1952/53 sogar die kollektive Deportation aus dem europäischen Teil der Sowjetunion – eine These, für die es keine Belege gibt, die angesichts der Vorgeschichte ethnizititätsbasierter Deportationen während und nach dem Krieg aber eine gewisse Plausibilität hat (vgl. Madievski 2000; Kostyrčenko 2001; Brent/Naumov 2003).

Nach dem Tod Stalins hörte die unmittelbare Verfolgung der sowjetischen Juden zunächst auf. Unter dem Deckmantel des Antizionismus, des Kampfes gegen die jüdische Religion oder gegen „Wirtschaftsverbrechen" gab es aber wiederholt antisemitische öffentliche Vorfälle (vgl. Koenen 1991, S. 192–223). Auch das unterdrückte Gedenken an die massenhafte genozidale Ermordung von Juden im Zweiten Weltkrieg, wie es etwa in den Kontroversen um ein Mahnmal in Babi Jar deutlich wurde, war Ursache gesellschaftlicher Spannungen (Grüner 2006).[9] Gleichzeitig setzte sich die schon vor dem Krieg begonnene Tendenz zur Assimilation (einschließlich eines hohen Anteils von Mischehen) und Säkularisierung der großenteils urbanen jüdischen Bevölkerung fort. Fortdauernde Diskriminierung auf gesellschaftlicher Ebene und die institutionalisierte Nationalität des fünften Punkts, also die Registrierung im Pass als *Evrej* (Jude) unter dem Punkt „Nationalität", sorgten aber dafür, dass ein Bewusstsein um jüdische Identität bestehen blieb, welches ab den späten 1960er Jahren in Form von „Refusenik"- und Ausreisebewegung seinen Ausdruck fand.[10] Dem Sechs-Tage-Krieg kam dabei auch eine katalytische Wirkung zu, indem er das jüdische Nationalbewusstsein vieler sowjetischer Juden befeuerte (Ro'i 2012).

Die Reintegration der Russlanddeutschen in die sowjetische Gesellschaft begann erst nach dem Ende der Kommandantur 1955, als sie ihre Verbannungsorte endlich verlassen durften. Ihre Geschichte danach war von hoher Mobilität und

9 In der Schlucht Babi Jar (auf Ukrainisch Babyn Jar) in Kiew waren im September 1941 in nur zwei Tagen über 30.000 Juden von den Deutschen und ihren Helfern massakriert worden.

10 „Refuseniks" (auf Russisch *otkazniki*) war die im Westen gebräuchliche Bezeichnung für sowjetische Juden, denen die Ausreise verweigert worden war und die ihrerseits die Teilnahme an der Gesellschaft verweigerten.

oft mehrfachen Umzügen entlang weitverzweigter Familiennetzwerke geprägt (vgl. Hilkes 2003). Während die Rückkehr in die alten Siedlungsgebiete ausgeschlossen war, migrierten die ehemaligen Verbannten vor allem innerhalb des asiatischen Teils der Sowjetunion – ins Uralgebiet, Sibirien und das Altaigebiet, aber auch und vor allem in die zentralasiatischen Republiken Kasachstan, Kirgistan, Tadschikistan und Usbekistan (Krieger 2015). Besonders Kasachstan, wo im Zuge von Chruschtschows „Neulandkampagne" Ende der 1950er Jahre Land verfügbar war, übte eine große Anziehungskraft auf die ehemaligen Deportierten aus. Dies waren nicht nur Deutsche, sondern auch Angehörige vieler anderer „bestrafter" Nationalitäten – Kasachstan wurde zu einem „Planeten der hundert Sprachen" (Pohl 2008). Auf diesem „Planeten" war das Russische die lingua franca, was zusammen mit der mangelnden Möglichkeit zum Erlernen des Deutschen in der Schule zu einem massiven Rückgang der deutschen Sprachkenntnisse bei vielen Russlanddeutschen führte. Auch die Zahl der Eheschließungen mit Angehörigen anderer Nationalitäten nahm zu (Mukhina 2007). Doch ähnlich wie bei den Juden verhinderte die institutionalisierte persönliche Ethnizität und gesellschaftliche Stigmatisierung die totale Assimilation.

Die große Mehrheit der Russlanddeutschen suchte in der Nachkriegszeit also nach einem geeigneten Platz, um sich eine Existenz in der Sowjetunion aufzubauen. Aktivistische Teile der früheren russlanddeutschen Intelligenzija bemühten sich in den Nachkriegsjahrzehnten auch um eine Wiederherstellung der Autonomie an der Wolga. Delegationen nach Moskau im Jahr 1965 und folgenden Jahren blieben aber genauso erfolglos wie ein vom Zentralkomitee der KPdSU ausgehendes Alternativprojekt für eine autonome deutsche Region in Kasachstan in den späten 1970er Jahren (Eisfeld 2018; Schmaltz 2002). Andere begannen sich verstärkt um die Ausreise zu bemühen, als sich das Scheitern der Bemühungen um ein eigenes Territorium und damit um die volle Rehabilitierung abzeichnete. Jüdische und deutsche Ausreisebewegung existierten nun parallel zueinander (Armborst 2001).

Für Deutsche und Juden galt gleichermaßen, dass die Ausreise aus der Sowjetunion in den 1950er und 1960er Jahren noch kaum realistisch war. In diesem gesamten Zeitraum nahm die Bundesrepublik nur gut 22.000 Aussiedler aus der Sowjetunion auf, Israel gut 20.000 jüdische Zuwanderer.[11] Ein Recht auf Ausreise gab es nicht, und Ausreisegenehmigungen gab es nur ausnahmsweise in Fällen von Familienzusammenführung, wenn also die Antragsteller enge Familienangehörige im Westen hatten. Eine realistische Aussicht auf Ausreise bestand so eigentlich nur bei Personen, deren Familiennetzwerke ins Ausland reichten. Eine anerkannte rechtliche Verbindung zu einem ausländischen Staat konnte auch

11 Vgl. die Zahlen zu Deutschland in Worbs u. a. (2013, S. 31) und zu Israel unter www.jewishvirtuallibrary.org/total-immigration-to-israel-by-country-per-year.

helfen: In den 1950er Jahren konnten einige sowjetische Juden mit anerkannter polnischer Staatsangehörigkeit nach Polen und von dort weiter nach Israel emigrieren (Estraikh 2018). 1958 schloss die Sowjetunion auch ein Repatriierungsabkommen mit der Bundesrepublik Deutschland ab, das Personen umfasste, die bereits vor dem 21. Juni 1941 deutsche Staatsbürger gewesen waren. Dies traf lediglich auf die „Vertragsumsiedler" aus Bessarabien, Wolhynien und dem Baltikum, oder auch auf ehemalige Bewohner Ostpreußens zu, die in der Sowjetunion geblieben waren. Die einseitige Einbürgerung der „Administrativumsiedler" aus der Ukraine erkannten die Sowjetbehörden hingegen nicht an (Klötzel 1999). Vor 1970 konnten zudem einige tausend Russlanddeutsche – auch ohne Verwandtschaftsbeziehungen – in die DDR ausreisen (Panagiotidis 2015b).

Im Kontext der sowjetisch-amerikanischen Entspannungspolitik ab Beginn der 1970er Jahre und der Konferenz für Sicherheit und Zusammenarbeit in Europa (KSZE) begann die UdSSR, die Regeln zur Familienzusammenführung großzügiger auszulegen. Trotz der ungeklärten Staatsangehörigkeitsfrage konnten nun z. B. die Angehörigen von Administrativumsiedlern der Kriegszeit, die in der Bundesrepublik geblieben waren, zum „Brückenkopf" für die Aussiedlung ihrer Angehörigen aus der Sowjetunion werden. Im Falle jüdischer Emigranten sahen die Behörden wohl auch gelegentlich darüber hinweg, dass die einladenden Verwandten im Westen nicht echt waren. Dennoch war die Emigrationsbewegung von Juden und Deutschen in jener Zeit kein stetiger Prozess, da die Großzügigkeit der sowjetischen Emigrationspraxis von den Konjunkturen des sowjetischen Verhältnisses mit den Westmächten wie auch von innenpolitischen Faktoren abhing (Armborst 2001; Klötzel 1999). Insgesamt gelang es doch bis zu Beginn des „Zweiten Kalten Krieges" Anfang der 1980er Jahre gut 250.000 Juden und ca. 70.000 Deutschen, das Land zu verlassen.[12]

Dabei galt, dass die Sowjetunion die Angehörigen dieser Minderheiten grundsätzlich in „ihre" Staaten ausreisen ließ – Deutsche nach Deutschland (in der Regel die Bundesrepublik, auch wenn die Aussiedlung in die DDR in geringem Maße weiterlief), Juden nach Israel. Die Familienzusammenführung, um die es nominell immer ging, war also ethnisch kodiert, was auch mit den Aufnahmeregimen der betroffenen Länder korrespondierte (Panagiotidis 2019a). Die russlanddeutschen Emigranten gingen in aller Regel auch wie vorgesehen in die Bundesrepublik; manche gingen in die DDR in der Hoffnung, von dort in den Westen zu gelangen (Hirschler 2002). Insbesondere jüdische Auswanderer hielten sich jedoch nicht unbedingt an dieses Skript: Gingen die ersten Emigranten

12 Berechnet auf Grundlage der Einwanderungszahlen von jüdischen Migranten aus der UdSSR in Israel (www.jewishvirtuallibrary.org/total-immigration-to-israel-by-country-per-year, Abfrage: 30.07.2020) und den USA (ab 1974, gemäß Dietz/Lebok/Polian 2002, S. 36) sowie von Aussiedlern in Deutschland gemäß Worbs u. a. (2013, S. 31).

tatsächlich in ihrer Mehrzahl noch nach Israel, verstärkte sich ab Mitte der 1970er Jahre das sogenannte „Drop Out"-Phänomen: Sowjetische Juden, die eigentlich nach Israel reisen sollten, orientierten sich bei ihrem Transit in Wien (Direktflüge nach Israel gab es nicht) anderweitig und suchten sich andere Ziele. Meistens waren dies die USA, die sowjetische Juden als Flüchtlinge akzeptierten und wo sich deutlich bessere wirtschaftliche Möglichkeiten boten als im kleinen, immer wieder durch Kriege geplagten Israel (Lazin 2005, S. 80–88).

Manche Juden gingen tatsächlich auch zu dieser Zeit schon nach Deutschland, insbesondere, wenn sie die deutsche Sprache beherrschten. Hier versuchten viele dann, ihre Anerkennung als Aussiedler – also als ethnische Deutsche – zu betreiben. Dies sorgte wiederholt für bürokratische Komplikationen in den deutschen Behörden, die sich mit der Frage auseinandersetzen mussten, ob eine Person, die im sowjetischen Kontext als jüdisch klassifiziert war, in Deutschland als deutsch gelten konnte – mit wechselnden Antworten (Panagiotidis 2012). In den 1970er und 1980er Jahren blieb die sowjetisch-jüdische Migration nach Deutschland jedoch insgesamt ein zahlenmäßig marginales Phänomen. Zu Ende der 1980er Jahre aber, als die Emigration aus der Sowjetunion zu einem Massenphänomen wurde, sollte sich dies ändern.

Der Übergang zur postsowjetischen Migration

Die Rahmenbedingungen für die Emigration aus der Sowjetunion änderten sich radikal im Zuge von Gorbatschows Perestroika. Teil der auf Öffnung des Landes ausgerichteten Reformen war die Änderung des bis dahin willkürlich gehandhabten Ausreiseregimes. Bis Mitte der 1980er Jahre war die Auswanderung von Juden und Deutschen massiv gesunken – in den ersten beiden Jahren von Gorbatschows Regierung befanden sich die Ausreisezahlen am absoluten Minimum. Dies änderte sich 1987 schlagartig. Danach stieg die Zahl der Emigranten kumulativ an – von Deutschen und Juden, aber auch beispielsweise von Pontosgriechen und Finnen, die ähnliche Deportationsgeschichten erlebt hatten, wie die Russlanddeutschen (de Tinguy/Hadjiisky 1997). Postsowjetische Migration war also in erster Linie die Emigration ethnischer Diasporaminderheiten. Zeitgenössische Beobachter sprachen auch von „ethnischer Entmischungsmigration" (Brubaker 1998).

Die Ursachen und Motivationen für diesen multiplen Exodus waren vielfältig: Einerseits migrierten diejenigen, die bereits seit Jahren oder Jahrzehnten auf ihre Ausreisegenehmigung warteten und sie nun endlich bekamen, andererseits aber auch zunehmend solche, deren Migrationsentscheidung stark durch die dynamische Entwicklung der Auswanderungsbewegung beeinflusst wurde, die vor allem in lokalen Kontexten spürbar war, wo viele Menschen gleicher Ethnizität zusammenlebten. Auch die sich dramatisch verschlechternde Wirtschaftslage und die Verunsicherung über die Zukunft motivierten viele zur Emigration (als Überblick zu Ausreisemotivationen bei Russlanddeutschen siehe Riek 2000). Für die Juden kam die Sorge vor erstarkendem Antisemitismus hinzu, da Pogromgerüchte die Runde machten (Gabowitsch 2010). In den zentralasiatischen Republiken, wo viele Russlanddeutsche und andere Nachfahren von Deportierten, aber auch freiwilligen Binnenmigranten der Sowjetzeit lebten, war nach der Unabhängigkeit dieser Republiken außerdem die Sorge um die Zukunft als europäische Minderheit in diesen postimperialen Staaten präsent (Heleniak 2003).

Wie bei den meisten Migrationen ergaben sich auch hier die Zielländer aus einer Mischung von existierenden Netzwerken, verfügbaren Migrationskanälen und unterschiedlicher Attraktivität. Die klassische institutionalistische Lesart etwa von Rogers Brubaker (1998), der die Aussiedlermigration als ausschließliches Resultat des „Pull-Faktors" der privilegierten Aufnahme in Deutschland interpretierte, ist dabei als zu starke Vereinfachung zurückzuweisen. Gleichzeitig ist klar, dass die Aufnahmeregime der Zielländer ein Stück weit eine katalytische Wirkung für den Emigrationsprozess hatten – nicht zuletzt deshalb, weil sonst eine legale Einwanderung in den zu jener Zeit zunehmend immigrationsfeindlich eingestellten Westen gar nicht möglich gewesen wäre. Nur durch diese legalen Migrationskanäle konnten die Netzwerke der Emigranten ihre Wirkung entfalten. Da der Aussiedlerstatus in der Bundesrepublik nach wie vor verfügbar war, konnte die Emigration der Deutschen direkt auf die seit den 1970er Jahren entstandenen Netzwerke aufbauen, die von Sibirien und Mittelasien meist in die westdeutsche Provinz reichten. Mit jeder ausgesiedelten Familie wurden diese Netzwerke dichter; es entstanden vielfältige Migrationsketten, die dazu führten, dass die Aussiedlerzahlen sich multiplizierten (vgl. Abbildung 1.1): Waren es 1986 wegen der sowjetischen Ausreiserestriktionen nur 753 Menschen aus der Sowjetunion gewesen, die in die Bundesrepublik aussiedelten, wurden es 1987 schlagartig 14.488, 1988 schon 47.572, 1989 98.134, und 1990 und 1991 jeweils um die 147.000. Von 1992 bis 1995 lag die Zahl der Zuwanderer jährlich bei knapp über 200.000, eine Größenordnung, die Ende 1992 per Gesetz als Quote (heute würde man sagen „Obergrenze") eingeführt wurde.[13] Diese Beschränkungen waren Teil des restriktiven Pakets des sogenannten „Asylkompromisses", der darin bestand, das Grundrecht auf Asyl faktisch abzuschaffen und gleichzeitig die Zuwanderungsmöglichkeiten für deutsche Spätaussiedler zu begrenzen (Panagiotidis 2014). Nach der Einführung von obligatorischen Sprachtests im Jahr 1996 sanken die Zahlen dann kontinuierlich.

---

13 Vgl. KfbG Nr. 26c) zur Änderung von § 27 BVFG. Die Festlegung dieser Zahl erfolgte indirekt, indem festgeschrieben wurde, „dass die Zahl der aufzunehmenden Spätaussiedler, Ehegatten und Abkömmlinge die Zahl der vom Bundesverwaltungsamt im Durchschnitt der Jahre 1991 und 1992 verteilten Personen [...] nicht überschreitet. Das BVA kann hiervon um bis zu 10 von Hundert nach oben oder unten abweichen."

Abb. 1.1: Aussiedlerzuwanderung aus der UdSSR und ihren Nachfolgestaaten

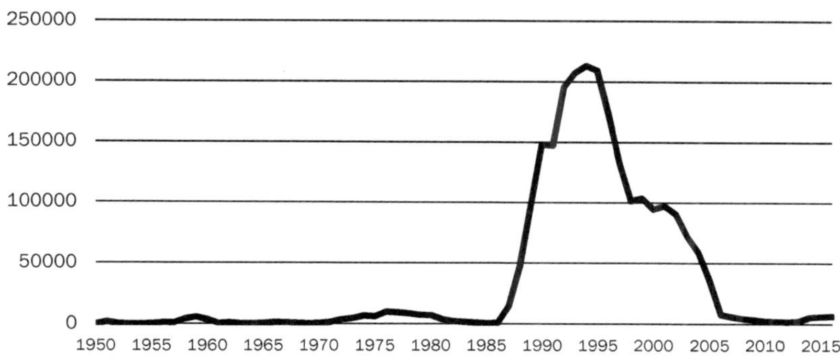

Quelle: Daten des Bundesverwaltungsamt, abgedruckt in Worbs u. a. (2013, 31–33)

Israel bot ebenfalls unverändert den sowjetischen Juden die israelische Staatsbürgerschaft an, stand aber nach wie vor im Schatten der USA, die den Emigranten zu Beginn des spätsowjetischen Exodus noch einen vorteilhaften Flüchtlingsstatus boten. Dies änderte sich im Jahr 1989, als die USA unter dem Eindruck der deutlich steigenden Zuwandererzahlen – und möglicherweise auch auf Drängen der israelischen Regierung – diese privilegierte Aufnahme beendeten. Daraufhin wurde Israel zum Standardziel der sowjetisch-jüdischen Emigranten. 1990 gingen erstmals seit 1977 (!) wieder mehr sowjetischen Juden nach Israel als in die USA – über 180.000 in einem einzigen Jahr (Jones 1996).

1990 war aber auch das Jahr, in dem Deutschland – zunächst die DDR, dann die wiedervereinigte Bundesrepublik – von einem marginalen zu einem bedeutenden Ziel sowjetisch-jüdischer Migration wurde. Nach dem Ende des SED-Regimes bot die demokratisch gewählte DDR-Regierung den sowjetischen Juden nun auch Asyl, als Teil der bisher ausgebliebenen Übernahme von Verantwortung für die Shoah sowie als Schutzmaßnahme im Angesicht des wachsenden Antisemitismus in der Sowjetunion (Belkin 2017; siehe hierzu auch Kapitel 2). Mit der Wiedervereinigung wurden die Juden, die auf diesem Wege in die DDR kamen, zu einer gesamtdeutschen Angelegenheit. Nachdem anfänglich die Möglichkeit erwogen wurde, wie schon vorherige jüdische Immigranten auch diese Neuankömmlinge über das Vertriebenenrecht als Aussiedler anzuerkennen, entschied man sich letztlich für eine andere Lösung: Unter Rückgriff auf eine Regelung, die eigentlich in den 1970er Jahren für vietnamesische „Boat People" geschaffen worden war, erfasste man die sowjetisch-jüdischen Einwanderer mit dem Status des „Kontingentflüchtlings" (Panagiotidis 2012, S. 530). Hierfür galt es weder individuelle Verfolgung nachzuweisen (wie für den „echten" Flüchtlingsstatus), noch die deutsche Volkszugehörigkeit (wie für den Aussiedlerstatus). Stattdessen mussten die Antragsteller lediglich mit sowjetischen Papieren ihre jüdische ethnische Zugehörigkeit nachweisen. So entstand ein relativ leicht zugänglicher Migrationskanal in ein europäisches Land mit ausgebautem Wohlfahrtsstaat (vgl. auch Kapitel 2).

In der Folge wurde Deutschland zu einem wichtigen Zielland postsowjetisch-jüdischer Migration. In der zweiten Hälfte der 1990er Jahre wanderten jährlich zwischen 15.000 und 20.000 Kontingentflüchtlinge nach Deutschland ein. Dies entsprach etwa 15 bis 25 % der gesamten postsowjetisch-jüdischen Migration in die Hauptaufnahmeländer Israel, USA und Deutschland (Dietz/Lebok/Polian 2002, S. 36). Von 2002 bis 2004 – während der Zeit der sogenannten Zweiten Intifada, als Israel von massiver Gewalt durch palästinensische Selbstmordattentäter erschüttert wurde – kamen sogar jährlich mehr jüdische Zuwanderer aus der ehemaligen UdSSR nach Deutschland als nach Israel.

Tabelle 1.1: Jüdische Zuwanderung nach Deutschland, Israel und in die USA

Jahr/Land	Deutschland	Israel	USA
1990		185.227	31.283
1991		147.839	34.715
1992		65.093	45.888
1993	16.597	66.145	35.581
1994	8.811	68.079	32.835
1995	15.184	64.848	21.693
1996	15.959	59.048	19.501
1997	19.437	54.621	14.531
1998	17.788	46.032	7.371
1999	18.205	66.848	6.309
2000	16.538	50.817	5.880
2001	16.711	33.601	?
2002	19.262	18.508	?
2003	15.442	12.383	?
2004	11.208	10.127	?
2005	5.968	9.378	?

Quellen: Zahlen zu Deutschland gemäß Migrationsbericht (2016/17, S. 70). Die Zahl für 1993 beinhaltet auch die Jahre 1990–92. Zahlen zu Israel nach www.jewishvirtuallibrary.org/total-immigration-to-israel-by-country-per-year. Zahlen zu den USA nach Dietz/Lebok/Polian (2002, S. 36); Daten nach dem Jahr 2000 waren nicht verfügbar.

Nach dem Jahr 2005 ging die postsowjetische Migration nach Deutschland stark zurück. Reformen der Aufnahmeregime für Spätaussiedler und Kontingentflüchtlinge im Rahmen der allgemeinen Reformen des Zuwanderungsrechts sorgten für eine deutliche Einschränkung der Zugangsmöglichkeiten. Seit 2006 liegt die jährliche Zahl an Spätaussiedlern und jüdischen Zuwanderern aus der ehemaligen Sowjetunion bei unter 10.000 Personen, von 2009 bis 2013 sogar bei unter 5.000. Durch Erleichterungen bei den Sprachtests für Spätaussiedler steigt ihre Zahl seit 2014 wieder spürbar an, bleibt aber dennoch im vierstelligen Bereich. Auch die jüdische Zuwanderung hat – wohl nicht zuletzt wegen der politischen Entwicklungen in der Ukraine – wieder leicht zugenommen, überschreitet aber die Marke von 1.000 Personen noch nicht (Migrationsbericht 2016/17, S. 115). Insgesamt besteht in den letzten Jahren aber die Zuwanderung aus den ehemaligen Sowjetrepubliken v. a. aus Schutzsuchenden (oft aus Tschetschenien, der Ukraine und den Transkaukasus-Staaten), von denen Ende 2018 ca. 145.000 in Deutschland lebten, davon 85.700 mit anerkanntem Schutzstatus.[14] Eine gewissermaßen indirekte postsowjetische Migration ist zudem die seit einigen Jahren zu beobachtende Zuwanderung von Pontosgriechen aus der ehemaligen Sowjetunion, die nach vielen Jahren in Griechenland oder Zypern im Kontext der Krise nach 2008 als freizügige EU-Bürger nach Deutschland kommen – ein Phänomen, das noch seiner wissenschaftlichen Bearbeitung harrt, von dem aber die Studentin Sophia in ihrem Interview für dieses Buch berichtete und das ich auch aus persönlicher Anschauung kenne.

Die intensive Zuwanderung durch zwei ethnisch privilegierte Migrationskanäle für Menschen aus der ehemaligen Sowjetunion veränderte innerhalb von gut anderthalb Jahrzehnten die Herkunftsgeografie der bundesdeutschen Migrationsgesellschaft nachhaltig. Immigranten aus der ehemaligen Sowjetunion bilden zusammengenommen die größte Migrationsgruppe im Land, vor Zuwanderern aus der Türkei und Polen. Hatte das Russische bis dahin kaum eine Rolle als Migrationssprache in der deutschen Gesellschaft gespielt – die „Militärmigranten" der sowjetischen Besatzungstruppen in der DDR seien hier explizit ausgenommen – nimmt es nunmehr einen prominenten Platz ein (zur Frage wie „russischsprachig" die postsowjetische Migration ist vgl. aber Kapitel 5). Historische Vergleiche mit der Subkultur des „russischen Berlin" der 1920er Jahre, wie sie manche Beobachter gerne anstellen (z. B. Schlögel 12.01.2016), führen allerdings in die Irre. Zwar zieht es in der Zwischenzeit auch wieder manchen russischen Politemigranten nach Berlin, wo eine gut ausgebaute russischsprachige Infrastruktur und eine große Community locken. In der großen Mehrzahl sind postsowjetische Migranten in Deutschland aber eben keine Russen, sondern ehemalige Bürger des Vielvölkerstaates Sowjetunion und seiner Nachfolgestaaten, die diese entweder aus einem langgehegten Wunsch heraus oder unter dem Eindruck des wirtschaftlichen und gesellschaftlichen Zusammenbruchs der 1990er Jahre verließen und sich nun ganz unterschiedlich zu ihren Herkunftsstaaten und ihrer Herkunftskultur positionieren (vgl. dazu auch Kapitel 5 und 8).

---

14 www.destatis.de/DE/Themen/Gesellschaft-Umwelt/Bevoelkerung/Migration-Integration/Tabellen/schutzsuchende-staatsangehoerigkeit-schutzstatus.html (Abfrage: 30.07.2020).

Kapitel 2
Aufnahme- und Integrationsregime

Wie schon in Kapitel 1 dargelegt, wurde postsowjetische Migration durch zwei unterschiedliche Migrationskanäle und damit verbundene Aufnahme- und Integrationsregime gelenkt, die aber gewisse strukturelle Ähnlichkeiten aufwiesen. Erstens definierten beide ihre Zielgruppe auf ethnischer Grundlage. Im Falle der Spätaussiedler geschah dies über die nachzuweisende „deutsche Volkszugehörigkeit" gemäß der Definition des bundesdeutschen Vertriebenenrechts, im Falle der jüdischen Kontingentflüchtlinge über den Nachweis jüdischer *nacional'nost'* im Sinne der sowjetischen Nationalitätennomenklatur. Andere Auswahlkriterien, die sonst bei der Aufnahme von Migranten relevant sein können – z. B. Alter, Qualifikation, Gesundheit – spielten hingegen bei den Spätaussiedlern zu keinem Zeitpunkt, bei den jüdischen Zuwanderern bis zur Reform ihres Aufnahmeregimes im Jahr 2005 keine Rolle. Spätaussiedler- und Kontingentflüchtlingsmigration war mithin nicht sozial selektiv.

Zweitens handelte es sich in beiden Fällen um „privilegierte Migration". Die Privilegierung ist dabei im Vergleich zu anderen Gruppen zu verstehen, die überhaupt keinen oder nur schwierigen Zugang zum deutschen Territorium oder zur deutschen Staatsangehörigkeit bekamen. Hierbei ist der zeitliche Kontext zu bedenken: Die migrationspolitische Leitlinie der späten 1980er Jahre wurde polemisch unter dem Schlagwort „Das Boot ist voll" zusammengefasst. Für die Spätaussiedler hieß es aber gleichzeitig: „Das Tor bleibt offen" – auch wenn dieses Tor mit Beginn der massenhaften Zuwanderung zunächst aus Polen und zunehmend aus der Sowjetunion immer stärker reglementiert wurde. Für die jüdischen Zuwanderer wurde mit dem Kontingentflüchtlingsregime ein ethnohumanitärer Migrationskanal geschaffen, während zeitgleich das individuelle Grundrecht auf Asyl zunächst in Frage gestellt und dann im sogenannten „Asylkompromiss" von 1992/93 faktisch abgeschafft wurde.

Drittens war in beiden Fällen diese privilegierte Aufnahme aber nicht alleine durch ethnische Zugehörigkeit gerechtfertigt, sondern hatte auch eine dezidierte Wiedergutmachungsfunktion. Sowohl der Status des Aussiedlers (bzw. Spätaussiedlers) wie auch des jüdischen Kontingentflüchtlings waren speziell auf ethnisch definierte Opfer von Verfolgung im Kontext des Zweiten Weltkriegs zugeschnitten. Im Fall der Aussiedler und Spätaussiedler war dieser Zusammenhang rechtlich festgeschrieben, da die Rechtskategorie des Aussiedlers aus dem Vertriebenenrecht der Nachkriegszeit hervorging. Im Fall der Kontingentflüchtlinge wurde dieser Zusammenhang diskursiv über die argumentative Figur der „Verantwortung“ hergestellt, die Deutschland wegen seiner Geschichte für die Juden in der Sowjetunion trage (Harris 2003, S. 250). In beiden Fällen musste aber, anders als etwa im Asylverfahren, keine individuelle Verfolgung oder Benachteiligung nachgewiesen werden. Es genügte der Nachweis der Zugehörigkeit zur kollektiv als Opfer definierten Gruppe, um Aufnahme zu finden (vgl. Becker 2001, S. 53).

Viertens handelte es sich in beiden Fällen um hochgradig regulierte Migrationskanäle, in denen der Staat sowohl bei der Aufnahme als auch bei der Integration nichts dem Zufall überlassen wollte und diese Prozesse – zumindest vom Anspruch her – intensiv begleitete. Anders als beispielsweise bei der Zuwanderung von ausländischen Arbeitskräften („Gastarbeitern“) in den 1960er Jahren, als der Weg über staatliche Anwerbekommissionen nur einer – und nicht einmal der wichtigste – Zugangsweg in die Bundesrepublik war, waren Spätaussiedler und Kontingentflüchtlinge Objekt staatlichen Screenings, staatlicher Verteilung und schließlich auch staatlicher Integrationsmaßnahmen. Letztere waren zu jenem Zeitpunkt mit der hier gegebenen Systematik noch kein Standard. „Ausländerintegration“ wurde zwar seit dem nominellen Ende der Gastarbeiterzuwanderung 1973 immer wieder politisch gefordert, war aber trotz der Einführung eines Ausländerbeauftragen 1978 kaum Gegenstand systematischer staatlicher Politik auf Bundesebene. Die Integration der Aussiedler hingegen wurde auf Grundlage der Eingliederungsmaßnahmen für die Vertriebenen und Flüchtlinge der Nachkriegszeit seit den 1950er Jahren kontinuierlich weiterentwickelt. Der Aussiedlerintegration kommt somit eine „Scharnierfunktion“ in der bundesdeutschen Migrationsgeschichte zu: An ihrem Beispiel wurden Instrumente entwickelt, die nach und nach Teil des Repertoires des allgemeinen Migrations- und Integrationsregimes wurden (vgl. Panagiotidis 2017, Panagiotidis 2019c).

Grundlagen der (Spät-)Aussiedleraufnahme

Die Zuwanderung von (Spät-)Aussiedlern in die Bundesrepublik Deutschland basiert auf bestimmten gesetzlichen Regelungen, die auf die Flüchtlingssituation der Jahre nach dem Zweiten Weltkrieg zurückgehen. Diese bezogen sich zunächst auf die ungeklärte Staatsangehörigkeit vieler Flüchtlinge und Vertriebener. Über fünf Millionen von ihnen stammten nicht aus den ehemaligen deutschen Ostgebieten und waren somit vor dem Krieg nicht deutsche Staatsbürger gewesen. Daher definierte Artikel 116, Absatz 1 des Grundgesetzes einen „Deutschen“ nicht ausschließlich über die Staatsbürgerschaft, sondern auch alternativ über die „deutsche Volkszugehörigkeit“, also über die ethnische Zugehörigkeit. Wörtlich heißt es:

> Deutscher im Sinne dieses Grundgesetzes ist vorbehaltlich anderweitiger gesetzlicher Regelung, wer die deutsche Staatsangehörigkeit besitzt oder als Flüchtling oder Vertriebener deutscher Volkszugehörigkeit oder als dessen Ehegatte oder Abkömmling in dem Gebiete des Deutschen Reiches nach dem Stande vom 31. Dezember 1937 Aufnahme gefunden hat.

In dieser Formulierung wird bereits der enge Zusammenhang von „Deutschtum" und „Verfolgung" bei der Definition eines Deutschen im Sinne des Grundgesetzes deutlich: Es war nicht genug, „deutscher Volkszugehöriger" zu sein; man musste darüber hinaus *auch* Flüchtling oder Vertriebener sein. Bei der Diskussion des Artikels stellte der Parlamentarische Rat explizit fest, dass die Formulierung „Aufnahme gefunden hat" auch als in die Zukunft gerichtet zu verstehen sei. Vertriebene und Flüchtlinge waren also nicht nur diejenigen Deutschen aus Ostmittel-, Ost- und Südosteuropa, die sich zu jenem Zeitpunkt bereits in Deutschland befanden, sondern auch diejenigen, die in der Zukunft noch kommen würden (Panagiotidis 2019a, S. 37). An die über eine Million Russlanddeutschen, die zu jener Zeit noch in den sogenannten Sondersiedlungen unter „Kommandantur" in der Sowjetunion lebten, dachte dabei allerdings explizit noch niemand. Als sie ab den 1970er Jahren zunehmend aus der Sowjetunion ausreisen durften, ermöglichte Artikel 116, 1 GG auch ihnen die Aufnahme und Einbürgerung in der Bundesrepublik Deutschland (vgl. Kapitel 1).

Das Bundesvertriebenengesetz (BVFG) von 1953 präzisierte die in Art. 116, 1 GG genannten Begriffe „Vertriebener" (§ 1) sowie „deutscher Volkszugehöriger" (§ 6). Vertriebener war gemäß § 1, Absatz 1, „wer als deutscher Staatsangehöriger oder deutscher Volkszugehöriger seinen Wohnsitz in den zur Zeit unter fremder Verwaltung stehenden deutschen Ostgebieten oder in den Gebieten außerhalb der Grenzen des Deutschen Reiches nach dem Gebietsstande vom 31. Dezember 1937 hatte und diesen im Zusammenhang mit den Ereignissen des zweiten Weltkrieges infolge Vertreibung, insbesondere durch Ausweisung oder Flucht, verloren hat."

Ein ursächlicher Zusammenhang von Krieg und Heimatverlust war also erforderlich, um als Vertriebener im Sinne des BVFG anerkannt zu werden. Absatz 2 erweiterte diese Definition und führte unter Nr. 3 dann den Begriff des „Aussiedlers" ein, definiert als jemand, der „nach Abschluss der allgemeinen Vertreibungsmaßnahmen die zur Zeit unter fremder Verwaltung stehenden deutschen Ostgebiete, Danzig, Estland, Lettland, Litauen, die Sowjetunion, Polen, die Tschechoslowakei, Ungarn, Rumänien, Bulgarien, Jugoslawien oder Albanien verlassen hat oder verlässt, es sei denn, dass er erst nach dem 8. Mai 1945 einen Wohnsitz in diesen Gebieten begründet hat."

Die Kategorie des „Aussiedlers" war also eine Unterkategorie des „Vertriebenen" und analog zu Art. 116, 1 GG explizit in die Zukunft gerichtet. Wer zukünftig die gelisteten Gebiete verlassen und nach Deutschland kommen würde, würde als Aussiedler und damit als Vertriebener anerkannt. Dies bedeutete zum einen, dass auch der zukünftige Heimatverlust in ursächlichem Zusammenhang mit dem Zweiten Weltkrieg stehen müsste. Zum anderen legte die Liste der möglichen Herkunftsgebiete nahe, dass die Definition des Aussiedlers eine politische war, handelte es sich doch ausschließlich um Länder mit kommunistischer Regierung – einschließlich Albaniens, wo es niemals eine deutsche Minderheit gegeben hatte.

„Aussiedler" war mithin *keine* rein ethno-national gedachte Kategorie, die jedem Deutschen von irgendwo in der Welt die Möglichkeit gegeben hätte, nach Deutschland zu kommen. Sie war vielmehr geografisch beschränkt, historisch an die Ereignisse und Folgen des Zweiten Weltkriegs sowie an die kommunistische Herrschaft in Ostmittel-, Ost- und Südosteuropa gebunden. Dies implizierte prinzipiell auch ein „Verfallsdatum": In dem Maße, in dem die Folgen des Zweiten Weltkriegs mit der Zeit weniger spürbar sein und die kommunistischen Systeme verschwinden würden, würde auch die Kategorie des „Aussiedlers" in Frage gestellt werden. Die Diskussionen, die es im Laufe der 1970er, 80er und 90er Jahre um dieses Konzept gab, kreisten genau um diese Problematik (Panagiotidis 2015c, S. 922–928).

Gleichzeitig gab es aber natürlich eine ethnische Komponente der Kategorie „Aussiedler" in Form der vorausgesetzten „deutschen Volkszugehörigkeit" der Betroffenen. Diese war in § 6 BVFG folgendermaßen definiert:

> Deutscher Volkszugehöriger im Sinne dieses Gesetzes ist, wer sich in seiner Heimat zum deutschen Volkstum bekannt hat, sofern dieses Bekenntnis durch bestimmte Merkmale wie Abstammung, Sprache, Erziehung, Kultur bestätigt wird.

Wie diese Definition zeigt, ging es entgegen landläufiger Vorstellungen bei der „deutschen Volkszugehörigkeit" nicht primär um Abstammung und Blut, sondern zunächst einmal um ein „Bekenntnis zum deutschen Volkstum", also um Selbst-Identifikation als „deutsch". Dieses subjektive Bekenntnis musste wiederum durch vermeintlich objektive Merkmale bestätigt werden, von denen Abstammung – ein notorisch schwer zu definierendes Konstrukt – eines sein konnte, aber nicht musste. In der Anerkennungspraxis war schon bei der Aussiedlung von Deutschen aus Jugoslawien in den 1950er und 1960er Jahren Sprachkenntnis das wichtigste Bestätigungskriterium (Panagiotidis 2016a). Offiziell kodifiziert wurde diese Praxis aber erst viel später im Kontext der massenhaften russlanddeutschen Aussiedlung in Form des 1996 eingeführten obligatorischen Sprachtests, der familiär vermittelte Deutschkenntnisse als entscheidendes Bestätigungsmerkmal überprüfte. Hier geriet das ethnische Kriterium der Aufnahme mit dem Aspekt der Wiedergutmachung tendenziell in Konflikt, da der Verlust der deutschen Sprache ja gerade eine Konsequenz der Verfolgung als Deutsche gewesen war.

Ähnlich wie der Begriff des Vertriebenen enthielt auch die „Volkszugehörigkeit“ eine zeitliche Komponente, musste das Bekenntnis doch „in der Heimat“ erbracht worden sein. In Rechtskommentaren und Rechtspraxis wurde dies so ausgelegt, dass es also auch vor Beginn der „allgemeinen Vertreibungsmaßnahmen“ 1944/45 abgelegt worden sein musste. Was danach passierte – etwa die Verleugnung des eigenen Deutschtums unter dem Druck der Umstände – war für die Anerkennung als Aussiedler grundsätzlich irrelevant. Dies bedeutete aber auch, dass der Nachweis eines Bekenntnisses in der Vergangenheit mit der Zeit immer schwieriger werden würde. Für Menschen, die als Angehörige deutscher Familien nach 1945 geboren werden würden, war zunächst gar keine Lösung vorgesehen. Diese wurde im Laufe der 1970er Jahre in Form des durch den Familienzusammenhang vermittelten Bekenntnisses gefunden (Panagiotidis 2015c, S. 924–925). Dieses in vielerlei Hinsicht problematische Konstrukt wurde erst durch Einführung der Kategorie des „Spätaussiedlers“ durch das Kriegsfolgenbereinigungsgesetz (KfbG) im Dezember 1992 ersetzt, dessen korrespondierende neue Definition von „Volkszugehörigkeit“ im neu formulierten § 6 ein Bekenntnis bis in die Gegenwart („bis zum Verlassen der Aussiedlungsgebiete“) verlangte (vgl. Panagiotidis 2019a, S. 269). Die entsprechende Regelung wurde gezielt auf die Russlanddeutschen zugeschnitten, wenn es hieß, dass es auch als Bekenntnis gelte, wenn die Person „nach dem Recht des Herkunftsstaates zur deutschen Nationalität gehörte“, eine Anspielung auf den sowjetischen Nationalitäteneintrag im Pass. Und auch auf den verfolgungsbedingten Sprachverlust der Russlanddeutschen wurde zunächst Rücksicht genommen, indem das Sprachvermittlungskriterium als erfüllt erklärt wurde, „wenn die Vermittlung bestätigender Merkmale [Sprache, Erziehung, Kultur] wegen der Verhältnisse im Herkunftsgebiet nicht möglich oder nicht zumutbar war.“ Mit der Einführung der Sprachtests 1996 wurde die sprachliche Anerkennungspraxis drastisch verschärft, auch wenn die Ausnahmeregelung formal bestehen blieb.

Die gesetzliche Definition des „Aussiedlers“ änderte sich bis zu den Veränderungen durch das KfbG nicht. In Rechtskommentaren und Verwaltungspraxis wurde sie jedoch immer weiter interpretiert, um sie für die Nachkriegsgenerationen und die damit einhergehenden Veränderungen anzupassen. Konkret ging es vor allem darum, trotz wachsenden zeitlichen Abstands zu den Ereignissen des Krieges einen Kausalzusammenhang zwischen Aussiedlung und Krieg herstellen zu können. Dies geschah mit Hilfe des Konzepts des „Vertreibungsdrucks“, welcher deutschen Volkszugehörigen im „Ostblock“ prinzipiell unterstellt wurde. Die Annahme des Gesetzgebers war, dass die Menschen nach wie vor unter den Folgen des Krieges litten, beispielsweise aufgrund der „Vereinsamung“ in Folge der Vertreibung der meisten Deutschen. Diesen „Vertreibungsdruck“ mussten die Aussiedler grundsätzlich nicht individuell nachweisen. Er konnte aber überprüft werden, wenn Grund zu der Annahme bestand, dass „vertreibungsfremde Gründe“ – etwa wirtschaftlicher oder allgemein politischer Natur – die Ursache für die Aussiedlung seien (Panagiotidis 2015c, S. 925–927). Faktisch war es für die Aufnahme als Aussiedler in der Regel ausreichend, die deutsche Volkszugehörigkeit nachzuweisen. Rechtlich gesehen blieb diese Kategorie aber stets ethnisch *und* politisch definiert.

Mit den Reformen des KfbG wurde die politische Konstruktion des Aussiedler- bzw. dann Spätaussiedlerbegriffs noch deutlicher. Der Vertreibungsdruck – seitdem „Kriegsfolgenschicksal" genannt – wird nur noch bei Deutschen aus der ehemaligen Sowjetunion pauschal unterstellt. Deutsche aus Polen und Rumänien, die bis 1990 die Mehrzahl der Aussiedler ausmachten, können seitdem nur noch bei Nachweis einer individuellen Benachteiligung in Folge der Kriegsereignisse den Aussiedlerstatus geltend machen. Mit dem Fall des Kommunismus in diesen Ländern war also die pauschale Unterstellung von Vertreibungsdruck bzw. Kriegsfolgenschicksal hinfällig. Für die Deutschen in der ehemaligen Sowjetunion hingegen überdauert das Kriegsfolgenschicksal aus Sicht des Gesetzgebers das Ende des Kommunismus. In ihrem Fall zeigt sich die politische Dimension vor allem in den Ausschlussklauseln des § 5, der vom Spätaussiedlerstatus unter anderem ausschließt, wer „eine herausgehobene politische oder berufliche Stellung innegehabt hat, die er nur durch eine besondere Bindung an das totalitäre System erreichen konnte". Was eine „herausgehobene politische oder berufliche Stellung" konkret bedeutet, ist umstritten. Grundsätzlich bedeutet diese Regelung aber, dass bei „zu guter" Integration in die frühere Sowjetgesellschaft kein Kriegsfolgenschicksal mehr angenommen wird.

Im neugeschaffenen Status des „Spätaussiedlers" zeigte sich schließlich ganz deutlich das „Verfallsdatum" dieses Konzepts. Spätaussiedler aus eigenem Recht kann nur werden, wer vor Inkrafttreten des Gesetzes am 1. Januar 1993 geboren ist. Die Spätaussiedlermigration aus der ehemaligen Sowjetunion läuft somit perspektivisch aus, auch wenn sie seit 2013 durch Erleichterungen bei den Sprachtests wieder einen leichten Aufschwung genommen hat. Seitdem müssen die nachgewiesenen Deutschkenntnisse nicht mehr im familiären Zusammenhang vermittelt sein, sondern können auch anderweitig erworben werden, z. B. in Sprachkursen. Die Zahl potenzieller Aussiedlungskandidaten vergrößert dies aber nur in sehr begrenztem Umfang, da junge Menschen, die diese Sprachkenntnisse am leichtesten erwerben könnten, wegen der Stichtagsklausel nicht mehr zur eigenständigen Aussiedlung berechtigt sind.

Die Schaffung der Kontingentflüchtlinge

Der Status des „jüdischen Kontingentflüchtlings" wurde – bewusst oder unbewusst – analog zum Aussiedlerstatus konstruiert. Die Analogie bestand zum Ersten in der ethnischen Kodierung des Zugangs, in diesem Fall über eine nachzuweisende jüdische statt eine deutsche Identität. Zum Zweiten bestand sie in dem

Bezug auf ein Verfolgungsschicksal im Zweiten Weltkrieg, welches aber ebenso wie das Kriegsfolgenschicksal der Spätaussiedler nicht individuell nachzuweisen war. Der Nachweis der Zugehörigkeit zur verfolgten Gruppe ersetzte den Nachweis individueller Verfolgung oder Benachteiligung. Auch hier kam also das Prinzip der ethnisch kodierten „Wiedergutmachung durch Migration" zur Anwendung.

Während das Aussiedleraufnahmeregime, wie geschildert, unmittelbar aus dem Kontext der Vertriebenenintegration hervorgegangen und der Zusammenhang von Aussiedlung und Kriegsfolgen im Bundesvertriebenengesetz rechtlich festgeschrieben war, wurde für das Kontingentflüchtlingsregime dieser Zusammenhang erst im politischen und öffentlichen Diskurs hergestellt. Für die Legitimation der Eröffnung eines speziellen Migrationskanals für jüdische Zuwanderer aus der Sowjetunion zu einer Zeit, in der die Zeichen angesichts verstärkter Migration aus Osteuropa und aus dem globalen Süden generell auf Abschottung standen, war dieser Zusammenhang essenziell.

Der Zusammenhang von deutscher Geschichte und jüdischer Migration ging zunächst auf die Versuche der letzten DDR-Regierung zurück, sich gegenüber der NS-Vergangenheit und speziell dem Holocaust neu zu positionieren (Belkin 2017). Schon im Februar 1990 hatte der Runde Tisch an die Regierung appelliert, „unabhängig von den geltenden Bestimmungen den Aufenthalt für jene zu ermöglichen, die sich in der Sowjetunion als Juden diskriminiert und verfolgt sehen" (zitiert nach Becker 2001, S. 44fn4). In ihrer „Gemeinsamen Erklärung" vom 12. April 1990 ließ die Volkskammer verlautbaren:

> Wir, die ersten frei gewählten Parlamentarier der DDR, bekennen uns zur Verantwortung der Deutschen in der DDR für ihre Geschichte und ihre Zukunft und erklären einmütig vor der Weltöffentlichkeit:
>
> Durch Deutsche ist während der Zeit des Nationalsozialismus den Völkern der Welt unermessliches Leid zugefügt worden. Nationalismus und Rassenwahn führten zum Völkermord, insbesondere an den Juden aus allen europäischen Ländern, an den Völkern der Sowjetunion, am polnischen Volk und am Volk der Sinti und Roma.
>
> Diese Schuld darf niemals vergessen werden. Aus ihr wollen wir unsere Verantwortung für die Zukunft ableiten. (Volkskammer 1990)

Aus dieser Verantwortung wurden verschiedene Schlüsse gezogen: Neben der Bitte um Vergebung für die Feindseligkeit der DDR gegenüber Israel, dem Versprechen von „gerechter Entschädigung materieller Verluste" und der Pflege jüdischer Tradition formulierten die Parlamentarier auch: „Wir treten dafür ein, verfolgten Juden in der DDR Asyl zu gewähren." (Volkskammer 1990, Punkt 1)

Der Ministerrat der DDR formulierte dazu im Juli 1990 folgenden Beschluss:

> Die Regierung der Deutschen Demokratischen Republik gewährt zunächst in zu begrenzendem Umfang ausländischen jüdischen Bürgern, denen Verfolgung oder Diskriminierung droht, aus humanitären Gründen Aufenthalt. (Ministerrat 11.7.1990, zitiert nach Belkin 2017, S. 231)

Die Begrenzung auf die Juden der UdSSR war hier explizit gar nicht festgeschrieben. Faktisch waren sie es aber, die kamen. Während zu jener Zeit, kurz nachdem die USA ihre Aufnahme sowjetischer Juden drastisch eingeschränkt hatte, hunderttausende jüdische Emigranten aus der Sowjetunion nach Israel drängten, zogen einige – immerhin 2.650 zwischen April und Oktober 1990 – nach Ost-Berlin, darunter auch der spätere Schriftsteller Wladimir Kaminer (Becker 2001, S. 45).

Mit der Wiedervereinigung wurden die sowjetisch-jüdischen Immigranten zu einem gesamtdeutschen Thema. Zwar wurde das Asylversprechen der DDR-Regierung nicht in den Einigungsvertrag übernommen und angesichts steigender Einreiseanträge an den deutschen Auslandsvertretungen in der Sowjetunion ein Aufnahmestopp verhängt. Das Thema aber blieb akut, eben weil im öffentlichen Diskurs der Zusammenhang mit dem Holocaust hergestellt wurde. Der Spiegel kommentierte den Aufnahmestopp entsprechend: „Diese Reaktion ist fast so unglaublich wie ihr Anlass: 45 Jahre nach dem Ende des Holocaust will erstmals wieder eine große Zahl von Juden in Deutschland heimisch werden – und Bonn macht die Grenzen dicht." (Spiegel 40/1990)

Das Argument der „historischen Verpflichtung und der moralischen Verantwortung" fand aber auch Resonanz im Deutschen Bundestag und in der deutschen Öffentlichkeit (Becker 2001, S. 46). In den Worten der Ethnologin Franziska Becker: „Mit der Vereinigung beider deutscher Staaten scheint die Aufnahme sowjetischer Juden notwendig und zwingend geworden zu sein. Eingebunden in den moralischen Diskurs um die geschichtliche Verantwortung wird sie als symbolische Geste der Wiedergutmachung interpretiert und fungiert zugleich als Repräsentationsakt des vereinigten Deutschland" (Becker 2001, S. 46). Dazu gehörte die Konstitution der sowjetischen Juden als „Opferkollektiv" im politischen und öffentlichen Diskurs (Becker 2001, S. 47). Die Verfolgung durch die Nazis während der Shoah verschwamm dabei mit der Bedrohung durch russisch-nationalistische Antisemiten in der Gegenwart – eine Verknüpfung, die in einer plakativen Formulierung wie „Russen-Hitler" für den nationalistisch-antisemitischen Politiker Vladimir Žirinovskij explizit wurde (BZ 13.2.1994, zitiert nach Becker 2001, S. 47). Die Linie von der Shoah zur heutigen Aufnahme von Juden zog auch die ZEIT: „Es versteht sich von selbst, dass die Deutschen in Ost und West den Glaubensbrüdern von sechs Millionen ermordeten europäischen Juden eine neue Heimstatt bereiten." (Zeit 21.9.1990, zitiert nach Becker 2001, S. 47)

Aus der historischen Verantwortung für den Völkermord an den europäischen Juden ergab sich also die Legitimation ihrer Zuwanderung in der Gegenwart. Die Parallelität zur Konstruktion der Aufnahme von ethnischen Deutschen, die bis in die Gegenwart unter den Folgen des – von Deutschland begonnenen – Krieges zu leiden hatten, lag dabei auf der Hand, auch wenn sie in der politischen und öffentlichen Debatte so nicht gezogen wurde. Vielmehr wurden die Komplexe Spätaussiedlung und jüdische Zuwanderung nunmehr viel strikter auseinandergehalten, als dies zuvor der Fall gewesen war. In den 1960er und 1970er Jahren waren jüdische Migranten aus Ostmitteleuropa, ab Mitte der 1970er auch und vor allem aus der Sowjetunion in Deutschland als Aussiedler aufgenommen worden. Dies war nie unumstritten, aber die meiste Zeit auch nicht unmöglich gewesen (Panagiotidis 2010, Panagiotidis 2012). Anfängliche Überlegungen, auch die neue sowjetisch-jüdische Zuwanderung in diesem Kontext zu verhandeln wurden aber schnell verworfen, zugunsten einer separaten Aufnahme „als Juden". Die Verknüpfung von Aussiedlerzuwanderung und jüdischer Zuwanderung erfolgte diskursiv dann nur noch vereinzelt, etwa über den Hinweis des Grünen-Politikers Dietrich Wetzel in einer Aktuellen Stunde im Bundestag, dass die Vorfahren der Juden der Sowjetunion auch irgendwann mal aus dem Rheinland ausgewandert seien und entsprechend wie die Spätaussiedler in Deutschland aufzunehmen seien (taz 27.10.1990). Dieses Argument, das in der aktuellen Rentendebatte (siehe unten) auch gerne ins Feld geführt wird (z. B. Beck 2019), verkennt allerdings, dass die einstige Herkunft der Russlanddeutschen aus Deutschland bzw. seinen Vorgängerstaaten für die Spätaussiedleraufnahme auch nicht maßgeblich war, selbst wenn sie im öffentlichen Diskurs gerne betont wurde. Hier wurde also versucht, die (missverstandene) genealogische Verknüpfung der Aussiedler mit Deutschland zugunsten der jüdischen Zuwanderer in Stellung zu bringen. Die vergangenheitspolitische Parallelität wurde hingegen – anders als in der aktuellen Rentendebatte – nicht thematisiert.

Aus der Definition eines jüdischen Opferkollektivs ergab sich ein Aufnahmeverfahren, das dem für Aussiedler strukturell ähnlich war. Anders als Asylsuchende mussten Antragsteller nicht ihre individuelle Verfolgung oder Bedrohung nachweisen, sondern ausschließlich ihre Zugehörigkeit zum a priori definierten jüdischen Opferkollektiv. Durch diesen Nachweis einer jüdischen Identität erhielten sie Zugang zum Status des „Kontingentflüchtlings", der erstmals 1980 durch das im Zusammenhang mit der Ankunft vietnamesischer Boat People erlassenen „Gesetz über Maßnahmen für im Rahmen humanitärer Hilfsaktionen aufgenommener Flüchtlinge" definiert worden war (vgl. Becker 2001, S. 52–53). Sie wurden also als Flüchtlinge anerkannt, ohne das reguläre Antragsverfahren mit Prüfung der individuellen Verfolgungsgeschichte durchlaufen zu müssen. Der Begriff „*Kontingent*flüchtling" ist in diesem Zusammenhang tatsächlich irreführend, da die zahlenmäßige Kontingentierung explizit ausgesetzt wurde (Becker 2001, S. 50–51).

Wie aber konnte der Nachweis einer jüdischen Identität erfolgen? Anders als im Fall der im BVFG definierten „deutschen Volkszugehörigkeit" definierte das bundesdeutsche Recht nicht, wer als Jude zu verstehen sei. Franziska Becker spricht hier von einem „Definitionstabu" – nach den Nürnberger Gesetzen sollte sich kein deutscher Gesetzgeber mehr anmaßen, die Zugehörigkeit zum jüdischen Volk zu definieren (Becker 2001, S. 53). Für das administrative Aufnahmeverfahren verlegte man sich daher auf die Nutzung sowjetischer Personenstandsdokumente (Pässe und Geburtsurkunden), in denen die *nacional'nost'* der Antragsteller dokumentiert war. Somit überließ man die Definition der jüdischen Identität gleichsam den sowjetischen Behörden. Sowohl die eigene Eintragung als „jüdisch" wie auch die jüdische Abstammung väter- oder mütterlicherseits wurden im Verfahren akzeptiert.

Hierdurch ergab sich ein definitorisches Problem: Die sowjetischen Definitionen von Zugehörigkeit entsprachen nicht denen des jüdischen Religionsrechts (Halacha). Dieses war aber für die jüdischen Gemeinden maßgeblich, in denen die Zuwanderer Aufnahme finden sollten. Entsprechend waren viele der als Juden nach Deutschland immigrierten (ehemaligen) Sowjetbürger „nicht jüdisch genug" für die hiesige jüdische Gemeinschaft. Daher wuchs die Anzahl der Mitglieder von jüdischen Gemeinden zwischen 1990 und 2010 auch nur um 103.200 Personen, was ziemlich genau der Hälfte der Gesamtzahl von Zuwanderern mit Kontingentflüchtlingsstatus (einschließlich nicht-jüdischer Familienmitglieder) entsprach (Weiss/Gorelik 2012, S. 398).

Erst 2005 wurde das Aufnahmeverfahren neu geregelt und stärker auf die Anforderungen der Halacha ausgerichtet. Zwar waren nach wie vor sowjetische Dokumente, die eine jüdische Zugehörigkeit oder Abstammung nachweisen, die Grundlage der Aufnahme. Gleichzeitig bedurfte es aber des Nachweises, „dass die Möglichkeit zur Aufnahme in einer jüdischen Gemeinde in Deutschland besteht. Das BAMF holt hierzu eine Stellungnahme der Zentralen Wohlfahrtsstelle der Juden in Deutschland unter Einbeziehung der Union der Progressiven Juden ein" (Migrationsbericht 2007, S. 94). Ohne es explizit zu sagen, wird so die Halacha zur Grundlage von Aufnahmeentscheidungen für jüdische Zuwanderer, die seitdem nicht mehr Kontingentflüchtlinge heißen, aber immer noch einen besonderen Zuwanderungsstatus bekommen (gemäß § 23 Aufenthaltsgesetz).

Allerdings sind die Aufnahmekriterien seitdem auch nicht mehr nur identitätsbezogen, sondern beinhalten auch eine „Integrationsprognose" auf Grundlage eines Punktesystems, das Deutschkenntnisse, Alter, Hochschulabschluss, Berufserfahrung, Mitarbeit in einer jüdischen Organisation, ein Arbeitsplatzangebot sowie die Präsenz von Verwandten in Deutschland bewertet. Deutschkenntnisse müssen auf dem Niveau A1 nachgewiesen werden (Migrationsbericht 2007, S. 94). Das Aufnahmeverfahren für jüdische Zuwanderer ähnelt somit stärker anderen, nicht identitätsbasierten Migrationskanälen. Eine solche Auswahl auf Grundlage von kulturellen Kriterien (Kenntnis der deutschen Sprache) und

Integrationsfähigkeit war 1990 noch auf den Widerstand des damaligen Vorsitzenden des Zentralrats der Juden, Heinz Galinski, gestoßen (Becker 2001, S. 49). Bedingt durch diese Verschärfungen der Aufnahmekriterien sind von 2006 bis 2017 nur noch gut 11.000 jüdische Zuwanderer nach Deutschland gekommen, im Schnitt weniger als tausend pro Jahr (Migrationsbericht 2016/17, S. 70).

Integrationsprogramme und ihre Paradigmen

Die differenzierten Aufnahmeregime gingen mit unterschiedlichen Erwartungen hinsichtlich der gesellschaftlichen Integration der Zuwanderer und ihres Platzes in der deutschen Gesellschaft einher. Da Spätaussiedler nach offizieller Lesart in die Bundesrepublik kamen, um „als Deutsche unter Deutschen" zu leben, wurde grundsätzlich ihre schnelle Integration bzw. sogar Assimilation erwartet. Dabei war das ursprüngliche Vertriebenenintegrationsregime, wie es in den 1950er Jahren durch das BVFG festgelegt wurde, grundsätzlich durchaus sensibel für kulturelle Differenz (vgl. Plamper 2019, S. 80, 88): Sein Leitmotiv war neben der strukturellen Eingliederung der Deutschen aus dem Osten auch die „Pflege ihres Kulturguts", wie sie in § 96 BVFG gefordert wurde. Dieses Kulturgut war aber eben ausschließlich als *deutsches* Kulturgut gedacht, welches im Kontext einer aus verschiedenen „Stämmen" bestehenden deutschen Nation zu bewahren sei. Für die Bewahrung polnischer oder russischer Elemente war in dieser Konzeption aber kein Platz. Je stärker die Assimilation der in Osteuropa verbliebenen Deutschen an die Umgebungskulturen vor allem in sprachlicher Hinsicht voranschritt, desto stärker wurde auch der assimilatorische Ansatz des Aussiedlerintegrationsregimes. Insbesondere die Vermittlung der deutschen Sprache in Sprachkursen stand dabei zunehmend im Mittelpunkt (Panagiotidis 2019c). Ein weiteres Element war das – in der Praxis oft als Verpflichtung erlebte – Angebot an die Aussiedler, den eigenen Namen einzudeutschen (Panagiotidis 2015a; vgl. auch Kapitel 5). So sollte totale Unsichtbarkeit in einer homogen konzipierten deutschen Gesellschaft gewährleistet werden. Im Gegensatz dazu waren jüdische Kontingentflüchtlinge für eine Art segmentierte Integration in den jüdischen Gemeinden vorgesehen. Sie sollten nicht primär Deutsche, sondern „deutsche Juden" werden und zur Revitalisierung des jüdischen Lebens in Deutschland beitragen, welches seit der Shoah ein marginales Dasein fristete (Körber 2015b). Eine „Namenscamouflage", wie sie den Spätaussiedlern angeboten wurde, war für sie auch nicht vorgesehen (Panagiotidis 2010).

Trotz dieser grundsätzlich unterschiedlichen Integrationsparadigmen gab es zwischen den Integrationspaketen für beide Gruppen viele Gemeinsamkeiten. Dazu gehörte der Anspruch auf Sprachkurse, Sozialhilfe sowie Wohn- und Arbeitslosengeld (Harris 2003, S. 257). Grundsätzlich wurde die Aufnahme und Integration der Kontingentflüchtlinge also mit demselben staatlichen Gestaltungsanspruch begleitet, wie die der Spätaussiedler. Die in den Jahrzehnten zuvor für letztere Gruppe entwickelten Eingliederungsinstrumente kamen nun auch für diese neue Einwandererkategorie zum Tragen.

An drei entscheidenden Punkten unterschieden sich die Rechte von Spätaussiedlern und Kontingentflüchtlingen aber. Erstens erhielten anerkannte Spätaussiedler die deutsche Staatsangehörigkeit, Kontingentflüchtlinge dagegen nicht. Allerdings brachten die Reformen des KfbG auch bei der Spätaussiedleraufnahme gewisse Differenzierungen mit sich, die dazu führten, dass nicht-deutsche Familienangehörigen auch nicht mehr pauschal eingebürgert wurden und nur als Ausländer in Deutschland Aufenthalt nehmen konnten. Die Kontingentflüchtlinge waren wiederum gegenüber anderen Immigranten privilegiert, da sie einen sicheren, unbefristeten Aufenthaltsstatus bekamen und das Recht hatten, mit der ganzen Familie zu immigrieren. Nach sieben Jahren konnten sie auch einen Antrag auf Einbürgerung stellen (Becker 2001, S. 51).

Ein zweiter Unterschied bestand – zumindest theoretisch – bei der Anerkennung von im Ausland erworbenen Berufsabschlüssen. Diese Problematik war im Kontext der Spätaussiedlerzuwanderung spätestens seit den 1970er Jahren bekannt und immer wieder Objekt politischer Regelungsversuche gewesen (Panagiotidis 2017). Das KfbG legte nun als neuen §10 des BVFG fest, dass „Prüfungen oder Befähigungsnachweise, die Spätaussiedler in den Aussiedlungsgebieten abgelegt oder erworben haben, anzuerkennen [sind], wenn sie den entsprechenden Prüfungen oder Befähigungsnachweisen im Geltungsbereich des Gesetzes gleichwertig sind." Kontingentflüchtlinge hatten keinen solchen Anspruch. Allerdings ist aus diesem grundsätzlichen Anspruch der Spätaussiedler auf Anerkennung ihrer Zeugnisse nicht zu schließen, dass dieser auch regelmäßig eingelöst wurde. Die Voraussetzung der „Gleichwertigkeit" mit einheimischen Abschlüssen ließ dort genügend Spielraum zu Ungunsten der Antragsteller. Die Folge war daher auch bei den Spätaussiedlern eine weitreichende Dequalifizierungserfahrung (vgl. auch Kapitel 3).

Ein dritter, mittelfristig sehr bedeutsamer Unterschied ist die Anerkennung von im Ausland gearbeiteten Jahren für die Rente in Deutschland. Als Teil der Angleichung ihrer „Sozialstaatsbiographien" (Bommes 2012) an ein „normales" bundesdeutsches Modell bekommen Spätaussiedler nach dem schon in den 1950er Jahren im Kontext der Vertriebenenintegration erlassenen Fremdrentengesetz in der ehemaligen Sowjetunion geleistete Arbeitsjahre in Deutschland anerkannt. Früher erfolgte diese Angleichung vollständig, seit der Reform dieses Gesetzes im Jahr 1996 allerdings nur noch in eingeschränktem Umfang. Konnten Spätaussiedler früher also aufgrund der im Sozialismus in der Regel bei beiden Geschlechtern ungebrochenen Erwerbsbiografien auf vergleichsweise gute deutsche Renten hoffen, stellt sich bei ihnen inzwischen zunehmend die Problematik der Altersarmut (vgl. auch Kapitel 3). Bei den Kontingentflüchtlingen besteht dieses Problem allerdings schon länger und in noch akuterer Form, da sie in das

Fremdrentenrecht von vornherein nicht einbezogen wurden (Riese 23.01.2020). Politische Initiativen zur Verbesserung dieses Zustands blieben bis zum Zeitpunkt der Verfassung dieses Textes erfolglos. Ein Grund hierfür ist die Haltung der Bundesregierung, die im Fremdrentengesetz ein ausschließlich deutschen Zuwanderern vorbehaltenes Rechtswerk sieht (vgl. dazu die Debatte in der 83. Sitzung des 19. Bundestags vom 21. Februar 2019). Dies ist aber falsch, denn in § 1 Abs. 2 Nr. 2c des Fremdrenten- und Auslandsrentengesetzes von 1953 bzw. in § 1c seiner Neufassung durch Artikel 1 des Fremdrenten- und Auslandsrenten-Änderungsgesetzes (FANG) im Jahr 1960 wurden damals auch die sogenannten „heimatlosen Ausländer" – in Deutschland verbliebene „Displaced Persons" der Kriegszeit, die nicht in ihre Heimatländer zurückkehren konnten – mitbedacht. Die Einbeziehung der jüdischen Kontingentflüchtlinge wäre also bei gegebenem politischen Willen durchaus möglich, ohne dafür erneut in wenig zielführende Debatten über die deutsche Herkunft der osteuropäischen Juden und ihre Zugehörigkeit zum „Deutschen Sprach- und Kulturkreis" einsteigen zu müssen (vgl. Beck 2019; zur langen Vorgeschichte dieser Diskussion siehe auch Grill 2018, Brunner/Nachum 2009). Entscheidend ist der gemeinsame Bezugspunkt der Kompensation für die Folgen des Zweiten Weltkriegs. Ob die Zahlung von Fremdrenten das Problem der Altersarmut der Kontingentflüchtlinge vollständig lösen würde, steht angesichts der auch bei den Spätaussiedlern zunehmenden Abhängigkeit von der Grundsicherung im Alter noch einmal auf einem anderen Blatt. Neben der mangelnden Anrechnung der Arbeitsjahre im Ausland sind ja auch noch die gebrochenen Erwerbsbiografien der Migranten bzw. ihre Beschäftigung in oft schlecht bezahlten Jobs zu bedenken, die keinen auskömmlichen Rentenanspruch begründen (vgl. Kapitel 3). Vorzuziehen wäre daher eine umfassende Verbesserung für beide Gruppen postsowjetischer Migranten als Teil einer umfassenden Rentenreform, die auch den deutschen „working poor" eine angemessene Alterssicherung ermöglicht (Stichwort: „Respektrente").

Die Beseitigung der Ungleichbehandlung postsowjetischer Migranten in der Rentenfrage wäre auch ein Ansatzpunkt, der in diesen strukturell ähnlichen, vom Inhalt her an entscheidenden Stellen aber unterschiedlichen Aufnahmeregimen enthaltenen „Sortierfunktion" entgegenzuwirken. Die jeweiligen Integrationsregime statteten beide Gruppen mit je unterschiedlichen Ressourcen aus, formulierten jeweils unterschiedliche Anforderungen und wiesen ihnen unterschiedliche Plätze in der (entstehenden) Migrationsgesellschaft zu. Im Zusammenspiel mit den anderen Zuwanderungskanälen und Aufnahmeregimen für einstige „Gastarbeiter", Asylsuchende und andere trugen sie zur Fragmentierung wie auch zur Hierarchisierung der Migrationsgesellschaft bei (vgl. Becker 2001, S. 52). Bei der Überwindung dieses fragmentierten Zustands wurden seit den migrationsbezogenen Reformen der rot-grünen Bundesregierung nach der Jahrtausendwende zwar schon beträchtliche Fortschritte erzielt – allein schon in dem Sinne, dass es inzwischen möglich ist, über „Migration" als umfassendes Phänomen zu sprechen, statt nur über „Aussiedler", „Ausländer", „Flüchtlinge" etc. Auch die einst scharfe Trennlinie zwischen „Deutschen" und „Ausländern" wurde in den letzten zwei Jahrzehnten aufgeweicht, nicht zuletzt wegen der hybriden Position der Spätaussiedler als „fremden Deutschen" zwischen diesen Kategorien. Die Hierarchien der Migrationsgesellschaft bleiben aber bestehen und führen zu konflikthaften Aushandlungen von Zugehörigkeit (vgl. auch Kapitel 7).

Kapitel 3
Sozioökonomische Integration

Valeri und Elena S. kamen 1996 als Spätaussiedler nach Deutschland. Als ich sie 2008 interviewte, lebten sie mit ihren zwei Kindern in ihrer eigenen Doppelhaushälfte im hessischen Korbach. Valeri hatte in Russland als Bergmeister in einer Kohlengrube gearbeitet und in Deutschland noch vor Ende des Sprachkurses angefangen, bei einem mittelständischen Landmaschinenhersteller zu arbeiten. Elena war studierte Elektroingenieurin, konnte in Deutschland aber nicht in ihrem Beruf arbeiten – u. a. deshalb, weil sie niemand über die Umschulungs- und Qualifizierungsmöglichkeiten für ausgesiedelte Akademiker informiert hatte, die beispielsweise die Otto-Benecke-Stiftung anbot. Zum Zeitpunkt des Interviews arbeitete sie als Reinigungskraft.

Das Ehepaar S. repräsentiert eine typische Erfahrung postsowjetischer Spätaussiedler auf dem bundesdeutschen Arbeitsmarkt. Mit seiner nicht-akademischen technischen Qualifikation fand Valeri schnell eine Stelle. Die akademische Qualifikation seiner Frau ließ sich hingegen nicht gewinnbringend einsetzen und sie blieb auf unqualifizierte, geringfügig bezahlte Arbeit angewiesen. Solche Geschichten hörte ich in Interviews immer wieder, in verschiedenen Konstellationen. Oft, aber nicht immer, war es die Frau, deren Qualifikation nicht anerkannt wurde und die in prekäre und schlecht bezahlte Arbeitsverhältnisse gedrängt wurde. Eine Studie des Bundesinstituts für Bevölkerungsforschung brachte diese Erkenntnis schon in den 1990er Jahren auf die Formel: „Arbeit in der Bundesrepublik Deutschland wird von den Aussiedlern um den Preis des beruflichen Abstiegs erkauft" (Mammey/Schiener 1998, S. 119; vgl. auch Greif u. a. 2003). Der Fall der Familie S. zeigt aber auch, dass man sich auf dieser Grundlage einen bescheidenen Wohlstand einschließlich eines Eigenheims schaffen konnte. Wie viele andere Spätaussiedler nutzten sie die Einkünfte aus ihren verschiedenen mehr oder weniger gut bezahlten Jobs, um schnell Wohneigentum zu schaffen und sich so dauerhaft zu etablieren (vgl. Worbs u. a. 2013, S. 110–111).

Jenseits dieser anekdotischen Eindrücke gibt dieses Kapitel einige systematische Einblicke in die soziökonomische Integration der russlanddeutschen Spätaussiedler und der postsowjetischen Migranten insgesamt. Dass die Integration der Spätaussiedler in diesem Bereich nicht so problematisch war, wie noch in den 1990er Jahren oft befürchtet, stellte schon die Studie „Ungenutzte Potenziale" des Berlin-Instituts für Bevölkerung und Entwicklung im Jahr 2009 heraus (Woellert u. a. 2009). „Aussiedler erfolgreicher als ihr Ruf", stand auf dem Titelblatt dieser Studie zu lesen. Aber auch: „Hoch gebildete Migranten bleiben unter Wert beschäftigt". Letzteres ist freilich kein Spezifikum der Spätaussiedler. Unter den postsowjetischen Migranten betrifft diese flächendeckende Dequalifikationserfahrung die jüdischen Kontingentflüchtlinge in noch viel höherem Maße. „Hochqualifiziert und arbeitslos" – so fasste eine Studie im Jahr 2002 die berufliche Integration dieser Gruppe in Nordrhein-Westfalen zusammen (Gruber/Rüßler 2002).

Seit Publikation dieser Studien ist einige Zeit ins Land gegangen, und der Arbeitsmarkt hat sich in seiner Gesamtheit weiter verändert. Bis zum Einschnitt der Corona-Krise im Frühjahr 2020 sank die Zahl der Arbeitslosen kontinuierlich und die Zahl der Beschäftigten stieg – ein „Jobwunder", würden manche sagen, auch wenn es sich dabei oft um schlecht bezahlte, prekäre Jobs handelte. An diesen Entwicklungen partizipierten auch die postsowjetischen Migranten in Deutschland. Dieses Kapitel wertet Daten des Mikrozensus der Jahre 2005 bis 2018 aus, die eine differenzierte Betrachtung der verschiedenen Gruppen postsowjetischer Migranten im Vergleich mit anderen Kohorten erlauben. Diese Vergleichsgruppen repräsentieren unterschiedliche Migrationsgruppen mit verschiedenen rechtlichen Status ebenso wie die Bevölkerung ohne Migrationshintergrund. Konkret geht es um folgende Kategorien (vgl. Tabelle 3.1):

Tabelle 3.1: Vergleichsgruppen

Herkunft/Migrationsstatus	Anzahl 2018
Ehemalige Sowjetunion	2.730.000
Kasachstan (= russlanddeutsche Spätaussiedler)	946.000
Ukraine (≈ Kontingentflüchtlinge)	269.000
(Spät-)Aussiedler allgemein	2.640.000
Türkei	1.319.000
Bevölkerung ohne Migrationshintergrund	60.814.000

Quelle: Mikrozensus 2018, Tabelle 2I. Bei den Migrantenkohorten handelt es sich jeweils nur um die erste Generation (Personen mit eigener Migrationserfahrung).

Die Kategorie „ehemalige Sowjetunion" erfasst alle postsowjetischen Migranten unabhängig von ihrem Rechtsstatus. Für die spezifischen Charakteristika der zwei wichtigsten Untergruppen, russlanddeutsche Spätaussiedler und jüdische Kontingentflüchtlinge, dienen geografische Herkunftskohorten als Näherungswert. Für die russlanddeutschen Spätaussiedler sind dies die Zuwanderer aus Kasachstan. Zwar kommt nicht jeder russlanddeutsche Spätaussiedler aus Kasachstan, aber fast alle Zuwanderer aus Kasachstan sind russlanddeutsche Spätaussiedler.[15] Wenn also in diesem Kapitel in der Folge von russlanddeutschen

15 Seit 1992 immigrierten aus Kasachstan gut 930.000 Spätaussiedler nebst Angehörigen. Bedenkt man, dass bis Mitte der 1990er Jahre stets zwischen 50 und 60 Prozent aller postsowjetischen Aussiedler und Spätaussiedler aus Kasachstan kamen, kann man für den Zeitraum von 1987 bis 1991 von weiteren gut 250.000 Personen ausgehen, die aus der Kasachischen Sozialistischen Sowjetrepublik (Kasachische SSR) aussiedelten (bei insgesamt 455.477 Aussiedlern aus der da-

Spätaussiedlern die Rede ist, beziehen sich die entsprechenden Zahlen auf das aus Kasachstan zugewanderte Sample. Die Zuwanderer aus der Ukraine dienen als Näherungswert für die jüdischen Kontingentflüchtlinge, wobei diese Näherung im statistischen Sinne weniger exakt ist als bei dem Sample aus Kasachstan, weshalb die dazugehörigen statistischen Werte entsprechend mit einer gewissen Vorsicht interpretiert werden müssen.[16]

Ihre Werte werden erstens zueinander in Beziehung gesetzt, um die unterschiedlichen Kennziffern von Zuwanderergruppen zu vergleichen, die in einem ähnlichen Zeitraum und zum Teil aus denselben Ländern, aber mit einem anderen Status und entsprechend anderen Integrationsvoraussetzungen nach Deutschland eingewandert sind. Weiterhin werden sie mit drei Bezugsgruppen verglichen. Dies sind zum einen die Aussiedler und Spätaussiedler aus allen osteuropäischen Herkunftsländern (neben Kasachstan selbst v. a. die übrigen ehemaligen Sowjetrepubliken sowie Polen und Rumänien). Dieser Vergleich ist vor allem für die russlanddeutschen Spätaussiedler relevant, da er sich auf Menschen bezieht, die einen ähnlichen Rechtsstatus hatten, aber im Schnitt schon länger in Deutschland leben und deren Integration stärker gefördert wurde. Der Vergleich mit Migranten, die mit einem gänzlich anderen Migrationsstatus nach Deutschland gekommen sind, ergibt sich durch die Gegenüberstellung mit Zuwanderern aus der Türkei als zahlenmäßig besonders relevantem Beispiel eines „Gastarbeiteranwerbelandes“, welches anders als etwa Italien, Spanien, Griechenland und Portugal zudem bis heute nicht Teil des europäischen Freizügigkeitsraums ist. Schließlich dienen die Daten der Bevölkerung ohne Migrationshintergrund als Vergleichspunkte für die Bewertung der strukturellen Integration.

Grundsätzlich werden hier nur Angehörige der ersten Zuwanderergeneration verglichen. Zwar erfasst der Mikrozensus auch Angehörige weiterer Gene-

---

maligen Sowjetunion). Siehe dazu die Statistiken in Worbs u. a. (2013, S. 31–33). Dies ergibt eine Gesamtzahl von fast 1,2 Millionen. 2018 lebten laut Mikrozensus 946.000 Zuwanderer aus Kasachstan in Deutschland (Mikrozensus 2018, Tab. 2I). Unter Einberechnung inzwischen verstorbener und rück- oder weitergewanderter Personen legt dies nahe, dass nahezu alle Zuwanderer aus Kasachstan als Spätaussiedler oder deren Angehörige kamen.

16 Weder jüdische Religionszugehörigkeit noch der Status als Kontingentflüchtling werden im Mikrozensus erfasst. Den von Yfaat Weiss und Lena Gorelik unter Verweis auf Mark Tolts genannten Zahlen lässt sich entnehmen, dass ca. 55 Prozent der jüdischen Zuwanderer aus der Ukraine stammten. Siehe Weiss/Gorelik (2012, S. 400). Dies wären gut 120.000 Personen und damit, je nach Jahr, nur zwischen 40 und 50 Prozent der Migranten aus der Ukraine. Der andere Teil des Samples setzt sich aus Migranten mit anderem Status („Hochqualifizierte“, Heiratsmigrantinnen, Geflüchtete …) sowie auch einem nicht unbeträchtlichen Anteil von Spätaussiedlern zusammen: Laut Statistiken des BVA wanderten seit 1992 knapp über 40.000 russlanddeutsche Spätaussiedler aus der Ukraine ein (vgl. Worbs u. a. 2013, S. 32–33). Eine grundsätzliche Tendenz der Lage unter den Kontingentflüchtlingen lässt sich aus diesen Zahlen gleichwohl ablesen.

rationen (Personen mit Migrationshintergrund) gemäß der Staatsangehörigkeit bzw. dem Geburtsland der Eltern. Diese Zahlen sind für die hier genannten Gruppen aber nicht sinnvoll vergleichbar, da die Angehörigen der zweiten und folgenden Generationen in sehr unterschiedlichem Maße erfasst werden. Wie der Mikrozensus erläutert, kann „eine Person, die aufgrund ihrer eigenen Merkmale eigentlich keinen Migrationshintergrund hat [also nicht zugewandert und nicht ausländischer Staatsbürger ist], jedoch Eltern hat, die ausländisch, eingebürgert, oder (Spät-) Aussiedler sind, [...] nur dann als Person mit Migrationshintergrund identifiziert werden, wenn sie mit ihren Eltern im gleichen Haushalt lebt" (Mikrozensus 2018, Textteil). Die erwachsenen, in Deutschland geborenen Nachfahren insbesondere der Spätaussiedler verschwinden so als deutsche Staatsbürger systematisch aus der Statistik. Für die zweite Generation der „Gastarbeiter" gilt dies nicht im selben Maße, da sie in vielen Fällen weiterhin ausländische Staatsbürger sind. Die Eigenschaft „(Spät-)Aussiedler" wird obendrein sowieso nur für die erste Generation erfasst. Aussagekräftige Vergleiche lassen sich also nur aus der Gegenüberstellung der Personen „mit eigener Migrationserfahrung", also der ersten Generation, gewinnen.

Zu diesen Vergleichen statistisch konstruierter Bevölkerungskohorten ist zweierlei anzumerken. Erstens muss uns genau dieser Konstruktionscharakter der Kategorien klar sein, der Eindeutigkeit suggeriert, wo es durchaus auch Mischungen und Überschneidungen gibt. Dennoch lassen sich aus diesen Betrachtungen einige relevante demografische Charakteristika und Trends herauslesen. Zweitens ist die Absicht dieser Gegenüberstellung nicht, Integrationsleistungen oder gar „Integrationsfähigkeit" bestimmter Migrantengruppen zu bewerten. Vielmehr geht es hier darum aufzuzeigen, wie sich unterschiedliche soziodemografische Voraussetzungen im Kontext unterschiedlicher Migrations- und Integrationsregime auswirken. Die Nutzung der Werte der Bevölkerung ohne Migrationshintergrund als Vergleichsfolie impliziert dabei kein allgemeines Assimilationspostulat, sondern dient der Darstellung der Entwicklung und (möglichen) Angleichung von Lebensstandards, die sich zwischen „Neuankömmlingen" und „Einheimischen" i. d. R. anfänglich deutlich unterscheiden.

Integrationsvoraussetzungen

Für einen sinnvollen Vergleich der sozioökonomischen Integration verschiedener Kohorten sind zunächst bestimmte Voraussetzungen zu klären, die dieser Integration zugrunde liegen. Manches alarmistische Szenario über vermeintlich besonders problematische Zuwanderergruppen – seien es Spätaussiedler in den 1990er Jahren oder Geflüchtete unterschiedlicher Herkunft seit 2015 – ergibt sich nicht zuletzt daraus, dass diese unterschiedlichen Voraussetzungen nicht genügend Beachtung finden.

Tabelle 3.2: Aufenthaltsdauer (in Jahren)

Herkunft/Migrationsstatus	Durchschnittl. Aufenthaltsdauer 2018
Ehemalige Sowjetunion	20,5
Kasachstan (= russlanddeutsche Spätaussiedler)	22,5
Ukraine (≈ Kontingentflüchtlinge)	18,2
(Spät-)Aussiedler allgemein	N/A
Türkei	31,4

Quelle: Mikrozensus 2018, Tabelle 3I

Als erstes ist in diesem Zusammenhang der Faktor Zeit zu nennen, denn Integration ist ein längerfristiger Prozess. Wie Tabelle 3.2 zeigt, sind postsowjetische Migranten mit einer durchschnittlichen Aufenthaltsdauer von 20,5 Jahren unter den hier verglichenen Gruppen eine relativ kurz in Deutschland lebende Kohorte. Hierbei erweisen sich noch Unterschiede zwischen den im Schnitt schon länger hier lebenden Zuwanderern aus Kasachstan und den erst vor relativ kürzerer Zeit zugewanderten Personen aus der Ukraine. Diese sind zum einen ein Effekt der phasenverschobenen Zuwanderungsverläufe von postsowjetischen Spätaussiedlern und Kontingentflüchtlingen, die ihre Höhepunkte in der ersten bzw. zweiten Hälfte der 1990er Jahre hatten (vgl. Kapitel 1). Zum Teil spiegelt sich hier aber auch die fortgesetzte Zuwanderung aus der Ukraine wider, die sich nicht nur auf jüdische Kontingentflüchtlinge beschränkt und sich in dieser relativ kleinen, gemischten Kohorte vergleichsweise stark auswirkt. Für die Gesamtgruppe der (Spät-)Aussiedler bietet der Mikrozensus leider keine Daten; ihre durchschnittliche Aufenthaltsdauer ist angesichts der schwerpunktmäßig in den 1970er und 1980er Jahren stattfindenden Aussiedlung aus Rumänien in jedem Fall länger als die der russlanddeutschen Spätaussiedler. Mit durchschnittlich 31,4 Jahren am längsten in Deutschland präsent sind die Zuwanderer aus der Türkei, deren Hauptzuwanderungszeit in den 1960er und 1970er Jahren lag, wobei durch Familienzusammenführung, Heiratsmigration und Fluchtmigration auch in den Jahrzehnten danach weitere Migration von dort stattfand.

Ein weiterer Vergleichspunkt der Integrationsvoraussetzungen ist das durchschnittliche Einreisealter, in welchem sich die Charakteristika der verschiedenen Migrationsregime für die unterschiedlichen Zuwanderungsgruppen niederschlagen. Hier weisen die Vergleichsgruppen signifikante Unterschiede auf (vgl. Tabelle 3.3). So waren postsowjetische Migranten bei der Einreise im Schnitt deutlich älter als Migranten aus der Türkei, da ihre Migration in ihrer großen Mehrzahl keine Arbeitsmigration war, sondern oft Mehrgenerationen-Familien beinhaltete. Das Durchschnittsalter der Zuwanderer aus der Ukraine (≈ Kontingentflüchtlinge) liegt dabei noch deutlich höher als bei den Zuwanderern aus Kasachstan (=Russlanddeutschen) (32,1 gegenüber 23,9 Jahren im Jahr 2018, 33,2 gegenüber 27,5 Jahren im Jahr 2007). Dies korrespondiert bei den aus der Ukraine kommenden Migranten mit einem auffällig niedrigen Anteil von zugewanderten Kindern und Jugendlichen und mit einem hohen Anteil von Zuwanderern, die erst im Rentenalter nach Deutschland kamen. Letzterer ist allerdings rückläufig, noch deutlicher erkennbar bei den Zuwanderern aus Kasachstan. Angehörige der mitgereisten Großelterngeneration versterben nach und nach. Bei Zuwanderern aus den Anwerbestaaten allgemein und speziell aus der Türkei hingegen gab es solche Alterszuwanderung praktisch nicht. Hier ist das durchschnittliche Einreisealter über die Jahre auch weitgehend konstant geblieben.

Tabelle 3.3: Alter bei Einreise

	Durchschnittliches Alter bei Einreise (in Jahren)		**Bei Einreise unter 18 J. (in %)**		**Bei Einreise 18-65 J. (in %)**		**Bei Einreise über 65 J. (in %)**	
	2018	2007	2018	2007	2018	2007	2018	2007
Ehem. UdSSR	26,6	28,2	32,2	31,4	65,8	63,9	1,5	3,8
Kasachstan	23,9	27,5	38,4	34,8	60,9	61,2	/	3,5
Ukraine	32,1	33,2	20,8	22,4	74,7	69,1	4,1	6,7
Türkei	18,8	19,2	42,9	41,0	55,3	56,2	/	/

Berechnet auf Grundlage von Mikrozensus 2018, Tabelle 3I, Die Angaben im Mikrozensus sind Rundungswerte, so dass die Summe der Prozentwerte nicht 100 % ergibt. Ein Schrägstrich bedeutet, dass der Mikrozensus dort wegen Geringfügigkeit keinen Wert ausweist.

Bildungsprofil

Abbildung 3.1: Schul- und Berufsabschlüsse (2018)

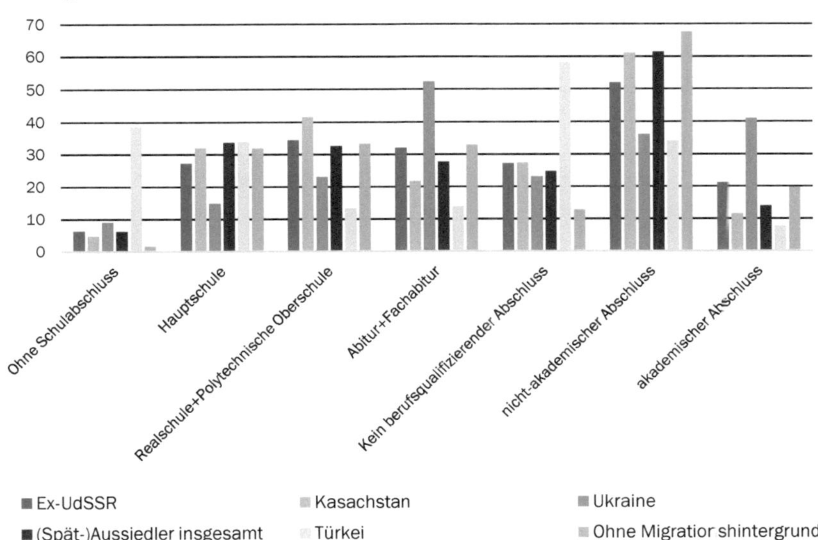

Berechnet auf Grundlage von Mikrozensus 2018, Tabelle 8I & 9I

Die in den verschiedenen Gruppen vorhandenen Bildungsabschlüsse sind für die Integrationsvoraussetzungen ebenfalls relevant. Da wir hier nur die erste Generation in Betracht ziehen, handelt es sich dabei primär um die „mitgebrachten“ Qualifikationen, wobei zu einem gewissen Grade auch in Deutschland erworbene Abschlüsse zugewanderter Kinder und Jugendlicher erfasst sind. Neben dem Vergleich der Migrationsgruppen untereinander ist nun auch die Bezugnahme auf die Bevölkerung ohne Migrationshintergrund möglich. Wie Abbildung 3.1 zeigt, unterscheidet sich die Gesamtgruppe der postsowjetischen Migranten bei der Verteilung der Schul- und Berufsabschlüsse wenig von der Struktur der Bevölkerung ohne Migrationshintergrund. Erst in den Einzelsamples werden signifikante Unterschiede deutlich: Bei den aus Kasachstan Zugewanderten ist die Abiturienten- und Akademikerquote vergleichsweise gering (21,6 % bzw. 11,5 %), überdurchschnittlich hoch ist sie hingegen beim Sample der Zuwanderer aus der Ukraine, wo über 50 % das Äquivalent von Abitur oder Fachabitur haben und gut 40 % einen akademischen Abschluss. Der Anteil von Personen ohne Schulabschluss bzw. berufsqualifizierendem Abschluss ist zwar sowohl bei Zuwanderern aus Kasachstan als auch aus der Ukraine jeweils höher als in der Bevölkerung ohne Migrationshintergrund, aber sehr viel niedriger als bei den Zuwanderern aus der Türkei (fast 40 % ohne Schulabschluss, fast 60 % ohne berufsqualifizierenden Abschluss). Der Großteil der Zuwanderer aus Kasachstan, also der Russlanddeutschen (über 70 %), verfügt über das Äquivalent eines Realschul- oder Hauptschulabschlusses, über 60 % haben einen nicht-akademischen Berufsabschluss.

Abbildung 3.2: Schulabschlüsse nach Geschlecht

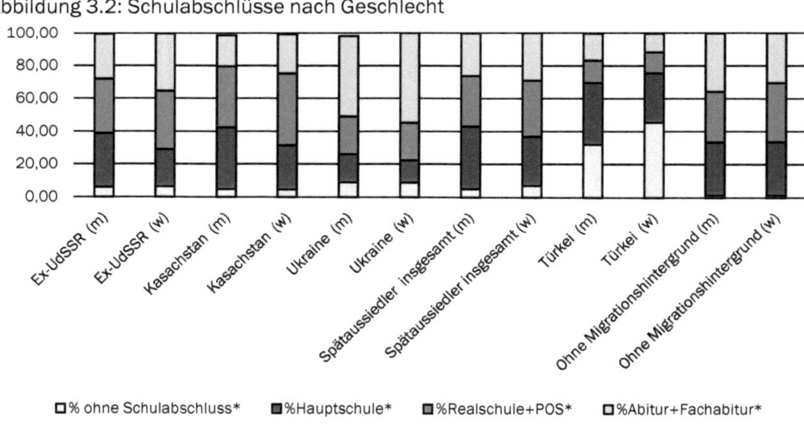

Berechnet auf Grundlage von Mikrozensus 2018, Tabelle 8M und 8W

Nach Geschlechtern differenziert zeigen sich weitere deutliche Unterschiede zwischen den Vergleichsgruppen (Abbildung 3.2). Bei den postsowjetischen Migranten (insgesamt, aber auch bei den kasachischen und ukrainischen Untersamples) sind die Frauen höher gebildet als die Männer: Sie haben öfter Abitur bzw. Fachabitur und auch (hier nicht abgebildet) öfter einen akademischen Berufsabschluss. Auch in dieser Hinsicht sind Valeri und Elena S. also „typisch". Damit kontrastieren sie mit der Bevölkerung ohne Migrationshintergrund, wo jeweils die Männer einen etwas höheren Bildungsgrad haben als die Frauen. Noch deutlicher ist der Kontrast zu den Zuwanderern aus der Türkei, wo insbesondere der Anteil der Frauen ohne Schulabschluss mit 45 % sehr hoch liegt.

Über die Bildungskarrieren der Folgegenerationen, die einen Einblick in die Integration ins Bildungssystem geben könnten, können wir hier aus den oben genannten Gründen leider keine systematischen Aussagen treffen. Die Daten des Mikrozensus lassen aber gewisse Entwicklungen über die letzten gut anderthalb Jahrzehnte erkennen, die für einen Bildungsaufstieg bei der „Generation 1,5" der russlanddeutschen Spätaussiedler sprechen, also den im Kindes- oder Jugendalter Zugewanderten. Diese sind als Angehörige der ersten Zuwanderergeneration noch voll erfasst. So lag der Anteil der Abiturienten und Fachabiturienten unter Migranten aus Kasachstan 2007 noch bei 13,4 %, 2011 bei 16,9 %, 2018 bei 21,6 %. Der Anteil der Akademiker stieg von 6,8 % auf 11,5 %. Dies liegt zwar deutlich unter den Werten der Bevölkerung ohne Migrationshintergrund, die Tendenz ist aber klar steigend. Da in diesem Zeitraum kaum weitere Spätaussiedlerzuwanderung stattfand, ist davon auszugehen, dass es sich hier um Bildungserfolge der in der ehemaligen Sowjetunion geborenen, aber in Deutschland sozialisierten Kinder von Spätaussiedlern handelt. Dies korrespondiert mit einem allgemeinen Anstieg der Abiturienten- und Akademikerquoten in der Gesamtbevölkerung, was bedeutet, dass Kinder aus Spätaussiedlerfamilien am allgemeinen Bildungszuwachs partizipieren. Das ukrainische Sample lässt leider keine vergleichbaren Rückschlüsse auf die Bildungskarrieren der Nachfahren postsowjetisch-jüdischer Einwanderer zu. Vorhandene Studien legen allerdings nahe, dass sie das durch ihre in vielen Fällen hochgebildeten Elternhäuser mitgegebene Bildungskapital erfolgreich umsetzen können, paradoxerweise wohl auch als Ergebnis der verbreiten Arbeitslosigkeit unter ihren Eltern (siehe unten), die so Zeit hatten, sich um ihre Kinder und deren schulische Leistungen zu kümmern (Remennick 2019).

Erwerb, Erwerbslosigkeit und Beschäftigungsstruktur

Nach der Etablierung einiger Eckdaten zu den Integrationsvoraussetzungen der verschiedenen Vergleichsgruppen wollen wir nun die sozioökonomischen Integrationsdaten im engeren Sinne in den Blick nehmen. Die zentrale Dimension ist dabei die Partizipation am Arbeitsmarkt, konkret die Erwerbsbeteiligung (Erwerbsquote), die Erwerbslosigkeit sowie die Beschäftigungsstruktur, also die Art der Arbeiten, die die Angehörigen der Vergleichsgruppen jeweils verrichten.

Abbildung 3.3: Erwerbsquote

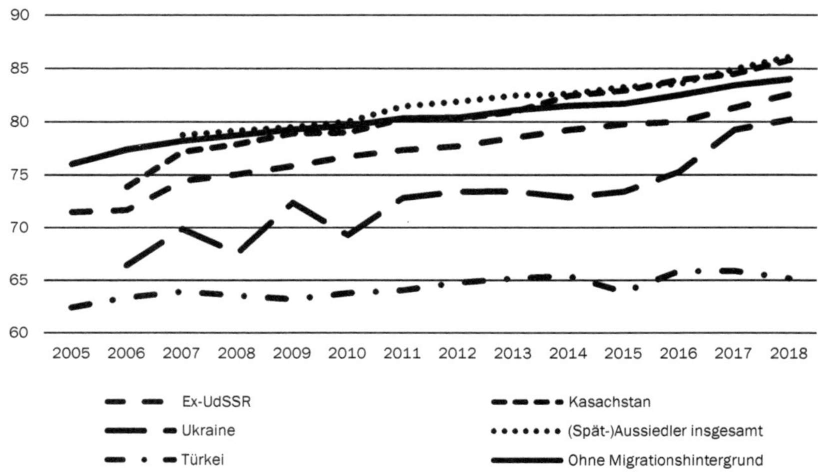

Berechnet auf Grundlage der Mikrozensusausgaben 2005–2018, Tabelle 16I. Prozentangaben beziehen sich auf den Anteil der Erwerbspersonen an der Bevölkerung zwischen 15 und 64 Jahren.

Die Entwicklung der Erwerbsquote – errechnet als Anteil der Erwerbspersonen an der Samplebevölkerung zwischen 15 und 64 Jahren – weist die postsowjetischen Migranten in einer Mittelposition zwischen (Spät-)Aussiedlern insgesamt (die fast durchgehend die höchste Erwerbsquote haben) und Bevölkerung ohne Migrationshintergrund einerseits und Menschen aus der Türkei andererseits aus (Abbildung 3.3). Auffällig ist der in den letzten 15 Jahren stetig steigende Trend, der zwar im Wesentlichen alle Vergleichsgruppen betrifft, bei den postsowjetischen Migranten aber umso prononcierter ist: Die Erwerbsquote stieg seit 2005 um gut elf Prozentpunkte, bei den Personen ohne Migrationshintergrund und den (Spät-)Aussiedlern um ca. acht Prozentpunkte, bei den Zuwanderern aus der Türkei nur um 2,8 Prozentpunkte.

Nach Herkunftsgruppen differenziert werden signifikante Unterschiede deutlich. Die Erwerbsquote der Zuwanderer aus Kasachstan liegt in den meisten Jahren um ca. drei Prozentpunkte höher als bei der Gesamtheit der postsowjetischen Migranten. Die Erwerbsquote von Zuwanderern aus der Ukraine hingegen lag die meiste Zeit deutlich darunter, erst in den letzten Jahren ist eine stärkere Konvergenz zu beobachten. Bei Zuwanderern aus der Türkei ist eine deutlich niedrigere Erwerbsquote zu verzeichnen als bei allen anderen Vergleichsgruppen. Die Schere ist in den letzten Jahren noch weiter auseinandergegangen, da sie von dem aufsteigenden Trend fast abgekoppelt sind.

Abbildung 3.3.1: Erwerbsquote Männer

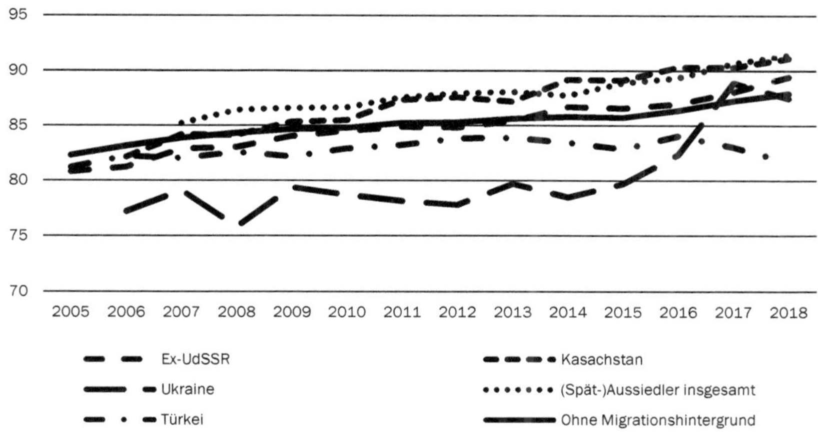

Berechnet auf Grundlage der Mikrozensusausgaben 2005–2018, Tabelle 16M. Prozentangaben beziehen sich auf den Anteil der Erwerbspersonen an der Bevölkerung zwischen 15 und 64 Jahren.

Der Schlüssel zum Verständnis dieser unterschiedlichen Entwicklungen liegt in einer geschlechterdifferenzierten Betrachtung. Bei den Männern zeigen sich in Abbildung 3.3.1 deutlich weniger prononcierte Unterschiede zwischen den Vergleichsgruppen, mit Ausnahme der Zuwanderer aus der Ukraine. Im Jahr 2018 lagen zwischen den Gruppen mit der höchsten Erwerbsquote – den (Spät-)Aussiedlern insgesamt und den Zuwanderern aus Kasachstan – und der niedrigsten Erwerbsquote – den Zuwanderern aus der Türkei – nur gut zehn Prozentpunkte. Allerdings fällt auf, dass die Erwerbsquote der postsowjetischen männlichen Zuwanderer aller Kategorien im Untersuchungszeitraum um gut 10 Prozentpunkte angestiegen ist (bei den Männern ohne Migrationshintergrund nur knapp über 5 Prozentpunkte), während sie bei männlichen Zuwanderern aus der Türkei konstant bis rückläufig war.

Bei den Frauen hingegen sind die Unterschiede zwischen allen Vergleichsgruppen und den Migrantinnen aus der Türkei sehr ausgeprägt (Abbildung 3.3.2). Bei Letzteren liegt die Erwerbsquote unter 50 Prozent, während sie bei Migrantinnen aus Kasachstan und (Spät-)Aussiedlerinnen insgesamt inzwischen 81 Prozent erreicht hat. Bei den Migrantinnen aus Kasachstan lässt sich auch ein deutlicher Zuwachs beobachten: 2006 lag ihre Erwerbsquote nur bei zwei Dritteln, der Anstieg beträgt fast 15 Prozentpunkte. Bei den Migrantinnen aus der Ukraine ist die Erwerbsquote sogar um 17 Prozentpunkte gestiegen, allerdings bei einer deutlich stärker fluktuierenden Kurve. Es ist also besonders die hohe – und stark wachsende – Erwerbsquote postsowjetischer Migrantinnen, die die ausgeprägten Unterschiede zwischen den Gesamtgruppen ausmacht.

Abbildung 3.3.2: Erwerbsquote Frauen

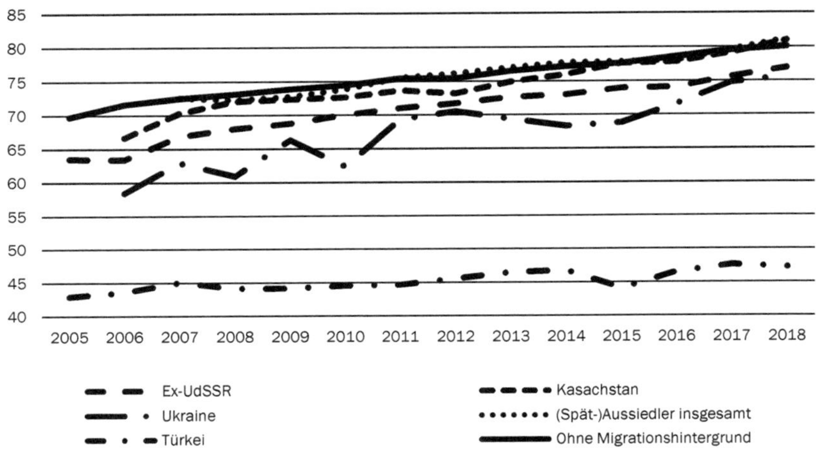

Berechnet auf Grundlage der Mikrozensusausgaben 2005–2018, Tabelle 16W. Prozentangaben beziehen sich auf den Anteil der Erwerbspersonen an der Bevölkerung zwischen 15 und 64 Jahren.

Abb. 3.4: Erwerbslosigkeit

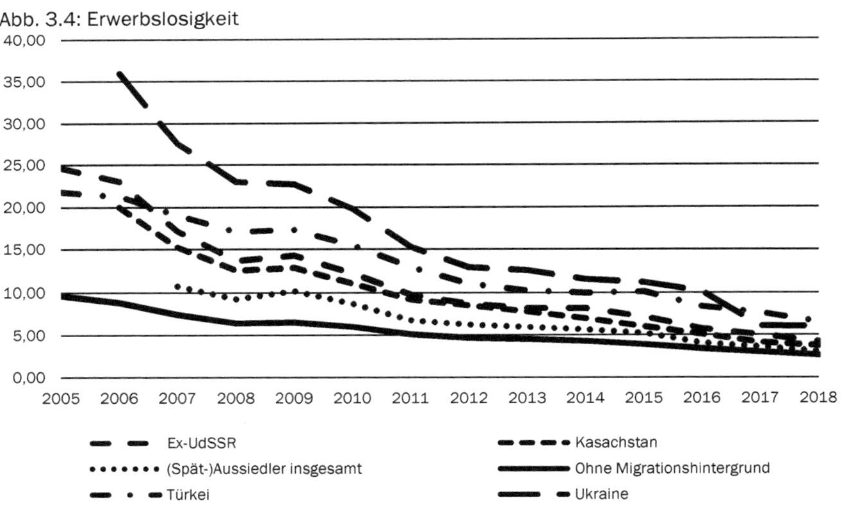

Berechnet auf Grundlage der Mikrozensusausgaben 2005–2018, Tabelle 16I. Prozentangaben beziehen sich auf den Anteil der Erwerbslosen an den Erwerbspersonen.

Postsowjetische Migranten und insbesondere russlanddeutsche Spätaussiedler partizipieren jedoch nicht nur in zunehmendem Maße am Arbeitsmarkt. Auch ihre bis Mitte der 2000er Jahre noch überdurchschnittlich hohe Erwerbslosigkeit ist in den letzten Jahren massiv gesunken, insgesamt, in den Einzelgruppen und für beide Geschlechter gleichermaßen (Abbildung 3.4). Lag sie 2005 bei den postsowjetischen Migranten insgesamt noch bei fast 25 %, war sie 2018 bei knapp über 4 % angekommen. Bei den Zuwanderern aus Kasachstan (Russlanddeutschen) lag der Anteil an Erwerbslosen 2018 sogar nur bei 3,7 %, im Vergleich zu 2,6 % bei der Bevölkerung ohne Migrationshintergrund. Dies ist angesichts der Ausgangsposition im Jahr 2006, in dem die statistische Erfassung der Zuwanderer aus Kasachstan durch den Mikrozensus einsetzt, besonders bemerkenswert: Damals lag die Erwerbslosigkeit in dieser Gruppe bei 20 % und damit mehr als doppelt so hoch als in der Bevölkerung ohne Migrationshintergrund (8,8 %). Besonders drastisch ist dieser Rückgang der Erwerbslosigkeit aber auch bei den Zuwanderern aus der Ukraine, deren Anteil von 36 % im Jahr 2006 auf 6 % im Jahr 2018 gesunken ist und damit inzwischen die Erwerbslosenquote bei Zuwanderern aus der Türkei unterschritten hat. Damit liegt die Erwerbslosigkeit bei den Immigranten aus der Ukraine allerdings immer noch – und beständig – signifikant höher als bei jenen aus Kasachstan. Das oben diagnostizierte gute Bildungsniveau bei den Zuwanderern aus der Ukraine übersetzt sich also nicht in beruflichen Erfolg. Die eher mittlere bis niedrigere Qualifikationsstruktur der Zuwanderer aus Kasachstan, also der russlanddeutschen Spätaussiedler – gepaart mit der Bereitschaft, auch unter Qualifikation zu arbeiten – war hingegen durchaus kompatibel mit einem Arbeitsmarkt, auf dem seit 2003 im Zuge der „Agenda 2010“ im Niedriglohnsektor zahlreiche, oft prekäre Beschäftigungsverhältnisse entstanden.

Tabelle 3.4: Sektorale Beschäftigungsstruktur (2018, Angaben in Prozent)

	2. Sektor	3. Sektor	Darunter: Öffentliche Verwaltung	selbständig	ausschließlich geringfügig
Ex-UdSSR	34,3	65,3	2,5	6,0	10,8
Männer	52,6	47,0	2,3	6,2	5,0
Frauen	16,6	82,9	2,8	5,7	16,4
Kasachstan	39,0	60,4	2,9	4,0	9,1
Männer	58,0	41,4	2,8	4,2	3,7
Frauen	19,4	80,3	3,2	3,8	14,8
Ukraine	20,6	78,0	0,0	10,6	14,9
Männer	32,8	65,6	0,0	11,5	11,5
Frauen	11,3	87,5	0,0	10,0	17,5
Spätaussiedler gesamt	37,3	62,3	3,5	5,5	9,2
Männer	56,1	43,4	2,8	6,0	4,5
Frauen	17,6	82,0	4,1	4,9	14,3
Türkei	36,0	63,7	1,8	10,1	13,0
Männer	46,6	53,2	1,4	12,8	5,0
Frauen	16,2	83,8	3,0	5,6	27,8
Ohne Migrationshintergrund	26,5	72,6	8,2	9,9	7,8
Männer	38,1	60,0	7,8	12,7	5,3
Frauen	13,7	85,4	8,6	6,9	10,6

Berechnet auf Grundlage des Mikrozensus 2018, Tabelle 16 und 17. Prozentangaben beziehen sich auf den Anteil der Beschäftigten der jeweiligen Kategorie an allen Erwerbstätigen.

Das Beschäftigungsprofil der postsowjetischen Migranten zeigt differenziert nach Wirtschaftssektoren einige Besonderheiten (Tabelle 3.4): Insbesondere Zuwanderer aus Kasachstan, also russlanddeutsche Spätaussiedler, arbeiten überdurchschnittlich oft im sekundären Sektor, also dem produzierenden Gewerbe und dem Baugewerbe. Vor allem die Männer sind hier im Vergleich zu den Männern ohne Migrationshintergrund und allen anderen Vergleichsgruppen stark überrepräsentiert, aber auch bei den Frauen liegt ihr Anteil höher als bei allen anderen Vergleichsgruppen.

Im tertiären Sektor (Dienstleistungssektor) sind männliche Zuwanderer aus der ehemaligen Sowjetunion entsprechend jeweils mehr oder weniger stark unterrepräsentiert. Dort fällt auf, dass der Anteil der Frauen quer durch alle Gruppen relativ ähnlich ist (in einer Spanne von 80 bis 88 %), Migrantinnen aller Hintergründe aber in der öffentlichen Verwaltung durchgehend unterrepräsentiert sind. Selbst bei (Spät-)Aussiedlerinnen, die den relativ höchsten Anteil an Verwaltungsangestellten unter den Migrantinnen haben, liegt die Beschäftigung im Verwaltungssektor bei weniger als der Hälfte der Quote der Frauen ohne Migrationshintergrund. Das breite Label „tertiärer Sektor" entspricht also für Migrantinnen eher selten einer Arbeit in klassischen „white collar" Berufen und häufiger in prekären Dienstleistungsjobs etwa an der Supermarktkasse, in der Gebäudereinigung, in der Pflege und in der Gastronomie.

Nicht aus dieser Tabelle ersichtlich ist der Umstand, dass in den letzten fünfzehn Jahren die sektorale Verteilung bei postsowjetischen Migranten und Menschen ohne Migrationshintergrund ziemlich konstant war. Bei Migranten aus der Türkei ist der Anteil der im sekundären Sektor beschäftigten Männer hingegen stark rückläufig, von noch 56,2 % im Jahr 2005 auf 46,6 % im Jahr 2018. Ihr Anteil unter den im Dienstleistungsbereich beschäftigten Personen stieg im selben Zeitraum von 42 % auf 53,2 %, besonders im Bereich Handel, Gastgewerbe und Verkehr. Dies deutet eine fortgesetzte Verdrängung der einstigen „Gastarbeiter" aus den industriellen Berufen und ihre stärkere Etablierung in verschiedenen Dienstleistungsgewerben an.

Tabelle 3.4 zeigt weiterhin, dass der Anteil der Selbständigen unter den postsowjetischen Migranten wie auch den (Spät-)Aussiedlern nach wie vor auffällig niedrig ist, im Vergleich zur Bevölkerung ohne Migrationshintergrund und zu den Migranten aus der Türkei. Hier gibt es aber einen deutlichen Unterschied zwischen Migranten aus Kasachstan, deren Selbständigenquote nur bei 40 % des Anteils in der Bevölkerung ohne Migrationshintergrund liegt, und Migranten aus der Ukraine, deren Anteil sogar knapp darüber liegt. Bei beiden Gruppen wächst der Selbständigenanteil seit 2005, während er bei der Bevölkerung ohne Migrationshintergrund konstant bis leicht rückläufig ist.

Interessant ist schließlich der Anteil der ausschließlich geringfügig beschäftigten Personen. Hier zeigt sich bei allen Vergleichsgruppen ein massiver Unterschied zwischen den Geschlechtern: Frauen sind in allen Fällen sehr viel häufiger in Minijobs beschäftigt als Männer. Am stärksten ist die Diskrepanz bei den Zuwanderern aus der Türkei (der Anteil der geringfügig beschäftigten Frauen liegt mehr als fünfmal so hoch wie der der Männer), aber auch bei den Zuwanderern aus Kasachstan ist er viermal höher. Am geringsten ist der Unterschied zwischen Frauen und Männern bei den Zuwanderern aus der Ukraine. Es sind diese vor allem im Dienstleistungssektor weit verbreiteten Minijobs, die die steigende Erwerbsquote der postsowjetischen Migrantinnen und ihre starke Präsenz im tertiären Sektor erklären.

Abbildung 3.5: Anteil ausschließlich geringfügiger Beschäftigung, Frauen

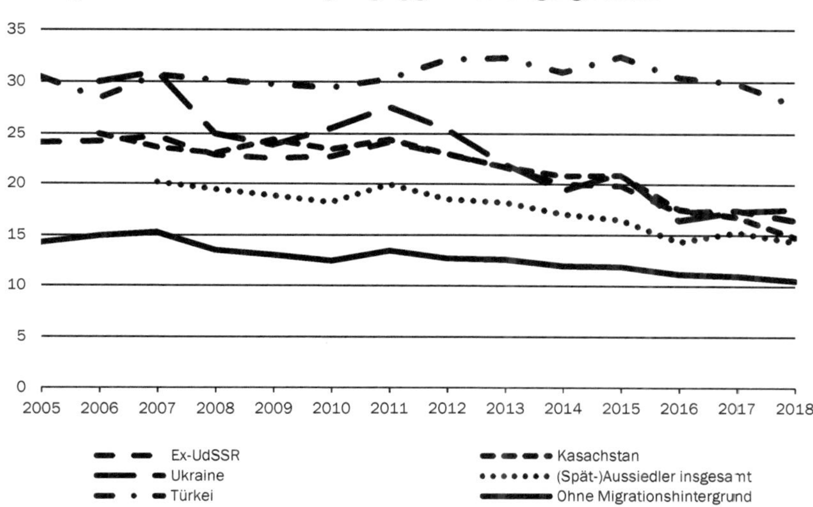

Berechnet auf Grundlage der Mikrozensusausgaben 2005–2018, Tabelle 16W und 17W. Prozentangaben beziehen sich auf den Anteil der geringfügig beschäftigten an den erwerbstätigen Frauen.

Abbildung 3.5 zeigt die Entwicklung der geringfügigen Beschäftigungsanteile bei erwerbstätigen Frauen über die Zeit. Obwohl bei allen Gruppen der Anteil niedriger liegt als noch 2005, werden hier massive Unterschiede deutlich. Bei den Frauen ohne Migrationshintergrund ist der Anteil der geringfügig Beschäftigten in den letzten fünfzehn Jahren nach einem kurzen Anstieg kontinuierlich wenn auch nur leicht auf zuletzt 10,6 % gesunken. Bei den Migrantinnen aus der Türkei stieg er hingegen lange Zeit an und ging erst in den letzten Jahren auf unter 30 % zurück. Bei den erwerbstätigen Frauen aus der ehemaligen Sowjetunion zeigen sich über längere Zeit Schwankungen auf hohem Niveau (zwischen 20 und 25 %). Erst in den letzten Jahren ist vor allem bei Migrantinnen aus Kasachstan ein deutlicher Rückgang des Anteils an geringfügig Beschäftigten auf zunächst unter 20 % und dann sogar unter 15 % zu verzeichnen. Bei den hier nicht abgebildeten Männern hingegen sind die Werte vergleichsweise komprimiert und relativ konstant: Aktuell liegt der Anteil an geringfügig Beschäftigten bei erwerbstätigen Männern – mit Ausnahme von denjenigen aus Ukraine – zwischen 3 und 5 %, während er 2006 noch zwischen 4 und 9 % lag. Den deutlichsten Rückgang an geringfügig Beschäftigten verzeichneten männliche Zuwanderer aus Kasachstan.

Einkommen und Transferleistungen

Die bisher analysierten Daten haben gezeigt, dass die postsowjetischen Migranten und besonders die russlanddeutschen Spätaussiedler in zunehmendem Maße am Arbeitsmarkt partizipieren und in abnehmendem Maße von Arbeitslosigkeit betroffen sind. Angesichts von Minijobs und stagnierenden Löhnen auf dem durch die rot-grünen Reformen geschaffenen Arbeitsmarkt ist hohe Erwerbsbeteiligung aber noch lange nicht gleichbedeutend mit einem ausreichenden Einkommen. Wie steht es also um die Einkommenssituation postsowjetischer Migranten?

Abbildung 3.6: Durchschnittliches persönliches Nettoeinkommen als Anteil am Durchschnittseinkommen der Bevölkerung ohne Migrationshintergrund

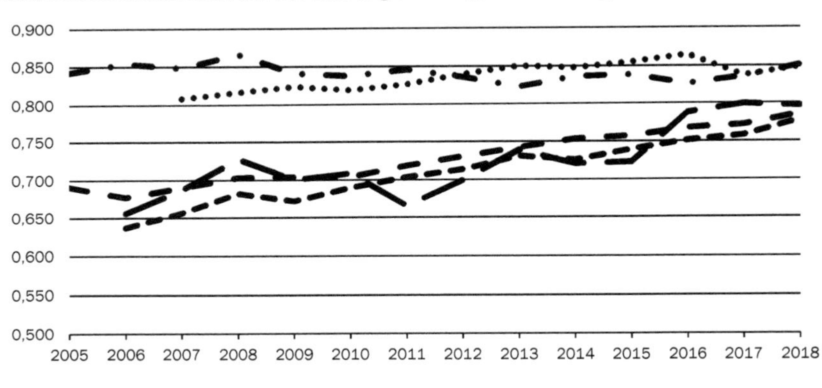

Berechnet auf Grundlage der Mikrozensusausgaben von 2005 bis 2018, Tabelle 16I

Abbildung 3.6 zeigt den Anteil der durchschnittlichen persönlichen Nettoeinkommen der verschiedenen Migrationsgruppen als Anteil des Durchschnittsniveaus in der Bevölkerung ohne Migrationshintergrund. Hier sehen wir, dass postsowjetische Migranten unterschiedlicher Herkunft mit einem Anteil zwischen 78 und 80 % ein deutlich niedrigeres persönliches Nettoeinkommen haben als (Spät-)Aussiedler insgesamt, aber auch als Zuwanderer aus der Türkei. Auf eine einfache Formel gebracht: Postsowjetische Migranten arbeiten viel, verdienen aber nicht unbedingt viel damit. Allerdings ist der über Jahre ansteigende Trend hervorzuheben, während das durchschnittliche Nettoeinkommen der Zuwanderer aus der Türkei im Verhältnis zur Bevölkerung ohne Migrationshintergrund auf relativ hohem Niveau stagniert und zwischendurch sogar rückläufig ist.[17] Die postsowjetischen Einkommen nähern sich also jenen der Bevölkerung ohne Migrationshintergrund an. Lag etwa der persönliche durchschnittliche Nettoverdienst von Zuwanderern aus Kasachstan (also Russlanddeutschen) geschlechtsübergreifend im Jahr 2006 noch bei knapp zwei Dritteln des Durchschnittseinkommens der Bevölkerung ohne Migrationshintergrund, so liegt der Anteil inzwischen bei mehr als drei Vierteln.

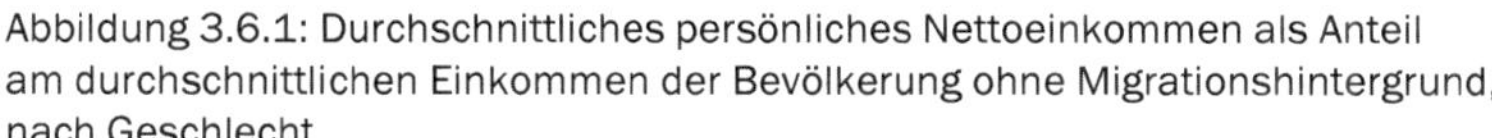

Abbildung 3.6.1: Durchschnittliches persönliches Nettoeinkommen als Anteil am durchschnittlichen Einkommen der Bevölkerung ohne Migrationshintergrund, nach Geschlecht

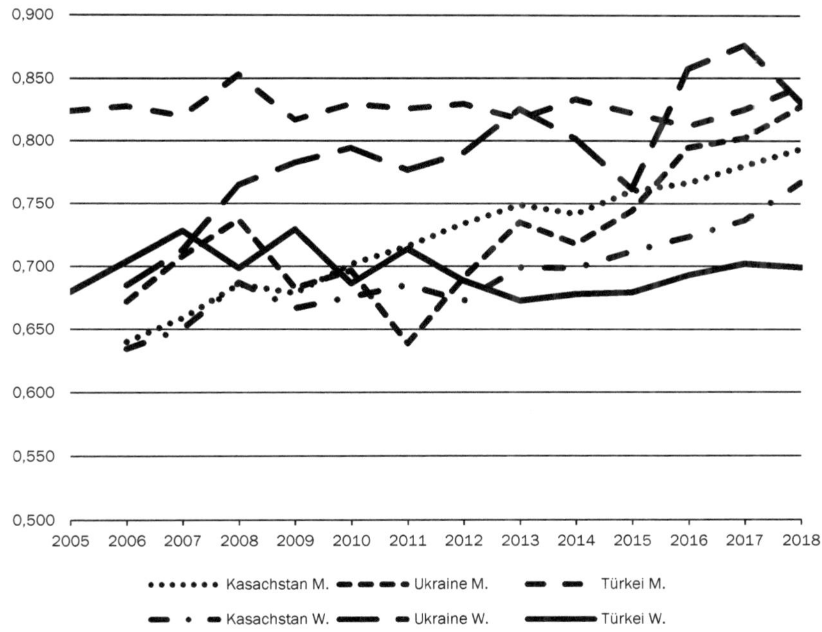

Berechnet auf Grundlage der Mikrozensusausgaben von 2005 bis 2018, Tabelle 16M & 16W

17 Die starken Schwankungen bei den Migranten aus der Ukraine haben mutmaßlich mit der sich ändernden Zusammensetzung dieser Gruppe zu tun. Gleichwohl sieht man auch hier einen aufsteigenden Trend über die Zeit.

Beachtlich sind hier die geschlechtsspezifischen Unterschiede. Abbildung 3.6.1 zeigt beispielsweise, dass Frauen aus Kasachstan (Russlanddeutsche) im Verhältnis zu Frauen ohne Migrationshintergrund ein vergleichsweise geringeres Durchschnittseinkommen haben als Männer aus Kasachstan im Verhältnis zu Männern ohne Migrationshintergrund. Bei Zuwanderern aus der Ukraine ist dieses Verhältnis umgekehrt, wobei die Werte für beide Geschlechter starken Schwankungen unterliegen. Drastisch ist der Unterschied aber bei Zuwanderern aus der Türkei, wo das durchschnittliche Einkommen der Männer im Verhältnis zur Bevölkerung ohne Migrationshintergrund bei über 80 % liegt, das der Frauen aber nur um die 70 %.

Abbildung 3.7: Gender Gap innerhalb der Gruppen

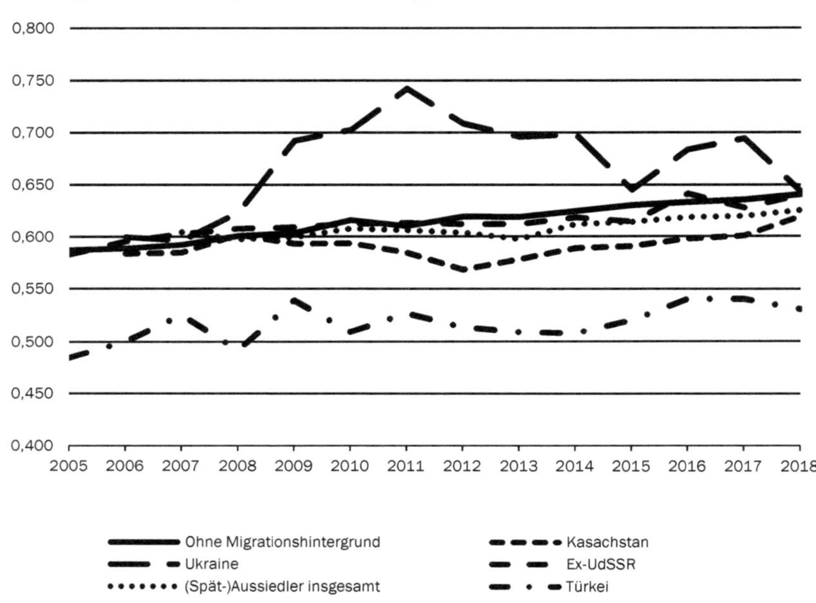

Berechnet auf Grundlage der Mikrozensusausgaben von 2005 bis 2018, Tabelle 16M & 16W

Eine weitere Perspektive auf Einkommensunterschiede zwischen den Geschlechtern bietet der Blick auf den „Gender-Gap" innerhalb der Vergleichsgruppen. Während bei allen die Lücke im Gesamttrend allmählich kleiner wird, fallen die Wege dorthin recht unterschiedlich aus. Auffällig ist die wachsende Diskrepanz bei den Zuwanderern aus Kasachstan in den Jahren 2010 bis 2012, als die weibliche Erwerbsquote gerade im Steigen begriffen war (vgl. Abbildung 3.7). Die zunehmende Beschäftigung russlanddeutscher Frauen in geringfügigen Arbeitsverhältnissen im Dienstleistungssektor schlägt sich hier erkennbar nieder, während sich deren sinkender Anteil in den folgenden Jahren in einem geringer werdenden Geschlechterunterschied ausdrückt. Bei den Zuwanderern aus der Ukraine ist der Unterschied zwischen Männern und Frauen insgesamt am geringsten, allerdings erneut starken Schwankungen unterworfen. Am größten ist sie bei Migranten aus der Türkei, wo Frauen im Durchschnitt nur knapp über die Hälfte so viel verdienen wie Männer.

Abbildung 3.8: Durchschnittliches Haushaltseinkommen als Anteil am durchschnittlichen Haushaltseinkommen in der Bevölkerung ohne Migrationshintergrund, absolut und pro Kopf

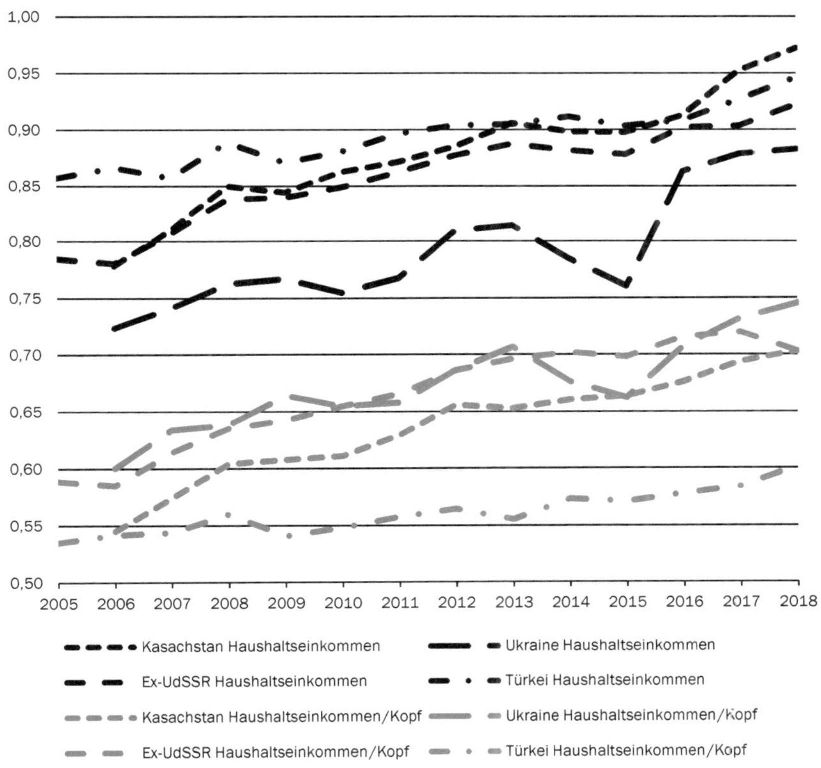

Berechnet auf Grundlage der Mikrozensusausgaben 2005 bis 2018 (Tabelle 11)

Bei den durchschnittlichen absoluten Haushaltseinkommen ist die Lücke zwischen den zugewanderten Vergleichsgruppen und der Bevölkerung ohne Migrationshintergrund geringer als bei den persönlichen Nettoeinkommen und schließt sich schneller (Abbildung 3.8). Unter den postsowjetischen Migranten gilt dies besonders für Zuwanderer aus Kasachstan, also russlanddeutsche Spätaussiedler: 2006 verfügte ein durchschnittlicher Haushalt einer Familie aus Kasachstan nur über 78 Prozent des Einkommens eines Haushalts von Personen ohne Migrationshintergrund, seitdem ist dieser Wert fast kontinuierlich gestiegen und lag 2018 schon bei 97 Prozent. Das absolute Haushaltseinkommen von Zuwanderern aus Kasachstan ist somit durchschnittlich höher als das der postsowjetischen Migranten insgesamt oder das von Migranten aus der Ukraine.[18] Wie Abbildung 3.8 ebenfalls zeigt, gilt dies aber nicht für die Haushaltseinkommen pro Kopf, wo Zuwanderer aus Kasachstan unter dem postsowjetischen Durchschnitt und die meiste Zeit auch unter dem durchschnittlichen Wert der Migranten aus der Ukraine liegen. Allerdings hat auch hier über die Zeit eine gewisse Konvergenz mit dem durchschnittlichen Pro-Kopf-Einkommen in der Bevölkerung ohne Migrationshintergrund stattgefunden. Die Diskrepanz zwischen absoluten Haushaltseinkommen bei Migranten aus Kasachstan, die fast genauso hoch sind, wie in der Bevölkerung ohne Migrationshintergrund, und deutlich niedrigeren pro-Kopf-Einkommen ist das Ergebnis der durchschnittlich größeren russlanddeutschen Haushalte, in denen mehrere relativ niedrige Einkommen zu einem ausreichenden Haushaltseinkommen zusammengelegt werden.[19] Die Minijobs der vielen ausschließlich geringfügig beschäftigten Frauen mögen für sich genommen nicht zum Leben reichen, leisten aber einen wichtigen Beitrag zum Familienbudget.

Abbildung 3.9: Verteilung der Haushaltseinkommen (2018)

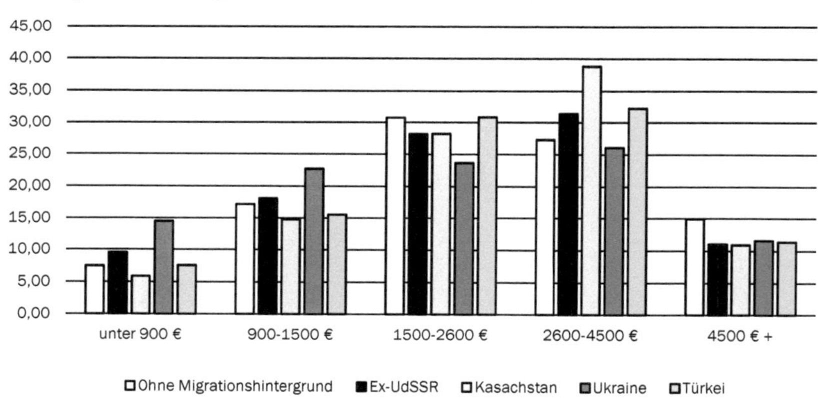

Berechnet auf Grundlage des Mikrozensus 2018 (Tabelle 11)

18 Vergleichswerte zu den (Spät-)Aussiedlern insgesamt liegen leider nicht vor, da deren Haushaltseinkommen nicht gesondert erfasst werden.

19 In Haushalten von Personen aus Kasachstan lebten 2018 im Schnitt 2,67 Personen, in postsowjetischen 2,43, in Haushalten von Personen aus der Ukraine 2,17, und in Haushalten von Personen ohne Migrationshintergrund 1,87. In Haushalten von Personen aus Kasachstan waren im Schnitt 1,48 Personen erwerbstätig, in Haushalten von Personen aus der Sowjetunion 1,28, in Haushalten von Personen aus der Ukraine 1,05 und in Haushalten von Personen ohne Migrationshintergrund nur 0,97. Vgl. Mikrozensus 2018, Tabelle 11.

Abbildung 3.9.1: Haushaltseinkommen Kasachstan zu ausgewählten Zeitpunkten

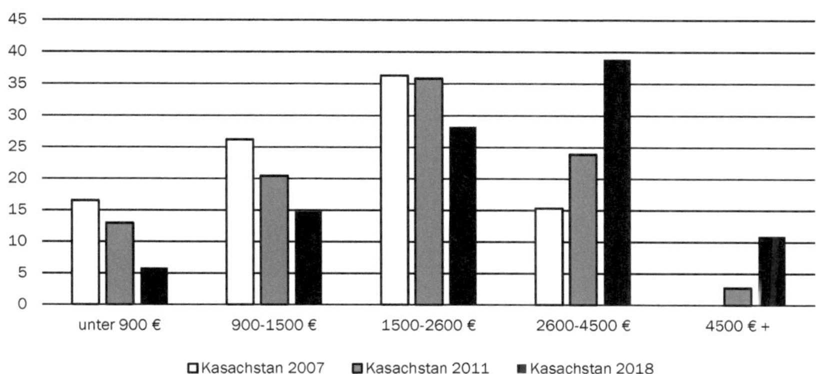

Berechnet auf Grundlage der Mikrozensus-Ausgaben 2007, 2011 und 2018 (Tabelle 11)

Abbildung 3.9.2: Haushaltseinkommen Ukraine zu ausgewählten Zeitpunkten

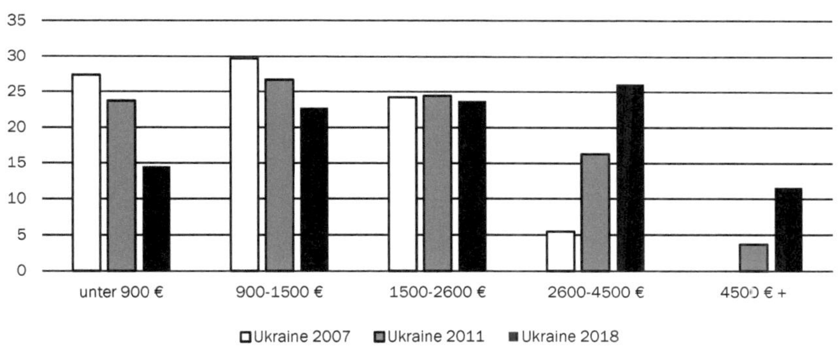

Berechnet auf Grundlage der Mikrozensus-Ausgaben 2007, 2011 und 2018 (Tabelle 11)

Wichtig für die differenzierte Einschätzung der wirtschaftlichen Lage der postsowjetischen Migranten ist weiterhin die Verteilung der Haushaltseinkommen über verschiedene Einkommenssegmente (Abbildung 3.9). Hier fällt zunächst der überdurchschnittlich hohe Anteil von Haushalten von Personen aus Kasachstan im zweithöchsten Einkommenssegment von 2.600 bis 4.500 Euro auf, der uns klar die Herausbildung einer russlanddeutschen Mittelschicht indiziert. Der Anteil der Menschen im untersten Einkommenssegment liegt für diese Gruppe mit 7,5 % hingegen deutlich niedriger als bei den postsowjetischen Migranten insgesamt und erst recht bei den Zuwanderern aus der Ukraine, die dort mit 14,5 % von allen Vergleichsgruppen am stärksten vertreten sind. Für beide Gruppen zeigt sich in diesem Bereich aber eine deutliche Verschiebung in Richtung der höheren Einkommenssegmente im Verlauf der letzten Jahre: Der Anteil der

Haushalte von Zuwanderern aus Kasachstan im untersten Einkommenssegment hat sich seit 2007 mehr als halbiert (von 16,5 Prozent auf 5,9 %) und liegt damit inzwischen sogar niedriger als bei den Haushalten von Personen ohne Migrationshintergrund (7,4 %) (Abbildung 3.9.1). Auch der Anteil in den folgenden beiden Einkommenssegmenten ist bei Haushalten von Zuwanderern aus Kasachstan zurückgegangen, zugunsten der Anteile im zweithöchsten (von 15,3 % auf 38,8 % aller Haushalte) und im höchsten Segment, in dem inzwischen 10,9 % der Haushalte dieser Zuwanderergruppe liegen. Bei den Zuwanderern aus der Ukraine ist die Tendenz grundsätzlich ähnlich, der relative Zuwachs im zweithöchsten Einkommenssegment ist sogar noch eindrucksvoller als bei den Zuwanderern aus Kasachstan (von 5,5 % auf 26,1 %, fast eine Verfünffachung) (Abbildung 3.9.2). Trotz der klar rückläufigen Tendenz in den untersten Einkommenssegmenten sind die Anteile dort jedoch nach wie vor vergleichsweise hoch.

Abbildung 3.10: Anteil der Hartz IV-Empfänger

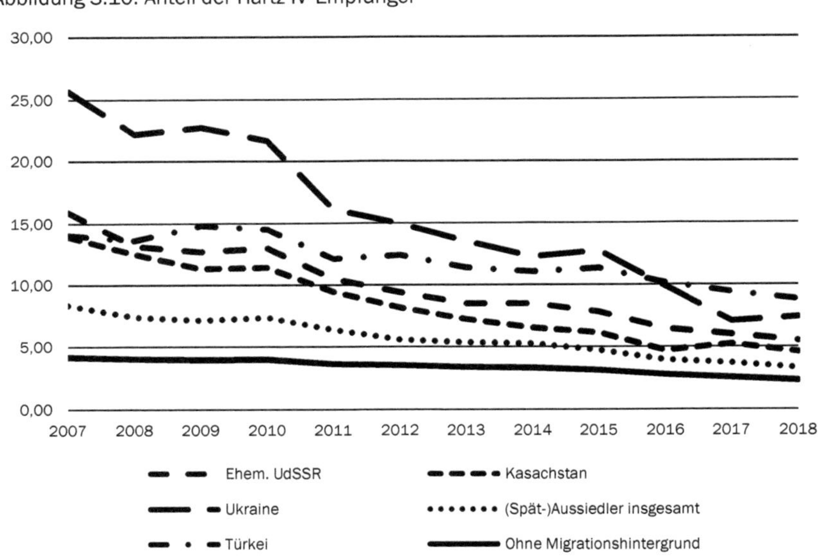

Als Anteil der Bevölkerung über 18, berechnet auf Grundlage der Mikrozensus-Ausgaben 2005 bis 2018, Tabellen 2 und 15

Als weitere Kennziffer der wirtschaftlichen Integration ist noch der Anteil der Empfänger von Transferleistungen, konkret Arbeitslosengeld II (Hartz IV) und Sozialhilfe zu thematisieren. Dieser Themenkomplex korreliert mit der Erwerbslosigkeit, weist aber zugleich darüber hinaus und rückt das Thema der Altersarmut in den Mittelpunkt. Wie Abbildung 3.10 zeigt, war der Anteil der Hartz-IV-Bezieher in allen Vergleichsgruppen im Untersuchungszeitraum rückläufig, parallel zur Entwicklung der Arbeitslosenzahlen. Allerdings reicht das Spektrum noch immer von 2,3 % (Bevölkerung ohne Migrationshintergrund) bis 8,8 % (Bevölkerung aus der Türkei). Auch hier sieht man, dass die Zuwanderer aus Kasachstan durchschnittlich weniger Hartz-IV-Leistungen in Anspruch nehmen als die postsowjetischen Migranten insgesamt und insbesondere als die Zuwanderer aus der Ukraine, deren Anteil aber ausgehend von über 25 % im Jahr 2006 bis zum Jahr 2018 auch auf 7,4 % gesunken ist.

Abbildung 3.11: Anteil der Sozialhilfeempfänger

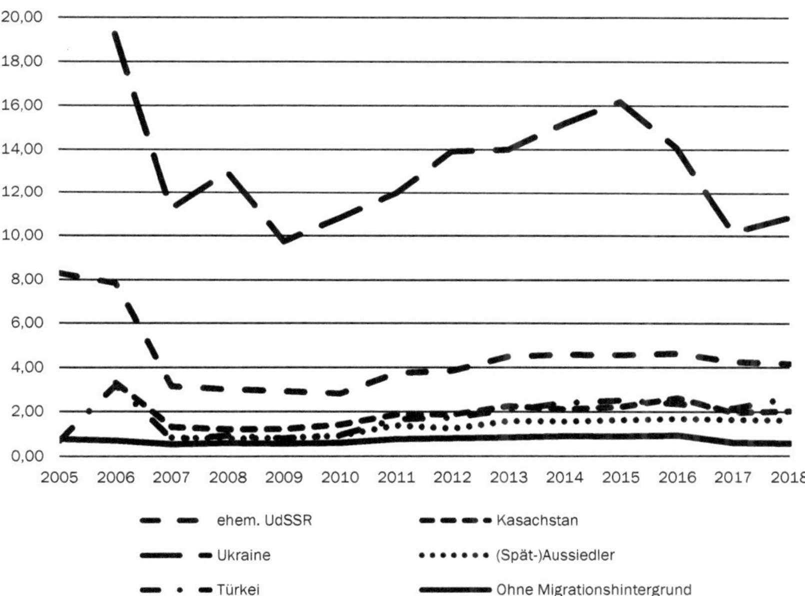

Als Anteil der Bevölkerung über 18, berechnet auf Grundlage der Mikrozensus-Ausgaben 2005 bis 2018, Tabellen 2 und 15

Die Zahl der Sozialhilfebezieher hingegen entwickelt sich abgekoppelt von der positiven Arbeitsmarktentwicklung (Abbildung 3.11). Hier fällt der extrem hohe Anteil bei den Zuwanderern aus der Ukraine auf (noch 2015 bei über 16 %, seitdem rückläufig, zuletzt wieder leicht ansteigend), der uns auf die schwierige Arbeitsmarktintegration und Altersarmut bei den Kontingentflüchtlingen verweist. Da die Kontingentflüchtlinge, wie in Kapitel 2 erwähnt, keinen Zugang zum Fremdrentenrecht erhalten, sich ihre Arbeitsjahre in der Sowjetunion somit für die Altersversorgung nicht anrechnen lassen können und viele auch während ihrer Zeit in Deutschland kaum Rentenansprüche erwerben konnten, sind sie in weit überdurchschnittlichem Maße auf die Grundsicherung angewiesen. Aber auch bei den Migranten aus Kasachstan steigt der Anteil der Sozialhilfeempfänger seit längerem an (auch wenn er zuletzt zwischendurch leicht rückläufig war), während er in der Bevölkerung ohne Migrationshintergrund ziemlich konstant ist (durchgehend unter 1 %) und zuletzt sank. Hier bildet sich ab, dass die von der Änderung des Fremdrentenrechts in den 1990er Jahren und dem oft schwierigen Einstieg in den deutschen Arbeitsmarkt betroffenen russlanddeutschen Spätaussiedler nach und nach in Rente gehen. Angesichts der anhaltenden Fremdrentenproblematik und den oft gebrochenen Erwerbsbiografien von Spätaussiedlern und Kontingentflüchtlingen ist hier in den nächsten Jahren mit einem weiteren Anstieg zu rechnen, wenn keine politischen Lösungen gefunden werden. Eine gemeinsame Behandlung des Themas scheitert nicht zuletzt an der im vorherigen Kapitel skizzierten politischen Haltung der Bundesregierung, die die vermeintlich kategorischen Unterschiede zwischen den Gruppen betont, letztlich aber weder die Lage der Spätaussiedler noch der Kontingentflüchtlinge verbessert.

Abbildung 3.12: Armutsgefährdungsquote

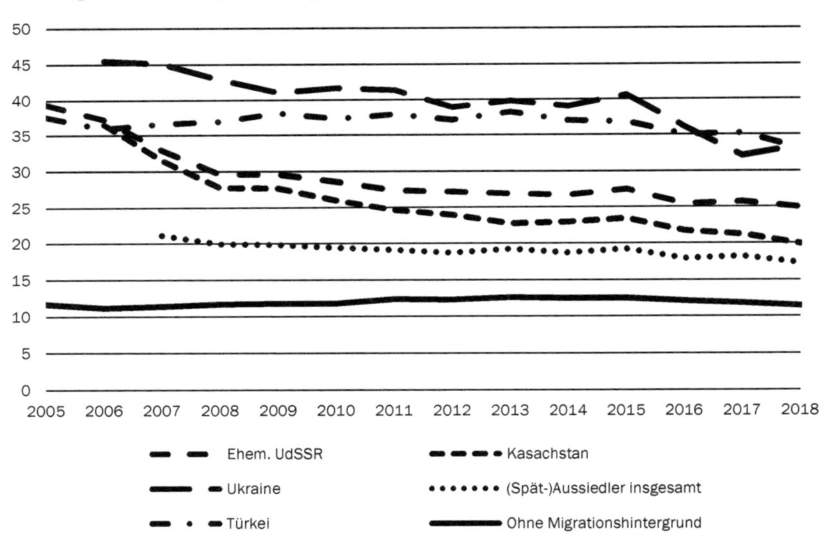

Berechnet auf Grundlage der Mikrozensus-Ausgaben 2005 bis 2018, Tabelle 14

Als letzten Indikator wollen wir schließlich noch die Armutsgefährdungsquote in den Blick nehmen (Grafik 3.12). Diese ist bei den postsowjetischen Migranten und ihren Untergruppen rückläufig, die Unterschiede zwischen Zuwanderern aus Kasachstan und solchen aus der Ukraine sind aber weiterhin prononciert (19,9 % gegenüber 33,4 % im Jahr 2018). Zuwanderer aus der Türkei, (Spät-)Aussiedler und die Bevölkerung ohne Migrationshintergrund bleiben dagegen auf sehr unterschiedlichen Niveaus weitgehend konstant. Trotz der skizzierten Problematik der Altersarmut sind die postsowjetischen Migranten also tatsächlich diejenigen, deren Armutsgefährdung (auf hohem Niveau) sinkt, offenkundig im Kontext der sichtbaren Verbesserung auf dem Arbeitsmarkt im Verlauf des Untersuchungszeitraums.

Fazit

Sind postsowjetischen Migranten also im sozioökonomischen Sinne „gut integriert“? Diese Frage wurde mir in den letzten Jahren oft von Journalisten gestellt, und wenn das mediale Format eine knappe Antwort verlangt, lautet diese „ja“. Die durch die hier vorgenommene statistische Analyse dargelegten Integrationserfolge sind offenkundig und besonders vor dem Hintergrund der oft düsteren Diagnosen und Prognosen der 1990er Jahre umso bemerkenswerter. Sie sind auch deshalb beachtlich, weil die Aufnahmeregime für Spätaussiedler und Kontingentflüchtlinge gerade nicht die Auswahl von gutem „Humankapital“ vornahmen, die oft von einem modernen Einwanderungssystem gefordert werden, kein Punktesystem oder Ähnliches anwendeten, gemäß dem man „nützliche“ Migranten auswählen könnte.[20] Postsowjetische Migration war somit in sozialer Hinsicht nicht selektiv, sondern brachte Menschen ganz unterschiedlicher Qualifikationen und Altersgruppen nach Deutschland, oft als Mehrgenerationen-Familien (vgl. auch Kapitel 2). Entsprechend gemischt ist das hier gezeichnete Alters- und Bildungsprofil. Doch trotz – oder wegen? – dieser nicht-selektiven Aufnahme ist die sozioökonomische Integration der postsowjetischen Migranten und insbesondere der Spätaussiedler vergleichsweise positiv verlaufen. Dies ist bei zukünftigen Debatten zu Reformen des deutschen Einwanderungsrechts zu bedenken, in denen immer wieder auf Nützlichkeit abstellende Systeme „klassischer Einwanderungsländer“ als besonders vorbildlich genannt werden. Wichtiger scheint die rechtlich abgesicherte Aufnahme mit klarer Bleibeperspektive zu sein, die Spätaussiedlern und Kontingentflüchtlingen gemein war und es ihnen ermöglichte, sich in Deutschland eine neue Existenz aufzubauen.

Die oben dargelegten Zahlen mahnen aber auch zu einer differenzierten Betrachtung der verschiedenen Untergruppen, sowie der heterogenen Lebenslagen innerhalb dieser Gruppen. Besonders die Mehrzahl der russlanddeutschen Spätaussiedler hat sich in den vergangenen Jahren verstärkt in den deutschen Arbeitsmarkt integriert und sich in der Breite durch manuelle Arbeit und oft nicht sehr gut bezahlte Tätigkeiten im Dienstleistungsbereich einen gewissen Wohlstand

20 Für jüdische Zuwanderer galten solche Qualifikationskriterien nach dem Jahr 2005. Die Masse der Zuwanderung fand aber vorher statt. Seitdem erhalten sie auch keinen Kontingentflüchtlingsstatus mehr. Vgl. oben, Kapitel 2.

erwirtschaftet. Der Anteil der Arbeitslosen wie auch der Geringverdiener ist deutlich zurückgegangen, die Einkommenslücke zur Bevölkerung ohne Migrationshintergrund schließt sich, die russlanddeutsche Mittelschicht wächst. Zugleich darf man dieses Bild nicht zu rosig malen, denn die Armutsgefährdungsquote bleibt hoch. Die Auswirkungen der Corona-Krise und der unweigerlich folgenden Rezession werden besonders für diese vulnerablen Teile der Bevölkerung eine große Herausforderung werden, aber auch für diejenigen, deren bisher existenzsichernde Jobs möglicherweise in Gefahr geraten werden. Diese kritisch-mahnenden Einschränkungen gelten umso mehr für die Bevölkerung aus der Ukraine, deren Situation bei verschiedenen zentralen Kennzahlen prekärer zu sein scheint.

Gleichzeitig unterstreichen die hier vorgelegten Zahlen, dass es unter den postsowjetischen Migranten in der Tat jede Menge „ungenutzte Potenziale“ gibt. Dies zeigt sich besonders im Fall der Migranten aus der Ukraine, von denen viele jüdische Kontingentflüchtlinge sind, in dem drastischen Auseinanderklaffen von hoher Qualifikationsstruktur und schwacher Position auf dem Arbeitsmarkt. Die Übersetzung ihrer Qualifikationen, aber auch vieler höherer Bildungsabschlüsse von russlanddeutschen Spätaussiedlern, hat nur unzureichend oder gar nicht funktioniert, obwohl gerade in Bezug auf Letztere ein politisches Bewusstsein existierte, dass die erleichterte Anerkennung von Abschlüssen eine ganz zentrale Integrationshilfe darstellt (vgl. Kapitel 2). Während man also die insgesamt gute sozio-ökonomische Lage der russlanddeutschen Spätaussiedler und noch stärker der Spätaussiedler aus allen Herkunftsländern als ein Indiz für die Wirksamkeit der ihnen zugedachten Integrationsprogramme und -hilfen nehmen kann, ist auch klar, dass hier noch viel mehr möglich gewesen wäre. Die durch die unzureichende Anerkennungspolitik verursachten und vielfach beschriebenen Dequalifikationserfahrungen qualifizierter Zuwanderer hinterlassen nicht zuletzt ein Gefühl von Bitterkeit bei den betroffenen Personen, das sich mittel- und langfristig negativ auf das Selbstwertgefühl und die Zufriedenheit dieser Menschen auswirken kann (vgl. Wallem 2020, S. 250–261).

Kapitel 4
Postsowjetische Migranten im Raum

Siedlungskonzentration und Steuerungsmechanismen

„Klein-Moskau“, „Klein-Kasachstan“, „Stalin-Allee“, „Gorki-Park“ – die Bezeichnungen für als „Russenghettos“ verschriene Stadtteile waren nie sehr originell, aber überall dort präsent, wo eine größere Zahl von russlanddeutschen Spätaussiedlern wohnhaft wurde. Ich verbrachte meine Kindheit und Jugend in so einem Stadtteil, der in vielerlei Hinsicht typisch für die Siedlungsgeschichte von Russlanddeutschen in kleinen Städten ist. Die Wohnblocks der Weizackerstraße in Korbach waren eine ehemalige NATO-Siedlung, die nach dem Abzug der dort wohnenden belgischen Soldaten in Wohnraum für andere Menschen umgewandelt wurde, die das Ende des Kalten Krieges in Bewegung setzte. Zunächst waren dies polendeutsche, dann in immer größerer Zahl russlanddeutsche Spätaussiedler. Die Stereotype ließen nicht lange auf sich warten (siehe dazu auch Kapitel 6): Gewalt und Kriminalität seien hier verbreitet, man könne sich dort nachts kaum auf die Straße trauen (man konnte). Die unvermeidlichen Spitznamen machten auch die Runde, irgendwann kam sogar ein Fernsehteam eines Privatsenders, um das vermeintliche Elend zu filmen. Noch heute leben hier viele Russlanddeutsche, aber die wenigsten sind von Anfang an dort: Viele, die in diesem Viertel mit seinen vergleichsweise günstigen Wohnungen eine erste Bleibe fanden, zogen bald in ihre Eigenheime, die sie häufig unter großem persönlichem Aufwand und mit der Hilfe ihres Verwandten- und Bekanntennetzwerks in Rekordzeit bauten. Viele davon entstanden im selben Neubaugebiet am Stadtrand, wo sich auf diese Weise ein zweites „russlanddeutsches“ Viertel herausbildete – nur eben mit schmucken Einfamilienhäusern statt klobigen Wohnblocks. Eine Unterhaltung mit einem russlanddeutschen Spielkameraden Mitte der 1990er Jahre ist mir dabei im Gedächtnis geblieben: Er berichtete, dass seine Familie ein Haus baue und deshalb wegziehe. Ich wollte wissen, ob sie auch „zum Flugplatz“ zögen, wo sich das große Neubaugebiet befand. Nein, meinte er, „dort sind uns zu viele Russen“.

Damals erschien mir diese Aussage einigermaßen bizarr. Aber offenbar hatten seine Eltern verstanden, dass das Leben in einem ethnisch markierten Viertel – und sei es ein gutbürgerliches – Nachteile mit sich bringen kann. Vielleicht wussten sie schon, was Studien später herausfanden: Dass man bei der Jobsuche unter Umständen schlechtere Karten hat, wenn die Heimatadresse in einem bestimmten Viertel liegt. Vielleicht packte sie die „Statuspanik“ (Kapphan 2001), die nicht nur „Alteingesessene“, sondern auch ambitionierte Neuankömmlinge dazu bringt, einen stigmatisierten Stadtteil zu verlassen. Vielleicht waren sie aber auch wirklich überzeugt davon, dass es die eigene Integration erschwert, wenn man in einem Viertel mit vielen Menschen gleicher Herkunft und Muttersprache lebt. Diese Ansicht ist im Diskurs der Mehrheitsgesellschaft weit verbreitet, man denke nur an die periodisch wiederkehrenden Debatten über angebliche „Parallelgesellschaften“ verschiedener Migrantengruppen. Und auch in der Wissenschaft gibt es langanhaltende Dispute darum, ob das kompakte Zusammenleben von Migranten für ihre Integration schädlich sei (Stichwort „Ghettoisierung“), oder doch eher eine positive „Schleusenfunktion“ beim Übergang in die Aufnahmegesellschaft erfülle (Bartels 2007, S. 42–45; vgl. auch Retterath 2006).

Diese Debatte soll hier nicht aufgelöst werden, wobei klar ist, dass beide Positionen Teile der Realität beschreiben – dass dies aber nur zum Teil damit zu tun hat, was die Migranten selbst wollen und viel damit, was die Mehrheitsgesellschaft zulässt. In diesem Sinne ist die oft pejorativ gebrauchte Bezeichnung von benachteiligten migrantischen Vierteln als Ghettos entlarvend, denn historisch wurden diese bekanntlich von außen abgeschlossen.

Wichtiger für dieses Kapitel ist die Beobachtung, dass die Institutionen des Migrationsregimes für postsowjetische Migranten – und zwar für Spätaussiedler genauso wie für Kontingentflüchtlinge – sehr darauf bedacht war, starke räumliche Konzentrationen dieser Gruppen zu vermeiden. Die Aufnahme postsowjetischer Migranten in Deutschland war in hohem Maße gelenkt. Ihre gleichmäßige Verteilung innerhalb des föderalen Systems war eine zentrale Leitlinie des Aufnahmeregimes sowohl für Spätaussiedler als auch für Kontingentflüchtlinge (Harris 2003, S. 252). Beide Gruppen unterlagen dem Verteilungsmodell des sogenannten Königsteiner Schlüssels (vgl. Tabelle 4.1). Dieser regelt grundsätzlich die Aufteilung von finanziellen Lasten zwischen den Bundesländern. Als solche wurden beide Migrationsgruppen gedacht, genau wie Asylsuchende und Flüchtlinge. Die jeweils aufzunehmende Quote errechnet sich zu zwei Dritteln aus dem Steueraufkommen, zu einem Drittel aus der Bevölkerungszahl und wird jährlich neu ermittelt. Seit der Reform des Bundesvertriebenengesetzes (BVFG) durch das Kriegsfolgenbereinigungsgesetz Ende 1992 war dieser Schlüssel als § 8 BVFG offizieller Teil der Vertriebenengesetzgebung.

Tabelle 4.1: Zuweisungsquoten des Königsteiner Schlüssels Stand 1992

Bundesland	Quote %	Bundesland	Quote %
Baden-Württemberg	12,3	Niedersachsen	9,2
Bayern	14,4	Nordrhein-Westfalen	21,8
Berlin	2,7	Rheinland-Pfalz	4,7
Brandenburg	3,5	Saarland	1,4
Bremen	0,9	Sachsen	6,5
Hamburg	2,1	Sachsen-Anhalt	3,9
Hessen	7,2	Schleswig-Holstein	3,3
Mecklenburg-Vorpomm.	2,6	Thüringen	3,5

So festgelegt in § 8 Abs. 3 BVFG, geändert durch das Kriegsfolgenbereinigungsgesetz vom 21.12.1992, Bundesgesetzblatt Jahrgang 1992, Teil I, S. 2095.

Für Spätaussiedler galt außerdem schon seit 1989 das „Gesetz über die Festlegung eines vorläufigen Wohnortes für Aussiedler und Übersiedler" (Wohnortzuweisungsgesetz, WoZuG). Es sollte die gleichmäßige Verteilung auf Länder und Kommunen sicherstellen, wobei laut § 2 Abs. 2 „bei der Entscheidung über die Zuweisung [...] Wünsche des Aufgenommenen, enge verwandtschaftliche Beziehungen sowie die Möglichkeit seiner beruflichen Eingliederung berücksichtigt werden [sollen]". Ab 1996 beinhaltete dies eine zweijährige, von 1997 bis 2000 eine unbefristete, vom Jahr 2000 bis zum Auslaufen des Gesetzes im Jahr 2009 eine dreijährige Wohnortbindung, die bei eigenmächtigem Wohnortwechsel zum Verlust von Sozialleistungen führte (Haug/Sauer 2007, S. 12). Für Kontingentflüchtlinge galten entsprechende Regelungen (Harris 2003, S. 253).

Ziel aller dieser Maßnahmen war es, die als schädlich wahrgenommene Konzentration der Migranten in einzelnen Bundesländern und an bestimmten Orten zu verhindern. Der „Schaden" wurde dabei auf unterschiedlichen Ebenen verortet. Zum einen ging es um die finanzielle Belastung der mit der Aufnahme und Integration betrauten Bundesländer und Kommunen – dass die Zugewanderten ein „Gewinn für unser Land" sein würden, wie der Slogan für die Spätaussiedler hieß, glaubte man offenbar selbst nicht. Zum anderen sollte aber auch die vermeintlich integrationshemmende Konzentration vieler Migranten in einzelnen Kommunen verhindert werden. Am Schreckgespenst der „Ghettoisierung" hatte sich die bundesdeutsche Migrationspolitik schon im Kontext der Arbeitsmigration in den 1970er und 1980er Jahren abgearbeitet, als in verschiedenen Großstädten phasenweise Zuzugssperren für bestimmte Stadtteile mit hohem Ausländeranteil verhängt wurden (Thränhardt 2003, S. 297–298; Reinecke 2012). Zur Zeit ihres zahlenmäßig größten Zuzugs ab Ende der 1980er Jahre wurden auch die Spätaussiedler zum Objekt solcher Ängste. Die jüdischen Zuwanderer lösten ob ihrer geringeren Anzahl keine solchen Befürchtungen aus. Hier war aber die vorgesehene „segmentierte Integration" durch die jüdischen Gemeinden ein Faktor, der zur Furcht vor lokalen Überlastungsphänomenen führen konnte.

In der folgenden Analyse geht es um die andauernden Effekte dieser Verteilungspolitiken auf verschiedenen Ebenen. Auf der Makroebene der Bundesrepublik wollen wir anhand von Zensusdaten untersuchen, inwieweit sich die Quotenregelungen für die Länderzuweisung bis heute in der Verteilung der Zuwanderer widerspiegeln. Darüber hinaus soll hier die Verteilung innerhalb der Bundesländer, zwischen Stadt und Land, aber auch innerhalb von Städten in den Blick genommen werden. Ausgangspunkt ist hierbei die in der Forschung schon relativ früh erfolgte Erkenntnis, dass die Zuweisungspolitik auf der Makroebene zu paradoxen Konzentrationseffekten auf der Mikroebene führen kann, die dem eigentlichen Zweck der gleichmäßigen Verteilung der Zuwanderer zuwiderlaufen (vgl. Wenzel 2003; zuletzt Kreichauf 2018). Die grundlegende Prämisse, dass die Präsenz vieler Migranten zu starker Segregation führt, scheint sich dabei nicht zu bestätigen. Einige der in der Folge analysierten Daten legen vielmehr das

Gegenteil nahe: Die größten lokalen Konzentrationen gibt es dort, wo der Anteil bestimmter Migrantengruppen an der Gesamtbevölkerung am niedrigsten ist.

Auf allen Ebenen werden dabei immer wieder Vergleichsperspektiven zu den zwei anderen großen Zuwanderergruppen in der Bundesrepublik gezogen, nämlich Migranten aus der Türkei und Migranten aus Polen. Diese sind nicht nur aufgrund ihrer Größe interessant für einen Vergleich, sondern auch, weil sie jeweils unterschiedlichen Verteilungsregimen unterlagen: Während postsowjetische Migranten fast vollständig staatlich gelenkt verteilt wurden, unterlagen Migranten aus der Türkei (mit Ausnahme anerkannter politischer Flüchtlinge) keinem zentralen Verteilungsregime wie dem Königsteiner Schlüssel, sondern siedelten sich aufgrund ihrer Anwerbung als Industriearbeiter überwiegend in urbanen Ballungszentren an (Thränhardt 2003). Die Zuwanderer aus Polen wiederum sind ein Mischfall: Teilweise unterlagen sie als Aussiedler dem föderalen Verteilungsregime, teilweise kamen sie als nicht zentral gesteuerte Arbeitsmigranten und inzwischen auch zunehmend als freizügige EU-Bürger. Somit haben wir es hier mit drei Typen von migrantischen Verteilungsmechanismen zu tun, deren Effekte sich vergleichend in den Blick nehmen lassen.

Im Unterschied zum vorherigen Kapitel 3, das sich nur mit der ersten Zuwanderergeneration befasste, ist zu beachten, dass die in diesem Kapitel betrachteten Daten sich nicht nur auf die Migranten selbst beziehen, die wie oben beschrieben bei ihrer Ankunft – je nach Migrationsregime – unterschiedlichen Verteilmechanismen unterlagen. Außer diesen Migranten selbst werden anhand der Kategorie „Migrationshintergrund" auch in Deutschland geborene Menschen erfasst, die mindestens einen zugewanderten Elternteil haben. Somit wird hier zu einem gewissen Grad auch die Wohnortwahl von Angehörigen der zweiten Generation in Betracht gezogen, von denen viele bereits erwachsen sind und ihren eigenen Haushalt gegründet haben. Wenn also in der folgenden Analyse von „postsowjetischen Migranten" die Rede sein wird, so sind hierin nicht nur Zugewanderte aus den ehemaligen Sowjetrepubliken, sondern auch – je nach Datenbasis vollständig oder teilweise – deren in Deutschland geborene Kinder inbegriffen. Ähnlich verhält es sich auch bei den anderen Vergleichsgruppen: Die in der folgenden Analyse verwendeten Bezeichnungen „Kasachstanstämmige", „Ukrainestämmige", „Türkeistämmige" und „Polenstämmige" beziehen sich sowohl auf die Zugewanderten aus den jeweiligen Ländern, als auch auf deren Kinder mit dem jeweiligen Migrationshintergrund. Die Bezeichnung „-stämmig" ist hier also nicht im Sinne einer ethnischen Abstammung zu verstehen, sondern bezieht sich auf das Herkunftsland, aus dem die in der Statistik erfassten Menschen selbst oder aus dem ihre Eltern eingewandert sind.

Verteilung im Bund

Tabelle 4.2: Migrationsgruppen nach Bundesländern (absolute Zahlen)

	Wohn-bevölkerung	Postsowjetische Migranten (PSM)	Kasachstan-stämmige (KAZ)	Ukraine-stämmige (UA)	Türkei-stämmige (TR)	Polen-stämmige (PL)
Baden-Württemberg	10.486.660	469.950	229.780	29.780	470.730	202.210
Bayern	12.397.614	383.880	183.520	40.490	328.970	202.220
Berlin	3.292.365	83.650	20.190	16.190	198.090	101.080
Brandenburg	2.455.780	31.330	9.530	5.500	4.370	27.940
Bremen	650.863	33.610	14.240	2.550	44.020	26.270
Hamburg	1.706.696	60.060	20.610	6.950	93.840	71.260
Hessen	5.971.816	223.970	106.600	19.020	265.730	163.200
Mecklenburg-Vorpommern	1.609.982	17.300	5.580	3.040	1.540	13.250
Niedersachsen	7.777.992	374.350	169.180	20.100	187.220	201.620
Nordrhein-Westfalen	17.538.251	722.370	314.010	48.870	926.390	786.480
Rheinland-Pfalz	3.989.808	188.990	89.140	12.580	107.200	88.860
Saarland	999.623	31.240	13.520	2.730	20.100	19.870
Sachsen	4.056.799	49.970	16.040	8.450	4.610	25.700
Sachsen-Anhalt	2.287.040	23.930	8.880	4.490	3.450	10.790
Schleswig-Holstein	2.800.119	69.940	32.120	5.130	55.080	55.510
Thüringen	2.188.589	23.660	7.610	3.630	2.890	10.140
Deutschland gesamt	**80.219.695**	**2.788.210**	**1.240.570**	**229.510**	**2.714.240**	**2.006.410**
Westdeutschland (mit Berlin)	**67.621.505**	**2.642.020**	**1.192.930**	**204.400**	**2.697.380**	**1.918.590**
Ostdeutschland	**12.598.190**	**146.190**	**47.640**	**25.110**	**16.860**	**87.820**

Errechnet aus Daten des Zensus 2011, ergebnisse.zensus2011.de. PSM entspricht hier der Summe der Zuwanderer aus der Russischen Föderation, Kasachstan und der Ukraine.

Tabelle 4.2 gibt uns zunächst einen Eindruck von der Größe der Migrationsgruppen, die hier verglichen werden, sowie ihrer Verteilung auf die Bundesländer. Die postsowjetischen Migranten (in diesem Fall definiert als die Menschen mit Migrationshintergrund aus der Russischen Föderation, Kasachstan und Ukraine, da diese im Zensus gesondert ausgewiesen sind) waren 2011 mit fast 2,8 Millionen Personen (3,5 % der Gesamtbevölkerung) die größte Gruppe, vor etwas mehr als 2,7 Millionen Türkeistämmigen (3,4 %) und knapp 2 Millionen Polenstämmigen (2,5 %). Da dies den Stand von 2011 repräsentiert, sind die absoluten Zahlen nicht mehr ganz aktuell. Dennoch sind die Zensus-Daten den Daten des Mikrozensus in diesem Fall vorzuziehen, da sie neben allen seit 1955 Zugewanderten sowie allen Ausländern unabhängig vom Geburtsort auch „alle Deutschen mit zumindest einem nach 1955 auf das heutige Gebiet der Bundesrepublik Deutschland zugewanderten Elternteil" erfassen.[21] Im Mikrozensus taucht letztere Personengruppe nur auf, wenn sie noch mit den zugewanderten Eltern in einem Haushalt lebt. Entsprechend groß sind die Differenzen zwischen Zensus und Mikrozensus bei den überwiegend eingebürgerten postsowjetischen Migranten: Der Mikrozensus von 2011 wies nur gut 2,35 Millionen Menschen mit Migrationshintergrund aus Russland, Kasachstan und der Ukraine aus, über 400.000 weniger als der Zensus. Ein Großteil davon, über 300.000 Personen, entfällt dabei auf die fast vollständig eingebürgerten Kasachstanstämmigen, während der Mikrozensus mit 246.000 Personen sogar mehr Ukrainestämmige auswies als der Zensus. Eine große Diskrepanz besteht auch bei den Polenstämmigen, für die der Mikrozensus mit knapp über 1,4 Millionen fast 600.000 Personen weniger erfasst als der Zensus. Gerade die in Deutschland geborenen Nachkommen der Aussiedler aus Polen, von denen Hunderttausende schon Ende der 1950er Jahre und dann verstärkt ab 1975 in die Bundesrepublik kamen, werden nach der Definition des Zensus sehr viel umfangreicher erfasst. Bei den Türkeistämmigen, unter denen der Ausländeranteil höher ist, ist die Differenz dagegen viel geringer (71.000 Personen).

Tabelle 4.3: Gini-Koeffizienten auf Bundesebene

Gruppe	Gini-Koeffizient Zensus 2011 relativ zu realer Verteilung der Gesamtbevölkerung	Gini-Koeffizient Zensus 2011 relativ zur Quote des Königsteiner Schlüssels	Gini-Koeffizient Mikrozensus 2018 relativ zu realer Verteilung der Gesamtbevölkerung
PSM (=RUS+KAZ+UA)	0,149	0,171	0,134
KAZ	0,168	0,190	0,159
UA	0,077	0,113	0,092
TR	0,251	0,276	0,243
PL	0,218	0,240	0,192

Errechnet aus Daten des Zensus 2011, ergebnisse.zensus2011.de. PSM entspricht hier der Summe der Zuwanderer aus der Russischen Föderation, Kasachstan und der Ukraine.

Die Verteilung dieser Migrationsgruppen auf das Bundesgebiet wollen wir zunächst aggregiert mit einer präzisen statistischen Maßzahl analysieren. Ein solches Ungleichheitsmaß ist der Gini-Koeffizient, der typischerweise zur Dokumentation von Einkommens- und Vermögensverteilung in Volkswirtschaften zum Einsatz kommt, aber auch für die Messung der Verteilung von Migrationsgruppen innerhalb verschiedener räumlicher Kontexte brauchbar ist (Iceland/Weinberg/Steinmetz 2002, S. 119). Dabei gilt, dass ein kleinerer Gini-Koeffizient

21 https://ergebnisse.zensus2011.de/#Glossary: (Abfrage: 30.07.2020).

für eine gleichmäßigere Verteilung spricht, ein größerer Gini-Koeffizient für eine stärkere Konzentration. Je näher der Gini-Koeffizient an der 0 liegt, desto mehr entspricht die Verteilung der untersuchten Gruppe der Verteilung der Gesamtbevölkerung. In Tabelle 4.3 ist er im Verhältnis zu zwei unterschiedlichen Bezugsgrößen dargestellt: zum einen in Bezug auf die reale Verteilung der Gesamtbevölkerung auf die Bundesländer gemäß Zensus 2011, zum anderen in Bezug auf die hypothetische Verteilung der Bundesbevölkerung nach den Vorgaben des Königsteiner Schlüssels. So lässt sich die Gleichmäßigkeit der Verteilung der Untersuchungsgruppen im Verhältnis zur Realität und zu den administrativen Vorgaben ermitteln. Der dritte Wert ist mit Daten des Mikrozensus 2018 berechnet, um mögliche Veränderungen in den Verteilungsmustern einschätzen zu können.

Wie in Tabelle 4.3 klar ersichtlich ist, sind von den drei großen Vergleichsgruppen die postsowjetischen Migranten am gleichmäßigsten auf das Bundesgebiet verteilt. Die Vergleichsberechnung der entsprechenden Werte mit den Daten des Mikrozensus 2018 zeigt, dass dies nicht nur 2011 der Fall war, sondern auch noch immer so ist. Bei Türkeistämmigen liegt der Koeffizient am höchsten, während er bei den Polenstämmigen dazwischen positioniert ist. Hier sieht man die Effekte der unterschiedlichen Verteilungsregime bereits sehr deutlich: Migranten aus der Türkei und deren Kinder leben stärker in einzelnen Regionen konzentriert als Migranten und Angehörige aus Polen und der ehemaligen Sowjetunion, von denen viele der staatlichen Zuweisungspolitik unterlagen. Diese Unterschiede zeigen sich noch klarer, wenn man die postsowjetischen Gruppen differenziert betrachtet: Der Wert der Kasachstanstämmigen lag und liegt deutlich über dem der Ukrainestämmigen. Dies bedeutet, dass Menschen mit einem Migrationshintergrund aus Kasachstan ungleichmäßiger auf das Bundesgebiet verteilt sind als Menschen mit einem Migrationshintergrund aus der Ukraine. In diesen Verteilungsmustern spiegeln sich unterschiedliche Zuwanderungsgeschichten der verschiedenen postsowjetischen Migrantengruppen. Zwar unterlagen sie grundsätzlich alle den zentralisierten Verteilverfahren. Die russlanddeutschen Spätaussiedler verfügten aber durch teilweise schon seit den 1970er Jahren bestehende familiäre Netzwerke über einen gewissen Handlungsspielraum, der es ihnen erlaubte, innerhalb des administrativen Verfahrens Präferenzen anzugeben bzw. in der Folge selbständig die Nähe der eigenen Verwandtschaft zu suchen. Diese „Kettenwanderungen" und die daraus folgenden räumlichen Konzentrationen beschrieb schon die sozialgeografische Forschungsliteratur der 1990er Jahre (Wenzel 2003). Die Kontingentflüchtlinge hingegen waren mangels Netzwerken und Ressourcen den Verteilmechanismen in wesentlich höherem Maße „ausgeliefert" und wurden somit gleichmäßiger auf das Bundesgebiet verteilt.

Tabelle 4.4: Verteilung nach Bundesländern (in %)

	Anteil der Bevölkerung des Landes an der Gesamtbev. 2011	Quote Königsteiner Schlüssel 1992	Anteil PSM im Land an der Gesamtgruppe 2011	Anteil KAZ im Land an der Gesamtgruppe 2011	Anteil UA im Land an der Gesamtgruppe 2011	Anteil TR im Land an der Gesamtgruppe 2011	Anteil PL im Land an der Gesamtgruppe 2011
Baden-Württemberg	13,1	12,3	16,9	18,5	13,0	17,3	10,1
Bayern	15,5	14,4	13,8	14,8	17,6	12,1	10,1
Berlin	4,1	2,7	3,0	1,6	7,1	7,3	5,0
Brandenburg	3,1	3,5	1,1	0,8	2,4	0,2	1,4
Bremen	0,8	0,9	1,2	1,1	1,1	1,6	1,3
Hamburg	2,1	2,1	2,2	1,7	3,0	3,5	3,6
Hessen	7,4	7,2	8,0	8,6	8,3	9,8	8,1
Mecklenburg-Vorpommern	2,0	2,6	0,6	0,4	1,3	0,1	0,7
Niedersachsen	9,7	9,2	13,4	13,6	8,6	6,9	10,1
Nordrhein-Westfalen	21,9	21,8	25,9	25,3	21,3	34,1	39,2
Rheinland-Pfalz	5,0	4,7	6,8	7,2	5,5	4,0	4,4
Saarland	1,3	1,4	1,1	1,1	1,2	0,7	1,0
Sachsen	5,1	6,5	1,8	1,3	3,7	0,2	1,3
Sachsen-Anhalt	2,9	3,9	0,9	0,7	2,0	0,1	0,5
Schleswig-Holstein	3,5	3,3	2,5	2,6	2,2	2,0	2,8
Thüringen	2,7	3,5	0,8	0,6	1,6	0,1	0,5
Westdeutschland	84,2	80,0	96,0	96,2	89,0	99,3	95,6
Ostdeutschland	15,8	20,0	5,2	3,8	11,0	0,7	4,4

Errechnet aus Daten des Zensus 2011, ergebnisse.zensus2011.de. PSM entspricht hier der Summe der Zuwanderer aus der Russischen Föderation, Kasachstan und der Ukraine.

Richten wir nun in Tabelle 4.4 einen detaillierteren Blick auf diese durch die Gini-Koeffizienten pauschal beschriebenen unterschiedlichen Verteilungsmuster. Für die postsowjetischen Migranten interessiert dabei vor allem das Verhältnis zwischen ihrer realen Verteilung und den Vorgaben des Königsteiner Schlüssels. Vergleicht man den Anteil der postsowjetischen Bevölkerung der jeweiligen Bundesländer an der gesamten postsowjetischen Migrationsgruppe in Deutschland mit den Quoten des Königsteiner Schlüssels, wie sie in den 1990er Jahren zum Zeitpunkt der größten Einwanderung aus der ehemaligen Sowjetunion galten, so erkennt man gewisse Diskrepanzen. In den großen westdeutschen Flächenstaaten Baden-Württemberg, Niedersachsen und NRW liegt der Anteil der postsowjetischen Migranten jeweils mehr als vier Prozentpunkte über der zugewiesenen Quote. Auch Rheinland-Pfalz und Hessen liegen über ihrer Quote, wobei im Fall von Rheinland-Pfalz die Überschreitung der Quote um „nur" zwei Prozentpunkte (6,8 % statt 4,7 %) einer Übererfüllung um gut 45 % entspricht.

In den Stadtstaaten Bremen und Berlin liegt der Anteil postsowjetischer Migranten knapp über der Quote des Königsteiner Schlüssels, in Bayern, dem Saarland und Schleswig-Holstein knapp darunter. Weit unter ihrem zugewiesenen Anteil liegen dagegen alle fünf ostdeutschen Bundesländer, von denen keines mehr als ein Drittel der ursprünglich vorgesehenen Quote erfüllt. Dies erklärt auch den höheren hypothetischen Gini-Koeffizienten in Tabelle 4.3: Der Königsteiner Schlüssel ging 1992 noch von einem Aufnahmeanteil der neuen Bundesländer von 20 % aus, zu einem Zeitpunkt, als ihr Anteil an der gesamtdeutschen Bevölkerung bei gut 18 % lag.[22] Bis 2011 war der Anteil an der gesamtdeutschen Bevölkerung aber auf 15,8 % geschrumpft, was die Diskrepanz zur 1992 veranschlagten Quote noch erhöhte. Diese wurde freilich im Laufe der Zeit angepasst und betrug 2011 nur noch gut 16 %, entsprach also fast genau dem Bevölkerungsanteil. Selbst unter Einbeziehung des Bevölkerungsrückgangs in den neuen Bundesländern ist jedoch klar, dass dort weit weniger postsowjetische Migranten leben, als die Quotenverteilung vorsieht. 2018 betrug ihr Anteil laut Mikrozensus 5,7 %.

Betrachten wir nach der aus Kapitel 3 vertrauten Methode gesondert die Werte für Kasachstan- und Ukrainestämmige als näherungsweise stellvertretend für Spätaussiedler und Kontingentflüchtlinge, so ergeben sich weitere Differenzierungen. Der Anteil aller Kasachstanstämmigen, der in Baden-Württemberg, Rheinland-Pfalz und Hessen lebt, ist noch höher als der Anteil aller postsowjetischer Migranten in diesen Bundesländern. Niedriger sind ihre Anteile hingegen in Berlin und den ostdeutschen Bundesländern. Bei Ukrainestämmigen ist das Gegenteil der Fall: Sie sind in Berlin und den ostdeutschen Bundesländern vergleichsweise stärker präsent, so dass die Diskrepanz zwischen dem realen Anteil an Ukrainestämmigen und der vorgesehenen administrativen Quote in den ostdeutschen Bundesländern nicht so groß ist (im Falle Berlins liegt ihr Anteil hingegen weit über der Quote). Dies kann man einerseits als Ausdruck der geringeren Mobilitätsressourcen der Kontingentflüchtlinge interpretieren, die den neuen Bundesländern zugewiesen wurden und dort wohnen blieben. Berlin mit seiner gut ausgebauten jüdischen Infrastruktur wurde andererseits zu einem Anziehungspunkt für postsowjetisch-jüdische Zuwanderer (Harris 2003). Auch in Bayern und Hamburg ist der Anteil von Ukrainestämmigen im Verhältnis zur Gesamtgruppe signifikant höher als der Anteil postsowjetischer Migranten insgesamt, in NRW und Niedersachsen deutlich niedriger – damit aber auch näher an den Vorgaben des Königsteiner Schlüssels.

Bei der überwiegend nicht gesteuerten Migration aus der Türkei zeigen sich grundsätzlich andere Muster, die sowohl von der gemäß der Bevölkerungsanteile der Bundesländer zu erwartenden Verteilung wie auch von den (auf sie mehr-

22 www.statistik-bw.de/VGRdL/tbls/tab.jsp?rev=RV2014&tbl=tab20&lang=de-DE

heitlich nie angewendeten) Vorgaben des Königsteiner Schlüssels zum Teil deutlich abweichen. Gut ein Drittel der Migranten aus der Türkei und deren Kindern leben im einstigen Industrieland NRW, wo sie somit mehr als anderthalb Mal so stark vertreten sind, als gemäß der allgemeinen Bevölkerungsverteilung zu erwarten wäre. Überrepräsentiert sind sie auch im ebenfalls stark industrialisierten Baden-Württemberg, in Hessen sowie in den dicht bevölkerten Stadtstaaten Berlin, Hamburg und Bremen. Vergleichsweise gering ist aber der Anteil der Türkeistämmigen in Bayern, Niedersachsen und Rheinland-Pfalz. Kaum präsent ist diese Gruppe auch in Ostdeutschland – nur 0,7 % aller Türkeistämmigen lebten 2011 dort, gegenüber 5,2 % aller postsowjetischen Migranten und sogar 11 % aller Ukrainestämmigen. Während die Verteilungspolitik nach der Wiedervereinigung zumindest einen Teil der Spätaussiedler und Kontingentflüchtlinge auch in die neuen Bundesländer brachte, fand dieser „Diffusionsprozess" zwischen West und Ost im Falle der zumeist in Westdeutschland lebenden Arbeitsmigranten nur sehr langsam statt. Bis heute leben dort nur 0,8 % aller Türkeistämmigen, was einem Bevölkerungsanteil von 0,2 % entspricht (Mikrozensus 2018, Tabelle 5I).

Die Verteilung der Polenstämmigen als Migrationsgruppe mit den wohl heterogensten Zugangswegen in die Bundesrepublik gestaltet sich wiederum anders. Auffällig ist der extrem hohe Anteil in NRW, was auf die lang bestehenden Migrationsbeziehungen zwischen diesem Bundesland und Polen und insbesondere des Ruhrgebiets mit dem oberschlesischen Industrierevier verweist. Nicht umsonst schrieb der polnische Historiker Dariusz Stola (2010, S. 196) von einem „virtuellen deutsch-polnischen Grenzgebiet" selbst während der Zeit des Kalten Krieges. Leicht bis stark überdurchschnittlich vertreten sind Menschen mit Migrationshintergrund aus Polen auch in Niedersachsen, Hessen, Hamburg, Bremen und Berlin, also eher im nördlichen Teil der Bundesrepublik, während ihr Anteil in Bayern und Baden-Württemberg weder dem Bevölkerungsanteil dieser Länder noch der Quote des Königsteiner Schlüssels entspricht. 4,4 % aller Polenstämmigen lebten 2011 in Ostdeutschland, deutlich mehr als Türkeistämmige, aber weniger als postsowjetische Migranten. Bis 2018 ist dieser Anteil auf 6,1 % gestiegen. In diesem Zuwachs spiegelt sich die erleichterte Mobilität polnischer Bürger als freizügige EU-Bürger wider, der sich auch auf die an Polen angrenzenden ostdeutschen Bundesländer auswirkt.

Die bisher analysierten Daten zeigen also, dass die administrativen Verteilmechanismen für die postsowjetischen Migranten auf der Makroebene des Bundes durchaus wirksam waren. Dies zeigt sich an der im Vergleich zu den anderen Untersuchungsgruppen relativ gleichmäßigen Verteilung der postsowjetischen Migranten über die Bundesländer. Die Diskrepanzen zu den Quoten des Königsteiner Schlüssels verweisen aber darauf, dass diese Mechanismen nicht gleichsam „allmächtig" sind, denn sie interagieren mit den Ressourcen und Netzwerken, über die die Migranten selbst verfügen. Im Fall der weniger oder gar nicht zentral gesteuerten Migration aus Polen und aus der Türkei sind diese von umso größerer Bedeutung. Im Zusammenspiel mit der wirtschaftlichen Anziehungskraft bestimmter industrialisierter Regionen zum Zeitpunkt der Einwanderung dieser Menschen sorgte dies für stärkere Konzentrationen in bestimmten Ländern, besonders NRW und Baden-Württemberg.

Wie schon angedeutet bedeutet die gleichmäßige Verteilung auf der Makroebene aber noch nicht zwingend, dass diese auch auf der Meso- und Mikroebene stärkere Konzentrationen verhindert. Im nächsten Schritt wollen wir uns daher die Landkreisebene ansehen, um die Verteilung oder Konzentration innerhalb der Bundesländer nachvollziehen zu können.

Verteilung in Bundesländern und nach Landkreisen

Nach der zentralen Verteilung im Bund unterlagen postsowjetische Migranten dann innerhalb der Bundesländer unterschiedlichen Verteilmechanismen. Je nach Land wurden die Spätaussiedler gemäß Einwohnerzahl (in Bayern, Brandenburg, Mecklenburg-Vorpommern, Saarland, Schleswig-Holstein), gemäß Einwohnerzahl und Fläche (z. B. in Baden-Württemberg, Nordrhein-Westfalen und Sachsen) oder ohne festgelegten Schlüssel (in Niedersachsen, Hessen und Rheinland-Pfalz) auf die Landkreise verteilt (Wenzel 2003, S. 264–265). Zum Teil bemühten sich Landkreise gezielt um die Ansiedlung von Spätaussiedlern, gerade in üblicherweise von Abwanderung betroffenen ländlichen Regionen (Wenzel 2003, S. 265). Jüdische Kontingentflüchtlinge wurden nur Orten zugewiesen, wo bereits jüdische Gemeinden existierten (Thränhardt 2003, S. 236).

Das Ergebnis dieser mehr oder weniger gelenkten Verteilungsprozesse ist in Abbildung 4.1 abgebildet. Je dunkler die Schattierung, desto höher der postsowjetische Bevölkerungsanteil. Maßzahl ist dabei der sogenannte Lokationsquotient, der den Anteil von postsowjetischen Migranten an der Gesamtbevölkerung im Landkreis ins Verhältnis zu ihrem bundesweiten Anteil setzt (Lauerbach/Göddecke-Stellmann 2019). Ein Lokationsquotient größer als 1 entspricht dabei einem höheren Anteil von postsowjetischen Migranten als im Bundesgebiet, hier dargestellt durch eine dunklere Schattierung. Man erkennt auf der Karte deutliche Schwerpunkte im Nordwesten und der Mitte des Landes, in einem Streifen, der sich vom westlichen Niedersachsen (Landkreise Emsland, Cloppenburg, Vechta und Osnabrück) über Ostwestfalen (Landkreise Minden-Lübbecke, Herford, Bielefeld, Ostwestfalen-Lippe, Paderborn und Höxter) bis nach Waldeck-Frankenberg in Nordhessen erstreckt und sich mit geringerer Konzentration bis nach Osthessen und das nördliche Bayern fortsetzt. Jenseits dieses Kerngebiets finden sich weitere Schwerpunkte, so etwa in Hannover (Stadt und Land), Gifhorn, in den baden-württembergischen Landkreisen Hohenlohe, Schwäbisch-Hall und Tuttlingen sowie im rheinland-pfälzischen Birkenfeld (vgl.

Abbildung 4.1: Anteil postsowjetischer Migranten an der Gesamtbevölkerung

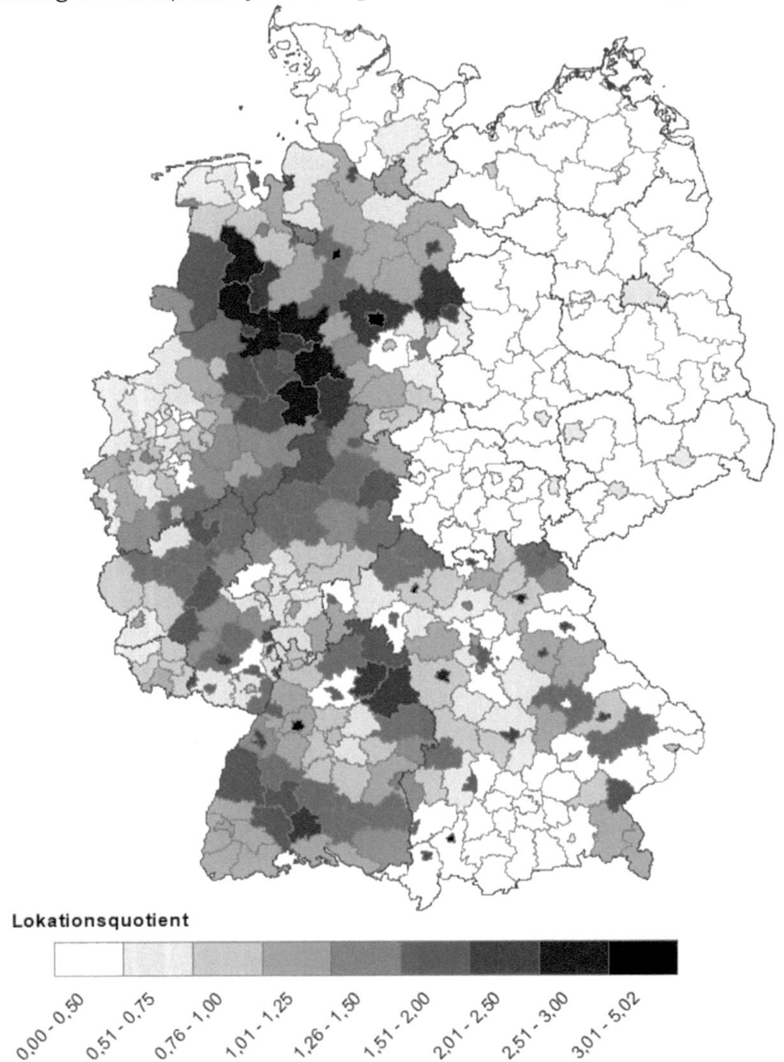

Karte gestaltet von Lukas Hennies und Jessica Wehner © GeoBasis-DE / BKG 2020

auch Tabelle 4.5). In Süddeutschland sind weitere Schwerpunkte in Stadtkreisen bzw. kreisfreien Städten zu erkennen, so im rheinland-pfälzischen Kaiserslautern, dem badischen Pforzheim, sowie in Schweinfurt, Kaufbeuren, Bayreuth, Ansbach, Weiden, Amberg und Coburg in Bayern.

Tabelle 4.5: Landkreise mit den höchsten Anteilen von postsowjetischen Migranten an der Gesamtbevölkerung

Landkreis	Bundesland	% PSM	Lokations-quotient (LQ)
Cloppenburg	Niedersachsen	17,5	5,02
Ostwestfalen-Lippe	NRW	11,5	3,32
Paderborn	NRW	11,3	3,25
Minden-Lübbecke	NRW	11,3	3,24
Osnabrück	Niedersachsen	10,4	3,01
Hannover	Niedersachsen	9,7	2,79
Vechta	Niedersachsen	9,6	2,78
Herford	NRW	9,6	2,77
Hohenlohekreis	Baden-Württemberg	9,5	2,73
Höxter	NRW	9,3	2,67
Gifhorn	Niedersachsen	9,0	2,58
Schwäbisch-Hall	Baden-Württemberg	8,8	2,54
Tuttlingen	Baden-Württemberg	8,8	2,53
Birkenfeld	Rheinland-Pfalz	8,7	2,50
Waldeck-Frankenberg	Hessen	8,3	2,37

Errechnet aus Daten des Zensus 2011, ergebnisse.zensus2011.de. PSM entspricht hier der Summe der Zuwanderer aus der Russischen Föderation, Kasachstan und der Ukraine.

In diesem Muster spiegeln sich die langfristigen Effekte der Interaktion von Ansiedlungspolitiken und Verteilungsregimes der Länder mit migrantischen Netzwerken. Im Landkreis Cloppenburg wurden im Rahmen kirchlicher Initiativen schon in den 1960er Jahren gezielt Aussiedler aus Osteuropa angesiedelt, zunächst aus dem polnischen Ermland, dann auch zunehmend aus der Sowjetunion (Pfister-Heckmann 1998). Dies bot später Anknüpfungspunkte für Kettenmigrationen, die sich angesichts der liberalen niedersächsischen Verteilungspolitik auch entfalten konnten. Ähnliches gilt für die Siedlungsschwerpunkte in Ostwestfalen, wo schon seit der Nachkriegszeit und verstärkt ab den 1970er Jahren Russlanddeutsche wohnhaft wurden, darunter viele Mennoniten in Städten wie Espelkamp und Bielefeld (Oberpenning 2003; Werner 2007). Hier wurden also schon länger existierende migrantische Kolonien im ländlichen Raum zum Anziehungspunkt für neue Wanderungen. In anderen Regionen des westlichen Niedersachsens geschah Ähnliches als nicht intendierte Folge der begrenzten Anwerbung von Aussiedlern zur Siedlung in strukturschwachen Regionen, die in der Folge überproportional zum Ziel von Aussiedlermigration wurden (Wenzel 2003, S. 265). Auch eher zufällige Faktoren wie die Präsenz eines Aufnahmelagers konnte solche Konzentrationen begründen, etwa in Bramsche-Hesepe im Landkreis Osnabrück. In Bayern wiederum begünstigte der Verteilungsmaßstab mit dem alleinigen Fokus auf die Einwohnerzahl die Ansiedlung in Ballungsräumen, wie man an den punktuellen Verdichtungen auf der Karte gut erkennen kann (Wenzel 2003, S. 264).

Abbildung 4.2: Anteil postsowjetischer Migranten an der Bevölkerung mit Migrationshintergrund

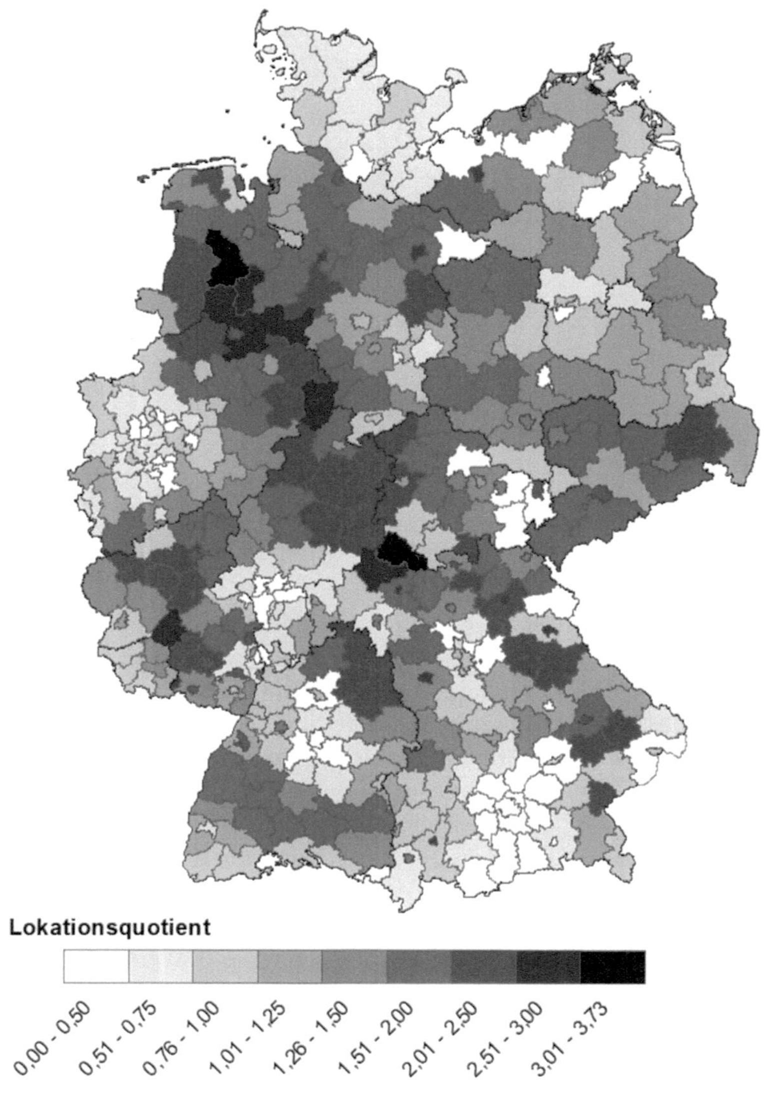

Karte gestaltet von Lukas Hennies und Jessica Wehner © GeoBasis-DE / BKG 2020

Etwas anders sieht diese Landkarte der postsowjetischen Migration aus, wenn man den Bezugsrahmen ändert und nicht den Lokationsquotienten im Verhältnis zur Gesamtbevölkerung, sondern zur Bevölkerung mit Migrationshintergrund abbildet (Abbildung 4.2). Hier zeigt sich die relative Bedeutung der postsowjetischen Migranten im Kontext der lokalen Migrationsgesellschaften. Zum einen verdeutlicht sich hier die starke Präsenz postsowjetischer Migranten als Einwanderungsgruppe im ländlichen Raum, in einem Streifen, der sich vom westlichen Niedersachsen bis ins südöstliche Bayern erstreckt, mit weiteren Schwerpunkten in Rheinland-Pfalz (Hunsrück) und Baden-Württemberg (Schwarzwald und Schwäbische Alb). Aber auch die postsowjetische Bevölkerung in Ostdeutschland wird hier auf einmal sichtbar. Während ihr Anteil an der Gesamtbevölkerung wie oben festgestellt durchgehend gering ist, sind sie angesichts der insgesamt geringen Anzahl von Migranten in den neuen Bundesländern ein zentraler Bestandteil der lokalen Migrationsbevölkerung.

Tabelle 4.6: Landkreise mit den höchsten Anteilen an postsowjetischen Migranten an der Migrationsbevölkerung

Landkreis	Bundesland	% PSM	LQ
Cloppenburg	Niedersachsen	68,0	3,73
Rhön-Grabfeld	Bayern	56,7	3,11
Osnabrück	Niedersachsen	54,0	2,97
Höxter	NRW	53,4	2,93
Birkenfeld	Rheinland-Pfalz	52,8	2,90
Bad Kissingen	Bayern	47,7	2,62
Minden-Lübbecke	NRW	47,6	2,61
Vechta	Niedersachsen	47,1	2,59
Waldeck-Frankenberg	Hessen	45,4	2,49
Rhein-Hunsrück-Kreis	Rheinland-Pfalz	45,3	2,49
Emsland	Niedersachsen	45,1	2,48
Hersfeld-Rotenburg	Hessen	44,9	2,47
Ostwestfalen-Lippe	NRW	44,4	2,44
Gifhorn	Niedersachsen	44,4	2,44
Cochem-Zell	Rheinland-Pfalz	44,1	2,42

Errechnet aus Daten des Zensus 2011, ergebnisse.zensus2011.de. PSM entspricht hier der Summe der Zuwanderer aus der Russischen Föderation, Kasachstan und der Ukraine.

Verteilung zwischen Groß- und Kleinstädten

Tabelle 4.7: Bevölkerung in Großstädten (in %)

	Gesamtbevölkerung	PSM	KAZ	UA	TR	PL
> 100.000 Einwohner	30,5	~ 28,5	22,8	~ 48,5	50,3	44,4

Errechnet aus Daten des Zensus 2011, ergebnisse.zensus2011.de. PSM entspricht hier der Summe der Zuwanderer aus der Russischen Föderation, Kasachstan und der Ukraine. Der Wert für die Ukraine (und entsprechend für PSM) dürfte noch etwas höher liegen, da für 31 der 76 Städte keine Zahlen für ukrainestämmige Migranten angegeben waren.

Die Bedeutung der postsowjetischen und insbesondere der Spätaussiedlermigration für den ländlichen Raum wurde in den vorherigen Abschnitten bereits sichtbar. Forscher stellten schon in den 1990er Jahren fest, dass russlanddeutsche Spätaussiedler am stärksten im ländlichen Umland von verdichteten oder teilverdichteten Räumen vertreten waren, wesentlich seltener hingegen in den jeweiligen Kernstädten (Mammey 2003, S. 109). Die Persistenz dieses Musters lässt sich auch mit den Zahlen des letzten Zensus belegen. Wie Tabelle 4.7 zeigt, lebten 2011 nur ca. 28,5 % der postsowjetischen Migranten (mit Migrationshintergrund aus Russland, Kasachstan und der Ukraine) in Städten mit mehr als 100.000 Einwohnern. In einem Migrationskontext sticht diese Beobachtung heraus, da Migration – und insbesondere Arbeitsmigration – primär als urbanes Phänomen gedeutet wird. Für türkei- und polenstämmigen Migranten trifft diese Vorstellung auch in deutlich höherem Maße zu. Postsowjetische Migranten entsprechen mit ihrer Verteilung hingegen ziemlich genau dem Muster der Gesamtbevölkerung, die in ihrer Mehrzahl ebenfalls *nicht* in Großstädten lebt. Auch dies ist als ein Effekt der administrativen Verteilungspolitik zu sehen.

Dieses Bild differenziert sich allerdings, wenn man genauer auf die Herkunftsländer achtet. Die Kasachstanstämmigen, unser Näherungswert für russlanddeutsche Spätaussiedler, lebten 2011 tatsächlich nur zu einem Anteil von 22,8 % in Großstädten, noch deutlich seltener als die Gesamtbevölkerung. Die Siedlungskonzentration der Ukrainestämmigen hingegen – unser etwas weniger passgenauer Näherungswert für die jüdischen Kontingentflüchtlinge – ist wesentlich urbaner, ihre Verteilung entspricht eher dem Schema anderer Migrantengruppen, wenn auch mutmaßlich aus anderen Gründen, konkret wegen der stärkeren Präsenz jüdischer Gemeinden in großen Städten. Selbst Kontingentflüchtlinge, die zunächst ländlichen Gemeinden zugewiesen wurden, wanderten in der Folge in größere Städte weiter (Harris 2003, S. 253).

Tabelle 4.8: Bevölkerungsanteile an der Gesamtgruppe nach Größensegmenten (in %)

	Gesamtbevölkerung	PSM	KAZ	UA	TR	PL
> 1 Mio.	9,2	6,9	4,1	16,1	16,4	11,8
500.000 -1 Mio.	6,3	5,6	3,8	13,8	9,1	9,3
250.000 -500.000	5,3	~ 5,8	5,0	~ 9,0	11,5	9,1
100.000 -250.000	9,8	~ 10,2	9,8	~ 9,2	13,3	14,2

Errechnet aus Daten des Zensus 2011, ergebnisse.zensus2011.de. PSM entspricht hier der Summe der Zuwanderer aus der Russischen Föderation, Kasachstan und der Ukraine. Der Wert für die Ukraine (und entsprechend für PSM) dürfte noch etwas höher liegen, da für 31 der 76 Städte keine Zahlen für ukrainestämmige Migranten angegeben waren.

Dieser Befund lässt sich noch weiter differenzieren. Unterteilt man die Großstädte nach Größensegmenten, so stellt man fest, dass postsowjetische Migranten insgesamt und Menschen mit Migrationshintergrund aus Kasachstan im

Besonderen in Städten über einer halben Million Einwohner deutlich unterrepräsentiert sind (vgl. Tabelle 4.8). In dieser Größenklasse sind Kasachstanstämmige nur in Bremen und Hannover überdurchschnittlich vertreten. Für die Ukrainestämmigen sieht das Bild ganz anders aus – ihre Präsenz ist weit überdurchschnittlich in den Millionenstädten Berlin, Hamburg, München und Köln sowie noch ausgeprägter in Städten zwischen 500.000 und einer Million Einwohner, insbesondere in Hannover, Dortmund, Düsseldorf und Stuttgart zu erkennen. In den darunterliegenden Segmenten entspricht der Anteil aller dieser Kategorien in etwa ihrem bundesweiten Anteil, mit Ausnahme der Ukrainestämmigen in Städten zwischen 250.000 und 500.000 Einwohnern, wo sie ebenfalls überrepräsentiert sind (besonders in Nürnberg, Augsburg, Karlsruhe, Wuppertal und Bonn). Auch hier zeigen sich klare Unterschiede zu den beiden Vergleichsgruppen, die in allen Segmenten überdurchschnittlich stark vertreten sind, mit einer besonders starken Repräsentation von Türkeistämmigen in den vier Millionenstädten und im Segment von 250.000 bis 500.000 Einwohnern.

Tabelle 4.9: Top 10 der Großstädte mit höchsten Anteilen von postsowjetischen Migranten an der Gesamtbevölkerung

Stadt	LQ PSM	Stadt	LQ KAZ	Stadt	LQ UA
Paderborn	3,44	Pforzheim	4,30	Nürnberg	5,73
Pforzheim	3,42	Paderborn	3,03	Trier	4,53
Wolfsburg	2,35	Ingolstadt	2,86	Koblenz	3,99
Ingolstadt	2,12	Wolfsburg	2,67	Hannover	3,84
Osnabrück	2,07	Bremerhaven	2,60	Saarbrücken	3,58
Bremerhaven	2,02	Osnabrück	2,17	Augsburg	3,46
Kassel	1,90	Kassel	1,94	Dortmund	3,15
Koblenz	1,90	Bielefeld	1,91	Osnabrück	2,80
Bielefeld	1,86	Heilbronn	1,88	Düsseldorf	2,73
Augsburg	1,83	Würzburg	1,81	Karlsruhe	2,61

Errechnet aus Daten des Zensus 2011, ergebnisse.zensus2011.de. PSM entspricht hier der Summe der Zuwanderer aus der Russischen Föderation, Kasachstan und der Ukraine.

Entsprechend unterschiedlich sehen die „Top 10" der Städte mit den höchsten Anteilen der verschiedenen postsowjetischen Migrantengruppen aus (Tabelle 4.9). Um diese Werte besser vergleichen zu können nehmen wir hier als Maßzahl wieder den Lokationsquotienten, der den Anteil der jeweiligen Gruppe an der Gesamtbevölkerung der Stadt ins Verhältnis zu ihrem Anteil an der bundesweiten Gesamtbevölkerung setzt. Angesichts der zahlenmäßigen Dominanz der Spätaussiedler ist es nicht überraschend, dass die Ergebnisse für alle postsowjetischen Migranten und für die Kasachstanstämmigen relativ ähnlich ausfallen, wenn auch mit kleinen Unterschieden in der Reihenfolge. Wie aufgrund der Daten in Tabelle 4.8 zu erwarten, fallen von diesen zehn Städten acht (im Fall der postsowjetischen Migranten, mit Ausnahme von Bielefeld und Augsburg) bzw. neun (im Fall der Kasachstanstämmigen, mit der alleinigen Ausnahme Bielefeld) in das niedrigste Segment bis 250.000 Einwohner. Die höchsten Anteile von postsowjetischer Bevölkerung bzw. von russlanddeutschen Spätaussiedlern finden sich also in kleinen und mittleren Großstädten. Dabei handelt es sich überwiegend um jenseits von Ballungsgebieten gelegene kleine Großstädte mit ländlich geprägtem Umfeld.

Für Menschen mit Migrationshintergrund aus der Ukraine ist das Bild etwas anders: Mit Hannover, Dortmund und Düsseldorf finden sich hier immerhin drei Städte mit über 500.000 Einwohnern unter den Top 10. Von diesen hat nur Hannover ebenfalls einen überdurchschnittlichen Anteil an Kasachstanstämmigen. Mit Nürnberg, Augsburg und Karlsruhe fallen weitere drei in die Kategorie direkt darunter, alle drei haben ebenfalls beträchtliche Anteile an Spätaussiedlern. Dasselbe gilt für Koblenz und Osnabrück unter den vier „kleinen" Großstädten. Trier und Saarbrücken hingegen haben nur unterdurchschnittliche Anteile an Kasachstanstämmigen, in Trier übertreffen die Ukrainestämmigen sie sogar in absoluten Zahlen.

Osnabrück ist die einzige Stadt, die bei allen drei Vergleichsgruppen unter den ersten zehn zu finden ist. Aber auch in Paderborn, Kassel, Koblenz, Augsburg, Würzburg, Nürnberg, Hannover, Regensburg, Ulm, Bremen, Neuss und Darmstadt treffen überdurchschnittlich viele Kasachstanstämmige mit überdurchschnittlich vielen Ukrainestämmigen zusammen. Hier gestaltet sich die postsowjetische Bevölkerung also besonders heterogen. Es gibt aber auch Städte, in denen die postsowjetische Bevölkerung praktisch nur aus Spätaussiedlern zusammensetzt, wie etwa Pforzheim, Wolfsburg, Ingolstadt, Bremerhaven und Heilbronn. Umgekehrt gibt es nicht wenige Städte, in denen Menschen mit Migrationshintergrund aus der Ukraine relativ stärker vertreten sind als Menschen mit Migrationshintergrund aus Kasachstan. Besonders ausgeprägt ist diese Differenz in den Millionenstädten (vor allem in München) und allen anderen Städten mit über 500.000 Einwohnern mit Ausnahme von Bremen und Hannover. Es gibt aber auch kleine und mittlere Großstädte mit dieser Konstellation, neben den schon genannten Städten Trier und Saarbrücken etwa auch Freiburg, Erlangen, Wuppertal, Mönchengladbach, Mainz, Potsdam, Halle (Saale) und Erfurt.

Tabelle 4.10: Top 10 der Großstädte mit höchsten Anteilen von postsowjetischen Migranten an der Migrationsbevölkerung

Stadt	LQ PSM	Stadt	LQ KAZ	Stadt	LQ UA
Kassel	2,10	Kassel	2,14	Trier	4,60
Paderborn	1,88	Bremerhaven	1,91	Dresden	4,15
Chemnitz	1,64	Chemnitz	1,81	Leipzig	4,02
Osnabrück	1,62	Pforzheim	1,76	Erfurt	3,98
Koblenz	1,54	Osnabrück	1,70	Halle (Saale)	3,76
Halle (Saale)	1,49	Paderborn	1,66	Potsdam	3,58
Erfurt	1,48	Wolfsburg	1,66	Koblenz	3,23
Bremerhaven	1,48	Magdeburg	1,62	Nürnberg	3,03
Wolfsburg	1,46	Würzburg	1,43	Saarbrücken	2,78
Würzburg	1,41	Ingolstadt	1,41	Hannover	2,41

Errechnet aus Daten des Zensus 2011, ergebnisse.zensus2011.de. PSM entspricht hier der Summe der Zuwanderer aus der Russischen Föderation, Kasachstan und der Ukraine.

Sortiert man die Großstädte nun nach dem Anteil der postsowjetischen Migranten an ihrer Migrationsbevölkerung, so kommen einige neue Städte ins Bild (Tabelle 4.10). Dies sind v. a. ostdeutsche Städte wie Chemnitz und Magdeburg, in denen v. a. Kasachstanstämmige, also russlanddeutsche Spätaussiedler und deren Angehörige, unter der Migrationsbevölkerung stark vertreten sind, sowie Dresden, Leipzig, Erfurt, Halle und Potsdam, wo ukrainestämmige Migranten einen sehr viel größeren Anteil an der Migrationsbevölkerung ausmachen, als dies im Bund der Fall ist. Dies unterstreicht den Befund zu den neuen Bundesländern, dass hier zwar weniger postsowjetische Migranten leben, als gemäß ihrem Anteil an der bundesweiten Bevölkerung erwartbar wäre, sie aber vor Ort eine der wichtigsten, wenn nicht die wichtigste Migrationsgruppe darstellen. Dieser Befund gilt ausnahmslos für alle ostdeutschen Großstädte. Die Migrationsgesellschaft spricht hier großenteils Russisch.

Tabelle 4.11: Großstädte mit relativ höchstem Anteil von postsowjetischen Migranten an der Gesamtbevölkerung mit Vergleichsgruppen

	Anteil PSM an Gesamtbev. (%)	PSM LQ	Anteil TR an Gesamtbev. (%)	TR LQ	Anteil PL an Gesamtbev. (%)	PL LQ
Paderborn	11,9	3,44	4,6	1,35	6,9	2,77
Pforzheim	11,9	3,42	6,9	2,04	7,6	0,58
Wolfsburg	8,2	2,35	0,8	0,25	5,1	2,05
Ingolstadt	7,4	2,12	7,5	2,20	2,6	1,03
Osnabrück	7,2	2,07	3,5	1,03	2,7	1,09
Bremerhaven	7,0	2,02	7,1	2,09	3,9	1,55
Kassel	6,6	1,90	5,0	1,48	3,4	1,37
Koblenz	6,6	1,90	2,9	0,85	3,1	1,25
Bielefeld	6,5	1,86	8,7	2,56	4,9	1,98
Augsburg	6,4	1,83	7,9	2,32	2,4	0,98

Errechnet aus Daten des Zensus 2011, ergebnisse.zensus2011.de. PSM entspricht hier der Summe der Zuwanderer aus der Russischen Föderation, Kasachstan und der Ukraine.

Die Bedeutung postsowjetischer Migranten für ostdeutsche Großstädte ergibt sich auch daraus, dass hier Menschen mit Migrationshintergrund aus der Türkei und aus Polen nur in geringem Maße vertreten sind (wobei sich letzteres seit 2011 im Kontext der freizügigen Zuwanderung aus Polen geändert haben dürfte). In westdeutschen Städten koexistieren postsowjetische Migranten hingegen teilweise mit ebenfalls stark vertretenen anderen Migrationsgruppen. Dort sind sie also Teil einer breiter aufgestellten, diversen Migrationsgesellschaft. Diese wird deutlich erkennbar, wenn man die jeweiligen Anteile der verschiedenen Migrationsgruppen an der Gesamtbevölkerung vergleicht (Tabelle 4.11). In den zehn Städten mit den höchsten Anteilen postsowjetischer Migranten sind nur in Wolfsburg und Koblenz Türkeistämmige unterdurchschnittlich vertreten (LQ unter 1,0), wobei speziell in Wolfsburg Menschen mit Migrationshintergrund aus Italien die dominante Gruppe früherer Arbeitsmigranten sind (LQ von 3,75). Menschen mit Migrationshintergrund aus Polen sind nur in Pforzheim klar unterdurchschnittlich vertreten. Zum Vergleich: In den zehn Städten mit den höchsten Anteilen an Türkeistämmigen – überwiegend Städte an Rhein und Ruhr – finden sich nur in den jenseits dieser Ballungszentren gelegenen Städten Heilbronn und Bielefeld *über*durchschnittlich viele postsowjetische Migranten (LQ über 1,0). Hervorzuheben sind schließlich Bremerhaven, Bielefeld und (nicht in der Tabelle abgebildet) Hannover, in denen alle drei Vergleichsgruppen weit überdurchschnittlich (LQ über 1,5) vertreten sind. Die letzten beiden sind dabei die einzigen Städte mit mehr als 250.000 Einwohnern, auf die dies zutrifft.

Wie schon mehrfach betont lebt, die Mehrzahl der postsowjetischen Migranten und besonders der russlanddeutschen Spätaussiedler aber gerade nicht in Groß-, sondern in Klein- und Mittelstädten. Hier ist die migrationsgesellschaftliche Dynamik noch einmal eine andere. Während in (westdeutschen) Großstädten postsowjetische Migranten selten die zahlenmäßig dominante Migrationsgruppe sind, ist dies in Klein- und Mittelstädten wesentlich häufiger der Fall. Russlanddeutsche sind somit in Kleinstädten häufiger besonders stark repräsentiert, da die Migrationsbevölkerung in diesen Städten vorher kaum vorhanden oder nur gering war.

Die folgende Tabelle zeigt beispielhaft dreißig Städte mit einem besonders hohen Anteil von postsowjetischen Migranten – überwiegend Kreisstädte sowie weitere Städte, deren Auswahl durch die lokalen Kenntnisse des Autors in Nordwestdeutschland und Nordhessen sowie durch die Verfügbarkeit von Zensusdaten zum Migrationshintergrund der Bevölkerung geprägt ist. Diese Auflistung erhebt keinen Anspruch auf Vollständigkeit. Sie illustriert aber die bedeutende Präsenz von postsowjetischen Migranten in kleineren Städten und ihre Einbettung in lokalen migrationsgesellschaftlichen Kontexten.

Tabelle 4.12: Klein- und Mittelstädte mit relativ höchstem Anteil von postsowjetischen Migranten an der Gesamtbevölkerung

	Einwohnerzahl	Anteil PSM an Gesamtbev. (%)	LQ PSM	LQ TR	LQ PL	Anteil PSM an Migrationsbevölkerung	LQ PSM bezogen auf die Migrationsbev.
Cloppenburg	32.932	23,8	6,86	0,46	1,23	62,0	3,41
Espelkamp	24.805	22,5	6,46	1,22	1,47	47,2	2,59
Lahr	42.517	21,6	6,21	0,88	0,91	52,1	2,86
Germersheim	19.803	20,1	5,78	3,54	1,82	37,5	2,06
Künzelsau	14.556	19,2	5,53	0,39	0,66	54,7	3,00
Belm	13.416	18,5	5,32	0,51	0,95	64,3	3,53
Quakenbrück	12.224	18,4	5,30	0,48	0,85	50,5	2,77
Waldbröl	18.964	17,8	5,11	1,20	1,92	46,2	2,54
Lage	34.824	17,6	5,06	0,92	1,02	53,4	2,93
Dingolfing	17.773	17,3	4,99	1,35	1,96	45,9	2,52
Altötting	12.449	16,7	4,81	0,50	1,32	53,3	2,93
Bad Neustadt a.d. Saale	15.210	16,7	4,80	0,00	1,03	64,8	3,56
Dillingen a.d. Donau	18.102	16,6	4,77	0,83	0,55	57,4	3,15
Bohmte	12.738	16,0	4,61	1,09	0,00	60,9	3,35
Rottweil	24.389	14,8	4,25	0,69	0,92	42,6	2,34
Frankenberg (Eder)	18.057	14,7	4,24	0,67	0,91	59,3	3,26
Wertheim	22.570	14,3	4,10	0,93	0,85	53,1	2,92
Bad Essen	15.120	14,2	4,09	1,23	0,71	54,7	3,01
Schweinfurt	52.143	13,9	4,01	1,42	1,33	39,7	2,18
Fulda	64.414	13,6	3,92	1,40	1,46	40,6	2,23
Gifhorn	41.152	13,3	3,83	1,96	0,97	44,4	2,44
Korbach	23.505	12,8	3,67	1,28	1,22	46,2	2,54
Amberg	41.911	12,6	3,64	0,50	1,21	52,5	2,88
Rastatt	46.468	12,4	3,57	1,39	3,15	27,1	1,49
Detmold	73.743	11,9	3,42	0,78	1,23	41,3	2,27
Gummersbach	49.951	11,6	3,32	1,37	1,07	33,6	1,85
Diepholz	15.962	11,4	3,28	0,31	1,05	48,6	2,67
Minden	80.121	10,9	3,15	0,56	0,95	40,7	2,24
Nienburg	30.875	10,9	3,12	1,57	1,17	38,6	2,12
Verden (Aller)	26.664	10,8	3,10	1,26	0,75	43,5	2,39

Errechnet aus Daten des Zensus 2011, ergebnisse.zensus2011.de. PSM entspricht hier der Summe der Zuwanderer aus der Russischen Föderation, Kasachstan und der Ukraine.

Von den 30 hier genannten Städten übertreffen 24 den höchsten Lokationsquotienten einer Großstadt (3,44 in Paderborn). Am eindrucksvollsten ist Spitzenreiter Cloppenburg, wo der Anteil der postsowjetischen Migranten an der Gesamtbevölkerung fast bei einem Viertel liegt (fast siebenmal so hoch wie der bundesweite Anteil) und wo sie 62 % der Migrationsbevölkerung (LQ von 3,41) ausmachen. Alle diese Städte befinden sich innerhalb des oben in Abbildung 4.1 visualisierten ländlich geprägten Siedlungsbogens, der sich von Nordwestdeutschland bis ins südöstliche Bayern erstreckt. Auffällig ist, dass die große Mehrzahl dieser Städte (26 von 30) unter 50.000 Einwohner haben, 13 davon sogar unter 20.000 (davon 10 der ersten 15). Hier zeigt sich postsowjetische Migration, die in diesen Lokalitäten praktisch exklusiv Spätaussiedlermigration ist, dezidiert als Kleinstadtphänomen, zumal postsowjetische Migranten in diesem Sample mindestens 27,1 % (in Rastatt) und höchstens 64,8 % (in Bad Neustadt an der Saale, der Kreisstadt des Landkreises Rhön-Grabfeld) der Migrationsbevölkerung ausmachen. Zugleich sind aber in einigen dieser Städte alle drei Vergleichsgruppen überdurchschnittlich stark vertreten, so etwa in Germersheim, Espelkamp, Waldbröl, Dingolfing, Schweinfurt, Fulda, Korbach, Rastatt, Gummersbach und Nienburg. Besonders Germersheim sticht heraus, da alle drei Gruppen einen Lokationsquotienten von über 1,5 haben. Rastatt ist ähnlich divers, während im ländlichen Nordwesten, aber auch in Teilen von Bayern, gerade die Türkeistämmigen meistens gering vertreten sind. Betrachtet man zusätzlich Kleinstädte mit einem besonders hohen Anteil von postsowjetischen Migranten an der Migrationsbevölkerung (in der Tabelle nicht abgebildet), kommen ähnlich wie bei den Großstädten auch hier ostdeutsche Gemeinden in den Blick, so Bad Salzungen, Sonneberg, Genthin, Heilbad Heiligenstadt, Stralsund und Bautzen, wo postsowjetische Migranten zwischen 45 und 59 Prozent aller Migranten ausmachen, während Türkeistämmige praktisch gar nicht vorkommen.

Verteilung in Städten

Die bisherige Analyse hat gezeigt, dass die zentralisierten Zuweisungsmechanismen der Spätaussiedler- und Kontingentflüchtlingsaufnahme für eine – gemessen an der Gesamtbevölkerung – relativ gleichmäßige Verteilung postsowjetischer Migranten auf der Makroebene des Bundes und zwischen Groß- und Kleinstädten sorgten. Andererseits wurde aber auch deutlich, dass innerhalb der Bundesländer auf Landkreisebene deutlich stärkere Konzentrationen zu Tage treten. Wir haben weiterhin gesehen, dass postsowjetische Migranten in sehr unterschiedlichem Maße in deutschen Städten vertreten sind, mit Bevölkerungsanteilen von bis zu fast einem Viertel in bestimmten Klein- und Mittelstädten und unter den Großstädten immerhin von fast einem Achtel in Paderborn und Pforzheim. Außerdem gibt es hier erkennbare Unterschiede zwischen Spätaussiedlern und Kontingentflüchtlingen.

Als nächster Schritt auf diesem Weg von der obersten zur untersten geografisch-administrativen Ebene bietet es sich daher an, die Verteilung von postsowjetischen Migranten im Stadtraum verschiedener Städte anzusehen. Die Logik der forcierten Zuweisungspolitik auf der Makroebene war es ja, größere Konzentrationen dieser Gruppe(n) zu vermeiden. Wie wirkt sich diese Politik aber auf der Mikroebene aus, in den Städten, wo die Menschen tatsächlich wohnen? Eine qualitative Studie des Stadtsoziologen René Kreichauf (2018) der sachsen-anhaltinischen Kleinstadt Genthin hat gezeigt, dass die Effekte der Makroverteilung auf der Mikroebene paradox sein können: In Genthin betrug der Anteil postsowjetischer Migranten im Jahr 2011 gerade 1,8 % (knapp die Hälfte des Bundesdurchschnitts). Gleichzeitig wohnen die dort lebenden postsowjetischen Migranten stark konzentriert in einer sozial benachteiligten (und „benachteiligenden", wie es Kreichauf formuliert) peripheren Plattenbausiedlung, die so bei den „Einheimischen" den Ruf eines sozial problematischen „Russenghettos" erhalten hat. Trotz eines relativ niedrigen Migrantenanteils kam es hier gerade nicht zu einer „Entzerrung", da die Gemeinde die administrativ zugewiesenen Neuankömmlinge gezielt in Wohnungen an der Stadtperipherie unterbrachte, um den dortigen Leerstand zu beheben. Dieses Phänomen der konzentrierten Ansiedlung von postsowjetischen Migranten in leerstehenden Wohnsiedlungen kennt man auch aus westdeutschen Städten wie Lahr, Belm und anderen mehr, in denen die Konversion von militärischen Liegenschaften in sozialen Wohnraum zur Schaffung von als „Russenghettos" stigmatisierten Stadtteilen führte (Wenzel 2003, S. 269; detailliert zu Lahr vgl. Bartels 2007). Anders als in Genthin war und ist hier der Anteil der postsowjetischen Zuwanderer an der Stadtbevölkerung allerdings beträchtlich.

Wie verhalten sich nun also Migrantenanteil an der Bevölkerung und Konzentration im Stadtraum generell zueinander? Hierzu wollen wir uns Daten zu einer größeren Anzahl an Städten ansehen, in denen postsowjetische Migranten in unterschiedlichem Maße vertreten sind – stark überdurchschnittlich (Lokationsquotient über 1,5), durchschnittlich (Lokationsquotient zwischen 0,75 und 1,5) und unterdurchschnittlich (Lokationsquotient unter 0,75). Dabei handelt es sich ausschließlich um Großstädte, für die Daten zur Anzahl von Menschen verschiedener Migrationshintergründe in verschiedenen Stadtteilen wesentlich umfassender verfügbar sind als in Kleinstädten. Diese Daten sind zum Teil öffentlich zugänglich, zum Teil wurden sie mir von den Statistikämtern der Städte freundlicherweise zur Verfügung gestellt. In den meisten Fällen werden sie mit dem Statistiktool MigraPro ermittelt, das den Migrationshintergrund einer Person aus der Kombination der Merkmale „Zweite Staatsangehörigkeit", „Zuzugsherkunft", „Art der deutschen Staatsangehörigkeit" und „Lage des Geburtsortes" ableitet.[23]

Die folgende Tabelle listet neunzehn west- und fünf ostdeutsche Städte unterschiedlicher Größe mit unterschiedlich hohem Anteil postsowjetischer Mig-

23 www.staedtestatistik.de/arbeitsgemeinschaften/hhstat/migrapro (Abfrage: 30.07.2020).

ranten auf, dargestellt durch den Lokationsquotienten im Verhältnis zur Bundesebene gemäß dem Zensus von 2011. Die Verteilung im Stadtraum messen wir mit Hilfe des zuvor bereits verwendeten Gini-Koeffizienten, errechnet auf Grundlage der jeweils verfügbaren aktuellen Bevölkerungsdaten. Dabei spricht ein kleinerer Gini-Koeffizient wieder für eine gleichmäßigere Verteilung innerhalb der jeweiligen Stadt, während ein größerer Gini-Koeffizient eine stärkere Konzentration in einzelnen Stadtteilen anzeigt. Der Gini-Koeffizient der postsowjetischen Migranten wird mit den Vergleichszahlen unterschiedlicher Gruppen in Beziehung gesetzt. Zum einen betrachten wir hier erneut die Werte für Kasachstanstämmige als Näherungswerte für russlanddeutsche Spätaussiedler und Ukrainestämmige als Näherungswerte für jüdische Kontingentflüchtlinge – abermals mit dem Hinweis versehen, dass die Deckungsgleichheit der Samples bei den Kasachstanstämmigen höher ist als bei den Ukrainestämmigen. Zum anderen vergleichen wir diese Zahlen mit den Werten für die gesamte Bevölkerung mit Migrationshintergrund der jeweiligen Stadt sowie den Türkeistämmigen und den Polenstämmigen als den zwei anderen größten Migrationsgruppen in Deutschland. So können wir die Werte der postsowjetischen Migranten und ihrer verschiedenen Untergruppen in den jeweiligen städtischen Kontext einordnen.[24]

24 Hier sind zwei methodische Anmerkungen angebracht. Zum einen umfassen die postsowjetischen Migranten in verschiedenen Städten teilweise unterschiedliche Herkunftsländer. Da es aber um die Verteilung der Gruppe relativ zur Gesamtbevölkerung geht und die Hauptherkunftsländer Russische Föderation, Kasachstan und Ukraine stets vertreten sind, ist dies nicht gravierend. Wichtiger ist der Effekt der Definition des Migrationshintergrunds auf die unterschiedlichen Zuwanderungsgruppen, der die Vergleichbarkeit der Daten einschränkt. In der Regel werden die Kinder von Deutschen mit Migrationshintergrund, darunter Spätaussiedler, nur bis zum 18. Lebensjahr und als Teil des Haushalts ihrer zugewanderten Eltern als „mit Migrationshintergrund" erfasst. Sobald sie ihren eigenen Haushalt begründen, verschwinden sie aus der Statistik. Dies könnte dazu führen, dass die Konzentration der PSM und speziell der Spätaussiedler über- oder unterschätzt wird. Sie würde überschätzt, wenn sich ihre erwachsenen Kinder in anderen Stadtvierteln niederließen, ein Verteilungseffekt, der für die Statistik unsichtbar bliebe. Sie würde aber unterschätzt, wenn sie sich in denselben Stadtvierteln wie ihre Eltern niederließen. Menschen mit ausländischer Staatsbürgerschaft zählen dagegen immer als „mit Migrationshintergrund", selbst wenn sie in Deutschland geboren sind. Die Verteilung der zum Teil in zweiter und dritter Generation in Deutschland als Ausländer lebenden Türkeistämmigen ist hier dadurch tendenziell genauer erfasst.

Tabelle 4.13: Gini-Koeffizienten im Vergleich

Stadt	PSM[1] LQ/Bund	PSM	KAZ	UA	TR	PL	MGH
Pforzheim[2]	3,42	0,393	0,380	0,296	0,260	0,136	0,303
Osnabrück	2,07	0,278	0,291	0,241	0,464	0,180	0,292
Kassel	1,90	0,377	0,443	0,331	0,388	0,259	0,368
Koblenz	1,90	0,415	0,438	0,427	0,498	0,229	0,316
Bielefeld	1,86	0,380	0,357	0,276	0,223	0,177	0,173
Augsburg	1,83	0,352	0,377	0,326	0,270	0,170	0,271
Nürnberg[3]	1,77	0,339	0,416	0,287	0,368	0,181	0,337
Hannover[4]	1,56	0,324	0,421	0,286	0,357	0,282	0,266
Mönchengladbach	1,02	0,320	0,371	0,406	0,367	0,158	0,335
Freiburg	1,01	0,394	0,480	0,370	0,337	0,189	0,248
Hamburg	1,01	0,376	0,523	0,268	0,453	0,308	0,297
Dortmund	0,99	0,280	0,390	0,272	0,380	0,183	0,297
Heidelberg	0,92	0,379	0,534	0,297	0,295	0,272	0,191
Düsseldorf	0,91	0,196	0,298	0,219	0,334	0,207	0,221
Köln	0,84	0,368	0,468	0,320	0,438	0,262	0,327
Berlin	0,73	0,253	0,428	0,237	0,470	0,224	0,307
Offenbach	0,64	0,157	0,313	0,230	0,135	0,119	0,261
Halle (Saale)	0,54	0,343	0,515	0,373	0,496	0,654	0,430
Frankfurt (Main)	0,52	0,149	0,263	0,190	0,261	0,174	0,206
Erfurt[5]	0,49	0,460	0,618	0,495	0,546	0,608	0,456
Jena	0,47	0,395	0,519	0,397	0,237	0,130	0,283
Bochum[6]	0,46	0,326	0,376	0,432	0,364	0,203	0,317
Rostock[7]	0,44	0,362	0,498	0,451	0,382	0,526	0,295
Potsdam[8]	0,44	0,270	0,416	0,319	0,400	0,167	0,217
Durchschnitt		**0,329**	**0,422**	**0,323**	**0,363**	**0,250**	**0,292**
Westdeutschland		**0,319**	**0,398**	**0,301**	**0,351**	**0,206**	**0,281**
Ostdeutschland		**0,366**	**0,513**	**0,407**	**0,412**	**0,417**	**0,336**
Städte > 1 Mio.		**0,332**	**0,473**	**0,275**	**0,454**	**0,265**	**0,310**
Städte 500.000-1 Mio.		**0,237**	**0,343**	**0,242**	**0,333**	**0,212**	**0,248**
Städte 250-500.000		**0,343**	**0,379**	**0,345**	**0,318**	**0,178**	**0,287**
Städte 100-250.000		**0,352**	**0,454**	**0,352**	**0,370**	**0,289**	**0,305**

Berechnet auf Grundlage von offiziellen statistischen Daten der jeweiligen Städte.
1 Menschen mit Migrationshintergrund aus Russland, Kasachstan und der Ukraine gemäß Zensus 2011.
2 Der Wert für Kasachstan beinhaltet hier alle Mittelasiatischen Republiken.
3 Menschen mit Migrationshintergrund aus Russland, Kasachstan und der Ukraine.
4 Werte hier für Personen mit erster oder zweiter Staatsangehörigkeit des jeweiligen Herkunftslands. Deutsche mit Migrationshintergrund aber ohne doppelte Staatsangehörigkeit sind hier also nicht erfasst. Kasachstan beinhaltet hier alle Mittelasiatischen Republiken. Die Kategorie „mit Migrationshintergrund" umfasst alle Ausländer sowie Deutsche mit einer zweiten Staatsangehörigkeit.
5 Wert „Migrationshintergrund" hier für Ausländer.
6 Werte hier für erste und zweite Staatsangehörigkeit.
7 Werte hier für Ausländer.
8 Daten für 31.12.2019, Migrationshintergrund für 31.12.2018.

Betrachten wir als erstes die durchschnittlichen Gini-Koeffizienten, so stellen wir fest, dass Menschen mit Migrationshintergrund aus Kasachstan mit einem Koeffizienten von 0,422 die am stärksten konzentriert lebende der Vergleichsgruppen sind (vgl. Tabelle 4.13). In fast allen hier untersuchten Städten ist ihr Koeffizient höher – zum Teil deutlich höher – als der der Ukrainestämmigen, deren Durchschnittswert mit 0,323 entsprechend niedriger liegt. Menschen mit Migrationshintergrund aus der Ukraine leben also breiter verstreut, was allerdings nur begrenzt Aussagen über das Siedlungsverhalten der Kontingentflüchtlinge im Vergleich zu den Spätaussiedlern zulässt: Während Kasachstanstämmige praktisch alle Spätaussiedler oder deren Angehörige sind, sind Ukrainestämmige eben nur zum Teil Kontingentflüchtlinge. Ein heterogeneres Sample führt daher mutmaßlich auch zu einer breiteren räumlichen Verteilung und somit zu einem niedrigeren Gini-Koeffizienten. Aus einem ähnlichen Grund ist auch der Wert für die postsowjetischen Migranten insgesamt weniger aussagekräftig, da sich hier die Konzentrationen der verschiedenen Teilgruppen in unterschiedlichen Stadtteilen gegenseitig gewissermaßen ausgleichen und überdecken können. Dies passiert dann, wenn Kasachstanstämmige und Ukrainestämmige in relativ ähnlicher Anzahl in einer Stadt leben und unterschiedliche Siedlungsschwerpunkte in der Stadt haben. Dies ist zum Beispiel in Berlin der Fall, wo sich erstere v. a. in Marzahn-Hellersdorf, Lichtenberg und Spandau konzentrieren, während letztere v. a. in Charlottenburg-Wilmersdorf vertreten sind. Ähnliche Konstellationen führen dazu, dass in Städten wie Mönchengladbach, Frankfurt und Offenbach sowie in allen ostdeutschen Städten die Gini-Koeffizienten der Untergruppen jeweils höher liegen als die der Gesamtgruppe.

Menschen mit Migrationshintergrund aus Kasachstan stechen in den untersuchten Städten auch gegenüber den beiden Vergleichsgruppen türkeistämmiger und polenstämmiger Migranten heraus. Besonders stark ist der Kontrast zu den Polenstämmigen, die außer in Rostock, Erfurt und Halle überall den niedrigsten Gini-Koeffizienten haben und damit im Vergleich zu den anderen Gruppen wie auch der Bevölkerung mit Migrationshintergrund allgemein am wenigsten räumlich konzentriert leben. Dies ist zum Teil ein Effekt der heterogenen Zusammensetzung dieses Samples aus Aussiedlern und anderen polnischen Zuwanderern. In den Städten, in denen eine separate Berechnung der Werte für deutsche Staatsbürger mit Migrationshintergrund aus Polen und polnische Staatsbürger möglich war (Berlin, Dortmund, Freiburg, Kassel, Köln, Nürnberg), liegt der Wert der Gesamtgruppe unter dem der beiden Untergruppen, was wie in der postsowjetischen Gruppe auf unterschiedliche Siedlungsschwerpunkte der jeweiligen Untergruppen hindeutet. Allerdings liegen auch die Gini-Koeffizienten der Untergruppen in den meisten Fällen zwischen 0,2 und 0,3 und damit weit unter dem Wert von Kasachstanstämmigen. Aussiedler und andere Zuwanderer aus Polen verteilen sich also unterschiedlich in den Stadträumen, neigen aber beide nicht zu besonders segregiertem Siedlungsverhalten. Salopp formuliert: Es gibt keine „Polenghettos". Es gibt aber, wie wir noch sehen werden, stark „osteuropäisch" geprägte Stadtteile in verschiedenen Städten, wo russlanddeutsche und polendeutsche Aussiedler und Spätaussiedler zusammen den Großteil der Migrationsbevölkerung ausmachen.

Bei den Menschen mit Migrationshintergrund aus der Türkei verdeckt der Durchschnittswert von 0,363 sehr unterschiedliche Konstellationen in verschiedenen Städten. In kleinen Großstädten wie Osnabrück und Koblenz, aber auch in den Millionenstädten Köln und Berlin leben sie vergleichsweise stark konzentriert, mit Gini-Koeffizienten über 0,4. In Offenbach hingegen, einer „majority-minority" Stadt, in der die Menschen mit Migrationshintergrund längst die absolute Mehrheit der Bevölkerung ausmachen, sind Migranten aus der Türkei über das ganze Stadtgebiet verteilt, wie sich an dem sehr niedrigen Gini-Koeffizienten von 0,135 ablesen lässt. Insgesamt sind Türkeistämmige also etwas gleichmäßiger verteilt als Kasachstanstämmige, aber es gibt Ausnahmen: In Osnabrück leben erstere wesentlich konzentrierter, während letztere hier den zweitniedrigsten Gini-Wert aller untersuchten Städte haben. In Koblenz, Berlin und Köln leben sowohl Menschen mit Migrationshintergrund aus der Türkei als auch aus Kasachstan mit einem Gini-Koeffizienten von über 0,4 stark konzentriert, in Koblenz und Berlin ist die räumliche Konzentration von Türkeistämmigen sogar noch ein bisschen stärker ausgeprägt.

Tabelle 4.14: Ginikoeffizienten (Durchschnitt) und Bevölkerungsanteil, gruppiert nach Lokationsquotienten

	PSM	KAZ	UA	TR	PL
LQ > 1,5	0,357	0,370	0,296	0,332	0,201
LQ 0,75-1,5	0,330	0,434	0,361	0,391	0,213
LQ < 0,75	0,302	0,437	0,381	0,400	0,379

Interessant für die Frage nach dem Zusammenhang von Bevölkerungsanteil einer Migrantengruppe und Konzentration im Stadtraum ist die differenzierte Betrachtung der Städte gruppiert nach Lokationsquotienten. In Tabelle 4.14 sind die Durchschnittskoeffizienten jeder Gruppe segmentiert nach den Lokationsquotienten gemäß dem Zensus 2011 dargestellt. Die dahinterstehende Frage lautet: Leben die Angehörigen einer Migrationsgruppe dort stärker konzentriert, wo ihr Bevölkerungsanteil höher ist? Die Tabelle zeigt, dass es keinen solchen eindeutigen Zusammenhang gibt: Nur in der Gesamtgruppe der postsowjetischen Migranten ist der Durchschnittskoeffizient dort am höchsten, wo die Bevölkerungsanteile am höchsten sind. Bei allen anderen Gruppen ist das Gegenteil der Fall: In Städten mit einem Lokationsquotienten von über 1,5, in denen also der Anteil der jeweiligen Migrationsgruppe am höchsten ist, ist der Gini-Koeffizient – also deren räumliche Konzentration – jeweils am niedrigsten! Niedrigere Bevölkerungsanteile gehen dagegen mit höheren Koeffizienten und damit stärkerer räumlicher Konzentration einher. Zur Veranschaulichung nehmen wir konkrete Beispiele der Menschen mit Migrationshintergrund aus Kasachstan (vgl. Tabelle 4.13): In Osnabrück liegt der Ginikoeffizient für diese Gruppe sehr viel niedriger als in vergleichbaren Städten wie Heidelberg und Freiburg. Dies bedeutet, dass die Bevölkerung aus Kasachstan in Osnabrück im Durchschnitt gleichmäßiger über das Stadtgebiet verteilt lebt, obwohl ihr Anteil an der Gesamtbevölkerung im Vergleich zu den anderen beiden genannten Städten relativ groß ist. In Bielefeld und Augsburg bewegt sich die räumliche Verteilung auf einem ähnlichen Niveau wie im vergleichbar großen Mönchengladbach, obwohl in den beiden ersten Städten der Bevölkerungsanteil von Menschen aus Kasachstan mehr als doppelt so hoch ist. In den ostdeutschen Städten und in den westdeutschen Millionenstädten finden sich die wiederum stärksten lokalen Konzentrationen, obwohl dort die Bevölkerungsanteile der russlanddeutschen Spätaussiedler am niedrigsten liegen. Die genauen Mechanismen wären im Einzelfall genauer zu untersuchen: Ist dies ein Effekt gezielter Segregation einer tendenziell unerwünschten Minderheit durch die Stadtverwaltung, wie es Kreichauf (2018) für Genthin zeigt? Oder ist es gerade die ausgeprägte Minderheitenposition der Gruppe, die den Wunsch bestärkt, räumlich kompakt zu leben? In jedem Fall scheint klar, dass die gleichmäßige Verteilung von Migrationsgruppen auf der Makroebene sich auf der Mikroebene als Mittel zur Verhinderung von Konzentrationen nicht eignet – ganz unabhängig von der Frage, ob diese Konzentrationen überhaupt so negativ zu bewerten sind, wie es der öffentliche und politische Diskurs gerne tut (vgl. dazu Retterath 2006).

Eine andere Möglichkeit, die räumliche Verteilung zu analysieren, besteht darin, zu betrachten, welcher Anteil der jeweiligen Gruppe in Stadtteilen mit einem besonders hohen Lokationsquotienten – hier bei 1,5 angesetzt – leben (Tabelle 4.15). Diese Methode ist weniger präzise als der Gini-Koeffizient, der alle Stadtteile systematisch miteinander in Beziehung setzt, dafür aber etwas anschaulicher. Der höchste Lokationsquotient, der sich innerhalb einer Gruppe findet, gibt wiederum einen Eindruck davon, wie stark die Konzentration in einzelnen Stadtteilen ausfallen kann.

Entsprechend ihren hohen Gini-Koeffizienten finden sich auch hier wieder die höchsten Werte bei Menschen mit Migrationshintergrund aus Kasachstan. In 12 der 24 untersuchten Städte lebt mehr als die Hälfte von ihnen in Stadtteilen mit einem Lokationsquotienten von über 1,5, in keiner sind es weniger als 30 %. In der Summe bedeutet dies, dass fast die Hälfte aller Kasachstanstämmigen in Stadtteilen lebt, in denen diese Migrationsgruppe insgesamt stark vertreten ist.

In den Millionenstädten ist dieser Anteil noch deutlich höher als in den Kategorien darunter. In ostdeutschen Städten liegt der Konzentrationswert durchgehend am höchsten (wie bei allen anderen Gruppen auch). Zum Vergleich: Bei den Ukrainestämmigen liegt der Anteil von Menschen, die räumlich stark konzentriert leben in nur zwei Städten bei über 50 %, während er in zehn Städten bei

Tabelle 4.15: Anteile der stark konzentriert lebenden Migranten

Stadt	% PSM >1,5	Max. LQ	% KAZ >1,5	Max. LQ	% UA >1,5	Max. LQ	% TR >1,5	Max. LQ	% PL >1,5	Max. LQ
Pforzheim	36,9	3,44	37,0	3,44	27,0	2,51	17,2	1,73	16,2	1,51
Osnabrück	26,1	2,24	36,8	2,03	11,4	2,87	61,2	3,61	9,1	1,55
Kassel	36,0	3,42	41,9	4,00	35,3	2,75	40,3	2,40	26,7	2,40
Koblenz	46,4	3,41	52,9	4,07	44,1	3,21	56,8	4,10	24,6	3,07
Bielefeld	58,8	2,19	59,3	2,23	45,8	2,12	24,0	2,00	11,1	1,72
Augsburg	30,0	4,11	30,6	4,60	24,7	3,99	28,2	1,96	10,9	1,82
Nürnberg	40,2	3,34	51,4	4,34	29,1	2,40	45,4	3,70	16,4	2,90
Hannover	29,0	2,59	49,1	3,41	28,5	2,51	35,0	2,79	41,9	2,15
Mönchen-gladbach	30,4	2,50	41,0	3,11	52,0	3,17	45,3	2,15	2,6	1,82
Freiburg	37,4	3,60	52,6	4,39	33,3	3,98	35,9	3,40	19,2	2,21
Hamburg	35,1	5,81	52,5	8,03	18,7	4,02	55,2	4,32	30,3	3,57
Dortmund	28,6	2,11	52,5	2,87	30,8	2,00	48,1	2,34	14,2	1,85
Heidelberg	29,9	4,20	60,4	5,98	27,8	3,53	46,8	2,32	23,0	3,14
Düsseldorf	18,9	2,95	34,6	4,32	13,8	2,58	39,6	3,08	16,1	3,68
Köln	35,4	5,10	47,7	5,79	30,2	7,30	50,1	2,88	22,6	3,71
Berlin	26,5	1,97	57,8	3,68	20,5	2,23	56,5	2,31	11,0	1,68
Halle (Saale)	23,8	2,48	53,8	2,95	44,5	3,62	57,5	10,64	50,8	6,94
Frankfurt (Main)	8,7	1,77	33,0	3,03	12,1	1,75	26,6	1,90	18,8	2,04
Offenbach	16,2	1,70	46,7	3,18	32,8	1,59	0,0	1,29	0,0	1,39
Erfurt	41,7	2,90	69,3	4,15	40,4	3,77	48,5	6,23	70,9	3,94
Jena	57,8	2,59	71,9	3,22	56,2	2,51	0,0	1,49	0,0	1,26
Bochum	26,8	3,55	42,5	3,00	39,6	4,61	45,8	3,54	16,2	2,10
Rostock	36,5	2,32	76,4	3,77	47,9	3,25	55,2	2,26	65,7	4,80
Potsdam	31,3	2,20	48,1	3,78	46,7	2,57	62,4	2,49	10,9	2,43
Gesamt	31,6	3,02	48,7	3,89	25,6	3,12	46,4	3,12	18,8	2,50
West-deutschland	31,3		48,5		24,5		46,3		18,4	
Ost-deutschland	38,4		61,6		47,4		51,4		43,5	
Städte > 1 Mio.	30,6		54,3		21,7		54,5		19,7	
Städte 500.000-1 Mio.	21,5		43,9		21,5		36,9		20,5	
Städte 250-500.000	40,8		46,7		32,7		36,7		11,9	
Städte 100-250.000	34,8		44,1		35,9		30,5		20,2	

Berechnet auf Grundlage von offiziellen statistischen Daten der jeweiligen Städte.

unter 30 % liegt. Hier finden sich die höchsten Durchschnittswerte im kleinsten Stadtsegment. Bei den Türkeistämmigen sind es immerhin acht Städte, in denen mehr als die Hälfte in solchen Stadtteilen mit hohem Eigengruppenanteil lebt, in sechs sind es aber unter 30 %, in Offenbach und Jena erfüllt kein Stadtteil dieses Kriterium (in Jena zugegebenermaßen knapp). Hier sinkt der Anteil mit der

Größe der Städte. Bei den Menschen mit Migrationshintergrund aus Polen leben nur in Erfurt, Rostock und Halle mehr als 50 % entsprechend konzentriert, in den meisten Fällen liegt der Anteil unter 30 % (dieser Befund hat im Wesentlichen auch Bestand, wenn man nach Staatsangehörigkeit differenziert).

Aus dem Gesagten lässt sich also folgern, dass russlanddeutsche Spätaussiedler – hier repräsentiert durch die Kasachstanstämmigen – noch immer räumlich relativ stark konzentriert leben, stärker als jüdische Kontingentflüchtlinge, türkeistämmige und insbesondere polenstämmige Menschen. Lediglich in den Städten über 500.000 Einwohnern sind die Werte der russlanddeutschen Spätaussiedler ähnlich denen der Türkeistämmigen, in den kleineren Städten ist ihre Wohnkonzentration im Vergleich deutlich höher. Somit muss man den Befund, dass postsowjetische Migranten im Vergleich zu Migranten aus der Türkei weniger konzentriert leben (vgl. Schönwälder/Söhn 2009, S. 1149), differenzierter betrachten.[25] Der BAMF-Forschungsbericht (Worbs u. a. 2013, S. 106) nahm diese Behauptung noch als Grundlage, (postsowjetischen) Spätaussiedlern eine relativ wenig segregierte Siedlungsstruktur zu bescheinigen. Ein genauerer Blick auf aktuelle Daten zu postsowjetischen Migranten aller Staatsangehörigkeiten – darunter den großen Anteil derer, die nur deutsche Staatsbürger sind – ergibt ein anderes Bild.

Typologie von Stadtteilen

Wie lassen sich die Stadtviertel, in denen sich diese hohen Konzentrationen von postsowjetischen Migranten finden, hinsichtlich ihrer Migrationsbevölkerung und ihres Sozialprofils charakterisieren? Hier lassen sich zwei Haupttypen identifizieren, die man mit einem gewissen Mut zur Pauschalisierung als den „osteuropäischen“ und den „multikulturellen“ Typus bezeichnen kann. Diese Unterscheidung soll nicht nahelegen, dass osteuropäische Migranten alle dieselbe Kultur hätten oder dass diese Stadtteile per se homogener seien. Sie verweist aber auf verschiedene „Mischungsverhältnisse“ migrantisch geprägter Stadtteile, die sich aus deren unterschiedlicher Zuwanderungsgeschichte erklären. In stärker „osteuropäisch“ geprägten Stadtteilen dominieren in der Migrationsbevölkerung postsowjetische Migranten zusammen mit mehr oder weniger hohen Anteilen von Menschen mit Migrationshintergrund aus Polen und manchmal auch aus Rumänien (überwiegend rumäniendeutschen Aussiedlern). In manchen Fällen ist die Präsenz der postsowjetischen Migranten so dominant, dass man von einem „postsowjetischen“ oder, je nach Fall, „russlanddeutschen“ Subtyp der „ost-

25 Die Autorinnen untersuchten damals nur Ausländer und Doppelstaatler in einem Sample von 33 ausschließlich westdeutschen Städten.

europäischen“ Stadtteile sprechen kann. Der Ausländeranteil ist in allen diesen Stadtteilen meist niedrig. In den stärker „multikulturell“ geprägten Stadtteilen sind die postsowjetischen Migranten und die übrigen „Osteuropäer“ Teil einer stärker diversen Quartiersbevölkerung mit größeren Migrantenanteilen aus verschiedenen Herkunftsländern, etwa den ehemaligen Anwerbestaaten für „Gastarbeiter“. Der Ausländeranteil ist hier höher. Dabei kann man als Faustregel festhalten, dass in den „osteuropäisch“ geprägten Stadtteilen die Arbeitslosigkeit i. d. R. unter dem städtischen Durchschnitt oder nur knapp darüber liegt, in den „multikulturell“ geprägten Vierteln hingegen sehr viel häufiger deutlich darüber – zweifellos eine Funktion der in Kapitel 3 dargelegten und analysierten allgemeinen Position verschiedener Migrantengruppen auf dem Arbeitsmarkt. In den meisten der untersuchten Städte aller Größenordnungen finden sich Beispiele für beide Typen.

Schauen wir uns ein paar Beispiele genauer an. In der Stadt Nürnberg entsprechen die an der südöstlichen bzw. südwestlichen Peripherie der Stadt gelegenen Stadtteile Langwasser und Röthenbach dem oben skizzierten „osteuropäischen“ Typus. Zuwanderer aus Russland, Kasachstan, der Ukraine, Polen, Rumänien und Tschechien machen in der einstigen Vertriebenensiedlung Langwasser ein gutes Drittel der Gesamtbevölkerung und knapp über 60 % der Bevölkerung mit Migrationshintergrund aus. Von diesen „Osteuropäern“ sind 83,4 % deutsche Staatsbürger, also (Spät-)Aussiedler und ihre Angehörigen und in einem gewissen Maße auch eingebürgerte Kontingentflüchtlinge. Etwas mehr als die Hälfte von ihnen sind postsowjetische Migranten (dies entspricht 17,8 % der Gesamtbevölkerung), ein Viertel kommt aus Polen, 15 % aus Rumänien. Der Anteil der Türkeistämmigen an der Stadtteilbevölkerung liegt hingegen insgesamt bei nur 3,8 % (6,8 % der Migrationsbevölkerung), 4,8 % (8,5 %) kommen aus den ehemaligen Anwerbestaaten Griechenland, Italien und dem ehemaligen Jugoslawien. 44 % der Bevölkerung sind Deutsche ohne Migrationshintergrund, wobei es hier interessant wäre, wie hoch der Anteil der Nachfahren von Vertriebenen und Flüchtlingen des Zweiten Weltkriegs ist. Dazu liegen aber leider keine Daten vor. Die Arbeitslosenquote liegt in drei der vier Bezirke des Stadtteils etwa beim städtischen Durchschnitt (5,2 % im Jahr 2016), nur in Langwasser-Südost liegt sie deutlich darüber. In Röthenbach sind die Zahlen insgesamt ähnlich, mit dem wichtigen Unterschied, dass hier postsowjetische Migranten nur 38 % der „Osteuropäer“ ausmachen, während fast 42 % aus Rumänien stammen (auch sie zu über 80 % deutsche Staatsbürger) und nur 15 % aus Polen. Die Arbeitslosigkeit liegt in Röthenbach-West auf dem Durchschnittsniveau, in Röthenbach-Ost deutlich darunter (3,3 % im Jahr 2016).

Der zentraler gelegene Stadtteil Schweinau hingegen hat einen sehr viel stärker multikulturellen Charakter. Die „Osteuropäer“, von denen jeweils gut 42 % aus der ehemaligen Sowjetunion und aus Rumänien stammen, machen auch hier ein Drittel der Gesamtbevölkerung aus. Dies entspricht aber „nur“ 45 % der Migrationsbevölkerung, da es hier im Vergleich zu Langwasser und Röthenbach auch viele Türkeistämmige (11,4 % der Gesamtbevölkerung, 15,5 % der Migrationsbevölkerung) und andere ehemalige „Gastarbeiter" (12,9 % bzw. 17,6 %) gibt. Der Anteil der Deutschen ohne Migrationshintergrund im Quartier liegt hingegen nur bei gut einem Viertel. Von den „Osteuropäern" sind wiederum nur 65 % deutsche Staatsbürger, was für eine etwas andere Zusammensetzung spricht als in den anderen beiden dargestellten Stadtteilen. Die Arbeitslosigkeit liegt hier mehr als anderthalbfach so hoch wie im städtischen Durchschnitt.

Das bekannteste Beispiel für den „postsowjetischen" Subtyp eines „osteuropäisch" geprägten Stadtteils ist Pforzheim-Buckenberg (und dort speziell die Hochhaussiedlung Haidach), wo die postsowjetischen Migranten alleine Ende 2018 41 % der Gesamtbevölkerung des Stadtteils und 62 % der Migrationsbevölkerung ausmachten. Nimmt man die übrigen osteuropäischen Herkunftsländer hinzu kommt man auf 52 % der Gesamtbevölkerung und 79 % der Migrationsbevölkerung. „Nur" 34 % der Bevölkerung sind Deutsche ohne Migrationshintergrund. Der Ausländeranteil liegt auf dem Buckenberg mit 13,2 % deutlich unter dem Wert der Gesamtstadt (27,8 %). Die Arbeitslosigkeit lag Mitte 2019 bei nur 2,6 %, ebenfalls deutlich unter dem Niveau der Gesamtstadt (4,5 %).

Ein zweites Beispiel für einen solchen stark durch postsowjetische Migration geprägten Stadtteil ist das gleichfalls durch eine vergleichsweise niedrige Arbeitslosigkeit gekennzeichnete Augsburger Universitätsviertel, wo 35 % der Gesamtbevölkerung und 55 % der Migrationsbevölkerung aus der ehemaligen UdSSR stammen. Im Vergleich zu Pforzheim unterscheidet sich hier aber die Zusammensetzung der postsowjetischen Bevölkerung, wie sich am Anteil der ukrainestämmigen Bevölkerung zeigen lässt: Während auf dem Buckenberg nur gut 4 % der postsowjetischen Migranten aus der Ukraine stammen, sind es im Universitätsviertel 13,5 %. Wie schon erwähnt ist dies kein perfekter Indikator für den Anteil von jüdischen Kontingentflüchtlingen, da dies sowohl Spätaussiedler aus der Ukraine sein können (in Pforzheim-Buckenberg machen sie 60 % der Ukrainestämmigen aus) wie auch Ukrainer, die auf anderen Wegen in die Bundesrepublik gekommen sind. Trotzdem kann man aus diesen Zahlen ablesen, dass in Stadtteilen wie dem Augsburger Univiertel, aber auch in Nürnberg-Langwasser (fast 15 % Ukrainestämmige unter den postsowjetischen Migranten) und Schweinau (25 %) die postsowjetische Bevölkerung heterogener ist als auf dem Buckenberg, wo postsowjetische Migration praktisch gleichbedeutend mit russlanddeutscher Spätaussiedlermigration ist. Das Gegenstück zu Pforzheim wäre Berlin-Charlottenburg (auch bekannt als „Charlottengrad"), wo Spätaussiedler gegenüber russisch-jüdischen und anderen russischsprachigen Zuwanderern in der Minderzahl sind. Dies ist gesamtdeutsch betrachtet allerdings die Ausnahme.

Was die Stadtteilstruktur betrifft, dominieren unter den „osteuropäisch" geprägten Stadtvierteln Großwohnsiedlungen, die in den 1950er bis 1970er Jahren an den Peripherien der deutschen Großstädte entstanden, um den Wohnraummangel nicht zuletzt der heimatvertriebenen Bevölkerung zu beheben. Beispiele sind die schon erwähnten Stadtteile Pforzheim-Buckenberg und Nürnberg-Langwasser, aber auch Kassel-Helleböhn, Koblenz-Karthause oder Bielefeld-Sennestadt. Sie sind gewissermaßen das großstädtische Pendant zu den für viele Klein- und Mittelstädte typischen militärischen Konversionsobjekten, die nach 1989 zu osteuropäisch bzw. postsowjetisch geprägten Stadtvierteln wurden. Bekannte Beispiele sind der „Kanadaring" in Lahr oder die ehemaligen britischen Siedlungen in Belm bei Osnabrück und Detmold-Hakedahl. Bei den „multikulturell" geprägten Stadtteilen ist das Bild gemischter. Auch hier gibt es Beispiele für solche peripheren Großwohnsiedlungen, etwa die Hannoveraner Stadtteile Mühlenberg und Vahrenheide, Kassel-Waldau, Koblenz-Neuendorf, Heidelberg-Boxberg und -Emmertsgrund, Freiburg-Weingarten und -Landwasser. Als „multikulturell" lassen sich aber auch alte industriell geprägte Stadtteile wie Nürnberg-Schweinau und Oberhausen-Nord in Augsburg charakterisieren. Schließlich seien auch noch einmal die eher in kleineren Städten im ländlichen Raum anzutreffenden, stark durch Spätaussiedler geprägten Neubausiedlungen genannt, von denen eine bereits in der Einleitung zu diesem Kapitel Erwähnung fand. Dieses Phänomen lässt sich an dieser Stelle nicht mit Zahlen dokumentieren, ist aber beispielsweise in ländlichen Gemeinden im Nordwesten und der Mitte Deutschlands weit verbreitet.

Aus diesen beispielhaften Darlegungen leiten sich einige Fragestellungen ab, derer sich zukünftige auf Stadtteile bzw. auf den Stadtraum fokussierte Forschungen annehmen müssten. Entsprechende Arbeiten mit postsowjetischem Fokus untersuchten bisher oft Stadtteile des osteuropäischen bzw. postsowjetischen Typus, mit einem dezidierten Schwerpunkt auf den dort lebenden russlanddeutschen Spätaussiedlern (so etwa Bartels 2007 zu Lahr; Retterath 2006 zu Freiburg) oder auf dem russisch-jüdischen Milieu (z. B. Gromova 2013 zu Berlin). Weniger in den Blick kamen zum einen heterogenere postsowjetische Settings, anhand derer sich auch soziale Prozesse jenseits der hergebrachten Gruppenzugehörigkeiten aufzeigen lassen könnten (wobei Gromova 2013 diese Aspekte durchaus anspricht; vgl. auch Klingenberg 2020). Zum anderen fokussierten Forschungen zu postsowjetischen Migranten und insbesondere zu russlanddeutschen Spätaussiedlern in multikulturellen Kontexten in Groß- und Kleinstädten eher auf die damit verbundenen Konflikte und Konfliktpotenziale, v. a. zwischen Jugendlichen (z. B. Eder/Rauer/Schmidtke 2004; Hüttermann 2010). Auch hier bleiben alltäglichere Aushandlungen von Teilhabe an Stadtraum und -gesellschaft meist außerhalb des Blickfeldes. Für die stadtbezogene Migrationsforschung allgemein sind die postsowjetischen Migranten wiederum oft ein blinder Fleck, nicht zuletzt weil gerade russlanddeutsche Spätaussiedler meist nicht in großen Städten wohnen und dort nicht in „typischen" migrantischen Vierteln. Vereinfacht gesagt: Wer nur Kreuzberg oder Neukölln studiert, wird wahrscheinliche keine Russlanddeutschen und auch nur wenige russische

Juden treffen. „Migrationsgesellschaft" entsteht aber eben nicht nur dort, sondern in allen den hier skizzierten unterschiedlichen Settings, einschließlich der auch in diesem Kapitel leider nur gestreiften kleinstädtischen Milieus. Der Umstand, dass es in den meisten hier untersuchten Städten Viertel mit ganz unterschiedlichen Konstellationen gibt, lädt auch zu vergleichenden Forschungen ein, etwa zwischen postsowjetischen Migranten in einem „osteuropäisch" und einem „multikulturell" geprägten Quartier derselben Stadt. Wie wirkt sich das Leben in diesen unterschiedlichen Teilen des Stadtraums aus? Insbesondere in Hinblick auf die in Kapitel 7 aufgegriffene Frage der politischen Einstellungen und damit verbundener möglicher „neighbourhood effects" verbergen sich hier noch viele relevante Fragestellungen, die bisher kaum bearbeitet worden sind.

Fazit

Die Erfahrung der Aufnahme und Verteilung der postsowjetischen Migration hält also einige relevante Lehren für gegenwärtige migrationspolitische Herausforderungen bereit. Im Kontext der „Flüchtlingskrise" von 2015 wurde die Verteilung der russlanddeutschen Spätaussiedler einschließlich der erzwungenen Wohnortbindung in der politischen Debatte als Beispiel für die Notwendigkeit und Sinnhaftigkeit entsprechender Maßnahmen für die damals nach Deutschland kommenden Geflüchteten genannt (z. B. Lachmann/Mumme 12.01.2016). Schon damals argumentierte ich in einem Beitrag für den Blog „Flüchtlingsforschung gegen Mythen" gegen diese Logik, u. a. mit dem Verweis darauf, dass eine BAMF-eigene Studie die Wirksamkeit des Wohnortzuweisungsgesetzes nicht nachweisen konnte (Netzwerk Fluchtforschung 2016; Haug/Sauer 2007). Die hier präsentierten Daten erweitern dieses Argument um einen wichtigen Aspekt: Die Zuweisungsmechanismen mögen zwar auf Bundesebene wirken und die „Lasten" zwischen den Ländern verteilen. Die Tatsache, dass die postsowjetischen Migranten zwar auf Bundesebene von allen untersuchten Vergleichsgruppen am gleichmäßigsten verteilt sind, jedoch auf lokaler Ebene am stärksten konzentriert leben, sollte zu denken geben. Verteilung auf der Makroebene kann lokale Konzentrationen auf der Mikroebene also nicht unbedingt verhindern. Es scheint sie sogar zu begünstigen, wenn sich migrantische Gruppen in einer ausgeprägten Minderheitensituation räumlich zusammenschließen bzw. gezielt räumlich marginalisiert und segregiert werden. Umgekehrt haben wir gesehen, dass gerade dort, wo der Anteil postsowjetischer Migranten (sowie teilweise auch anderer Migrantengruppen) besonders hoch ist, sie in der Regel *weniger* konzentriert leben. Solche hohen Bevölkerungsanteile waren das Ergebnis von Netzwerkmigrationen, die sich jenseits der administrativen Verteilung der Migranten entfalten konnten. In der jüngsten „Flüchtlingskrise" wurde solche eigensinnige migrantische Handlungsmacht staatlicherseits nicht gerne gesehen, aus Angst vor dem viel zitierten „Kontrollverlust". Ob „Kontrolle" aber zu einer „besseren" räumlichen Verteilung von Migranten und mithin zu einer „besseren" Integration führt, ist wie eingangs geschildert umstritten und darf aufgrund der hier präsentierten Daten bezweifelt werden.

Kapitel 5
Sprachgebrauch, Identifikationen und Namensgebung

Im Oktober 2016 veröffentlichte die Boris Nemtsov Stiftung die erste umfassende empirische Studie zu postsowjetischen Migranten in Deutschland. Ursprünglich unter dem Titel „Russians in Germany" publiziert (Boris Nemtsov Foundation 2016a), zirkulierte sie schließlich unter dem Titel „Russischsprachige Deutsche" bzw. „Russian-speaking Germans" (Boris Nemtsov Foundation 2016b). War schon die Subsumierung aller postsowjetischen Migranten unter dem Label „Russen" auf Kritik gestoßen, fand auch der vermeintlich neutralere Begriff „Russischsprachige" nicht ungeteilte Zustimmung. So beklagte der damalige Vorsitzende der Landsmannschaft der Deutschen aus Russland, Waldemar Eisenbraun (2016, S. 3), in der Verbandszeitschrift *Volk auf dem Weg*, dass „in den letzten Wochen [...] bei einigen Medienartikeln, Vorträgen und sogar Expertenrunden Begriffe wie ‚Russischsprachige' oder ‚russischsprachige Diaspora' gebraucht wurden. Das besonders Kritische daran ist, dass damit völlig undifferenziert auch unsere Landsleute gemeint sind [...]. Unser Deutschsein als zentrales Element unserer Identität geht durch die Fehlbezeichnung ‚Russischsprachige' völlig unter!"

Der erste Versuch, die in diesem Buch als postsowjetische Migranten bezeichneten Menschen in einer wissenschaftlichen Studie gemeinsam zu behandeln, förderte somit sogleich die komplexen Identitätsdiskurse zu Tage, in denen die Positionierung dieser Menschen in der bundesdeutschen Gesellschaft stattfindet. Die geschilderte Episode verweist auf den engen und zugleich prekären Zusammenhang von Sprache und Zugehörigkeit im Kontext postsowjetischer Migration. Die ursprüngliche Bezeichnung der in der Studie untersuchten Personengruppe als „Russen" berührte einen wunden Punkt der postsowjetischen Migrationserfahrung und insbesondere derer der Spätaussiedler: die Fremdidentifikation als „Russen" aufgrund des Gebrauchs der russischen Sprache (vgl. auch Kapitel 6). Dieses Thema war und ist besonders heikel, da es bei den Russlanddeutschen wie auch den Juden aus der Sowjetunion prinzipiell um Menschen ging, die in der Logik der multiethnischen Sowjetunion *keine* Russen waren (selbst wenn sie in vielen Fällen nur Russisch sprachen), die in der Logik des bundesdeutschen Migrationsregimes ebenfalls *keine* Russen waren (sondern Deutsche bzw. Juden), die in der deutschen Gesellschaft aber eben als „Russen" bezeichnet wurden, häufig in abwertender Absicht. Zu dieser „natio-ethno-kulturellen Fehlanrufung" (Hoops 2018, S. 57) kam hinzu, dass die Integration dieser Menschen in Deutschland in einem institutionellen und gesellschaftlichen Kontext stattfand, in dem für die „russische" Komponente russlanddeutscher bzw. russisch-jüdischer Lebenswelten kein Platz war. Der Nachweis der „deutschen Volkszugehörigkeit" im Aussiedleraufnahmerverfahren verlangte die Betonung der „deutschen" Bestandteile der Biografien der Antragsteller und die Marginalisierung oder Negierung ihrer „russischen" Komponenten (vgl. auch Kapitel 2). Die Aufnahme als jüdische Kontingentflüchtlinge geschah vor dem Hintergrund der Prämisse, dass hier „Juden" vor „russischem" (oder auch ukrainischem, baltischem usw., was aber niemand so genau differenzierte) Antisemitismus flohen und nun dem „jüdischen Leben" in Deutschland zu neuer Blüte verhalfen. In solch einer exklusiven Zugehörigkeitslogik war für ein positiv besetztes „Russischsein" kein Platz.

Um „Russen in Deutschland" ging es in der Studie also nicht. Die schließlich gewählte Alternativbezeichnung „Russischsprachige" sollte neutraler wirken, bezog sie sich doch auf den nicht zu leugnenden Umstand, dass das Russische in Folge von Akkulturationsprozessen in der ehemaligen Sowjetunion (siehe Kapitel 1) die Umgangssprache der allermeisten postsowjetischen Migranten war. Doch auch diese Bezeichnung ist nicht so objektiv und neutral, wie sie auf den ersten Blick erscheinen mag. Wenn russlanddeutsche Interessenvertreter trotz der objektiven russischen Sprachkenntnisse ihrer Klientel von einer „Fehlbezeichnung" sprachen, dann taten sie dies als Antwort auf identitätspolitische Postulate des Spätaussiedleraufnahmeregimes, wie es sich in den 1990er Jahren entwickelt hatte. So hieß es in einem wegweisenden Urteil des Bundesverwaltungsgerichts vom 12.11.1996, dass „wer […] nicht Deutsch, sondern Russisch als Muttersprache oder bevorzugte Umgangssprache spricht, […] regelmäßig Angehöriger des russischen Kulturkreises [ist], was zugleich eine Erziehung im Sinne des russischen Volkstums indiziert" (BVerwG 9 C 8.96). Nach derselben Logik sortierte der im selben Jahr eingeführte Sprachtest Antragsteller auf den Spätaussiedlerstatus. Dass „Russischsprachige" automatisch Russen seien, war also eine höchstrichterliche Behauptung – in völliger Verkennung der Tatsache, dass das Russische eine imperiale, übernationale Kultursprache war und ist, deren Benutzung in der Sowjetunion durchaus kein „nationales Bekenntnis" darstellte (ganz ähnlich wie die Kolonialsprachen Englisch, Französisch, Spanisch und, etwa im Habsburgerreich, auch das Deutsche).

Der aktuelle russisch-imperiale Kontext war aber auch ein weiterer Grund für die russlanddeutschen Vertreter, das Label „russischsprachig" für sich abzulehnen. Nicht zufällig tauchte dieser Begriff in größerem Umfang erstmals im Kontext des „Falls Lisa" im Januar 2016 auf, als deutschlandweit um die 10.000 postsowjetische Migranten wegen der angeblichen Vergewaltigung eines russlanddeutschen Mädchens in Berlin auf die Straße gingen – mobilisiert u. a. durch einen Bericht des russischen Staatsfernsehens. Beispielsweise schriebe die Neue Zürcher Zeitung davon, die „russische Propaganda" wolle die „russischsprachigen Bevölkerungsgruppen in Deutschland […] missbrauchen, um Druck auf die deutsche Regierung auszuüben" (Weisflog 2016). Augenscheinlich handelt es sich bei diesem Begriff um eine Übersetzung des russischen Begriffs *russkojazyčnye* bzw. *russkogovorjaščie*, der dort bereits seit den 1990er Jahren von offizieller Seite als Bezeichnung für die „Landsleute" (*sootečestvenniki*) im Ausland verwendet wird (Brubaker 1995, S. 142–143). Im russischen Kontext sind damit sowohl russischsprachige Minderheiten im „nahen Ausland" – den ehemaligen Sowjetrepubliken – gemeint, wie auch Emigranten in westlichen Ländern. Der Begriff steht also auch für die politische Vereinnahmung durch eine zunehmend expansive russische Diasporapolitik.

Neben diesen identitätspolitischen Aspekten stellt sich aber auch die Frage nach der Angemessenheit des Begriffs „Russischsprachige" zur Erfassung derjenigen Menschen, die wir hier als postsowjetische Migranten bezeichnen. Ist es zutreffend, über zwei Jahrzehnte nach Ankunft der meisten Spätaussiedler und Kontingentflüchtlinge in Deutschland pauschal von „russischsprachigen" Migranten zu sprechen? Wie verbreitet ist der Gebrauch des Russischen noch? Und wird diese Sprachkompetenz in die zweite Generation weitergegeben? Verfestigt sich mithin eine russischsprachige Gemeinschaft in Deutschland? Diese Fragen sollen im ersten Teil dieses Kapitels abgehandelt werden, unter anderem auf Grundlage der repräsentativen Daten der besagten Studie der Boris Nemtsov Stiftung.

Darüber hinaus interessiert uns in diesem Kapitel aber auch die Frage der Identifikation postsowjetischer Migranten jenseits solcher kollektiven Großlabels. Hierbei handelt es sich um ein Thema, das in der Forschung sicher nicht zu wenig beachtet wurde, im Gegenteil. Wie die Soziologin Darja Klingenberg (2019, S. 260) erst kürzlich konstatierte, wurden „Fragen der Identität […] zur zentralen Problematik dieser Migration stilisiert, während man geschlechter-, klassenspezifische oder regionale Unterschiede vernachlässigte". Gleichwohl ist die Thematik nach wie vor relevant. Zum einen ist das politische Feld, in dem postsowjetische Migration verhandelt wird, nach wie vor in hohem Maße durch Identitätsfragen strukturiert, wie nicht zuletzt die Art und Weise zeigt, in der die Frage der Fremdrenten verhandelt wird (vgl. Kapitel 2 und 3). Zum anderen gilt hier wie schon beim Sprachgebrauch, dass seit der Migration der meisten postsowjetischen Migranten einige Zeit vergangen ist und sich in dem Maße, in dem sich die sowjetische Vergangenheit, die Migrationserfahrung und die frühen migrationsbedingten Identitätskonflikte zeitlich entfernen, die Fragen nach Zugehörigkeit in einer sich pluralisierenden bundesdeutschen Gesellschaft neu stellen, bei der ersten Generation der Zuwanderer wie auch bei den nächsten Generationen. Entsprechend bietet dieses Kapitel sowohl eine Bestandsaufnahme unseres Wissens über postsowjetische Identifikationen wie auch einen Ausblick auf neue Fragestellungen und Konstellationen in diesem Bereich.

Ein zentraler Bestandteil der Identitätsthematik ist der Name. Auch dies wird im Kontext der postsowjetischen Migration besonders deutlich. Anders als andere Migranten durften Spätaussiedler ihre Namen recht liberal „eindeutschen". Hintergrund war die Intention des deutschen Staates, ihnen „auch im Namen ihre deutsche Identität wiederzugeben", wie es ein Experte für Personenstandsrecht ausdrückte (Böhmer 1991, S. 215). Gegenüber den Kontingentflüchtlingen gab es keine vergleichbaren Bemühungen. Der Bereich der Namensanpassung ist somit zum einen ein besonders spannender Bereich von staatlicher Identitätspolitik. Zum anderen ist er aber auch ein Feld, in dem sich identifikatorische Wandlungsprozesse innerhalb der Migrationsgruppe nachvollziehen lassen. Wie heißen die Kinder postsowjetischer Migranten heute? Und was sagt uns das über die sich wandelnden Identifikationen und Zugehörigkeiten ihrer Eltern? Auf diese Fragen wird der letzte Abschnitt dieses Kapitels einige (nicht-repräsentative) Antworten liefern.

Wie „russischsprachig" ist postsowjetische Migration?

Wie viele Russischsprecher gibt es tatsächlich in Deutschland? Hierzu kursierten insbesondere im Kontext des „Falls Lisa", als die postsowjetische Migration in den Mittelpunkt des medialen Interesses rückte, sehr unterschiedliche, zum Teil vollkommen überhöhte Zahlen. In verschiedenen Publikationen finden sich Zahlenangaben von drei bis sechs Millionen „Russischsprachigen" in Deutschland.[26] Die deutschsprachige Wikipedia verbreitet letztere Zahl. Sie wird immer wieder ungeprüft zitiert, obwohl sie sich explizit auf eine Definition des russischen Außenministeriums bezieht, gemäß der „Russischsprecher" Personen seien, die das Russische „in unterschiedlichem Maße (*v toj ili inoj stepeni*)" beherrschten.[27] „Russischsprachig" impliziert hier also keine muttersprachlichen oder auch nur fließende Kenntnisse des Russischen, von Lese- und Schreibkenntnissen ganz zu schweigen. Damit ist klar, dass die Zahl von sechs Millionen Russischsprechern in Deutschland in jedem Fall übertrieben hoch ist. Aber auch die übrigen Angaben von mindestens drei Millionen russischsprachigen Bürgern in Deutschland entbehren einer soliden statistischen Grundlage.

Tatsächlich war es die besagte Umfrage der Boris Nemtsov Stiftung selbst, die Ansätze für eine solche Grundlage lieferte. 61 % der dort Befragten gaben an,

---

26 Die Zahl von drei Millionen wird genannt von Kühn 2012. Der Historiker Karl Schlögel (12.01.2016) sprach in einem bereits vor dem Fall Lisa erschienenen Beitrag für die ZEIT von „wohl mehr als vier Millionen russischsprachigen Bürgern" in Deutschland. Der zuvor zitierte NZZ-Artikel von Christian Weisflog (25.01.2016) sprach von sechs Millionen.

27 https://de.wikipedia.org/wiki/Russischsprachige_Bevölkerungsgruppen_in_Deutschland (Abfrage 30.07.2020). Inzwischen beinhaltet der Artikel auch eine kritische Diskussion dieser Zahl.

Russisch auf muttersprachlichem Niveau zu beherrschen, während 27 % ihre Sprachkenntnisse als fließend bezeichneten (Boris Nemtsov Foundation 2016a, S. 12). Überträgt man diese Zahlen auf die Daten des Mikrozensus von 2016, als die Umfrage durchgeführt wurde, kommt man auf eine Zahl von ca. 2,2 Millionen in Deutschland lebenden Erwachsenen, die Russisch als Muttersprache oder fließend sprechen – dies entspricht 88 % der ca. 2,5 Millionen Menschen über 18 Jahre (nur solche wurden in der Nemtsov-Studie erfasst) mit postsowjetischem Migrationshintergrund, die 2016 in Deutschland lebten (Mikrozensus 2016, Tabelle 2I). Diese Größenordnung bestätigt sich auch mit einer anderen Berechnungsmethode, die denjenigen fließende oder muttersprachliche Russischkenntnisse unterstellt, die in der (ehemaligen) Sowjetunion geboren sind, bei Einreise mindestens zehn Jahre alt waren und somit zumindest ihre Grundschulausbildung in russischer Sprache genossen haben dürften. Im Jahr 2016 traf dies auf ca. 2,05 Millionen Menschen in Deutschland zu (Mikrozensus 2016, Tabelle 3I).

Zu diesen knapp über zwei Millionen Menschen muss man eine unbekannte Anzahl von Minderjährigen bzw. Angehörigen der zweiten Generation addieren, die möglicherweise Russisch durch familiäre Vermittlung gelernt haben (sogenannte „heritage speakers"). Ihre Anzahl ist deshalb nicht ohne Weiteres zu bestimmen, da man nicht unterstellen kann, dass die in Deutschland geborenen Nachkommen postsowjetischer Familien auch Russisch sprechen. Ein Grund dafür sind die fehlenden Möglichkeiten der schulischen Vermittlung der russischen Sprache an die nächste Generation. Es gibt in Deutschland keinen flächendeckenden „herkunftssprachlichen Unterricht" in Russisch, wie er früher für die Kinder der „Gastarbeiter" angeboten wurde. Für russischsprachige Schüler in Deutschland in den 1990er Jahren war es reine Glückssache, ob es an ihrer jeweiligen Schule Lehrkräfte gab, die Russischunterricht anbieten konnten (in den alten Bundesländern eher selten der Fall), was ihnen die Möglichkeit gab, ihre mitgebrachten Kenntnisse als Fremdsprache anrechnen zu lassen.[28] Punktuelle schulische und private Angebote für die zweite Generation – sogenannte Samstagsschulen – sind jüngeren Datums.[29] Deutsch-russische bilinguale Schulen gibt es nur in einigen größeren Städten.[30]

---

28 In meinem Gymnasium, der Alten Landesschule in Korbach, war dies der Fall. Entsprechende Berichte habe ich auch von Absolventen anderer Schulen gehört, z. B. in Ostwestfalen. In Osnabrück wurde das Ernst-Moritz-Arndt Gymnasium (kurz EMA genannt) durch sein russischsprachiges Angebot zu einem Anziehungspunkt für russischsprachige Schüler unterschiedlicher Herkunft.

29 Vom russischsprachigen Samstagsunterricht durch russlanddeutsche Vereine berichtet beispielsweise Wallem 2017a. In eigener Anschauung sah ich ein solches Format als Angebot eines russlanddeutschen Vereins in Essen. Die Studentin Sophia berichtet von solchen Angeboten in Osnabrück sowohl als private Initiative wie auch an einer öffentlichen Schule.

30 In Berlin gibt es z. B. seit 2006 (Tiergarten) bzw. 2007 (Marzahn) die Internationalen Lomonossow-Schulen als bilinguales deutsch-russisches Bildungsformat, das bis zum Abitur

Ein zweiter, vielleicht noch wichtigerer, Grund ist das mangelnde Interesse vieler postsowjetischer Migrantenfamilien an der Weitergabe des Russischen an die nächste Generation. Dies gilt insbesondere für Spätaussiedler-Familien, die den Anpassungsdruck des „Als Deutsche unter Deutschen leben“-Paradigmas am deutlichsten zu spüren bekamen bzw. auch aus eigenem Antrieb in ihren Familien durchsetzten. Studien haben gezeigt, dass die Kenntnisse des Russischen bei den Kindern russlanddeutscher Familien insgesamt fragmentarischer und instabiler sind als bei Kindern aus postsowjetisch-jüdischen Familien. Dies lässt sich mit dem im Durchschnitt höheren Bildungsgrad der jüdischen Familien, zum anderen aber auch mit ihrer positiveren Einstellung gegenüber der russischen Sprache erklären (Isurin/Riehl 2017, S. 271–273). Eine qualitative Studie unter Angehörigen der „Generation 1,5“ postsowjetischer Migranten ergab, dass zwar alle Beforschten mehr oder weniger fließend Russisch sprachen, aber nur knapp über die Hälfte (55 %) die Sprache an ihre Kinder vermitteln wollten (Dück 2013, S. 82–83, 87; siehe auch Schnar 2010).

Die im Rahmen dieses Buchprojekts geführten Interviews förderten Ähnliches zu Tage. Von den interviewten Studierenden mit russlanddeutschem Hintergrund war nur Elvira in der Lage, fließend Russisch zu sprechen und sogar zu schreiben. Nadja gab passive Kenntnisse an, die sie erst durch eigenen Antrieb im Laufe des Studiums u. a. durch ein Auslandssemester in Russland aktiviert habe. Pascal, der als Baby nach Deutschland kam, berichtete, dass sich seine Oma weigerte, ihm Russisch beizubringen, weil er akzentfrei Deutsch sprechen sollte. Seine Mutter habe aber durchaus neben Deutsch auch Russisch mit ihm gesprochen und ihm ein bisschen lesen beigebracht. Heute verstehe er zwar passiv einiges, spreche aber insgesamt nur „Haushaltsrussisch“. Der schon in Deutschland geborene Thomas gab an, als Kind bilingual gewesen zu sein. Dann gaben aber seine Eltern auf Anraten der Erzieherinnen im Kindergarten, die sein sprachliches „Mischmasch“ negativ bewerteten, das Russische auf, heute könne er es praktisch gar nicht mehr. Auch bei den Studierenden anderer Hintergründe war das Bild heterogen: Aljona, die mit neun Jahren als Kontingentflüchtling nach Deutschland kam, berichtete, Russisch sprechen, lesen und schreiben zu können (und dies auch aktiv zu tun). Darüber hinaus könne sie auch Ukrainisch, das sie mit ihren Großeltern spreche. Sophia gab an, von Haus aus Russisch zu sprechen, lesen und schreiben falle ihr aber wegen mangelnder russischsprachiger Schulbildung schwer. Sie versuche die Sprache auch an ihre Kinder zu vermitteln, was aber nur lückenhaft funktioniere. Antonie erklärte, Russisch nicht perfekt zu

---

führen kann. Auch bilinguale Kindergärten gehören zu ihrem Angebot. Siehe www.lomonossow-schule.de. In Frankfurt am Main existiert seit 2013/14 die Alexander-Puschkin-Schule als bilinguale und bikulturelle Grundschule in freier Trägerschaft. Siehe https://alexander-puschkin-schule.org.

sprechen, aber „überleben" zu können. Bis zu ihrem vierten Lebensjahr sprach sie mit ihrer Mutter nach ihrer Auskunft nur Russisch, danach verweigerte sie die Sprache aber, weil es auch sonst niemand sprach. Mit 11 Jahren fing sie dann aus eigener Initiative wieder an, Russisch zu lernen, u. a. auf einer privaten Samstagsschule.

Diese Befunde deuten schon an, dass der Begriff „russischsprachige Migranten" insofern irreführend ist, als dass nicht alle, die mit russischer Muttersprache nach Deutschland kamen, diese auch weiterhin konsequent benutzen. Durch ihre Sozialisation in der Sowjetunion spricht die erste Generation im Allgemeinen besser Russisch als Deutsch. In der Nemtsov-Studie gaben 64 % der Befragten muttersprachliche oder fließende Deutschkenntnisse an (gegenüber 88 % für Russisch). 28 % gaben einen mittleren Kenntnisstand an, 7 % nur Grundkenntnisse (Boris Nemtsov Foundation 2016a, S. 12). Dabei kann man davon ausgehen, dass die Personen mit geringerem Kenntnisstand erst später bzw. in höherem Alter nach Deutschland gekommen sind. In der zweiten Generation verschwinden die sprachlichen Defizite in Bezug auf die deutsche Sprache aber vollständig (Destatis/WZB 2016, S. 243).[31] Die aus dieser Konstellation entstehenden Dynamiken führen zu einer fortschreitenden Hybridisierung des Sprachgebrauchs in postsowjetischen Familien, die sich aus den Daten der Nemtsov-Studie ablesen lassen: 42 % der Befragten gaben an, dass bei ihnen zu Hause Russisch gesprochen wird; 32 % berichteten von einem gemischten deutsch-russischen Sprachgebrauch; 24 % gaben an, nur Deutsch zu Hause zu sprechen (Boris Nemtsov Foundation 2016a, S. 12). Hierbei sei angemerkt, dass im Mikrozensus 2017, in dem erstmals auch der Sprachgebrauch in den befragten Haushalten erfasst wurde, gut 60 % der 1,7 Millionen Haushalte mit mindestens einem Mitglied aus der ehemaligen UdSSR den überwiegenden Gebrauch des Deutschen angaben, nur 30 % hingegen Russisch (Mikrozensus 2017). Mehrsprachigkeit war hier keine Antwortoption, was zeigt, wie die Zwänge eines bestimmten Befragungsdesigns die Antworten signifikant vorprägen und vermeintliche Eindeutigkeit herstellen, wo die Realität mehrdeutig und hybride ist. Diese Hybridität ergibt sich nicht zuletzt auch aus der generationenübergreifenden Kommunikation: Eine 2011 durchgeführte Studie zu den sprachlichen Kontexten junger Spätaussiedler ergab, dass 47 % von ihnen mit ihren Eltern v. a. Deutsch sprachen, 53 % Russisch. Mit ihren Geschwistern sprachen schon 80 % Deutsch. Im Freundeskreis sprachen 91 % vor allem Deutsch, in der Schule, an der Universität oder am Arbeitsplatz 99 % (Vogelgesang 2013, S. 18). Das Deutsche wird für die jün-

31 Der auf Daten des Sozioökonomischen Panels (SOEP) basierende Datenreport erfasst nicht speziell die Deutschkenntnisse postsowjetischer Migranten, sondern der Nachkommen von (Spät-)Aussiedlern aus allen Herkunftsländern und anderen Zuwanderern aus Osteuropa. Da 99 % dieser Kohorte aber gute bis sehr gute Deutschkenntnisse angeben, ist von keinem Unterschied zwischen den Nachfahren der verschiedenen Zuwanderungsgruppen auszugehen.

gere Generation also zunehmend wichtig, während das Russische bis auf Weiteres ein wichtiges Medium der generationenübergreifenden Kommunikation bleibt.

Identifikationen

Im Zeitalter der Nationalstaaten ist Zugehörigkeit im Kontext von Migration ein zentrales Thema, auf kollektiver wie auf individueller Ebene. Die Zuwanderung von Menschen anderer Nationalität stellt das kollektive „Wir"-Bild homogen gedachter Gesellschaften in Frage. Die bekannten Fragestellungen von Integration und Assimilation ergeben sich aus dem durch die aufnehmende Gesellschaft formulierten Anspruch, dass die Neuankömmlinge so werden sollen wie dieses homogen gedachte „wir" – paradoxerweise oft verbunden mit der Annahme, dass dies eigentlich gar nicht möglich sei. In Deutschland kreisen solche Debatten in den letzten Jahren beispielsweise immer wieder um die Frage, ob „der Islam" – und abgeleitet davon „die Muslime" – „zu Deutschland gehören". Auf individueller Ebene beschreiben klassische Theorien die sich daraus für die Einwanderer ergebende Situation etwa mit dem Paradigma des „marginal man": Eine Person, die sich zwar an die dominante Aufnahmegesellschaft anpasst (akkulturiert), aber dennoch nicht wirklich dazugehört, während sie sich gleichzeitig von ihrer Herkunftskultur entfernt (Park 1950a [1928], 1950b [1937]; Stonequist 1935). Das Ergebnis dieser „Randlage" sind Identitätskonflikte, die auch moderne sozialpsychologische Ansätze aus der Position der Migranten zwischen Herkunfts- und Aufnahmekultur zu erklären versuchen (z. B. Berry 1997). Andere Theorien wiederum versuchen diese vermeintlichen Widersprüche mit dem Postulat „multipler" oder „hybrider" Identitäten zu lösen, für welche es in ausdifferenzierten postmodernen Gesellschaften zunehmend Platz gibt.

Wie bereits angedeutet ist postsowjetische Migration nun in besonderem Maße durch Identitätskategorien geprägt, da bereits der Zuwanderungsprozess als solcher auf diesen Kategorien basierte. Spätaussiedler und Kontingentflüchtlinge gleichermaßen mussten für ihre Aufnahme in Deutschland nachweisen, dass sie bestimmte Kriterien ethno-nationaler Zugehörigkeit als Deutsche bzw. Juden erfüllten (vgl. Kapitel 2). Bildlich gesprochen wurden die Migranten im Verlauf ihrer Aufnahme in Schubladen gesteckt bzw. mussten sich selbst in diese Schubladen begeben.

Dieser identitätsbasierte Aufnahmeprozess hatte dann auch Folgen für den Integrationsprozess und die Positionen, die betroffene Individuen in der bundesdeutschen Gesellschaft einnehmen konnten. Qua ihrer Aufnahme als „deutsche Volkszugehörige" waren russlanddeutsche Spätaussiedler nun mit dem Anspruch konfrontiert, „deutsch" – und zwar nur deutsch – sein zu müssen. Jüdische Kontingentflüchtlinge wiederum sollten „Juden" sein. In beiden Fällen ergaben sich aber Irritationen daraus, dass Identitätskategorien in unterschiedlichen Kontexten unterschiedliche Dinge bedeuteten. Deutsche und Juden waren im sowjetischen Kontext über ihre institutionalisierte und primordiale ethnische Herkunft definiert – ihren Passeintrag, ihre Namen, im Fall der Juden zum Teil auch ihr stereotypisiertes Äußeres (vgl. speziell zu letzterem Aspekt Bernstein 2010, S. 278 f.). Andere ethnische Marker wie Sprache und Religion spielten in der großenteils russifizierten und areligiösen nach-stalinistischen Sowjetunion eine geringere Rolle. In Deutschland war dies anders: Deutsche, die Russisch sprachen, stießen auf Unverständnis, genauso wie Juden, denen jegliche religiöse Praktiken fremd waren und die oftmals das halachische Minimalkriterium für jüdische Identität – die Abstammung von einer jüdischen Mutter – nicht erfüllten. Auf den Punkt gebracht werden die damit verbundenen „doppelten Fremdheitserfahrungen" durch den von Spätaussiedlern oft geäußerten Satz „Dort waren wir die Deutschen (bzw. die Faschisten), hier sind wir die Russen" (vgl. z. B. Hermann/Öhlschläger 2013). Russische Juden in Deutschland machten ähnliche Erfahrungen: „Früher war ich Jude, jetzt bin ich Russe" (Weiss/Gorelik 2012, S. 411).

Postsowjetische Deutsche und Juden erhielten also Zugang zu Deutschland und zur deutschen Gesellschaft auf Grundlage ihrer deutschen bzw. jüdischen ethno-nationalen Zugehörigkeit, welche dann aber nicht dem im Aufnahmeland selbst herrschenden „Standard" entsprach. Die Aushandlung der Zugehörigkeit der Zugewanderten zur deutschen Gesellschaft fand in diesem Spannungsverhältnis von mitgebrachten Vorstellungen der eigenen ethnischen Identität, ethnisch kodierten Zuwanderungskanälen und hegemonialen Vorstellungen von Zugehörigkeit der Aufnahmegesellschaft statt.

Verschiedene postsowjetische Migranten gehen mit dieser Herausforderung des Auseinanderfallens von Eigen- und Fremdwahrnehmung auf vielfältige Art und Weise um. Vor allem mit Blick auf russlanddeutsche Spätaussiedler haben mehrere Autorinnen und Autoren versucht, die unterschiedlichen Identitätsentwürfe zur Bewältigung der daraus resultierenden Identitätskonflikte zu typologisieren. (vgl. hierzu als Überblick Panagiotidis 2019b). Die russische Sozialgeografin Maria Savoskul (2006) unterschied beispielsweise drei unterschiedliche Typen von Identifikationen bei Spätaussiedlern, abhängig von Faktoren wie dem Alter und dem Zeitpunkt der Einwanderung. Als „echte Deutsche" fühlten sich ihren Erkenntnissen nach diejenigen, die schon vor der massiven Aussiedlermigration ab 1988 nach Deutschland gekommen waren, sich sprachlich voll assimiliert und auch die russische Sprache nicht an ihre Kinder weitergegeben hatten. „Russlanddeutsche" sind laut Savoskul hingegen bewusst bikulturell: Sie lernen Deutsch, bewahren aber auch die russische Sprache und brechen den Kontakt in die ehemalige Sowjetunion und zu anderen Russlanddeutschen nicht ab. In der Sowjetunion lebten sie überwiegend in ethnisch gemischten urbanen Milieus. Die dritte Gruppe, die Savoskul als „Russaki" bezeichnet, tun sich schwerer mit ihrem „Dazwischen-Sein" und leiden unter der mangelnden Akzeptanz als Deutsche in Deutschland. Ihre Integration verlaufe besonders problematisch, sie seien oft sozial isoliert. Dieser Typus war laut Savoskul zum Zeitpunkt ihrer Studie am häufigsten und umfasste verschiedene Generationen: Rentner, die für die Zukunft ihrer Kinder nach Deutschland gingen, aber selber keinen Anschluss fanden; Erwachsene zwischen 30 und 50, die in Deutschland soziale Deklassierung und Statusverlust erlebten; aber auch „mitgenommene" Kinder und Jugendliche, die sich in Cliquen mit Mitgliedern gleicher Herkunft zurückzogen.

Die Kulturwissenschaftlerin Olga Kurilo (2010; 2015) nimmt mit anderen Begriffen eine ganz ähnliche Kategorisierung vor: Die „echten Deutschen" heißen bei ihr „Deutsche in Russland", Menschen, die zwar in Russland leb(t)en, sich dort aber kaum assimilierten. Die „Russaki" nennt sie „deutsche Russen", Menschen deutscher Herkunft, die aber in russischsprachigen Milieus aufgewachsen sind. Savoskuls „Russlanddeutsche" nennt Kurilo „Russische Deutsche", Menschen hybrider kultureller Zugehörigkeit. Im Unterschied zu Savoskul bezeichnet sie diesen Typus aber als den häufigsten.

Die Sozialwissenschaftlerin Svetlana Kiel (2009; 2015) wiederum konstruierte eine nuanciertere Typologie von Selbstidentifikationen, die stärker auf generationelle Unterschiede sowie Faktoren wie Religion und Bildung eingeht. Der erste von ihr identifizierte Typus beschreibt Spätaussiedler, die sich als „nicht richtig deutsch" empfinden. Dies sind vor allem Angehörige der Großelterngeneration, die sich in der Sowjetunion als Deutsche verstanden, dieses Deutschsein in Deutschland nun aber in Frage gestellt sehen und sich so in eine negative Eigendefinition gedrängt fühlen. Spätaussiedler des zweiten von ihr beschriebenen Typus, „Deutsche mit russischem Glanz", haben oft einen akademischen Hintergrund und sehen, ganz ähnlich wie Savoskuls „Russlanddeutsche", ihre Bikulturalität als einen Vorteil. „Deutsche mit Makel" kommen hingegen laut Kiels Typologie eher aus nicht-akademischen Milieus und sehen Bikulturalität und gemischte Herkunft als ein Problem oder gar ein Stigma. Als „wahre Deutsche" identifizieren sich laut Kiel die in Baptisten- oder Pfingstlergemeinden organisierten strenggläubigen Russlanddeutschen, die sich aufgrund ihrer konservativen Werte und strengen Glaubenssätze als „deutscher" als die Einheimischen empfinden. Schließlich nennt Kiel als fünften Typus noch die „sowjetischen Leute", Angehörige von ethnisch gemischten Familien, für die sich auch nach der Aussiedlung die Notwendigkeit gar nicht ergibt, exklusiv deutsch zu sein.

Diese drei strukturell relativ ähnlichen Typologien ergeben also ein Bild, in dem sich Spätaussiedler aus der ehemaligen Sowjetunion auf unterschiedliche Art und Weise zu ihrer Herkunft bzw. ihrer Position „zwischen zwei Kulturen" positionieren. Dabei steht die eigene Hybridität selten in Frage. So ergab auch eine empirische Untersuchung des Sozialgeografen Bernhard Köppen (2015), dass sich die Mehrzahl der von ihm befragten Spätaussiedler zwischen den Optionen „Deutsch", „Russisch", „Russlanddeutsch" oder „Weder noch" für die Option „Russlanddeutsch" entschied, und dies in allen Altersgruppen außer den über 46-jährigen. Die Selbstbezeichnung als „Russlanddeutsche“, die eine fortgesetzte Existenz als Minderheit impliziert, stellt somit eine kollektive Identitätsstrategie dar, um die eigene Fremdheitserfahrung in Deutschland zu bewältigen (vgl. Simonov 2013). Die Hybridität wird von den Betroffenen aber unterschiedlich bewertet – ob mehrheitlich positiv oder negativ, dazu können die zitierten vor allem qualitativ ausgerichteten Studien keine definitive Antwort geben.

Die Erfahrung postsowjetisch-jüdischer Immigranten ist in dem Sinne strukturell ähnlich, als dass auch bei ihnen Selbst- und Fremdwahrnehmung auseinanderfielen, da sie von unterschiedlichen Zugehörigkeitsstandards ausgingen. Der kritische Identitätsmarker in diesem Fall war nicht Sprache, sondern Religion. Im atheistischen Sowjetkontext war die jüdische Zugehörigkeit eine ethnonationale, keine religiöse. Diese Konzeption verinnerlichten viele der großenteils säkular geprägten russischsprechenden Juden (Gitelman 2012). In Deutschland wiederum wird Judentum als Religionsgemeinschaft verstanden, besonders im institutionellen Kontext der jüdischen Gemeinden, die Zugehörigkeit über das jüdische Religionsgesetz (Halacha) definieren. Viele jüdische Kontingentflüchtlinge sahen ihre jüdische Identität daher in Deutschland in Frage gestellt (Weiss/Gorelik 2012, S. 410–412). In vielen Fällen konnten sie nicht einmal Gemeindemitglieder werden, da sie nicht von einer jüdischen Mutter abstammten. Dies war für viele umso schmerzhafter, da es im sowjetischen Kontext gerade der durch den Vater vererbte „jüdische“ Nachname und Vatersname war, der sie antisemitischer Diskriminierung aussetzte (Weiss/Gorelik 2012, S. 413). Jemand mit dem (hier fiktiv gewählten) Namen Boris Moiseevič Goldman wurde in der Sowjetunion ganz klar als Jude identifiziert – war seine Mutter aber nicht-jüdisch, konnte er nach dem Religionsgesetz keine Aufnahme in einer jüdischen Gemeinde in Deutschland finden. Hinzu kamen unterschiedliche identitätsstiftende Erinnerungsnarrative: Während sich das Judentum in Deutschland nach der Shoah in hohem Maße als Opfergemeinschaft identifiziert, ist die sowjetisch-jüdische Identität durch das Bewusstsein geprägt, zu den Siegern des Zweiten Weltkriegs zu gehören – die betagten Veteranen waren und sind zum Teil noch immer lebendes Zeugnis dieser Geschichte (Belkin 2016, S. 196–197; Körber 2009). Die neue Dominanz der russischen Sprache in den jüdischen Gemeinden war ebenfalls Quelle für Konflikte (Schoeps/Glöckner 2008).

Die jüdischen Zuwanderer aus der ehemaligen Sowjetunion waren somit sowohl in der Mehrheitsgesellschaft als auch in der für ihre Integration designierten jüdischen Gemeinschaft als „Russen“ markiert, selbst wenn sie Juden sein sollten und zum Teil auch wollten. Dies wirkt sich auch auf ihre Identifikationen aus, wie etwa Yfaat Weiss und Lena Gorelik (2012, S. 406 f.) anhand von Diskussionen in der russischsprachigen jüdischen Presse in Deutschland seit den 1990er Jahren nachvollziehen konnten. Diese kreisten dabei zentral um die Frage, welches Attribut der prinzipiell vorausgesetzten bzw. angestrebten Identität als Jude beizuordnen sei:

> Auch im Hinblick auf die eigene Identität zwischen der sowjetischen Vergangenheit, der deutschen Gegenwart und dem Jüdischen Ich führt die Fragen „Wer sind wir?“ zu ausführlichen Diskussionen und berührt augenscheinlich viele Gemüter. Kaum einer kommt dabei zu dem Schluss, sich ausschließlich als Jude zu fühlen, viele sehen sich mit dem Begriff „russischer Jude“ gut beschrieben, da dieser die prägende sowjetische Bildung, Vergangenheit und auch die Muttersprache Russisch mit einbezieht. (Weiss/Gorelik 2012, S. 413)

Gleichzeitig identifizieren die Autorinnen seit den „Nullerjahren“ eine zunehmende Aufspaltung in „sowjetische“ und „deutsche“ Kontingentflüchtlinge. Die sowjetischen hätten wenig Interesse an Religion und Integration, „während als ‚deutsche Kontingentflüchtlinge‘ sich meist diejenigen bezeichnen, die ein aktives Interesse an den jüdischen Gemeinden hierzulande zeigen und z. B. religiöse Feiertage begehen. Für die Anpassung an das sogenannte deutsche Leben, an die deutsche Gesellschaft, wird also häufig auch die Annäherung an die bzw. die Rückkehr zur jüdischen Religion vorausgesetzt: In den seltensten Fällen sieht man sich nur als Deutscher, meist wird die Identität der deutschen Juden angenommen“ (Weiss/Gorelik 2012, S. 416–417). Verkomplizierend kommt noch der Umstand hinzu, dass es mit dem Staat Israel einen externen Identifikationspunkt gibt, zu dem man sich als postsowjetischer Jude in Deutschland nicht zuletzt bezüglich der Frage positionieren muss, warum man nicht dorthin migriert ist (Weiss/Gorelik 2012, S. 414). Auch der Umstand, dass dort andere postsowjetische Juden leben, ist für die jüdische Selbstidentifikation von Bedeutung, weswegen Julia Bernstein (2010, S. 326) auch von „Transjewishness“ spricht, definiert als „a situation in which members continuously compare their Jewishness with that of other Jewish groups living in different countries“. Die Konstellation der identifikatorischen Bezugspunkte postsowjetischer in Juden in Deutschland gestaltet sich somit tendenziell als noch komplexer als die der russlanddeutschen Spätaussiedler.

Allen diesen Typologien und Studien über Selbstidentifikationen von Russlanddeutschen und russischen Juden in Deutschland ist gemeinsam, dass sie auf Grundlage der durch die sowjetische Nationalitätennomenklatur und/oder das Migrationsregime vorgegebenen ethnischen Kategorien konstruiert sind. Sie erfassen zwar gut die Auseinandersetzung mit den sich daraus ergebenden Dilemmata. Sie vermögen es aber kaum, die Positionierungen der „sowjetischen Menschen“ (gemäß Kiels Typologie) zu beschreiben, also der zahlreichen Angehörigen von Spätaussiedler- und Kontingentflüchtlingsfamilien, die „gemischten“ Familien entstammen oder gar nicht deutscher oder jüdischer Herkunft sind und sich als russisch, ukrainisch oder mit irgendeiner anderen Nationalität identifizieren – oder gar in nicht-ethnischen Kategorien.

Hierzu liefert die oben schon zitierte Studie der Boris Nemtsov Stiftung interessante Erkenntnisse. Von allen interviewten Personen – nach eigenen Angaben zu 78 % Spätaussiedler, zu 11 % Kontingentflüchtlinge – identifizierten sich 44 % als Deutsch, während 21 % eine der großen ostslawischen Nationalitäten angaben (18 % Russisch, 2 % Ukrainisch, 1 % Belorussisch). 19 % entschieden sich für die übernationale Kategorie „Europäer". 7 % konnten sich mit keiner der vorgegebenen Kategorien identifizieren, 4 % machten keine Angabe (Boris Nemtsov Foundation 2016a, S. 16).

Dabei ist interessant zu beobachten, dass Sprachkenntnisse diese Identifikationen gar nicht so stark beeinflussen, wie man vermuten könnte: Von denjenigen, die angaben, muttersprachlich oder fließend deutsch zu sprechen (64 % aller Befragten), identifizierten sich 49 % als deutsch und damit nur fünf Prozentpunkte mehr als in der Gesamtgruppe. 13 % bezeichneten sich als russisch oder ukrainisch, 20 % als europäisch. Von den 35 %, die nach eigenen Angaben mittelmäßig oder kaum Deutsch sprachen, identifizierten sich noch immer 34 % als deutsch, 32 % als russisch, ukrainisch oder belorussisch, und 18 % als europäisch (Boris Nemtsov Foundation 2016a, S. 16). Eine ähnliche Korrelation gibt es mit dem subjektiv wahrgenommenen Grad der eigenen Integration. Diejenigen, die sich (sehr) gut integriert fühlten, identifizierten sich etwas öfter als Deutsche oder Europäer (47 % bzw. 21 %, gegenüber 14 % Russen und 2 % Ukrainern). Unter denen, die sich nicht gut integriert fühlten, identifizierten sich 35 % als Russen und nur 31 % als Deutsche und 11 % als Europäer (Boris Nemtsov Foundation 2016a, S. 16).

Anders sieht es aus, wenn man die Befragten, die angaben, als Kontingentflüchtlinge eingereist zu sein, separat betrachtet. Hier identifiziert sich die relative Mehrheit (30 %) als Europäer, während sich 24 % als Russen und nur 16 % als Deutsche beschreiben (Boris Nemtsov Foundation 2016b, S. 29). Die Identifikation als deutsch ist somit offenbar weniger attraktiv für diejenigen, die „als Juden" immigriert sind. Dies deckt sich mit den Erkenntnissen einer qualitativen Studie der Soziologin Karen Körber, die gezeigt hat, dass gerade junge Erwachsene, die im Kindesalter als Kontingentflüchtlinge nach Deutschland kamen, zwar bestens integriert und deutsche Staatsbürger sind, sich aber trotzdem nicht als „Deutsche" identifizieren (Körber 2019). Dies bedeutet letztlich eine Affirmation *ex negativo* eines ethnischen Verständnisses von Deutschsein. Die Identifikation als „europäisch" wiederum bietet einen Ausweg aus den Zwängen nationaler Kategorien, die im deutschen Kontext obendrein nicht die Antwortmöglichkeit „jüdisch" vorsehen.

Jenseits der Selbst-Identifikation der Befragten haben die Autoren der Nemtsov-Studie zudem selbst eine Typologisierung der postsowjetischen Migranten in Deutschland vorgenommen. Auf Grundlage der empirischen Kriterien der wahrgenommenen Integration, der Aufenthaltsdauer in Deutschland, der zu Hause gesprochenen Sprachen und der Sprachkompetenzen, sozialer Netzwerke in Deutschland und im Herkunftsland sowie des Medienkonsums identifizieren sie vier Haupttypen. Die von den Autorinnen als „Neue Generation" identifizierten Befragten (34 % des Samples) sind überwiegend jung (drei Viertel sind bis 54 Jahre alt) und sind meistens in den 1990er Jahren als Kinder oder junge Erwachsene in die Bundesrepublik eingewandert. Sie sehen sich als gut integriert an und geben an, gut Deutsch zu sprechen. Angehörige der als „mittlere Generation" bezeichneten Befragten (36 % des Samples) haben ähnliche Eigenschaften, sind aber im Schnitt etwas älter (nur 14 % fallen in das unterste Segment von 18 bis 34 Jahren). Die Studie bezeichnet sie als die „integrierteste und sozial stabilste Gruppe". Die von den Autoren als „Bjurgery" identifizierten Befragten (14 % des Samples) sind auch in den 1990ern zugewandert, sind aber im Schnitt noch etwas älter, größtenteils über 55 Jahre alt (64 %), d. h. sie sind als Erwachsene in der Mitte ihres Erwerbslebens eingewandert. Die deutsch-russische Mischbezeichnung „Bjurgery" (Bürger) soll dabei wohl ihren etablierten Status zum Ausdruck bringen. Die als „nachgezogene Eltern" bezeichneten Befragten (16 % des Samples) sind meistens zwischen 2000 und 2009 zugewandert und sind in ihrer großen Mehrheit (82 %) über 55 Jahre alt. Verglichen mit den anderen Gruppen sprechen sie laut der Studie am schlechtesten Deutsch und sind hinsichtlich sozialer Netzwerke und Medienkonsums größtenteils auf ihre Herkunftsländer ausgerichtet (Boris Nemtsov Foundation 2016b, S. 14–27).

Gemäß einer anderen, stärker über politische Positionen und Werthaltungen vorgenommene Klassifikation des untersuchten Samples identifizieren die Autoren der Nemtsov-Studie zudem zwei Gruppen von einerseits stark „russlandfreundlichen" (17 %), andererseits stärker „deutschen" (18 %) postsowjetischen Immigranten (Boris Nemtsov Foundation 2016b, S. 32–41). Das bedeutet im Umkehrschluss, dass sich 65 % der Befragten irgendwo „dazwischen" befinden, eine hybride Situation, die für Migranten jedweden Hintergrunds recht typisch ist.

Die Daten der Nemtsov-Studie verdeutlichen die Heterogenität der Selbstwahrnehmungen und Selbstpositionierungen der postsowjetischen Migranten in Deutschland, die es genauer zu untersuchen gilt. In der englischsprachigen Version der Studie sprachen die Autoren von einem „multiverse of Russian-speaking Germans", was die Vielfalt der Untersuchungsgruppe gut zum Ausdruck bringt. Dabei geht es eben nicht nur um die etablierte Unterscheidung zwischen „Deutschen" und „Juden" bzw. „Spätaussiedlern" und „Kontingentflüchtlingen", sondern auch um die zunehmende Differenzierung innerhalb dieser Großgruppen je nach Alter, Aufenthaltsdauer und anderen Faktoren. Postsowjetische Migranten bzw. „russischsprachige Deutsche", wie sie in der Nemtsov-Studie heißen, sind demnach „eine Gruppe bestehend aus vielen Untergruppen", die sich nicht auf die ethno-administrativen Herkunftskategorien beschränkt (Boris Nemtsov Foundation 2016b, S. 42).

Was die genannten Typologien und auch die differenzierter argumentierende und typologisierende Nemtsov-Studie kaum zu erfassen vermögen, ist der Wandel von Identifikationen über die Zeit. Dieser ist besonders bei der Betrachtung jüngerer Migranten von Interesse, deren Identitätsbildung zum Zeitpunkt der Einwanderung noch nicht abgeschlossen war. Hierzu haben Sozialpsychologen Erkenntnisse in Bezug auf russlanddeutsche Spätaussiedler vorgelegt. So zeigte eine langfristig angelegte Panelstudie unter russlanddeutschen Angehörigen der Generation 1,5 unterschiedliche Entwicklungen der kulturellen Identifikation, abhängig von mitgebrachten Voraussetzungen (Stoessel/Titzmann/Silbereisen 2014). Die von den Autoren so bezeichneten „Idealisten“ sprachen zu Hause Deutsch und kamen mit einem positiven Deutschlandbild und einer starken Identifikation als Deutsche ins Land. Mit Abstrichen könnte man sie als die Kinder von Savoskuls „echten Deutschen“ bezeichnen. Ihre deutsche Identifikation bleibt in Deutschland stabil, die Identifikation als russisch nimmt im Laufe der Zeit aber zu – ein Effekt der Migrationssituation. Die von den Autoren als „Skeptiker“ bezeichneten Befragten könnte man als die Kinder von Savoskuls „Russaki“ einordnen : Sie lassen sich als typische „mitgenommene Jugendliche“ charakterisieren, die der Übersiedlung nach Deutschland skeptisch bis ablehnend gegenüberstanden, kein Deutsch sprachen und sich eher als russisch denn als deutsch identifizierten. Ihre deutsche Identifikation bleibt nach dem Befund der Studie in Deutschland niedrig, die Identifikation als russisch nimmt aber ab. Die von den Autoren identifizierten „Realisten“ wiederum könnte man als die Kinder von Savoskuls „Russlanddeutschen“ sehen, da sie sich gewissermaßen dazwischen befinden: Ihre Identifikation als deutsch und russisch ist mittelstark und bleibt über die Zeit stabil. Solche unterschiedlichen Tendenzen innerhalb der jüngeren Generation zeigen sich auch in qualitativen Studien, die eine Bandbreite von Positionierungen von einer starken Orientierung auf die eigene russlanddeutsche Gruppe über deutschnationale Einstellungen bis hin zu einer bewussten Rückbesinnung auf den explizit russischen Teil der eigenen Herkunft zeigen konnten (Ulrich 2011).

Zur Situation bei der zweiten Generation, die schon in Deutschland geboren ist, ist der Kenntnisstand der Forschung noch sehr gering. Für sie lässt sich die begründete Erwartung formulieren, dass sie von den Identitätskonflikten ihrer Großeltern, Eltern und ggf. auch älteren Geschwister anders oder gar nicht betroffen sind, eben weil sie keine doppelte Exklusionserfahrung durchgemacht haben und in Deutschland i. d. R. weder sprachlich, namentlich noch phänotypisch eine „sichtbare Minderheit“ darstellen. So zeigten die für eine an der Universität Osnabrück entstandene Abschlussarbeit geführten Interviews mit Angehörigen der zweiten Generation aus russlanddeutschen Familien, dass für sie die Hybridbezeichnung „russlanddeutsch“ kaum eine Bedeutung hat (Hoops 2018). Vielmehr fühlen sie sich recht komfortabel in den national eindeutig bezeichneten Kategorien „deutsch“ bzw. „russisch“ (z. T. exklusiv, z. T. parallel) aufgehoben. Man könnte sagen: Anders als ihre Eltern waren sie nicht „dort die Deutschen und hier die Russen“, sondern sie waren stets „hier die Deutschen *und* hier die Russen.“ Das Gedächtnis der russlanddeutschen „Schicksalsgemeinschaft“ mit ausgeprägtem Minderheitenbewusstsein hat sich in den untersuchten Fällen nicht in diese Generation übertragen, was angesichts der durch Gabriele Rosenthal u. a. (2011) gezeigten bestenfalls fragmentarischen Überlieferung des familiären Gedächtnisses innerhalb russlanddeutscher Familien auch nicht zu erwarten war. Die Abstammung spielte für die Selbstidentifikation der Befragten keine Rolle. Für ihre Identifikation als „deutsch" stehen ihnen dafür andere Bezugspunkte zur Verfügung, wie ihre Geburt in Deutschland und das akzentfreie Beherrschen der Sprache. Zudem treten in dem Maße, in dem diese Form der nationalen Zugehörigkeit selbstverständlich wird, auch andere Identitätsressourcen stärker in den Vordergrund, beispielsweise der Bildungsstatus.

Jedoch sei auch hier vor Generalisierungen gewarnt. Allgemein sind verschiedene äußere und innere Faktoren zu bedenken, die die Selbstidentifikation der nächsten Generation beeinflussen können: Wächst eine Person in einem stark russlanddeutsch geprägten Umfeld auf, oder findet die Sozialisierung in einem stärker gemischten Umfeld statt? Erlebt die Person stereotype Fremdzuschreibungen, z. B. aufgrund der Herkunft aus einem „russlanddeutschen" Stadtteil? Wird in der Familie das Gedächtnis der eigenen Herkunft und Geschichte und/oder bestimmte kulturelle Praktiken gepflegt, die ein Bewusstsein um eine besondere Selbstwahrnehmung wachhalten? Entwickelt sich möglicherweise eine Art „symbolische Ethnizität" (Gans 1979), die unabhängig von kulturellen Praktiken oder ethnischen Netzwerken existiert? Auch dürfte die Reproduktion von ethnischem Eigenbewusstsein in stark religiös geprägten Milieus von russlanddeutschen Spätaussiedlern ganz anders verlaufen, auch in der zweiten Generation. Hier bietet die gemeinsame Religion eine Identitätsressource, die auch jenseits der zeitlich immer weiter in den Hintergrund rückenden Herkunft aus der ehemaligen UdSSR Gemeinschaft stiftet. Letztlich ist es immer wieder nötig, auf die Heterogenität der Russlanddeutschen in Deutschland hinzuweisen, die jenseits der noch die Kriegsgeneration prägenden kollektiven Opferidentität ganz verschiedene, individuelle Entwicklungen und Positionierungen zulässt.

Für die Folgegenerationen postsowjetischer Juden gilt, *mutatis mutandis*, Ähnliches. Autorinnen wie Karen Körber (2019) und Larissa Remennick (2019) betonen, dass Generation 1,5 als Folge von Fremdheitserfahrungen in der deutschen Gesellschaft häufig eine gewisse Distanz zu einer eindeutigen Selbstbeschreibung als „deutsch" bewahrt. In ihrer an der Universität Osnabrück entstandenen Masterarbeit zeigt Inna Mordkowitsch (2017) wiederum, dass es bei den von ihr interviewten Probanden ganz verschiedene Identifikationstypen gibt, die von der totalen Annahme einer Identifikation als deutsch über verschiedene Schattierungen bikultureller oder kosmopolitischer Orientierungen bis hin zur Verfestigung einer, wie es eine Interviewpartnerin ausdrückt, „russischen oder ukrainischen" Identität reicht (Mordkowitsch 2017, S. 84). Wichtig sind hierbei nicht zuletzt unterschiedliche Familienhintergründe. Perspektivisch wird interessant zu beobachten sein, in welcher Form sich der Staat Israel als relevant für die Selbstidentifikation der zweiten Generation postsowjetischer Juden erweisen wird. In meinen Interviews mit den Studentinnen Aljona und Antonie fiel jedenfalls auf, dass beide „Taglit gemacht“, also Israel im Rahmen des *Birthright Israel* Programms erkundet hatten. Eine dauerhafte Migration dorthin, die das Programm jungen Juden in der Diaspora schmackhaft machen möchte, konnten sie sich allerdings nicht vorstellen.

Zu allen zitierten Studien ist anzumerken, dass sie ein im Grunde statisches Bild ethnischer Selbstidentifikation zeichnen, in dem sich die untersuchten Personen eindeutig und dauerhaft bestimmten Kategorien zuordnen bzw. zuordnen lassen, selbst wenn es mehrere Kategorien sind und sich die Stärke der jeweiligen Identifikation über die Zeit verändert. Phänomene wie situative Identität bzw. Ethnizität – also die wechselnde (ethnische) Selbst-Identifikation je nach Kontext – lassen sich so nicht erfassen, ganz abgesehen von nicht-ethnischen Identifikationen beispielsweise über den Beruf, den Wohnort, die Zugehörigkeit zu einer bestimmten Schicht, einem bestimmten Milieu u. v. a. (vgl. Klingenberg 2019). In einer zunehmend heterogenen, „postmigrantischen“ Gesellschaft werden solche Differenzierungen immer wichtiger (Foroutan 2019). In diese Richtung weisende Forschungen mit einem stärkeren Blick für Hybridität und Fluidität liegen bisher primär zur postsowjetisch-jüdischen Zuwanderung vor. So identifiziert etwa Alina Gromova (2013, S. 281) junge russischsprachige Juden in Berlin als „Experten der Postmoderne“:

> Weil viele von ihnen aus ethnisch gemischten und interkonfessionellen Ehen stammen, üben sie sich unermüdlich in der Kunst, die vielen und häufig widersprüchlichen Identifikationen als Russen und Juden, Ukrainer und Deutsche, Kinder sowjetischer und christlicher Eltern miteinander zu vereinbaren und in den von ihnen selbst konstruierten Räumen zu leben. Diese Räume, die sie entweder jenseits oder am Rande der offiziellen jüdischen Gemeindestrukturen schaffen, nutzen sie dafür, um ihre persönlichen Erfahrungen und ihr persönliches Wissen unter Verzicht auf Autoritäten in ein eigenes Verständnis des Jüdischseins auf eine kreative Art und Weise zu gießen.

Ob diese Diagnose eines letztlich selbstgewählten, hochgradig fluiden jüdischen Lebensstils jenseits von Berlin Relevanz hat, muss an dieser Stelle offenbleiben, da Gromova ihn explizit mit dem Stadtraum Berlins verbindet.

Auch zu russlanddeutschen Spätaussiedlern gibt es inzwischen (wieder) Studien, die hinter die stereotypen Identitätsdiskurse blicken und auf Ambivalenzen, Widersprüche aber auch pragmatische Adaptationen eingehen, beispielsweise hinsichtlich des Gebrauchs der offiziell verpönten, praktisch aber nach wie vor weit verbreiteten und auch identitätsstiftenden russischen Sprache und damit verbunden der in der Praxis oft fluiden Grenzziehungen zwischen „russlanddeutschen“, „russischen“, „russischsprachigen“ und „postsowjetischen“ Identitäten und Gemeinschaften (Wallem 2020; siehe auch schon Römhild 1998).

Namensgebung und Zugehörigkeit

Am Beispiel der Namen postsowjetischer Migranten lässt sich schließlich das Zusammenspiel von staatlichen Identitätskategorien und -politiken, alltäglichen Identifikationen und dem Wandel migrantischer Positionierungen innerhalb der deutschen Gesellschaft nachvollziehen. Hintergrund sind die besonderen Anstrengungen, die staatlicherseits unternommen wurden, um Spätaussiedlern – und zwar *nur* Spätaussiedlern – die Eindeutschung ihrer Namen zu ermöglichen. Die Anpassung des eigenen Namens an die Konventionen des Aufnahmelandes ist ein bekanntes Motiv der Einwanderungserfahrungen in den sogenannten „klassischen" Einwanderungsländern wie den USA, oder auch Ländern mit einem starken assimilatorischen Integrationsparadigma wie Frankreich (Lapierre 1995). In Deutschland ist die Änderung von Vor- und Nachnamen hingegen in der Regel nur bei Vorliegen eines – eng definierten – „wichtigen Grundes" und gegen Zahlung einer Gebühr möglich. Historisch sollte so schon seit dem Kaiserreich die „Camouflage" von als fremd konstruierten Menschen, insbesondere Juden, verhindert werden (Bering 1987). Bis heute ist eine solche Anpassung über den Namen für Zuwanderer nicht vorgesehen.

Im Fall der Spätaussiedler gelten diese restriktiven Grundsätze nicht. Als Deutschen wird ihnen staatlicherseits das Recht zugestanden, ihre Namen einzudeutschen. Durch § 94 in der durch das Kriegsfolgenbereinigungsgesetz (KfbG) reformierten Fassung des Bundevertriebenengesetzes wird Spätaussiedlern seit 1993 die Änderung ihres Vornamens per einfacher Erklärung ermöglicht. Wenn keine solche direkte Übersetzung möglich ist, kann auch ein ganz neuer Name gewählt werden. Auch der im Russischen übliche Vatersname als „Bestandteil des Namens [...], [den] das deutsche Recht nicht vorsieht", kann unproblematisch abgelegt werden. Nachnamen, die bei der Transliteration aus dem Kyrillischen entstellt werden würden, können in ihrer „deutschsprachigen Form" eingetragen werden. Aus Elena Petrovna Fišer wurde so Helene Fischer, aus Andrej Oskarovič Bekk wurde Andreas Beck. Seit 2007 können sogar Nachnamen übersetzt werden, „sofern die Übersetzung einen im deutschen Sprachraum in Betracht kommenden Familiennamen ergibt." Somit erhalten (Spät-)Aussiedler ganz offiziell das Recht, in der – in diesem Kontext ethnisch homogen gedachten – deutschen Gesellschaft „unsichtbar" zu werden und das (vermeintliche) Stigma eines fremd klingenden Namens zu vermeiden (vgl. Panagiotidis 2015a; Wallem 2017b).

Dieses Recht wurde staatlicherseits grundsätzlich nicht als Verpflichtung, sondern als Angebot an die (Spät-)Aussiedler verstanden, in den Worten eines Experten für Personenstandsrecht als eine Reaktion auf ihren eigenen „Integrationswillen" und ihren „Willen, sich von der Vergangenheit im Ausland zu trennen" (Böhmer 1990, S. 157). Wie derselbe Experte weiter ausführte, sei „es für den Aussiedler eine Frage seiner menschlichen Existenz, welchen Namen er trägt. […] Die Reaktion des gesellschaftlichen Umfelds liegt auf der Hand: […] Helmut Grigorjević Hoffmann? Das kann kein ‚echter' Deutscher sein" (Böhmer 1991, S. 215–216).

Für viele mögen diese Diagnosen auch zugetroffen haben. Dass der Name ein zentraler Bestandteil nationaler Identifikation war, war ihnen aus der Sowjetunion bestens bekannt. Schon während des Kalten Krieges berichtete der Forscher Leszek Wilkiewicz (1980) von einem jungen russlanddeutschen Aussiedler, der in der UdSSR wegen seines deutschen Namens nicht studieren durfte. „Du Schäfer und nicht Iwanow" – die Begründung für seine Ablehnung – bedeutete soviel wie „Du bist Deutscher, kein Russe." Diese Logik galt in Deutschland gleichermaßen. In einem Interview legte der schon aus Kapitel 3 bekannte Spätaussiedler Valeri S. dies mit einem ähnlichen Beispiel sehr treffend und mit großer Selbstverständlichkeit dar: „Wenn du so einen deutschen Namen hast, was für Russe bist du dann eigentlich? Wenn ich Ivanov bin, was für Deutsche bin ich eigentlich? Ja, ja. Das ist so."

Zugleich kann die Möglichkeit zur Eindeutschung des Namens aber auch als Zwang verstanden werden, selbst wenn dies vom Gesetzgeber nicht so gedacht war. Dies hat nicht zuletzt damit zu tun, dass die Frage der Namen während der Registrierung im Durchgangslager explizit oder implizit mit der Frage der deutschen Identität verknüpft wird (Wallem 2017b, S. 86). In einem anderen Interview beschrieb eine russlanddeutsche Spätaussiedlerin, wie ihr bei der Registrierung signalisiert wurde, dass sie mit ihrem ursprünglichen Namen Svetlana keine „richtige" Deutsche sei. Sie solle sich vielleicht „Susanne" oder „Sabine" nennen, was sie aber ablehnte. Schließlich entschied sie sich für den neuen Namen Elisabeth, weil ihr Vater sich erinnerte, dass er vor ihrer Geburt „Elisaveta" als Namen in Erwägung gezogen hatte. Entsprechend nannte sich ihr Bruder Waldemar, als ihm mitgeteilt wurde, dass er wohl kein Deutscher sei, wenn er weiter Vladimir heißen wolle. Ein junger Mann, dessen Name als Kind von Evgenij in Eugen umgewandelt wurde, schilderte in dem Interviewband *Mein Name ist Eugen*, dass „[m]eine Eltern […] nichts gegen den neuen Namen gesagt [haben]. Da jemand vom Amt sagte, dass es nicht anders geht, dachten die sich wohl, dass es so stimmt" (Litwinow 2013, S. 72). In solchen Fällen wurde ein latenter Anpassungsdruck über die Registrierungsbeamten an die Spätaussiedler weitergegeben – wie Interviews der Soziologin Gesine Wallem mit Beamten im Grenzdurchgangslager Friedland zeigten, zum Teil durchaus in guter Absicht. So stellte ein Beamter folgende Überlegungen an: „Über die Namensgebung, eine deutsche, kann man ja auch eine bessere Integration betreiben. Das sieht man ja häufig (...) ich hör auch immer im Radio, oder lese in der Zeitung, dass Bewerber, die ausländisch klingende Namen haben wohl schlechtere Karten haben sollen wie die Deutschen." Und ein anderer: „Wenn jetzt jemand mit dem ... Vornamen ... kommt mit dem Vornamen ‚Ivan', dann, naja, möchte man vielleicht nicht auf Dauer, vielleicht nicht in der Bundesrepublik ... immer als ‚Ivan' herumlaufen, letztendlich kam man ja auch als Deutscher her, um unter Deutschen zu leben. Und dann können wir zum Beispiel einen ‚Johann' draus machen" (Wallem 2017b, S. 85).[32]

Die von diesem Offiziellen befürchtete Diskriminierung aufgrund eines für die Mehrheitsgesellschaft fremd klingenden Namens ist durch die Forschung sehr wohl belegt (Gerhards/Kämpfer 2017, S. 304). Angesichts dessen ist davon auszugehen, dass die „Eindeutschungsoption" (Spät-)Aussiedlern tatsächlich gewisse Vorteile verschafft hat und mittelfristig eine weitere „Unsichtbarkeit" in der Gesellschaft gewährleisten wird. Dieser „Camouflage" sind aber Grenzen gesetzt, wie die von Eugen Litwinow befragten jungen Spätaussiedler namens Eugen/Evgenij darlegen. So erzählt einer von ihnen, dass er „keinen einzigen, so einen richtig deutschen Eugen [kenne]. Eugen ist für mich ganz klar: Russe" (Litwinow 2013, S. 68). Andere beschreiben, dass der Name Eugen sowohl für Außenstehende – bspw. türkeistämmige Jugendliche in der Schule – als für die „In-Group" – beispielsweise aus Russland stammende Kolleginnen (Litwinow 2013, S. 70–71) – eine klare Zuordnung erlaubt. Insofern kann auch ein vermeintlich deutscher, aufgrund von Namensmoden aber ungewöhnlicher Name mit einer besonderen Herkunft assoziiert werden.

Gleichzeitig ist der alltägliche Umgang mit dem eigenen Namen ein interessantes Beispiel für die identifikatorische Positionierung von Menschen in ihrem alltäglichen Umgang. Dabei kommt es auf den Kontext an. Gesine Wallem schreibt in diesem Zusammenhang in Anlehnung an Erving Goffman von „identity management" (Wallem 2017b, S. 69). In den von ihr untersuchten Fällen verwendeten die beforschten Personen je nach Kontext mal ihren russischen, mal ihren deutschen Namen – den russischen im (russischsprachigen) Freundeskreis, den deutschen gegenüber Einheimischen oder auch in offiziellen Kontexten. Interessanterweise ähnelt dies den Praktiken von Immigranten in „klassischen" Einwanderungsländern, beispielsweise von Griechen in Australien bzw. griechischstämmigen Australiern, bei denen jeder einen „griechischen" und einen „englischen" Namen hat, der mal direkt übersetzt, mal phonetisch übertragen oder adaptiert wird: Jannis wird zu John, Eleni wird zu Helen, Dimitris wird zu Jimmy usw. „Auf Papier" wiederum erwies sich für die von Wallem beforschten Russlanddeutschen der offizielle deutsche Name als nützlich, konnten sie doch so ihre als fremd wahrgenommene Herkunft komplett verbergen – schließlich kann man in schriftlicher Form ihren Akzent nicht hören. Eine andere untersuchte Person entschied sich wiederum bewusst für den deutschen Nachnamen ihrer Großmutter mütterlicherseits, um im alltäglichen Umgang „unsichtbar" zu sein, eben weil sie keinen Akzent hatte und nur der Name sie als „fremd" kennzeichnete (Wallem 2017b, 88–90).

Während also russlanddeutsche Spätaussiedler mit ihren unterschiedlichen Namensvarianten „spielen" können und in unterschiedlichem Maße „Unsichtbar-

32 Ich danke der Autorin für die Bereitstellung der deutschen Originalzitate.

keit“ anstreben können, macht sich die Forschung die nach wie vor gegebene Erkennbarkeit russlanddeutscher Namen zu Nutze. So konstruierte beispielsweise die in diesem Kapitel vielfach zitierte Studie der Boris Nemtsov Stiftung ihre Untersuchungsgruppe mit Hilfe des sogenannten „Onomastik-Verfahrens“ (Liebau/Humpert/Schneiderheinze 2018). Bei dieser Methode werden die Befragten anhand von häufig vorkommenden Namen und Namenskombinationen ausgewählt. Aufgrund der relativen Häufigkeit dieser Namenskombinationen wird dann die Wahrscheinlichkeit bestimmt, dass eine Person einer bestimmten Herkunftsgruppe angehört, bzw. einen bestimmten Migrationshintergrund hat. Charakteristisch für Russlanddeutsche wären nach diesem Verfahren z. B. häufige russische Vornamen (etwa Dimitri, Sergej, Vitali, Olga, Irina ...) in Kombination mit deutschen Nachnamen. Der ehemalige deutsche Eishockeynationaltorwart Dimitri Pätzold wäre ein Beispiel hierfür. Weit verbreitet sind auch nicht-russische bzw. eingedeutschte, aber primär unter Russlanddeutschen vorkommende Vornamen (Eugen, Waldemar, Irene, Lilli, Nelli...), in Verbindung entweder mit deutschen oder russischen Nachnamen. Ein Beispiel wäre Eugen Litwinow, Autor des oben zitierten Buches „Mein Name ist Eugen“, in dem es um den Zusammenhang von Namen und Identität geht, oder auch Lilli Schwarzkopf, Gewinnerin der olympischen Silbermedaille im Siebenkampf in London 2012. Darüber hinaus gibt es auch einige charakteristische russlanddeutsche Nachnamen, die oft mennonitischer Herkunft sind (z. B. Friesen, Klassen, Löwen, Warkentin ...). Das onomastische Sampling ist freilich nicht perfekt – die zuvor erwähnten Helene Fischer oder Andreas Beck beispielsweise könnten anhand dieser Methode nicht als Russlanddeutsche identifiziert werden. Fraglich ist auch, wie gut diese Methode jenseits der ersten Generation funktioniert. Heißen die in Deutschland geborenen Kinder aus russlanddeutschen Familien nach wie vor Eugen und Waldemar, Olga und Irene/Irina?

Diese Frage lässt sich nur schwer flächendeckend beantworten. Eine lokale Stichprobe gibt uns aber gewissen Aufschluss. Hierfür habe ich im Zeitraum von 2015 bis Mitte 2020 die in der *Neuen Osnabrücker Zeitung* (NOZ) veröffentlichten Geburten in Osnabrück und dem benachbarten Georgsmarienhütte ausgewertet. So entstand ein Sample von insgesamt 526 neugeborenen Kindern (je 263 Mädchen und Jungen), deren Eltern mit hoher Wahrscheinlichkeit aus der ehemaligen Sowjetunion stammen – auch hier mit Hilfe eines onomastischen Samplings.[33] Berücksichtigt wurden hier nicht nur die bereits oben erwähnten häufi-

33 Das so entstandene Sample ist insofern von begrenzter Aussagekraft, als dass mangels direkten Kontakts mit den als mutmaßlich postsowjetischer Herkunft identifizierten Personen keine Verifizierung möglich war – anders als etwa in der als Telefonumfrage durchgeführten Studie der Boris Nemtsov Stiftung oder auch der IMGES-Migrantenwahlstudie (vgl. Kapitel 7). Die Methode ist bei einer solchen Anwendung weniger systematisch und stärker intuitiv. Der Umstand, dass im Osnabrücker Land nicht nur die postsowjetischen

gen russlanddeutschen Namenskombinationen, sondern auch Namenskombinationen, die auf andere postsowjetische Hintergründe hindeuten (als Indiz hierfür dienten Namen, deren Schreibweise gerade nicht „eingedeutscht“ ist). In gar nicht so wenigen Fällen legt die Kombination der Elternnamen nahe, dass eines der Elternteile Spätaussiedler ist, während das andere vermutlich Staatsangehöriger eines sowjetischen Nachfolgestaates ist (v. a. Russland, Ukraine, Aserbaidschan und Belarus), einen anderen postsowjetischen Migrationshintergrund hat (in drei Fällen beispielsweise vermutlich russisch-griechisch) oder zur Bevölkerung ohne Migrationshintergrund gehört.[34] In dem Sample fanden sich hingegen vergleichsweise wenige Namenskombinationen, die auf einen russisch-jüdischen Migrationshintergrund hindeuten.[35]

Wichtigstes Ergebnis der Auswertung ist zunächst die starke Ausdifferenzierung der Namensgebung innerhalb des Samples der neugeborenen Kinder im Vergleich zur Elterngeneration. Die starke Konzentration auf bestimmte Namen bei den Eltern ist dabei in gewissem Maße auch ein Effekt des onomastischen Samplings, da Namenskombinationen, die bei postsowjetischen Migranten eher selten vorkommen, hier vermutlich gar nicht im Sample erfasst wurden. Primär ist die starke Häufigkeit von bestimmten Namen in der Elterngeneration aber Ausdruck von älteren, russisch-sowjetisch geprägten Namensgebungskonventionen.

Tabelle 5.1: Vornamen der Eltern

Mütter	Anzahl	Väter	Anzahl
Nat(h)alie/Natalja	40 (8,2 %)	Alexander/Aleksandr/Alex/Oleksandr	47 (9,9 %)
Olga	38 (7,8 %)	Eugen/Evgeni(j)	28 (5,9 %)
Helene/Helena/Elena/Lena	36 (7,4 %)	Sergej	26 (5,5 %)
Tatjana/Tatiana/Tanja	32 (6,6 %)	Waldemar/Vladimir/Wladimir	26 (5,5 %)
Irina/Irene/Irena	28 (5,8 %)	Viktor	26 (5,5 %)
Kristina/Christina	26 (5,3 %)	Andreas/Andrej/Andre	25 (5,3 %)
Viktoria	22 (4,5 %)	Dimitri/Dmitri(j)	15 (3,2 %)
Ekaterina/Katharina/Katja	20 (4,1 %)	Eduard	14 (2,9 %)
Julia/Yuliya	19 (3,9 %)	Johann(es)/Ivan/Iwan	14 (2,9 %)
Anastasia	13 (2,7 %)	Juri/Yuri	13 (2,7 %)

Quelle: Eigene Auswertung von NOZ-Familienchroniken, 2015–2020

Migranten, sondern auch die „Einheimischen“ oft sehr charakteristische Familiennamen haben, war dabei aber für die „Gegenprobe“ durchaus hilfreich.

34 Der Rückschluss auf die Staatsangehörigkeit erfolgt dabei über die angegebene Namensform, die in Russland, der Ukraine und Belarus jeweils unterschiedlich ist. So wäre beispielsweise „Dmitrij Nikolaevič“ russischer Staatsbürger, „Dmytro Mykolajovyč“ ukrainischer Staatsbürger und „Dzmitryj Mikalaevič“ belarusischer Staastbürger.

35 Ein möglicher Grund hierfür könnte sein, dass die Veröffentlichung der Geburt in der Zeitung auch eine Veröffentlichung der Adresse mit sich bringt, vor der jüdische Menschen in Deutschland aus gutem Grund möglicherweise zurückschrecken. Dies ist aber spekulativ.

Tabelle 5.1 stellt die zehn häufigsten Vornamen für beide Geschlechter in der im Sample erfassten Elterngeneration dar. Die hier dargestellten Namen decken alleine 56,4 % der Mütter bzw. 49,3 % der Väter des Samples ab, was einen deutlich höheren Anteil darstellt, als bei Altersgenossen in der Bevölkerung ohne Migrationshintergrund.[36] Das Bild bei den Kindern in der folgenden Tabelle 5.2 ist schon rein quantitativ wesentlich differenzierter: Die zehn häufigsten Namen entsprechen nur 29,7 % der Mädchen bzw. 30,4 % der Jungen des erfassten Samples. Dieser Trend zur Differenzierung fügt sich wiederum in gesamtdeutsche Trends ein, wobei der Anteil der zehn häufigsten Namen an den Gesamtnamen immer noch gut doppelt so hoch liegt, wie im gesamtdeutschen Kontext.[37] Auch kommt kein einzelner Kindername auf annähernd so hohe Anteile wie bei den Eltern.

Tabelle 5.2: Kindernamen

Mädchen	Anzahl	Jungen	Anzahl
1. Sofie/Sophie/Sofia/Sophia (5./25.)	15 (5,7 %)	1. Maxim (58.)	10 (3,8 %)
2. Viktoria/Victoria/Vika (41.)	11 (4,2 %)	2. Alexander/Alex (26./178.)	9 (3,4 %)
3. Emilia/Emilie/Emily/Emely (2./18.)	10 (3,8 %)	–. Daniel (84.)	9 (3,4 %)
4. Maria/Marie (8./53.)	8 (3,0 %)	–. David (27.)	9 (3,4 %)
5. Diana (130.)	7 (2,7 %)	5. Noah (6.)	7 (2,7 %)
–. Jana (76.)	7 (2,7 %)	–. Adrian (62.)	7 (2,7 %)
7. Isabel/Isabelle/Isabella (62./52.)	6 (2,3 %)	7. Leon (4.)	6 (2,3 %)
8. Anna/Ana (11.)	5 (1,9 %)	8. Milan (23.)	5 (1,9 %)
9. Alexandra (143.)	5 (1,9 %)	–. Paul (2.)	5 (1,9 %)
10. Eva/Ewa (57.)	4 (1,5 %)	–. Gabriel (81.)	5 (1,9 %)
–. Lena (14.)	4 (1,5 %)	11. Dennis (253.)	4 (1,5 %)
–. Liana (110.)	4 (1,5 %)	–. Jonas (5.)	4 (1,5 %)
–. Mia (4.)	4 (1,5 %)	–. Julian (25.)	4 (1,5 %)
		–. Lukas (11.)	4 (1,5 %)
		–. Nikita (176.)	4 (1,5 %)

Quelle: Auswertung von NOZ-Familienchroniken, 2015–2020. Die Zahl in Klammern bezieht sich auf das von Knud Bielefeld jährlich erstellte Vornamensranking (für 2019), veröffentlicht unter beliebte-vornamen.de. Doppelte Ranglistenangaben ergeben sich daraus, dass ich manche Namen anders zusammenfasse als er, was die Vergleichbarkeit der Rankings einschränkt. Da es sich bei meinem Sample aber auch um keine systematische Stichprobe handelt, ist die Aussagekraft sowieso begrenzt. Es kann hier nur um einen tendenziellen Eindruck gehen.

Qualitativ bestätigen lässt sich dieses Bild im Wesentlichen durch die Aussage des interviewten russlanddeutschen Studenten Pascal, der aus seiner alltäglichen

36 www.beliebte-vornamen.de/35994-frueher.htm (Abfrage: 30.07.2020).

37 www.beliebte-vornamen.de/35994-frueher.htm (Abfrage: 30.07.2020). Allerdings sollte man diesen direkten quantitativen Vergleich nicht zu ernst nehmen, da die von mir ausgewertete Stichprobe nicht repräsentativ ist.

Beobachtung im Freundes- und Bekanntenkreis berichtete, dass es unter den Kindern keine „Dimitris und Olgas“ mehr gebe: Die typischen Namen der Elterngeneration seien (fast) verschwunden. Diese Beobachtung trifft auf die hier vorgestellte Stichprobe zu: Die in der Elterngeneration sehr beliebten Namen Olga, Natalie, Tatjana, Irina und Anastasia tauchen tatsächlich im erfassten Sample bei den Kindernamen gar nicht auf. Bei den Jungen sind die häufigen Väternamen Eugen, Sergei, Waldemar/Vladimir, Viktor oder Juri in der Kindergeneration nicht mehr vorhanden, dafür finden sich immerhin drei Johanns und drei Arthurs, zwei Andreas und ein Andrej, sowie tatsächlich doch ein Dimitri (geboren 2018) unter den hier erfassten Jungennamen.

Die großen Ausnahmen sind Viktoria und Alexander, die sowohl in der Eltern- als auch in der Kindergeneration stark vertreten sind. Beide sind allerdings auch in der Gesamtbevölkerung populäre Vornamen, mit Platz 41 bzw. Platz 26 in der Vornamensstatistik 2019.[38] Interessant ist wiederum, dass der häufigste Jungenname „Maxim“, der hier übrigens überwiegend in Kombination mit häufigen russlanddeutschen Namen vorkommt, durchaus als „russisch“ gelesen werden kann, allerdings bei den Vätern kaum vorkommt – und mit Platz 58 im Namensranking 2019 der Gesamtbevölkerung gar nicht mal sonderlich selten ist.[39] Auch der Jungenname Nikita, der immerhin viermal auftaucht (davon dreimal in Kombination mit häufigen russlanddeutschen Namen), ist auf Platz 176 in den Top 500 der häufigsten Vornamen 2019 in der Gesamtbevölkerung vertreten – bei den hier erfassten Vätern hingegen gar nicht. Hier erscheinen russische Namen also eher als Modeerscheinung denn als Identitätsstatement, wobei sich die Motivationen bei der Namensgebung aus der Geburtsstatistik natürlich nicht ablesen lassen. Die Ausnahme ist der schon erwähnte kleine Dimitri, dessen Name von den (russlanddeutschen) Eltern in der ausführlicheren Geburtsanzeige damit begründet wurde, dass der Cousin der Mutter so hieße und ihr der Name immer schon gut gefallen habe (NOZ 2.5.2018, S. 9). Hier ist es also ein Familienbezug, der einen traditionellen – in diesem Fall russischen – Namen in die nächste Generation bringt. In anderen Fällen können wir nur mutmaßen. Auffällig ist jedenfalls, dass es in den meisten Fällen Familien mit (russland-)deutschen Nachnamen sind, die zu russischen Vornamen bzw. Schreibweisen greifen,

---

38 www.beliebte-vornamen.de/jahrgang/j2019/top-500-2019. Viktoria/Victoria gewinnt seit den 1970er Jahren recht kontinuierlich an Beliebtheit in Deutschland und ist seit den 1990er Jahren konstant in den Top 100 (www.beliebte-vornamen.de/5004-viktoria.htm). Alexander gehörte in den 1980er und 1990er Jahren zur Spitzengruppe der beliebtesten Namen in Deutschland und war zuletzt wieder im Kommen (www.beliebte-vornamen.de/4886-alexander.htm). Abfrage aller Links am 30.07.2020.

39 www.beliebte-vornamen.de/jahrgang/j2019/top-500-2019. Seit den 2010er Jahren gewinnt dieser Name kontinuierlich an Popularität (www.beliebte-vornamen.de/12829-maxim.htm). Abfrage beider Links am 30.07.2020.

ihr Kind also Ksenija, Artjom, Danil, Dimitri, Kirill oder Roman nennen und somit offenbar bewusst auf onomastische Unsichtbarkeit verzichten.

Unter den im Sample erfassten Familien, deren Elternnamen auf einen russlanddeutschen Hintergrund hindeuten, sind solche „russischen" Kindernamen jedoch die Ausnahme. Das gilt selbst für die zwei Dutzend Fälle, in denen die Namen der Eltern auf eine russlanddeutsch-russische Ehe schließen lassen. Hier scheint die Tendenz zur Unsichtbarkeit besonders ausgeprägt, angesichts dessen, dass in den meisten Fällen, in denen der Vater einen russischen Nachnamen hat, das Kind den deutschen Nachnamen der Mutter trägt (zum Teil nehmen auch die Väter diesen an). Die Vornamen der Kinder sind in diesen Fällen bunt gemischt, wobei man überlegen kann, warum ganze fünf der insgesamt fünfzehn erfassten Sofies/Sophies/Sofias Väter (viermal) bzw. Mütter (einmal) mit russischen Nachnamen haben. Möglicherweise dient hier ein in Deutschland besonders populärer Name als Anpassungsleistung.

Bei den Namenskombinationen, die auf eine russlanddeutsch-russlandgriechische oder eine ausschließlich russlandgriechische Verbindung hindeuten, dominieren hingegen griechische Namen und Namensformen. In drei der vier Fälle, in denen der Name des Vaters auf eine mögliche postsowjetisch-muslimische (zentralasiatische oder aserbaidschanische) Herkunft schließen lässt, tragen die Kinder den Nachnamen des Vaters und Vornamen, die auch auf diese Herkunft hindeuten; in dem einen Fall, in dem das Kind den deutschen Nachnamen der Mutter hat, lässt sich der Vorname Timur als Reverenz an die zentralasiatische Herkunft deuten.

Bei den zehn erfassten Familien, deren Namenskombination auf einen möglichen jüdisch-postsowjetischen Migrationshintergrund hindeutet, findet sich mit „Timofej" ein in dieser Form erkennbar russischer Name, sowie mit „Mark" ein Name, der bei Juden in der Sowjetunion recht häufig war, aber in Deutschland weder als russisch noch als jüdisch identifiziert würde. Den Namen „Noah Jakob" wiederum könnte man als jüdisch lesen; er kombiniert aber eben auch den siebtbeliebtesten Vornamen des Jahres 2016 in der Gesamtbevölkerung, als der besagte Junge geboren wurde, mit der Nummer 19 im Ranking der beliebtesten Zweitnamen. Auch hier verschwimmen die Grenzen zwischen Identitätsstatement und Namensmode.

In der Gesamtschau sticht vor allem die Vielfalt der Namensgebung innerhalb dieses postsowjetischen Samples in der zweiten Generation ins Auge. Die große Mehrzahl der Eltern verzichten auf russische oder russlanddeutsche traditionelle Namensgebung und fügen sich anderweitig in die Vielfalt der bundesdeutschen Namenswelt ein. Dazu gehören neben den dominanten Hitlistennamen (Sofie, Mia, Emilia, Leon, Noah, Paul) und bikulturell kompatiblen Namen (Diana, Jana, Maria, Alexandra, Daniel, David, Adrian) dann auch angloamerikanisch inspirierte Namenskreationen wie Haley Grace, Skyler, Jamie Konstantin, Flynn Steven, John, Kevin, Lennox, Liam, Noel, Quinn, Stanley Ryan und

Steven, italienisch anmutende Namen wie Alessia, Alessio, Enrico und Matteo, kreative Doppelnamen wie Lera Joulie, Liana Leokadia, Floreen-Janin und Milla Grace, „Exoten“ wie Frini, Thilan und Yuna, aber auch sehr (nord-)deutsche Namen wie Kai, Maik und Mattis. Die ironische Pointe der Anpassung an die deutsche Gesellschaft über den Namen besteht also gerade in der Heterogenisierung der Namensgebung – ganz entgegen den Visionen der Namensexperten von einst, denen offenbar eine homogene deutsche Gesellschaft voller „typisch deutscher“ Namen vorschwebte.

Fazit

Postsowjetische Migration vollzog sich in einem Spannungsfeld aus identitätsbasierten Migrationskanälen, die eindeutige Zuschreibungen von Zugehörigkeit vornahmen, und davon abweichenden alltäglichen Identifikationen. Spätaussiedler kamen „als“ Deutsche nach Deutschland, Kontingentflüchtlinge „als“ Juden. Wahrgenommen wurde beide allerdings wegen ihres Gebrauchs der russischen Sprache primär als „Russen“ – eine Vermengung von Sprache und nationaler Zugehörigkeit, die für das sowjetische Vielvölkerreich zwar nicht zutreffend war, in Deutschland aber sogar höchstrichterlich festgeschrieben wurde. Daher lehnen vor allem Vertreter der russlanddeutschen Spätaussiedler das Label „russischsprachig“ für sich ab. Allerdings ist der Gebrauch des Russischen insbesondere in dieser Gruppe tatsächlich rückläufig, wobei systematische Erkenntnisse zum Spracherhalt in der zweiten Generation fehlen.

Unabhängig von der Frage des Sprachgebrauchs entwickeln sich die Identifikationen und Zugehörigkeiten der postsowjetischen Migranten in Deutschland weiter. Diese erfolgen zum Teil immer noch in Auseinandersetzung mit den Kategorien des Migrationsregimes und den daraus folgenden Erwartungen der Mehrheitsgesellschaft. Zum Teil lösen sich die Betroffenen aber auch aus dieser „Umklammerung des ethnischen Deutschseins“ (Römhild 1998) bzw. der Erwartung einer bestimmten Form jüdischer Identität und entwickeln neue, eigensinnige Formen von Zugehörigkeit. Die damit einhergehende Heterogenisierung und Ausdifferenzierung zeigt sich nicht zuletzt in den Namensgebungspraktiken postsowjetischer Migranten, die sich durch große Vielfalt auszeichnet und mit der insbesondere an die Spätaussiedler herangetragenen Erwartung bricht, in einer homogen gedachten deutschen Gesellschaft durch stereotyp „deutsche“ Namen aufgehen zu wollen. Die gesellschaftliche Realität ist nicht so stereotyp, und die postsowjetischen Migranten sind Teil dieser neuen Diversität.

Kapitel 6
Fremdwahrnehmungen und Vorurteile

Postsowjetische Migranten nehmen einen eigenartigen Platz in der Vorurteilsstruktur der bundesdeutschen Migrationsgesellschaft ein. In den Worten von Darja Klingenberg (2018, S. 151; Hervorhebung im Original) nehmen sie die „Position der *internen Anderen*" ein. Zunächst einmal sind sie „weiß" – werden also nicht wie People of Color oder Muslime anhand von Hautfarbe oder Religionszugehörigkeit als „Fremde" markiert. Sie gelten als „unauffällig", gleichsam „unsichtbar". Sie kommen aber aus „dem Osten", mehr noch, aus „Russland", einer Region, die in Deutschland (und allgemeiner „im Westen") traditionell das Objekt massiver Vorurteile, Stereotypen und (kolonialer) Projektionen ist (Thum 2006; Casteel 2016; Kienemann 2018). Seit dem Zeitalter der Aufklärung ist „Osteuropa" in der westlichen Vorstellung eine Art Zwischenwelt – nicht ganz „Orient", aber eben auch nicht ganz Europa, „Europe but not Europe" (Wolff 1994, S. 7), ein Hort der Rückständigkeit. Hinzu kommt noch ein spezifisch deutsches Repertoire von antislawischem Ressentiment (Petersen 2020), welches für die Betrachtung postsowjetischer Migranten von Bedeutung ist – unabhängig davon, ob sich diese selbst als „Slawen" verstanden oder gerade nicht. Dieses hängt historisch wiederum eng mit antijüdischen Stereotypen über „Ostjuden" zusammen (Kurth/Salzborn 2009).

Vorurteile und Stereotype sind aber nicht automatisch negativ. Auch positive Stereotype sind in Bezug auf die verschiedenen postsowjetischen Migrantengruppen relevant. Wie wir sehen werden, wurden in Bezug auf die jüdischen Zuwanderer aus der ehemaligen Sowjetunion im öffentlichen Diskurs gerade nicht die überkommenen antisemitischen Topoi über „Ostjuden" aufgerufen, sondern positiv besetzte philosemitische Stereotype über jüdische Bildungsbürger, Kulturschaffende und *Intelligenty*. Positive Stereotype prägten auch zunächst den Diskurs über die Russlanddeutschen, deren – vermeintlich vorbildliche – deutsche Identität im offiziellen und publizistischen Diskurs oft hochgradig stereotyp dargestellt wurde und zum Teil immer noch wird: „Meine Russlanddeutschen sind viel deutscher, als die meisten Menschen hier", wie mir eine in der Aussiedlerpolitik engagierte CDU-Politikerin bei einer Veranstaltung zu Geschichte und Identität der Russlanddeutschen erst im vergangenen Jahr mitteilte. In beiden Fällen diente die Produktion dieser positiven Bilder der politischen Legitimation ihrer Aufnahme. Die Aushandlung der mehrheitsgesellschaftlichen Betrachtungsweisen postsowjetischer Migration fand im Spannungsfeld der durch die positiven Stereotype erzeugten Erwartungshaltungen einerseits und den ihnen entgegenstehenden, im Falle von Enttäuschungen stets mobilisierbaren negativen Stereotypen andererseits statt. Damit zusammen hing auch stets die Frage legitimer Identität. Vereinfacht gesagt: Wenn es gut lief, waren die betroffenen Menschen fleißige Deutsche und kultivierte Juden, wenn es schlecht lief, kriminelle, saufende, gewalttätige „Russen".

Ein weiterer Aspekt, der die Spezifik der Vorurteile gegenüber postsowjetischen Migranten ausmacht, ist ihre Verortung im bundesdeutschen Migrationsdiskurs; genauer gesagt in einem Diskurs über Zuwanderung, in dem sowohl Spätaussiedler als auch Kontingentflüchtlinge gerade *keine* Migranten, keine Ausländer sein sollten. Ihre diskursive aber vor allem rechtliche und materielle Sonderstellung machte insbesondere die Spätaussiedler zum Objekt von einwanderungsfeindlichen Ressentiments, paradoxerweise auch von Teilen der Mehrheitsgesellschaft, die sich eigentlich durch eine besonders migrationsfreundliche Haltung auszeichnen. Die linksliberale Öffentlichkeit wendete das „ethnische Privileg" ihrer Aufnahme, vom damaligen SPD-Chef Oskar Lafontaine abfällig als „Deutschtümelei" bezeichnet, gegen die Spätaussiedler (Joppke 2005, S. 208). Dazu schreibt der Historiker Jan Plamper (2019, S. 231) in seinem Buch *Das neue Wir*: „In den Milieus, die die Briten als *chattering classes*, als plappernde Klasse bezeichnen, also unter den Intellektuellen und innerhalb des Bildungsbürgertums, gelten die Aussiedler als uncool. Man gibt sich postnational, dass die Politik die Aussiedler so leicht ins Land gelassen und ihnen die Staatsangehörigkeit vor anderen gegeben hat, gilt als archaisch." Die damalige Leiterin des Frankfurter Amts für Multikulturelle Angelegenheiten, Rosi Wolf-Almanasreh, sprach schon 1989 noch pointierter, aber durchaus angemessen, von den Aussiedlern als „Sündenböcken der Linken" (zitiert nach Römhild 1998, S. 301). Wie die Soziologin Darja Klingenberg (2019, S. 264) es außerdem treffend formuliert, „passten die Russlanddeutschen ebenso wie andere russischsprachige Migrantinnen nicht in die deutsche Vorstellung exotischer und hilfsbedürftiger Fremder".

Vorurteile gegen Russlanddeutsche

Am Anfang der Aufnahme der russlanddeutschen Spätaussiedler dominierten „gute" Stereotypen. Der positiv stereotypisierende Diskurs über die Russlanddeutschen wurde allen voran vom 1987 eingesetzten Beauftragten der Bundesregierung für Aussiedlerfragen, Horst Waffenschmidt, vorangetrieben. Den Ton gab er schon in der ersten Ausgabe des *Info-Dienst Deutsche Aussiedler* vor, des regierungsoffiziellen Infoblatts in Aussiedlerfragen: „Die meisten Aussiedler sind mit einer großen Kinderzahl, mit ihrem reichen kulturellen Erbe und ihrer beispielhaften religiösen Glaubenshaltung ein großer Gewinn für unsere Gesellschaft." (IDDA Nr. 1, November 1988) Dabei griff er tief in das Repertoire traditioneller Stereotypen über die kinderreichen, tiefgläubigen und „immer deutsch gebliebenen" Russlanddeutschen, die sich bis in die Weimarer Republik und das späte Kaiserreich zurückverfolgen lassen (Zimmermann 2020; Casteel 2007).

Von diesem idealisierenden Diskurs war die Fallhöhe groß. In der medialen Darstellung seit Beginn der 1990er Jahre dominierten dann die negativen Motive. Wie der Journalist Nikolai Klimeniouk (2018) herausgearbeitet hat, waren Russlanddeutsche seitdem in den Medien einerseits „vornehmlich im Kontext von Kriminalität und Integrationsproblemen" präsent. Die damit verbundenen stereotypen Motive ähnelten den mehrheitsgesellschaftlichen Vorstellungen von anderen Migrantengruppen, denen ebenfalls mangelnde Integration und Integrationsbereitschaft, Ghettoisierung und Kriminalität vorgeworfen wurde (Eder/Rauer/Schmidtke 2004). In diesem Kontext wurde auch ihr Anspruch auf eine deutsche Identität von der etablierten Bevölkerung in Frage gestellt – die Grundlage für die fast universelle Erfahrung der Spätaussiedler, „dort die Deutschen und hier die Russen" gewesen zu sein (vgl. auch Kapitel 5). So wurden sie Ziel allgemeiner einwanderungsfeindlicher Diskurse.

Die Russlanddeutschen standen, so Klimeniouk, andererseits aber auch oft „als Exoten da: Sei es wegen ihrer merkwürdigen mitgebrachten Bräuche oder ihrer übertriebenen Deutschtümelei" (Klimeniouk 2018). An dieser Stelle wurde das politisch gewollte Stereotyp der „guten Deutschen" für bare Münze genommen und nicht zuletzt in linksliberalen Kreisen umgewertet, wie die Anthropologin Regina Römhild (1998, S. 293) schrieb: „Was viele hier irritiert, sind die bei den Aussiedlern generell verspürten Anklänge an ein Deutschsein, das wir [...] mit einer Vergangenheit verbinden, von der es sich abzusetzen gilt: Jenes Deutschsein der zum Gehorchen Erzogenen, der festgefügten Werte von Sauberkeit, Ordnung, Pflichtgefühl, von strenger Moral und hierarchischen Geschlechterrollen. Während wir meinen, in einer Gegenwart zu leben, die diese Geschichte überwunden hat, scheinen die Aussiedler das vermeintlich Überwundene oder auch Verdrängte nun wieder verstärkt zu uns zu re-importieren."

Ob als „zu wenig deutsch" oder „zu sehr deutsch"– russlanddeutsche Spätaussiedler wurden so immer wieder zur Projektionsfläche der spannungsgeladenen Auseinandersetzung „einheimischer" Deutscher mit ihrer eigenen Konzeption von Deutschsein. Als Ergebnis waren sie in der Öffentlichkeit zu verschiedenen Zeiten Anfeindungen der zuwanderungsfeindlichen Rechten („als Russen") und der eigentlich zuwanderungsfreundlichen Linken („als Deutsche") ausgesetzt, wobei sich die politische Linke in Person von Lafontaine dabei z. T. restriktiv-populistische Forderungen wie die Begrenzung der Aussiedleraufnahme im Interesse deutscher Arbeitsloser zu eigen machte (Joppke 2005, S. 209).

In diesem Spannungsfeld situiert sich eine spezifische Vorurteilsstruktur, die ich mir zusammen mit den Erziehungswissenschaftlern Wassilis Kassis und Patricia Heller genauer angesehen habe (Kassis/Panagiotidis/Heller 2016). Diese ist nicht einfach mit gängigen Konzepten von Xenophobie, Fremdenfeindlichkeit, Ausländerfeindlichkeit oder Rassismus zu erfassen, da die „Fremdheit" der Russlanddeutschen, wie gesehen, nicht eindeutig markiert ist. In unserer Studie ging es darum, Vorurteile gegen Russlanddeutsche mit dem Vorurteilsbereich „Ausländerfeindlichkeit“ sowie dem Aspekt der Dominanzorientierung in Beziehung zu setzen und so den Zusammenhang zwischen diesen Vorurteilsbereichen zu prüfen. Hierbei handelt es sich um eine Erweiterung von Forschungen zum Syndrom der „Gruppenbezogenen Menschenfeindlichkeit“ (GMF), in welchen die Vorurteile gegen Spätaussiedler bzw. Russlanddeutsche als „besondere“ Migrantengruppe nicht separat betrachtet wurden (Heitmeyer 2002). Konkreter Gegenstand unserer Untersuchung waren dabei die Vorurteile von Universitätsstudierenden. Hintergrund ist die verbreitete Annahme, dass sich soziale Vorurteile vornehmlich in den weniger gebildeten Gesellschaftsschichten fänden, während höhere Bildung zu einem Rückgang solcher Einstellungen führe (Endrikat u. a. 2002; Heitmeyer 2002; Heyder 2003).

Das Konzept Dominanzorientierung geht auf die Theorie der sozialen Dominanz zurück (Sidanius/Pratto 1999). Die soziale Dominanzorientierung kann dabei als das Ausmaß an Präferenz von Intergruppenhierarchien definiert werden. Dies bedeutet, dass Personen mit hoher Dominanzorientierung eine hierarchische Gesellschaftsstruktur von Gruppen befürworten beziehungsweise die Dominanz der überlegenen Gruppe über die unterlegene Gruppe gutheißen. Das Konzept hat sich seit seiner Entwicklung als zuverlässiger Prädiktor von gruppenbezogenen Vorurteilsmustern wie z. B. Ausländerfeindlichkeit herausgestellt, wobei das Konstrukt nicht einzig gruppenbezogene Einstellungen, sondern auch Verhalten vorhersagen kann (Carvacho 2010; Ho u. a. 2012, S. 583). Damit spielt die Einstellung zu Gruppenhierarchien von Personen offensichtlich auch unabhängig von konkreter gerichteten Vorurteilen eine Rolle. Folglich wäre es verkürzt anzunehmen, dass soziale Vorurteile gegen Russlanddeutsche lediglich eine Funktion allgemeiner Ausländerfeindlichkeit oder Xenophobie sind. Es können also auch Personen, die nicht per se ausländerfeindlich sind, eben aufgrund ihrer Dominanzorientierung Vorurteile gegenüber Russlanddeutschen aufweisen.

Ausländerfeindlichkeit lässt sich theoretisch als Bestandteil des vom Soziologen Wilhelm Heitmeyer (2002) so bezeichneten Syndroms „Gruppenbezogene Menschenfeindlichkeit“ (GMF) fassen. Den hiermit erfassten Einstellungen liegt als zentrales Postulat die Ungleichwertigkeit von Menschen und als zentraler Mechanismus die Verabsolutierung der Unterscheidung Ingroup vs. Outgroup zugrunde. Die verschiedenen Elemente des GMF-Syndroms sind untereinander verbunden, wobei „Etabliertenvorrechten“ – also der Annahme, dass die „eingesessene“ Bevölkerung gewisse Privilegien gegenüber „Neuankömmlingen“ genießen sollte – theoretisch und empirisch eine zentrale Bedeutung zukommt. Heitmeyer (2002) differenziert weiterhin zwischen Rassismus, dem die Annahme „natürlicher“ Höherwertigkeit der Eigengruppe zugrunde liege, und Fremdenfeindlichkeit, die mit Ressourcenkonkurrenz und Etikettierung von

„kultureller" Rückständigkeit zu tun habe. Der Begriff *Ausländer*feindlichkeit ist dabei in dieser konkreten Formulierung als spezifisch deutsche Spielart des Phänomens zu verstehen, da „Ausländer" über Jahrzehnte die zentrale Differenzkategorie der deutschen Gesellschaft war und zum Teil immer noch ist. Dieser Gebrauch wird gerne mit dem Hinweis kritisiert, dass es sich bei den Opfern von Rassismus und Xenophobie oft gar nicht um Ausländer handele und der Begriff somit eine unangemessene Reproduktion der Täterperspektive sei. Dem ist zu entgegnen, dass es bei der Erforschung feindseliger Haltungen *immer* um die Täterperspektive geht, da diese die Zielgruppe über ihre Projektionen erst produziert. Mit den realen Eigenschaften der viktimisierten Menschen hat dies nichts zu tun. Wenn ein deutscher Mob „Deutschland den Deutschen, Ausländer raus!" brüllt, dann ist dies Ausländerfeindlichkeit, weil das Objekt des Hasses so definiert wird. Ebenso ist die Feindseligkeit gegen Juden Antisemitismus, obwohl es in Wirklichkeit keine semitische Rasse gibt.

Der Zusammenhang zwischen negativen Einstellungen gegenüber Russlanddeutschen als „besonderer" Migrantengruppe und allgemeiner Ausländer- oder Fremdenfeindlichkeit ist kaum systematisch erforscht. Vorurteile gegen Russlanddeutsche wurden meistens entweder gesondert untersucht, oder aber undifferenziert unter dem allgemeinen Phänomen der Fremdenfeindlichkeit subsumiert (Vogelgesang 2003; Vogelgesang 2008). Ein Beispiel für eine differenzierte Analyse ist eine Studie von Joachim Brüß (2003), in der er die soziale Nähe und Distanz zwischen deutschen, türkischen und Aussiedler-Jugendlichen untersuchte. Er kam zu dem Ergebnis, dass deutsche Jugendliche ohne Migrationshintergrund gegenüber beiden „Fremdgruppen" soziale Distanz zeigten, dabei aber gegenüber Aussiedler-Jugendlichen tendenziell positiver eingestellt seien als gegenüber türkischstämmigen Jugendlichen. Als Erklärung führt er Gruppenpositionierungen an: Die deutschen Jugendlichen als sozial dominante Gruppe reagierten ablehnend auf statusniedrigere Gruppen, wobei die türkischen Jugendlichen als statusniedrigste Gruppe die stärkste Ablehnung erfuhren (Brüß 2003, S. 128–129). Vorurteile gegen Russlanddeutsche stellen somit als generalisierte negative Einstellungen *soziale* Vorurteile dar, die dynamisch auch mit Vorurteilen zu anderen Gruppen in Verbindung stehen (vgl. Zick/Küpper/Heitmeyer 2010).

In den GMF-bezogenen Studien kommen Spätaussiedler in verschiedenen, äußerst ambivalenten Funktionen vor, die ihre besondere Position unterstreichen. Einerseits werden sie ganz klar als Ziel von Fremdenfeindlichkeit identifiziert, wobei sie zeitweilig sogar „die Türken" als Negativgruppe abgelöst hätten (Heitmeyer 2002, S. 22). Andererseits wird aber die Aussage „Aussiedler sollten besser gestellt werden als Ausländer, da sie deutscher Abstammung sind" in GMF-bezogenen Studien als Indikatoraussage für Rassismus und Dominanz verwendet (Heitmeyer 2002, S. 25).

In unserer Studie testeten wir die drei unterschiedlichen Vorurteilsbereiche anhand verschiedener Frage-Items, die die 496 befragten Studierenden (zu 75 %

weiblich, zu 6 % Ausländer bzw. doppelte Staatsangehörige, darunter sieben Personen aus Russland oder Kasachstan) auf einer Skala von „stimmt völlig" bis „stimmt gar nicht" zustimmend oder ablehnend beantworten konnten. Im vier Aussagen umfassenden Block zur Dominanzorientierung ging es um Überlegenheitsansprüche dominanter Gruppen, ausgedrückt in Statements wie „Es ist in Ordnung, wenn einige Gruppen mehr Chancen im Leben haben als andere" und „Es ist wahrscheinlich richtig, dass bestimmte Gruppen oben sind und andere unten." In den fünf Items zur Ausländerfeindlichkeit ging es um stereotype Aussagen zur vermeintlich problematischen Präsenz von Ausländern in Deutschland (hinsichtlich ihrer Anzahl und der Belastung der Sozialsysteme), ihrer Vertrauenswürdigkeit, ihrem Arbeitsethos, sowie zu allgemeinen Etabliertenvorrechten („Wer neu in einem Land ist, sollte sich erst mal mit weniger zufrieden geben.") (Kassis/Panagiotidis/Heller 2016, S. 345). Die Vorurteile gegen Russlanddeutsche wurden über eine von uns entwickelte Skala bestehend aus folgenden sechs Einzelfragen getestet, die im Kern die Hauptlinien der bestehenden Vorurteile gegen Russlanddeutsche aufnehmen, nämlich die Frage der „Echtheit" des Deutschseins, der fehlenden Integration, sowie der erhöhten Kriminalität bzw. der sozialen Exklusion (vgl. Kassis/Panagiotidis/Heller 2016, S. 346).

1. Russlanddeutsche sind keine echten Deutschen.
2. Russlanddeutsche kommen nur wegen des Sozialsystems nach Deutschland.
3. Russlanddeutsche sind krimineller als andere Deutsche.
4. Russlanddeutsche integrieren sich nicht in die Gesellschaft.
5. Ich würde nicht in eine Wohngegend mit vielen Russlanddeutschen ziehen.
6. Ich würde keinen russlanddeutschen Partner heiraten.

Ein erstes Ergebnis unserer Untersuchung war, dass sich lediglich 23,6 % aller Studierenden stark von Dominanzorientierung, 16,7 % von Vorurteilen gegen Russlanddeutsche und sogar einzig 5,4 % von Ausländerfeindlichkeit (also nur ca. jeder zwanzigste Student) absetzten, also bei den jeweiligen Items „stimmt gar nicht" im Fragebogen ankreuzten (siehe Abbildung 6.1). Die weit verbreitete Annahme, dass Studierende aufgrund ihres höheren Bildungsgrades weniger Vorurteile hätten, ließ sich also nicht bestätigen. Für insgesamt 5,6 % der befragten Studierenden galt zu Dominanzorientierung sogar die Antwortvariante „stimmt völlig" als die korrekte, entsprechend zu 9,3 % für die Vorurteile gegen Russlanddeutsche und zu 10,3 % zu Ausländerfeindlichkeit. Für den Großteil der Studierenden kamen die mittleren Antwortkategorien „stimmt eher" (Dominanzorientierung 32,3 %; Ausländerfeindlichkeit 45,4 %; Vorurteile gegen Russlanddeutsche 34,3 %) und „stimmt eher nicht" (Dominanzorientierung 36,9 %; Ausländerfeindlichkeit 38,1 %; Vorurteile gegen Russlanddeutsche 28,2 %) in Frage. Diese Muster waren über Geschlechter und Bezugswissenschaften (Geistes- und Sozialwissenschaften vs. Natur- und Wirtschaftswissenschaften) hinweg stabil.

Bemerkenswerterweise galt dies im Bereich der Vorurteile gegen Russlanddeutsche auch für die spezifische Frage nach der Partnerwahl, welche angesichts der in vielen Fällen männlich konnotierten Vorurteile gegenüber dieser Gruppe (Kriminalität, Gewaltbereitschaft) eine genderdifferenzierte Antwortstruktur wahrscheinlich erscheinen lassen würde. Einen signifikanten geschlechtsspezifischen Unterschied gab es lediglich im Bereich Dominanzorientierung, wo männliche Studierende höhere Werte hatten.

Abbildung 6.1: Häufigkeiten der drei Skalen

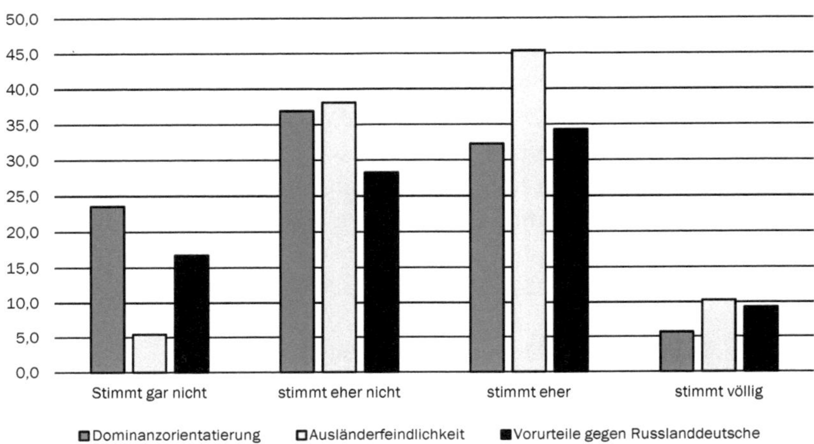

Quelle: Kassis/Panagiotidis/Heller (2016, S. 347)

In einem zweiten Rechenschritt prüften wir über Strukturgleichungsmodelle die Beziehungen zwischen diesen drei Vorurteilskonstrukten. Wir gingen dabei von den theoretisch basierten Hypothesen aus, dass Dominanzorientierung die machtorientierte „Basis" darstellt, von welcher aus sich Ausländerfeindlichkeit und dann auch Vorurteile gegen Russlanddeutsche entwickeln. Dabei stellten wir erstens die Hypothese auf, dass Vorurteile gegen Russlanddeutsche von Dominanzorientierung ausgehend über das Konstrukt der Ausländerfeindlichkeit moderiert, d. h. gewissermaßen „vermittelt" werden. Zweitens gingen wir auch von einem nachweisbaren direkten Effekt von Dominanzorientierung auf Vorurteile gegen Russlanddeutsche aus. Die Auswertungen haben wir in Kenntnis des Querschnittdesigns der Studie vorgenommen. Kausale Beziehungen sind somit nicht ableitbar, sehr wohl aber ein reliables und valides Beziehungsmuster komplexer Vorurteilsstrukturen.

Wie in Abbildung 6.2 dargestellt, erklärt das Gesamtmodell 45,8 % der Varianz der Vorurteile gegen Russlanddeutsche, die erklärte Varianz der Ausländerfeindlichkeit beträgt 39,2 %. Beides zusammengefasst verweist auf ein erklärungsstarkes Gesamtmodell. Dominanzorientierung erhöht dabei signifikant das Risiko, ausländerfeindliche Einstellungen zu vertreten (b = .63) und erhöht zugleich auch direkt die Vorurteile gegen Russlanddeutsche signifikant (b = .30). Mit anderen Worten haben Befragte, deren Antworten auf eine hohe Präferenz von Gruppenhierarchien hinweisen, mit signifikant höherer Wahrscheinlichkeit auch ausländerfeindliche Einstellungen und Vorurteile gegen Russlanddeutsche. Höhere Werte von Ausländerfeindlichkeit führen zudem zu signifikant stärker ausgeprägten Vorurteilen gegen Russlanddeutsche (b = .44).

Hierdurch zeigt das Modell sehr deutlich, dass es, wie angenommen, sowohl einen mittelstarken direkten Effekt von der Dominanzorientierung hin zum Aufbau von Vorurteilen gegen Russlanddeutsche gibt, wie auch den weiteren angenommenen Effekt, nämlich die ausgeprägte Mediation über den „Zwischenschritt" der Ausländerfeindlichkeit. Vorurteile gegen Russlanddeutsche werden also nicht nur direkt durch eine hohe Dominanzorientierung beeinflusst, sondern auch über die Ausländerfeindlichkeit „vermittelt". Unter Berücksichtigung der konkreten Pfadstärken wird deutlich, dass dieser „Vermittlungseffekt" über die Ausländerfeindlichkeit weit stärker ist als der direkte Effekt der Dominanzorientierung auf die Vorurteile gegen Russlanddeutsche. Vorurteile gegen Russlanddeutsche bauen sich also primär, aber bei weitem nicht nur, über die Beziehungskette von der Dominanzorientierung hin zu Ausländerfeindlichkeit auf.

Abbildung 6.2: Gesamt-Strukturgleichungsmodell zur Erklärung von Vorurteilen gegen Russlanddeutsche (vereinfachte Darstellung)

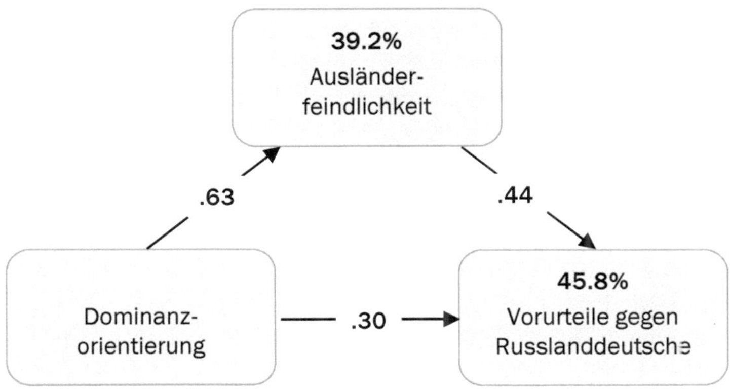

Chi²(86, N = 496) = 136.538, p < .001, CFI = .974, RMSEA = .034, SRMR = .033.
Quelle: Kassis/Panagiotidis/Heller (2016, S. 350)

Der durch das untersuchte Strukturgleichungsmodell aufgezeigte starke Zusammenhang von Vorurteilen gegen Russlanddeutsche mit Dominanzorientierung und Ausländerfeindlichkeit legt nahe, dass Russlanddeutsche für einen signifikanten Teil der Mehrheitsgesellschaft nach wie vor eine „Out-Group" darstellen.

Ausgehend von der Basis dominanzorientierter Einstellungen und vermittelt über ausländerfeindliche Einstellungen werden Russlanddeutsche – deren postulierte Eigenschaft als Deutsche oft nicht akzeptiert wird – zum Objekt gruppenspezifischer sozialer Vorurteile. Russlanddeutsche stellen somit eine angefeindete Gruppe von Menschen unter vielen dar. Ein von der Neuen Osnabrücker Zeitung (NOZ) gemeldeter Vorfall in Bramsche-Hesepe nahe Osnabrück im Januar 2015 illustriert diesen Komplex recht anschaulich: Damals lief eine Person durch die Straßen des Ortes, feuerte nahe der dortigen Erstaufnahmeeinrichtung für Flüchtlinge (in der in den 1990er Jahren auch viele Russlanddeutsche aufgenommen wurden) mehrere Schüsse aus einer Schreckschusspistole ab und skandierte laut Polizei dabei Parolen wie „Ausländer und Russlanddeutsche raus" (Fays 10.03.2016).

Diese dominante Beziehungskette wird durch den schwächer ausgeprägten, aber sehr wohl präsenten direkten Effekt von Dominanzorientierung auf Vorurteile gegen Russlanddeutsche ergänzt. Dieser Zusammenhang lässt sich so interpretieren, dass die Gruppe der Russlanddeutschen ganz im Sinne unserer theoretisch fundierten Hypothese auch Personen, die nicht per se ausländerfeindlich sind, die Möglichkeit gibt, ihre vorhandene Dominanzorientierung zum Ausdruck zu bringen (vgl. Pettigrew 2009). Konkret bedeutet dies, dass zwischen der Präferenz von Gruppenhierarchien und der gruppenbezogenen Abwertung der Russlanddeutschen eine Beziehung besteht. Befragte mit hoher Dominanzorientierung haben also mit höherer Wahrscheinlichkeit auch mehr Vorurteile gegen Russlanddeutsche, auch wenn ihre Antworten keine oder weniger ausländerfeindliche Einstellungen nahelegen. Dabei wäre im Einzelnen zu prüfen, was es mit der Entkoppelung von Ausländerfeindlichkeit im weiteren Sinne und spezifischer Feindseligkeit gegen Russlanddeutsche auf sich hat. Ein denkbarer Faktor ist hier das zunehmende Verschwimmen der Kategorien „Deutsche" und „Ausländer" im Zuge der Reform des Staatsangehörigkeitsrechts und der damit einhergehenden wachsenden Zahl deutscher Bürger mit sogenanntem Migrationshintergrund. Dies könnte z. B. bedeuten, dass sich in unserer Studie „unsichtbare" deutsche Studierende ohne doppelte Staatsangehörigkeit aber mit Migrationshintergrund nicht „ausländerfeindlich" positionieren, doch sehr wohl dominanzorientierte Einstellungen und Vorurteile gegen Russlanddeutsche haben.

Auch der oben skizzierte Umstand, dass Russlanddeutsche auch für ein sonst „ausländerfreundliches" linksliberales Publikum eine legitime Zielscheibe für Vorurteile darstellen und somit Menschenfeindlichkeit nur ganz bedingt einer spezifischen Parteizugehörigkeit zuzuordnen ist, könnte hier noch eine Rolle spielen (vgl. Zick/Küpper/Heitmeyer 2010). Stellvertretend für eine solche Positionierung in der Gegenwart sei hier eine NOZ-Leserin zitiert, die sich im Februar 2016 folgendermaßen äußerte: „Wir haben in Deutschland kein Problem mit den Migranten aus den südlichen Ländern! Aber ein gewaltiges Problem mit allen aus Osteuropa usw. Allen voran die sog. Russlanddeutschen – z. T. seit Jahrzehnten hier aber Integration = NULL!"[40]

Unsere Studie zeigte deutlich, dass die in den 1990er Jahren entstandenen gruppenbezogenen Vorurteile gegen Russlanddeutsche, auf deren Grundlage wir die Items formulierten, nach wie vor relevant sind. Bemerkenswert ist, dass diese Werte im Wintersemester 2014/15 erhoben wurden und somit lange vor dem „Fall Lisa", der die Russlanddeutschen nach längerer Zeit wieder in den Fokus der Öffentlichkeit rückte. Vorher waren sie jahrelang kaum mehr ein Thema gewesen – die Vorurteile gegen diese Gruppe blieben aber offensichtlich subkutan in der Gesellschaft präsent und waren sowohl im Rahmen unserer Studie als auch im Zuge des „Falls Lisa" in der Öffentlichkeit sofort abrufbar.

Im mit diesem „Fall" zusammenhängenden Mediendiskurs zeigte sich zugleich, dass alte Vorurteile zum Teil mit neuen Bedeutungen aufgeladen werden, die der veränderten internationalen Lage und den verschlechterten deutsch-russischen Beziehungen geschuldet sind. Stark betont wurde in der medialen Berichterstattung der Gebrauch der russischen Sprache auf den Demonstrationen zum „Fall Lisa" (z. B. n-tv 25.01.2016). Verschiedene Kommentatoren empfanden es als paradox, dass Menschen, die sich selbst nicht der deutschen Sprache bedienten oder sie mit fremdem Akzent sprachen, für den „Erhalt deutscher Kultur" und gegen Zuwanderung bzw. „Ausländergewalt" demonstrierten (z. B. Wehner 31.01.2016; Neshitov 02.02.2016). In „klassischer" Manier wurde dieser Sprachgebrauch zum Anlass genommen, die Selbstbezeichnung der Russlanddeutschen als Deutsche zu negieren, wenn etwa in Berichten vielfach von „Deutschrussen" oder einfach „Russen" die Rede war (Bergmann/Borufka/Metag 24.01.2016; Hasselmann 23.01.2016).

Neu ist allerdings die Implikation, dass aus dieser Bevorzugung einer anderen Sprache und dem damit verbundenen Konsum von anderssprachigen Medien auch stärkere Loyalität zu einem anderen Land und Illoyalität zu Deutschland hervorgehen könnte. Im „Fall Lisa" geschah dies vor allem mit Blick auf das russische Staatsfernsehen, dessen Bericht vom 16. Januar über Lisas angebliche Entführung und Vergewaltigung die Mobilisierung von Teilen der Community überhaupt erst anstieß. So überschrieb der Bayerische Rundfunk schon am 25. Januar 2016 – dem Montag nach den ersten Demonstrationen – auf seiner Website einen Artikel über die Ereignisse des vorangegangenen Wochenendes und ihren Zusammenhang mit der Propaganda der russischen Medien mit dem reißerischen Titel: „Russlanddeutsche als Putins Fünfte Kolonne" (Girg u. a. 25.01.2016). Dieses Szenario wurde in der *Welt* vom 31. Januar noch weiter getrieben:

40 Nutzerin Nadine Simon im NOZ-Kommentarforum zu Kriege (25.01.2016).

> Öffentlich legen die Russlanddeutschen Wert darauf, Deutsche zu sein. Aber in diesen Tagen fühlen sie sich von Russland besser informiert, besser vertreten, besser verstanden als von deutscher Politik und Polizei. Und Deutschland? Das Land hat diese Woche gelernt, dass es Teile seiner Bevölkerung gibt, deren Loyalität nicht unbedingt diesem Staat gilt, sondern im Zweifel einem anderen. Wenn es schlecht läuft, einem feindseligen Staat. Und wenn es ganz schlecht läuft, gelingt es einer feindseligen Regierung sogar, Deutsche gegen den deutschen Staat zu mobilisieren. […] So absurd das ist – es gelingt dem russischen Fernsehen, die sonst eher stillen deutschen Spätaussiedler aufzuwiegeln. Sie glauben der deutschen Polizei nicht. Sie glauben dem russischen Fernsehen. (Banse/Ginsburg 31.01.2016)

In seiner Pauschalisierung über *die* Russlanddeutschen und ihre durch russische Propaganda induzierte Illoyalität ging dieser Beitrag weiter als die meisten anderen Berichte in der Folge des „Falls Lisa". Die in den folgenden Wochen erschienenen Berichte „aus dem Feld" – aus einschlägig bekannten „Ghettos" wie Lahr im Schwarzwald, Berlin-Marzahn oder auch aus verschiedenen Orten in Bayern – reproduzierten aber den Tenor einer weitgehend abgeschlossenen „Parallelgesellschaft", in den Worten des Berliner Boulevardblattes BZ: „Deutschrussland" (Bergmann/Borufka/Metag 24.01.2016; siehe auch Soldt 11.02.2016)

Ein zentrales Motiv in diesem Zusammenhang war neben dem Konsum russischer Medien der wiederkehrende Verweis auf russische Läden und Supermärkte, welche offenbar fortbestehende Fremdheit repräsentieren sollten, insbesondere wenn sie kyrillische Aufschriften trugen (Glas 08.02.2016). Tim Neshitov (01.02.2016) schrieb in der Süddeutschen Zeitung etwa plakativ vom „Geschmack des Ostens". In der FAZ betrieb Rüdiger Soldt (11.02.2016) noch expliziteres konsumbezogenes Othering in seiner Schilderung des russischen „Mini-Markts" in Lahr: „Eine Pizzeria gibt es hier und einen Imbiss, der ‚Schaschlik mit Brot, Zwiebel und Essiggurke' für 2,80 Euro anbietet. Ein Essen, das nicht gerade eine badische Spezialität ist." Differenzkonstruktion über stereotype Konsumgewohnheiten ist freilich nichts Neues und wurde z. B. bereits den als „Spaghettifresser" oder „Kümmeltürken" titulierten Gastarbeitern zuteil – wie auch den als „Krauts" titulierten Deutschen (Hahn/Hahn 2002, S. 34). In diesem Sinne werden die Russlanddeutschen durch die Konstruktion des „russischen Supermarktes" als Sinnbild ihrer fremden Essgewohnheiten zu einem festen Bestandteil der bundesdeutschen Stereotypenlandschaft.

Stereotype über postsowjetische Juden

Historisch war die Immigration von Juden „aus dem Osten" nach Deutschland Objekt massiver Vorurteile und Ressentiments und einer ausgeprägten Abwehrhaltung (Maurer 1986, S. 104–160; Gosewinkel 2001, S. 263–277). Die Darstellungen der jüdischen Zuwanderer aus der (ehemaligen) Sowjetunion ab 1990 griffen jedoch auf ein Repertoire anderer, positiver Stereotype zurück. In Kapitel 2 haben wir bereits gesehen, dass ihr diskursives Framing als Opfer des Nationalsozialismus in der Vergangenheit und des sowjetischen Antisemitismus in der Gegenwart zentral für die Legitimation ihrer Aufnahme als Kontingentflüchtlinge – mit der Betonung auf *Flüchtlinge* – war (Becker 2001, S. 47). Publizistisch wurden die entsprechenden Bilder beispielsweise durch den *Spiegel* gezeichnet, der in einer Reportage über Juden in der Sowjetunion im Oktober 1990 – kurz nach dem von der Bundesregierung verhängten Einreisestopp für sowjetische Juden – über den „üblen Antisemitismus" russischer Nationalisten in der zerfallenden Sowjetunion berichtete, dem Juden in Form von physischer und verbaler Gewalt zum Opfer fielen (Spiegel 40/1990). Die institutionalisierte Diskriminierung auf Grundlage der im fünften Punkt des Inlandspasses vermerkten Ethnonationalität war ein weiteres Motiv – „Invaliden des 5. Punkts" war die bezeichnende Überschrift einer Spiegel-Reportage im März 1993 (Spiegel 13/1993). Auch die Nachwirkungen der Atomkatastrophe von Tschernobyl wurden bei der Konstruktion der postsowjetischen Juden als Opferkollektiv angeführt, das der deutschen Solidarität bedürfe (Gluskin 2016, S. 37). In der Gesamtschau entstand so ein „multidimensionaler Opferstatus" (Gluskin 2016, S. 44).

Das zweite wichtige Standbein des Legitimationsdiskurses war die Aussicht auf eine Renaissance des deutschen Judentums durch die Zuwanderung aus der ehemaligen Sowjetunion. Dazu gehörte ihre diskursive Ausstattung mit einem „kulturbürgerlichen Habitus" und ihre Darstellung als „Gruppe von großstädtisch sozialisierten, hochqualifizierten und akademisch gebildeten Personen, die mit ihrer Auswanderung fast alles zurückgelassen haben" (Becker 2001, S. 49, 61). Die Repräsentation von Wissenschaftlern, Künstlern und Intellektuellen, für die im Kontext von Fluchtmigration verpönte wirtschaftliche Migrationsmotive keine Rolle spielten, gehörte zum Repertoire der Berichterstattung über das Phänomen „Kontingentflüchtlinge". Für eine deutsche bildungsbürgerliche Leserschaft sorgten diese Bilder für Identifikationspunkte (Gluskin 2016, S. 25) – eher, so möchte man meinen, als die Zerrbilder der frommen und kinderreichen Russlanddeutschen, wie sie von Aussiedlerbeauftragten wie Horst Waffenschmidt verbreitet wurden. Auch der Philosemitismus eines Teils des deutschen Bildungsbürgertums spielte dabei eine Rolle: „Die deutschen *chattering classes* wollen eher Juden sein," wie es Jan Plamper (2019, S. 231) formulierte. Diese stereotyp als hochqualifiziert (wenn auch unterbeschäftigt) und bildungsaffin präsentierten Juden schienen somit prädestiniert, eine „Revitalisierung des jüdischen Elements im deutschen Kultur- und Geistesleben" herbeizuführen (Horst Waffenschmidt, zitiert nach Becker 2001, S. 49).

Ähnlich wie im Fall der Russlanddeutschen konnten diese positiven Stereotypen jedoch auch in einen negativen, delegitimierenden Diskurs umschlagen, in dem das Motiv der gebildeten, kulturbürgerlichen *Juden* gegen jenes der unkultivierten oder gar kriminellen *Russen* eingetauscht wurde – „von Einsteins zur Russenmafia“, wie es Lena Gorelik (2010, S. 65) treffend formulierte. Teil des verwerflichen Geschäfts dieser „Russenmafia“ bestand angeblich darin, falsche jüdische Identitäten zu produzieren, mit denen sich dann der Zugang nach Deutschland im Kontingentflüchtlingsaufnahmeverfahren erschleichen ließ. So wurde die Legitimität der jüdischen Flüchtlinge als Juden und als Flüchtlinge gleich mehrfach in Frage gestellt. „Die zuvor entworfenen Opfer werden auf diese Weise zu Tätern umgewandelt, so dass ihnen jegliche Rechtmäßigkeit abgesprochen wird“ (Gluskin 2016, S. 57). Ihre Flüchtlingseigenschaft geriet auch in dem Maße in Zweifel, in dem Kontingentflüchtlinge die Pässe ihres Herkunftslandes behielten und „Pendlerexistenzen“ aufbauten. „Aus ‚echten Flüchtlingen‘ werden ‚angebliche‘, aus dem ‚verfolgten Juden‘ der ‚sowjetische Funktionär‘, dessen jüdische Identität instrumentalisiert wird oder gefälscht ist“ (Becker 2001, S. 64). Dass Juden sehr wohl Teil des sowjetischen Systems gewesen und trotzdem antisemitisch diskriminiert worden sein konnten hatte in einer solchen entweder-oder Logik keinen Platz (Becker 2001, S. 66).

Anders als in Bezug auf die Russlanddeutschen bot die Rede von den Kontingentflüchtlingen als „Russen“ aber auch positive Anknüpfungspunkte, etwa wenn es darum ging, das Wiedererstehen des nostalgisch verklärten *Russkij Berlin* der 1920er Jahre heraufzubeschwören. Unter dem Titel „Rückkehr nach Charlottengrad“ zeichnete der *Spiegel* 1995 das Bild einer bunten, kreativen, quirligen „Emigrantenszene aus der GUS (Spiegel 35/1995): „Nach Berlin drängt es bunte Vögel und brave Handarbeiter, ehrgeizige Künstler, kluge Intellektuelle, gewitzte Händler und ganz große Schieber.“ Was diese bei aller Unterschiedlichkeit eine, sei in den meisten Fällen die jüdische Herkunft – was den Topos des „gewitzten Händlers“ in die Nähe von klassischen Stereotypen über Juden rückt. Die möglichen antisemitischen Implikationen werden im dem positiv gestimmten Artikel aber nicht ausbuchstabiert. Vielmehr wird mit Interesse konstatiert, dass sich die Migranten „heute wie vor 70 Jahren in der fremden Großstadt ein kleines Rußland aufgebaut“ hätten. Dieses erscheint hier nicht als integrationsfeindliche „Parallelgesellschaft“, sondern als ein exotisch-faszinierendes Milieu, eine Wiederkehr des „Charlottengrad“ der russischen Revolutionsflüchtlinge der 1920er Jahre – eine historische Parallelisierung, die den „Ghettos“ russlanddeutscher Spätaussiedler in Marzahn-Hellersdorf oder anderen Großwohnsiedlungen an städtischen Peripherien niemals zugesprochen wurde. Auch wirtschaftliche Migrationsmotive schienen hier auf einmal legitim: „Die Russen, die heute kommen, sind nicht die Ärmsten der Armen. Menschen aus der Mittelschicht, die noch genug Kraft haben, wollen im Westen einfach besser leben, effektiver lernen und mehr Geld verdienen.“ Anerkennend heißt es, dass „Business“ für Russen „das Zauberwort“ sei.

Über all diesen spezifischen positiven und negativen Stereotypen über die postsowjetischen Juden schwebt der Antisemitismus als allgemeinem „Gerücht über die Juden“, um mit Adorno zu sprechen. Wenn in Deutschland antisemitische Vorurteile auf dem Vormarsch sind, dann betrifft dies auch die postsowjetischen Juden, die ja die große Mehrzahl der Juden in der Bundesrepublik ausmachen. Sind sie manchen „zu russisch“ und „zu wenig jüdisch“, ist in der antisemitischen Logik jeder „Jude“, wie auch immer kulturell assimiliert, suspekt. In seinem Buch *Germanija* beschreibt Dmitrij Belkin (2016) seine andauernde Auseinandersetzung mit dem Phänomen Antisemitismus, das ihm mal offen, mal subtil gegenübertritt. In der offenen Form ist diese Begegnung oft allgemeiner Natur, etwa als die FDP unter Jürgen Möllemann mit offen antisemitischen Parolen Wahlkampf macht (Belkin 2016, S. 131). Im persönlichen Umgang kommen dann auch die subtileren Formen zum Vorschein, zum Teil als Ergebnis eines verkrampften Umgangs der deutschen Gesprächspartner mit den Themen Juden und Antisemitismus, als „eine komplizierte, verkopfte Art von Antisemitismus um die Ecke, Antisemitismus von eigentlich wohlmeinenden Anti-Antisemiten“ (Plamper 2019, S. 252). Belkin sieht diesen schwierigen Umgang als Folge „unausgesprochener Traumata“ der Deutschen,

> nicht selten transformiert in eine Überidentifizierung mit den Juden angesichts der unaufgearbeiteten Vergangenheit der eigenen Verwandtschaft. Der Sarkophag des ewig langen öffentlichen Schweigens hat nicht erst seit gestern Risse und zeigt sich in Deutschland auch in fremdenfeindlichen Äußerungen, die die anderen für die eigenen Schmerzen verantwortlich machen. […] Die antisemitischen Klischees sind da. […] Wenn jedoch andererseits ich als Jude in Germanija wie ein rohes Ei behandelt werde, dann fühlt sich die Watte um mich herum erst mal sehr gemütlich an, ist aber auf Dauer nur eines – Gift! Wie bewegt man sich als Jude zwischen diesen Vorurteilen, die sich an so vielen Stellen berühren, zwischen Antisemitismus und Philosemitismus? (Belkin 2016, S. 187–188)

Der Schriftsteller Dmitrij Kapitelman, der 1994 mit acht Jahren nach Ostdeutschland kam und dort in einer Leipziger Plattenbausiedlung aufwuchs, berichtet über rauere Erfahrungen mit der ungeschminkten Form des deutschen Judenhasses, über die Flucht vor „Neonazis mit Messern, Neonazis mit Hunden und Neonazis mit Baseballschlägern“, Partys zu Ehren von Rudolf Heß und bedrohlichen Begegnungen mit Neonazis aus der Nachbarschaft (Kapitelman 2016, S. 28–29). Jan Plamper (2019, S. 253) sieht in beiden diesen Texten einen Ausdruck der Suche der Autoren nach einer angemessenen Sprache zur Beschreibung des erlebten Antisemitismus als einem prägenden Teil ihrer Biografie in Deutschland, in Belkins Fall auch schon in der Sowjetunion. Für Belkin ist es paradoxerweise genau diese Kontinuität der Konfrontation mit judenfeindlichen Stereotypen, die ihm den Umgang damit in Deutschland ermöglichte. Als er während eines Studienaufenthaltes in New York von einem älteren jüdischen Herrn gefragt wurde, wie schwer denn sein Leben als Jude in Deutschland sei, beschrieb er seinen

Blick auf Deutschland vor dem Hintergrund meiner Erfahrungen in der Sowjetunion. Das Leben dort hatte mich gelehrt, im Heute überleben zu müssen. Und dieses Heute bestand und besteht aus großartigen und entsetzlichen Menschen, aus Liebe und Mitgefühl, die gleich neben totaler Ablehnung und den blödesten (auch antisemitischen) Vorurteilen wohnen. [...] Doch was den älteren Herren – und mich am allermeisten – noch mehr überrascht, ist – o Schreck! – die Tatsache, dass ich wieder dorthin zurückwollte, zurück nach Germanija. Ich begann mich in Amerika immer deutscher zu fühlen; Fremdenfeindlichkeit und Antisemitismus in Deutschland machten mir keine Angst mehr. (Belkin 2016, S. 151–152)

Postsowjetische Migration und rassistische Gewalt

In diesem Kapitel ging es bisher primär um Vorurteile und Stereotype als diskursive Praxis – es ging um Worte. Aus diesen Worten werden in diesem Land aber nicht selten auch Taten. Rassistische Gewalt und Morde gehören nicht erst seit den Attentaten des „Nationalsozialistischen Untergrunds“ zur Realität migrantischen Lebens in Deutschland. Es ist wenig bekannt, dass auch postsowjetische Migranten unter den Opfern waren. Die größte öffentliche Aufmerksamkeit erlangte wohl das Rohrbombenattentat am S-Bahnhof Düsseldorf-Wehrhahn am 27. Juli 2000, bei dem zehn Menschen postsowjetischer Herkunft (darunter sechs Juden) zum Teil lebensgefährlich verletzt wurden und eine schwangere Frau ihr ungeborenes Kind verlor. Die Opfer hatten zuvor einen Sprachkurs besucht. Dieser Anschlag war ein wichtiges Ereignis im Vorfeld des von Gerhard Schröder im Oktober 2000 ausgerufenen „Aufstands der Anständigen“. Täterschaft und Tatmotivation wurden aber nie aufgeklärt (Brekemann/Breczinski 2015). Zuletzt wurde der Verdächtige Ralf S. am 31. Juli 2018 aus Mangel an Beweisen freigesprochen.

Die Todesopfer sind kaum jemandem in der breiteren Öffentlichkeit ein Begriff. Ihre Namen finden sich zum Beispiel auf der Webseite der Amadeu-Antonio-Stiftung, die sich gegen rechtsextreme Gewalt engagiert.[41] Unter ihnen findet sich Kajrat Batesov, der am 4. Mai 2002 im brandenburgischen Wittstock zusammen mit seinem Freund Maxim K. vor einer Diskothek von „einheimischen“ Jugendlichen brutal attackiert und als „Scheißrusse“ beschimpft wurde. Kajrat erlag am 23. Mai 2002 seinen Verletzungen. Der Haupttäter wurde zu zehn Jahren Haft verurteilt, wobei das Gericht zwar eine „diffuse Fremdenfeindlich-

41 www.amadeu-antonio-stiftung.de/todesopfer-rechter-gewalt/ (Abfrage: 30.07.2020).

keit" der Täter identifizierte, ein fremdenfeindliches Tatmotiv aber ausschloss.[42] Am 19. Dezember 2003 erstach der Rechtsextreme Leonhard S. im baden-württembergischen Heidenheim die drei jungen Spätaussiedler Viktor Filimonov, Waldemar Ickert und Aleksander Schleicher, ebenfalls vor einer Diskothek. Der Täter wurde zu neun Jahren Jugendstrafe wegen Totschlags verurteilt. Auch hier sah das Gericht aber keinen rassistischen Hintergrund.[43] Am 20. Januar 2004 töteten vier rechte Jugendliche den Spätaussiedler Oleg Valger in Gera (Thüringen) „mit Tritten, Messerstichen und Hammerschlägen". Die Haupttäter wurden wegen Mordes zu Jugendstrafen von neun und zehn Jahren verurteilt, doch auch hier sah das Gericht zwar eine „menschenverachtende Gesinnung", aber kein fremdenfeindliches Motiv hinter der Tat.[44] Als „Verdachtsfall" klassifiziert die Amadeu-Antonio-Stiftung den Tod des 18-jährigen Arthur Lampel in Bräunlingen (Baden-Württemberg) am 9. September 2001. Er starb durch den Glaswurf eines Neonazis bei einem Fest, der Gutachter des Gerichts sah hier eine „Verkettung unglücklicher Umstände."[45] Dass sich auf dieser Liste keine postsowjetischen Juden als Opfer antisemitischer Gewalt finden ist nicht zuletzt der Widerstandsfähigkeit der Eingangstür der Hallenser Synagoge zu verdanken, die am 9. Oktober 2019 das Eindringen des Rechtsextremen Stephan Balliet in die Synagoge verhinderte, wo er die Besucher des Jom-Kippur Gottesdienstes massakrieren wollte.

Es gehört zu den Paradoxien der deutschen Migrationsgesellschaft, dass sich auch unter den Tätern rechtsextremer Gewalt ein postsowjetischer Migrant findet. Am 1. Juli 2009 ermordete der Russlanddeutsche Alex Wiens die im dritten Monat schwangere Ägypterin Marwa El-Sherbini in einem Dresdner Gerichtssaal mit achtzehn Messerstichen. Gegenstand der Gerichtsverhandlung waren seine früheren Beschimpfungen des Opfers als „Islamistin" und „Terroristin". Bezeichnenderweise schoss ein intervenierender Bundespolizist auf El-Sherbinis ebenfalls ägyptischen Mann, da er ihn für den Täter hielt. Wiens wurde zu einer lebenslangen Freiheitsstrafe verurteilt, hier gab es keine Zweifel an der Mordabsicht und dem ausländerfeindlichen Mordmotiv. Allerdings wurde der muslimfeindliche Hintergrund der Tat laut Amadeu-Antonio-Stiftung in der Berichter-

42 www.amadeu-antonio-stiftung.de/todesopfer-rechter-gewalt/kajrat-batesov/; www.todesopfer-rechter-gewalt-in-brandenburg.de/victims-kajrat-batesov.php (Abfrage: 30.07.2020).

43 www.amadeu-antonio-stiftung.de/todesopfer-rechter-gewalt/viktor-filimonov-waldemar-ickert-und-aleksander-schleicher/ (Abfrage: 30.07.2020).

44 www.amadeu-antonio-stiftung.de/todesopfer-rechter-gewalt/oleg-valger/; www.zeit.de/gesellschaft/zeitgeschehen/2010-09/todesopfer-rechte-gewalt/seite-16 (Abfrage: 30.07.2020).

45 www.amadeu-antonio-stiftung.de/todesopfer-rechter-gewalt/arthur-lampel/ (Abfrage: 30.07.2020).

stattung lange Zeit vernachlässigt und durch die Betonung von Wiens' russlanddeutschem Hintergrund versucht, die Tat zu externalisieren. „Erst auf Druck durch die ausländische Presse wird auch in Deutschland die wahre Motivation des Täters erkannt: Alex W. tötete Marwa El-Sherbini aus antimuslimischem Rassismus heraus."[46]

Fazit

Die Tatsache, dass sich russlanddeutsche Spätaussiedler sowohl unter den Opfern als auch unter den Tätern rassistischer Gewalt finden, ist vielleicht die extremste Illustration ihres ambivalenten Status in der deutschen Gesellschaft. Russlanddeutsche – und postsowjetische Migranten insgesamt – sind in der gesamtgesellschaftlichen Vorurteilsstruktur der deutschen Mehrheitsgesellschaft nicht eindeutig markiert. Vorurteile gegen Russlanddeutsche sind eng mit ausländerfeindlichen Einstellungen verknüpft – in dieser Logik sind sie „Russen", keine „Deutschen". Russlanddeutsche sind demnach eine angefeindete Gruppe unter vielen. Zugleich befinden sie sich als staatlich anerkannte Deutsche aber auch in einer Position, zur Mehrheitsgesellschaft dazugehören zu sollen und zu wollen – eine Position, die ihnen wiederum von sonst inklusiv gestimmten Zeitgenossen streitig gemacht wird. Wenn dann von der Mehrheitsgesellschaft adaptierte Vorurteilsstrukturen zur Grundlage für ausländerfeindliche Meinungsäußerungen (wie im „Fall Lisa") oder gar Gewalttaten (wie im Fall Alex Wiens) von Russlanddeutschen gegen andere Migrantengruppen werden, dann werden diese Taten ihrerseits wiederum anhand von Vorurteilen externalisiert (vgl. auch Panagiotidis 2016b). Russlanddeutsche sind dann „zu deutsch" im Sinne von rechtsnational, völkisch etc. Oder aber sie sind „zu russisch", als fremdgesteuerte „fünfte Kolonne Putins". Nach einem ähnlichen Schema sind die postsowjetischen Juden manchen Beobachtern „zu russisch" und entsprechend nicht „jüdisch genug" für die erhoffte Revitalisierung des Deutschen Judentums. Für andere sind sie aber „zu jüdisch", weil nach einer antisemitischen Logik jeder Jude einer zu viel ist. Das Ergebnis sind jeweils Zerrbilder, die mit den realen Menschen und ihrer Existenz in der deutschen Gesellschaft nichts zu tun haben.

---

46 www.amadeu-antonio-stiftung.de/todesopfer-rechter-gewalt/marwa-el-sherbiny-staatlich-anerkannt/. Der volle Name von Alex Wiens, der erst in Deutschland den deutschen Nachnamen seiner Mutter annahm, wird im Wikipedia-Eintrag zu dem Fall genannt: https://de.wikipedia.org/wiki/Marwa_El-Sherbini.

Kapitel 7
Politische Einstellungen

Der „Fall Lisa" und seine Folgen

Am 23. und 24. Januar 2016 demonstrierten in vielen Städten Deutschlands Menschen postsowjetischer Herkunft anlässlich der angeblichen Entführung und Vergewaltigung eines russlanddeutschen Mädchens aus Berlin-Marzahn durch wahlweise „Flüchtlinge", „Ausländer" oder „Südländer" (die Presseberichte waren sich in der Wortwahl nicht einig). Ihr Zorn richtete sich gegen die deutschen Behörden und die Bundesregierung, die den Fall angeblich vertuschten. Befeuert wurden die in den sozialen Netzwerken und privaten Whatsapp-Gruppen zirkulierenden Gerüchte um das Mädchen namens Lisa durch einen Bericht des ersten russischen Fernsehens, das die Geschichte aufnahm und skandalisierte. Selbst der russische Außenminister Sergej Lavrov mischte sich ein, was in der bundesdeutschen Politik und Öffentlichkeit Sorgen auslöste, Ziel der „hybriden Kriegsführung" der Russischen Föderation geworden zu sein, die schon auf der Krim erfolgreich russischsprachige Minderheiten für ihre Zwecke instrumentalisiert hatte.

In diplomatischer Hinsicht blieb der „Fall Lisa" ein Sturm im Wasserglas, nicht zuletzt deshalb, weil keine Vergewaltigung stattgefunden hatte. Die von der Webseite *Der Postillon* satirisch angekündigte Annexion von Berlin-Marzahn durch „grüne Männchen" blieb auch aus (Postillon, 28.01.2016). „Lisa" brachte aber das Thema der politischen Einstellungen von postsowjetischen Migranten und speziell von russlanddeutschen Spätaussiedlern auf die Agenda von Öffentlichkeit und Forschung. In den Jahren davor hatte dieser Themenkomplex relativ wenig Aufmerksamkeit erhalten. Dies ist bemerkenswert: Anders als die meisten anderen Zuwanderergruppen, bei denen wegen der hohen Einbürgerungshürden lange Zeit eher die Frage war, ob sie überhaupt wählen dürfen, verfügten Spätaussiedler als deutsche Staatsbürger von Anfang an über das aktive und passive Wahlrecht. Trotzdem interessierte sich die Forschung nur marginal für ihr politisches Verhalten, da zwei Dinge als ausgemachte Sache galten: Russlanddeutsche Spätaussiedler wählen in ihrer großen Mehrheit sowieso die CDU und sind außerdem politisch passiv.

Beide Annahmen waren auch nicht grundsätzlich falsch, wie etwa die Forschungen des Politologen Andreas Wüst (2002) zeigten. Der Zuspruch zur CDU war lange Zeit in der Tat überdurchschnittlich hoch, was die Forschung der konservativen und oft religiös geprägten Grundhaltung vieler Russlanddeutscher, aber auch ihrer fast schon sprichwörtlichen Dankbarkeit der CDU und besonders Bundeskanzler Helmut Kohl gegenüber zuschrieb, ihnen die Aussiedlung nach Deutschland ermöglicht zu haben. Auch die politische Passivität und vergleichsweise niedrige Wahlbeteiligung ließen sich empirisch nachweisen, wobei hier die Erklärungsansätze auseinandergingen. Manche sahen hier eine Konsequenz der Sozialisation dieser Menschen im Staatssozialismus, die zu einem generellen Misstrauen gegen „die Politik" und einem allgemeinen Gefühl der Machtlosigkeit beigetragen habe. Dies konnte aber nicht erklären, warum andere „Sowjetmenschen" sich in Israel schnell und effizient politisch mobilisierten und eigene Parteien gründeten. Daher verwies etwa die Politologin Amanda Klekowski von Koppenfels (2003) auf die Gelegenheitsstrukturen (*opportunity structures*) des politischen Systems der Bundesrepublik, die Russlanddeutsche an der politischen Betätigung hinderten. Als Neuzuwanderer fehlten ihnen zum einen die Netzwerke und Ressourcen für eine politische Betätigung in den etablierten Parteien. Der stark assimilatorische Integrationsdiskurs (vgl. Kapitel 2) wiederum ließ es wenig opportun erscheinen, sich auf Herkunftsbasis politisch zu formieren, wie es in Israel etwa die russischsprachigen Einwandererparteien *Israel Ba-Aliyah* und *Israel Beitenu* taten. Das Ergebnis war eine über Jahre andauernde politische Unsichtbarkeit der Russlanddeutschen.

All dies änderte sich mit dem „Fall Lisa". Auf einmal stand die politische Haltung der Russlanddeutschen im Rampenlicht, wobei insbesondere zwei neue Topoi im öffentlichen Diskurs auftauchten: Russlanddeutsche seien erstens empfänglich für russische Propaganda und würden vom Kreml manipuliert, zweitens seien sie besonders rechtslastig und wählten überdurchschnittlich häufig die AfD. Beide Behauptungen fanden in polemischen medialen Überschriften wie „Russlanddeutsche als Putins Fünfte Kolonne" (Girg u. a. 25.01.2016) und „Alternative für Russlanddeutschland" (Kaleta u. a. 14.06.2017) Ausdruck. Besondere Aufmerksamkeit erhielten dabei auffällig hohe AfD-Wahlergebnisse in Stadtteilen mit hohem Anteil von Russlanddeutschen unter der Bevölkerung. Der Spiegel sprach hierbei unter Rückgriff auf vertraute Stereotype über „russische" Stadtteile (vgl. Kapitel 4 und 6) vom „Rechtsruck in Klein-Moskau" (Friedmann 09.09.2017). Was aber fehlte, war eine solide empirische Basis, um diese reißerisch vorgetragenen Hypothesen zu überprüfen.

Dieses Kapitel hat zum Ziel, diese empirische Basis zu schaffen und somit auch zu der notwendigen Versachlichung der Debatte beizutragen. Dazu werde ich erstens repräsentative Umfragedaten zum politischen Verhältnis postsowjetischer Migranten zu Russland auswerten. Als zweites erfolgt eine Analyse repräsentativer Daten zum Wahlverhalten postsowjetischer Migranten in Deutschland. Drittens werde ich eine statistische Analyse von Daten aus ausgewählten Städten vornehmen, um den Zusammenhang zwischen AfD-Stimmen und postsowjetischem Bevölkerungsanteil zu überprüfen. Dabei wird sich zeigen – so viel sei vorweggenommen – dass die politische Verbindung zwischen einem Teil der postsowjetischen Bevölkerung in Deutschland und der AfD mehr als eine mediale Illusion ist. Das Kapitel wird daher auch versuchen, Erklärungsansätze für die erkennbaren statistisch signifikanten Zusammenhänge zu liefern. Zugleich ist es wichtig zu betonen, dass die Hinwendung zur AfD Teil eines umfassenderen politischen Wandels innerhalb dieser Wählergruppe ist, der auch einen bisher wenig beachteten starken Zuspruch für die Linkspartei mit sich bringt.

Die Diskussion soll aber nicht ausschließlich auf die Russlanddeutschen verengt werden, wie es in der öffentlichen Debatte meist geschah. Ende 2018 machte auch die Gründung einer Arbeitsgemeinschaft „Juden in der AfD" Furore, in der sich einige postsowjetische Migranten jüdischer Herkunft prominent engagierten. Ist dies der „schlechteste jüdische Witz seit Langem", wie es der aus Russland stammende jüdische Europaabgeordnete der Grünen Sergey Lagodinsky (2018) formulierte? Oder verbergen sich dahinter reale Stimmungen und Strömungen innerhalb der russisch-jüdischen Community? Diesen Fragen werde ich mich im letzten Teilkapitel widmen.

„Putins fünfte Kolonne"? – Das Verhältnis zu Russland

Das Verhältnis russlanddeutscher Spätaussiedler und anderer postsowjetischer Migranten zu Russland war lange Zeit kein Thema in der deutschen Politik und Medienöffentlichkeit. Solange das deutsch-russische Verhältnis unproblematisch war, stellte niemand Fragen nach möglichen doppelten Loyalitäten. Während etwa die Diskussion um den „Doppelpass" für Migranten aus der Türkei und anderen Ländern polemisch geführt wurde, wurden deutsch-russische Doppelstaatsbürgerschaften in großer Zahl toleriert.[47] Auch die in Kapitel 8 thematisierten Satellitenschüsseln und der dadurch ermöglichte Konsum russischen Fernsehens sorgten für keine Beunruhigung in der in Sachen „Parallelgesellschaften" oft empfindlichen deutschen Öffentlichkeit.

Diese vergleichsweise bequeme Zwischenposition der postsowjetischen Migranten geriet schon mit dem Ukraine-Konflikt, der Krim-Annexion und dem in der Folge verschlechterten deutsch-russischen Verhältnis ins Wanken. Auf einmal entstand ein Entscheidungszwang: Ist man in diesem Konflikt für oder gegen Russland? Glaubt man den diametral gegensätzlichen russischen oder „westlichen" Erzählungen der Ereignisse? Die Präsenz ehemaliger Bundeswehrsoldaten

47 Laut Mikrozensus 2018, Tabelle 6.2 gibt es in Deutschland insgesamt 307.000 Menschen postsowjetischer Herkunft mit deutscher und einer anderen Staatsangehörigkeit, darunter 233.000 deutsch-russische, 33.000 deutsch-kasachische und 18.000 deutsch-ukrainische Doppelstaatler. Zum Vergleich: Bei den Türkeistämmigen beläuft sich die Anzahl auf 240.000. Die reale Zahl dürfte in allen Fällen höher liegen, da die Befragten ihre zusätzliche Staatsangehörigkeit nicht immer angeben.

und anderer Abenteurer russlanddeutscher Herkunft im ostukrainischen Kriegsgebiet, die dort auf Seiten der pro-russischen Separatisten kämpften, sorgte dann bereits im Frühjahr 2015 für einen – allerdings noch sehr begrenzten – Aufruhr in der Öffentlichkeit (Banse u. a. 15.03.2015). Nach dem „Fall Lisa" stand dann nicht nur für „kremlkritische" Verschwörungstheoretiker fest, dass die postsowjetische Community in Deutschland unter dem Einfluss russischer Medien stehe und sich von Kremlpropaganda gegen die Bundesrepublik Deutschland aufhetzen lasse (vgl. Kapitel 6).

Was fehlte waren aber belastbare Daten zur Frage, wie Russlanddeutsche und andere postsowjetischen Migranten zu Russland und zur russischen Politik stehen. Repräsentative Daten hierzu produzierte die schon mehrfach zitierte Studie der Boris Nemtsov Foundation (2016a und 2016b). Diese hatte zunächst Beruhigendes zu verkünden: „Die Mehrheit sieht Deutschland als ein demokratischeres Land an, in dem die Menschenrechte besser geschützt werden als in Russland" (Boris Nemtsov Foundation 2016b, S. 5). Konkret bedeutete dies, dass 66 % der befragten Menschen postsowjetischer Herkunft mit der deutschen, aber nur 17 % mit der russischen Demokratie zufrieden waren. Jeweils 20 % waren weder zufrieden noch unzufrieden, nur 10 % waren dezidiert unzufrieden mit der deutschen Demokratie (gegenüber 28 % mit jener in Russland). „Voll und ganz" mit dem Respekt für Menschenrechte in Deutschland waren 36 % der Befragten zufrieden (gegenüber 10 % in Russland), „teilweise" waren es 49 % (gegenüber 55 % in Russland). Die Fragen zur Demokratie und zum Respekt für Menschenrechte in Russland beantworteten zudem 34 % bzw. 20 % mit „weiß nicht" – zweifellos dem Umstand geschuldet, dass die Befragten als langjährige Emigranten, die möglicherweise sogar aus einer anderen postsowjetischen Republik stammten, mit der politischen Situation in Russland gar nicht vertraut waren (Boris Nemtsov Foundation 2016b, S. 5). Zur besseren Einordnung der Einstellung gegenüber der Demokratie in Deutschland helfen ein paar andere Umfragedaten zur Gesamtbevölkerung: Etwa zur selben Zeit waren laut einer repräsentativen Umfrage der Europäischen Kommission in der deutschen Bevölkerung 69 % aller Befragten „sehr" oder „ziemlich" zufrieden mit der Funktionsweise der Demokratie in Deutschland, gegenüber 24 %, die „nicht sehr zufrieden" und 5 %, die „überhaupt nicht zufrieden" waren.[48] Die 2016 erhobenen Zufriedenheitswerte der postsowjetischen Migranten unterschieden sich somit nicht signifikant von denen der Gesamtbevölkerung. Sie waren gewissermaßen sogar „weniger unzufrieden" mit der Demokratie in Deutschland als die Gesamtbevölkerung.

Eine zweite zentrale Beobachtung bezog sich auf den Einfluss russischer Medien, den viele ja als eine zentrale Ursache der Ereignisse um den „Fall Lisa" iden-

48 https://de.statista.com/statistik/daten/studie/153854/umfrage/zufriedenheit-mit-der-demokratie-in-deutschland/ (Abfrage: 30.07.2020).

tifiziert hatten. Hier war der Befund schon differenzierter: „Das Vertrauen in russische Medien ist gering. Gleichzeitig haben gerade das russische Fernsehen und Internet eine nicht unerhebliche Anzahl von Nutzern, unter denen wiederum auch das Vertrauen in die russischen Medien höher ist" (Boris Nemtsov Foundation 2016b, S. 10). So gaben nur 32 % der Befragten, die sich als Nutzer des russischen Fernsehens identifizierten, an, diesem auch zu vertrauen. Unter den Befragten, die sich als „häufige Nutzer" auswiesen, lag dieser Vertrauensanteil hingegen bei 60 %. Ähnliche Unterschiede konnten auch beim Konsum anderer Medien festgestellt werden. Bei Nutzern russischer Internetseiten lag der Anteil derer, die ihnen vertrauten bei 20 % im Vergleich zu 40 % unter den „häufigen Nutzern". Bei russischen Radiosendern lag dieser Unterschied zwischen Nutzern und „häufigen Nutzern" bei 8 % vs. 46 %, bei russischen Zeitungen bei 17 % vs. 62 %. Dies, so zeigte die Studie weiter, hatte auch Konsequenzen für ihre politischen Ansichten: So meinten nur 24 % der häufigen Nutzer des russischen Fernsehens, dass in Deutschland die Menschenrechte eingehalten würden, gegenüber 42 % der häufigen Nutzer des deutschen Fernsehens. Auch sahen häufige Nutzer des russischen Fernsehens die Sicherheitslage kritischer, äußerten häufiger Angst, Opfer eines Terroranschlags zu werden, zeigten sich insgesamt skeptischer gegenüber Migranten und Flüchtlingen (64 % meinten, diese erhöhten die Kriminalität, gegenüber 47 % bei den Konsumenten deutscher Medien) und äußerten häufiger eine Präferenz für geschlossene Grenzen (59 % vs. 46 %) (Boris Nemtsov Foundation 2016b, S. 11–12).

Wichtig ist weiterhin die schon aus Kapitel 5 bekannte Unterscheidung der Studie von verschiedenen Generationen postsowjetischer Migranten. Zur Erinnerung: Die von den Autorinnen der Studie als „Neue" und „Mittlere" Generation identifizierten Befragten waren schon in den 1990er Jahren immigriert, oft als Kinder oder in relativ jungem Alter, und sahen sich als gut integriert. Die als „Bjurgery" (Bürger) bezeichneten Befragten waren zur selben Zeit nach Deutschland gekommen, waren etwas älter (sie repräsentieren im Wesentlichen die Elterngeneration der ersten beiden Segmente), aber bezeichneten sich ebenfalls als gut integriert. Die „nachgezogenen Eltern" schließlich waren oft erst nach dem Jahr 2000 nach Deutschland gekommen, waren laut den Autorinnen der Studie schlechter integriert und stärker auf Russland fixiert. Die Studie verweist auf tendenzielle Unterschiede in ihren Werthaltungen gegenüber Minderheiten, von der sehr toleranten „Neuen Generation" bis zu den am wenigsten toleranten „nachgezogenen Eltern". In Bezug auf die russische Außenpolitik waren die Kontraste aber andere (vgl. Boris Nemtsov Foundation 2016b, S. 27). Hier waren die stark in Russland verwurzelten „nachgezogenen Eltern" wenig überraschend beständig das am stärksten pro-russische der vier Segmente. Die insgesamt kritischste Haltung Russland gegenüber zeigten aber nicht etwa die Angehörigen der „Neuen Generation", sondern die „Bjurgery". Dies ergibt bei näherer Betrachtung durchaus Sinn, waren sie es doch, die in den 1990er Jahren diesem

Land bzw. der ehemaligen Sowjetunion aktiv den Rücken kehrten und nach Deutschland emigrierten. Von ihnen dachten beispielsweise nur 32 %, dass der Westen Russland gegenüber nicht genügend Respekt zeige, eine Aussage, der große Teile der „Neuen“ und „Mittleren Generation“ *und* der „nachgezogenen Eltern“ zustimmten. Möglicherweise finden hier die „long-distance“ Patriotismen eigentlich widerwilliger Emigranten zueinander, die entweder als Kinder oder als Eltern den Migrationsentscheidungen der hier als „Bjurgery“ bezeichneten Generation folgen mussten.

Trotz dieser erkennbaren Unterschiede kamen die Vertreter der verschiedenen Generationen teilweise aber auch zu ähnlichen Bewertungen der russischen Außenpolitik. Die Einschätzung Russlands als „eine Quelle politischer Stabilität“ war keine marginale Minderheitenmeinung, sondern traf auf die Zustimmung von 39 % („Bjurgery“) bis 55 % („nachgezogene Eltern“) der Befragten. Auch dem Schutz von Russen im Ausland durch die Russische Föderation waren die vier Segmente in ähnlichem Maße zugeneigt. Die Aussage, Russland solle „seine nationalen Interessen verteidigen“, war wiederum nur bei den „nachgezogenen Eltern“ mehrheitsfähig. Insgesamt war in keinem Segment mehr als ein Fünftel der Befragten der Ansicht, dass Russland das Recht habe, sich in der Ukraine einzumischen. Interessanterweise waren es hier aber die „nachgezogenen Eltern“ und die „Bjurgery“, die gemeinsam die höchsten Zustimmungswerte zeigten. Die „Russischen Juden“, die die Studie generationenübergreifend als weiteres Sample betrachtete (Boris Nemtsov Foundation 2016b, 31), wichen insgesamt kaum von diesen Werten ab. Allerdings sahen mit 34 % deutlich weniger von ihnen Russland als eine Quelle politische Stabilität, während mit 43 % deutlich mehr der Ansicht waren, das Land solle sich auf seine innenpolitischen Probleme konzentrieren.

Diese Daten zeichnen ein Bild der untersuchten Gruppe, das keine pauschalen Urteile zulässt, weder allgemein noch hinsichtlich der verschiedenen Generationen. Interessant ist, dass sich grundsätzlich zwei Segmente der älteren Generation – die „Bjurgery“ und die „nachgezogenen Eltern“ – in außenpolitischen Fragen als eher russlandfreundlich und eher russlandkritisch gegenüberstehen. Die beiden jüngeren Kohorten positionieren sich dazwischen. Unterschiedliche Haltungen gegenüber Russland sind also kein einfacher Effekt der Sozialisation in Deutschland, sondern haben mutmaßlich etwas damit zu tun, ob man das Land aktiv und bewusst verlassen hat, oder im engeren oder weiteren Sinne „mitgenommen“ wurde.

Die komplexe Frage nach dem Verhältnis zu Russland – ein Land, aus dem viele der postsowjetischen Migranten in Deutschland ja gar nicht stammen, dem sie aber kulturell und sprachlich verbunden sind – wurde in der öffentlichen Diskussion oft auf eine einfache „Gretchenfrage“ heruntergebrochen, die die Studie der Boris Nemtsov Stiftung aber leider nicht stellte: „Nun sag, wie hast Du’s mit Putin?“ Repräsentative Zahlen hierzu liegen daher nicht vor. In meinen Interviews mit Studierenden postsowjetischer Herkunft habe ich die Befragten jedoch um ihre Einschätzung der Einstellungen zu Putin in der Community gebeten. Aus den Antworten entsteht ein durchaus komplexes Mosaik, das sich nicht ohne weiteres in ein einfaches Schema von „dafür" oder „dagegen" einordnen lässt und auch keine klare Unterscheidung zwischen „älterer" und „jüngerer" Generation zulässt. Der in der Community bis heute vernetzte Pascal beispielsweise bejahte, dass es viele Putin-Freunde gebe, auch in der jüngeren Generation, deren Verehrung für den russischen Präsidenten oft mit starkem Antiamerikanismus einhergehe. Bei der Putin-Verehrung spiele auch Sowjetnostalgie und Stolz eine Rolle. Nadja wiederum bezweifelte, dass Putin in der Community eine besonders große Bedeutung zukomme. Ihre erste Assoziation zum Thema „Politik" war aber tatsächlich Putin – freilich möglicherweise als Spiegelung des erwarteten Interesses des Interviewers vor dem Hintergrund des öffentlichen Diskurses. Sie sagte dann aber auch, dass in Folge der Krim-Krise viele die antirussische und anti-Putin Berichterstattung in den deutschen Medien persönlich genommen hätten. Ähnliches schildert Thomas in Bezug auf seine Eltern: Diese seien eigentlich politisch eher desinteressiert, hätten aber schon mal durchblicken lassen, dass sie Putin und Russland zu schlecht in den hiesigen Medien repräsentiert sähen.

Die Erklärungen von Thomas, Sophia und Aljona verdeutlichen wiederum die komplexen Bruchlinien, die zu diesem Thema durch die Community postsowjetischer Migranten laufen. Sophia etwa spricht von „Putin-Fans" in ihrer angeheirateten Familie, aber auch von kritischen Haltungen in ihrer eigenen, aus Georgien stammenden russlandgriechischen Familie, die den russlandkritischen Standpunkt Georgiens einnähmen. Man diskutiere diese Fragen, ohne dass es direkt zum Streit käme. Ähnlich differenziert sind Aljonas Einschätzungen der Situation in ihrer eigenen russischsprachigen, jüdisch-ukrainischen Familie. So sei die Krimannexion ein durchaus einschneidendes Erlebnis gewesen, aber bei ihrem Vater sei sie sich gar nicht so sicher, ob er das russische Vorgehen gut oder schlecht gefunden habe. Prinzipiell habe er Putin jedenfalls früher gut gefunden, wobei seine Haltung kritischer geworden sei, seit ein Cousin traumatisiert vom Kriegseinsatz aus dem Donbass zurückkam. An solchen Stellen spiegeln sich also die Konfliktlinien des postsowjetischen Raumes auch in postsowjetischen Familien, die in ihrer Zusammensetzung nicht zwangsläufig homogen sind.[49]

Thomas wiederum berichtet vom „Putin-Kult", den er im Internet wahrnehme. Dieser sei allerdings teilweise eher ironisch, etwa wenn Putin statt auf einem Pferd auf einem Bären reitend gezeigt würde. Ähnlich sei zum Beispiel eine Wanduhr seiner Cousine mit Bildern von Putin und Medvedev als Gag ein-

49 Zur diametral entgegengesetzten Einschätzung der Krimannexion und der Person Putin zwischen ukrainestämmigen und allen anderen postsowjetischen Migranten vgl. auch Goerres/Spies/Mayer (2018, 5–6).

zuschätzen, zumal die Darstellungen nicht sehr vorteilhaft seien. Die postmoderne Brechung von in ihrer Bildsprache aus dem 20. Jahrhundert stammenden Personenkulten machen also auch vor der Verehrung Wladimir Putins in der postsowjetischen Diaspora nicht Halt.

„Alternative für Russlanddeutschland"? Repräsentative Wahldaten

Tabelle 7.1: Stimmenanteile bei der Bundestagswahl 2017

	CDU/CSU	SPD	Die Linke	Grüne	FDP	AfD	Andere	Wahlbeteiligung
PSM 2017	27,0	12,0	21,0	8,0	12,0	15,0	5,0	58,0
TR 2017	20,0	35,0	16,0	13,0	4,0	0,0	12,0	64,0
Alte Bundesländer (mit Berlin)	33,8	21,8	7,8	9,8	11,3	10,7	4,8	76,8
Neue Bundesländer (ohne Berlin)	28,5	13,8	16,9	4,4	7,6	22,6	6,1	73,0
Deutschland gesamt	32,9	20,5	9,2	8,9	10,7	12,6	5,2	76,2

Die ersten beiden Zeilen basieren auf Goerres/Spies/Meyer (2018, S. 1). Die Zahlen für die alten und neuen Bundesländer sind berechnet aus www.bundeswahlleiter.de/bundestagswahlen/2017/ergebnisse.html. Dort finden sich auch die Ergebnisse für das gesamte Bundesgebiet.

Ähnlich differenziert wie die Haltung zu Russland und Putin ist auch der zweite Topos zu den politischen Einstellungen postsowjetischer Migranten zu betrachten: ihre vermeintlich überdurchschnittliche Präferenz für die AfD. Diese wurde im Vorfeld der Bundestagswahl 2017 viel diskutiert, was den im Rahmen der Immigrant German Election Study (IMGES) vorgelegten repräsentativen Daten zu postsowjetischen Wählern eine besondere Bedeutung zukommen ließ (Goerres/Spies/Mayer 2018; Tabelle 7.1). Grundlage war eine Nachwahlbefragung unter einer nach der onomastischen Methode zusammengestellten Stichprobe von ca. 500 postsowjetischen Wählern (zu 96 % Angehörige der ersten Migrantengeneration), ebenso wie unter einer Stichprobe von 500 türkeistämmigen Wählern (zu etwa gleichen Anteilen Angehörige der ersten und zweiten Generation). In Bezug auf die AfD zeigen die Daten in Tabelle 7.1, dass der Zuspruch für diese Partei in der hier befragten postsowjetischen Wählerschaft tatsächlich höher lag als in der Gesamtbevölkerung. Bemerkenswerterweise blieb sie aber hinter den Werten für die Linkspartei zurück.[50] Dieser Befund gibt bereits Anlass, das Bild

50 Hier ist allerdings zu bedenken, dass die Autoren die AfD-Werte als „konservative Schätzungen" bezeichnen, da Befragte bei solchen Umfrageformaten aufgrund „sozialer Er-

eines allgemeinen „Rechtsrucks“ unter postsowjetischen Migranten zu differenzieren, zumal insgesamt 41 % der postsowjetischen Wählerschaft laut der IMGES-Studie 2017 Parteien links der Mitte wählten (SPD, Linke oder Grüne). Dies sind zwar deutlich weniger als unter den traditionell stärker links verorteten türkeistämmigen Wählern (64 %), aber mehr als in der Gesamtbevölkerung (38,6 %). Auffällig ist die strukturelle Ähnlichkeit der postsowjetischen Stimmenverteilung zu jener in den Neuen Bundesländern. Auch dort sind die Stimmanteile für die Linkspartei und die AfD höher als in der gesamten Republik, während die SPD eine untergeordnete Rolle spielt. Weiterhin erwähnenswert, wenn auch erwartbar, war die vergleichsweise niedrige Wahlbeteiligung der postsowjetischen Migranten, die die bereits früher festgestellte weit verbreitete politische Passivität bestätigte.

Tabelle 7.2: Parteipräferenzen und Wahlverhalten

	PSM				Deutsche ohne MH				Türkeistämmige			
	Wahlabsicht			Letzte BTW*	Wahlabsicht			Letzte BTW*	Wahlabsicht			Letzte BTW*
	2014	2016	2018	2014 -2018	2014	2016	2018	Letzte BTW	2014	2016	2018	Letzte BTW
CDU/CSU	43,2	33,8	31,6	43,0	33,9	30,4	30,2	35,7	19,4	18,9	18,9	18,4
SPD	18,2	20,1	21,1	21,9	25,3	21,9	20,1	25,2	38,9	49,2	45,4	47,4
FDP	1,5	6,8	7,5	5,5	4,9	9,3	10,9	8,0	2,6	3,8	11,3	4,6
Die Grünen	8,3	3,3	8,2	3,6	16,1	16,9	20,1	15,1	18,2	7,6	9,3	13,8
Die Linke	17,4	19,2	14,2	13,3	8,6	8,3	8,1	8,1	13,0	16,8	11,3	13,8
AfD/NPD**	8,3	13,6	17,3	12,3	7,1	10,5	7,9	5,9	2,6	3,8	3,8	--
Andere	3,0	3,3	--	0,4	4,1	2,7	2,7	1,9	5,2	--	--	2,3

Daten aus: ALLBUS 2014 (Nr. 5240), 2016 (Nr. 5250), 2018 (Nr. 5272)
* Angaben zur jeweils letzten Bundestagswahl wegen geringer Fallzahlen aus den Surveys 2014–2018 kumuliert. Dabei bezogen sich die Surveys 2014 und 2016 auf die Wahl 2013, der Survey 2018 auf die Wahl 2017.
** NPD als Wahlmöglichkeit 2014 und 2016, nicht aber 2018

Die Ergebnisse der Bundestagswahl 2017 stellen eine Momentaufnahme dar. Über die Entwicklung der parteipolitischen Ausrichtung der postsowjetischen Wähler während der vergangenen Jahre geben uns die Daten der Allgemeinen Bevölkerungsumfrage der Sozialwissenschaften (ALLBUS) aus den Jahren 2014,

wünschtheit“ unter Umständen ihre rechtsextreme Wahlpräferenz nicht wahrheitsgemäß angeben (vgl. Görres/Spies/Mayer 2018, S. 3).

2016 und 2018 Aufschluss (vgl. Doerschler/Panagiotidis 2021). Das Sample erfasst dabei insgesamt 302 deutsche Staatsbürger, die seit 1970 aus der ehemaligen Sowjetunion zugewandert sind oder Eltern aus diesen Herkunftsgebieten haben. Die Zahlen in Tabelle 7.2 legen nahe, dass sich die Wählerpräferenzen innerhalb dieser Gruppe primär innerhalb des rechten Parteispektrums, d. h. von den konservativen Unionsparteien hin zu rechtspopulistischen und rechtsextremen Parteien verlagert haben. Die für die einzelnen Survey-Jahre nachvollziehbaren Angaben zur Wahlabsicht zum jeweiligen Zeitpunkt (als Antwort auf die sogenannte „Sonntagsfrage") zeigen, dass die noch 2014 dominanten Unionsparteien bis 2016 – offenbar im Kontext der sogenannten „Flüchtlingskrise" – massiv an Unterstützung verloren. Währenddessen wuchsen die Anteile der AfD kontinuierlich, und das auf einem höheren Niveau als in der Bevölkerung ohne Migrationshintergrund. Während bei letzterer der AfD-Zuspruch von 2016 bis 2018 wieder sank, stieg er bei den postsowjetischen Wählern weiter an. Dies geschah offenbar auch auf Kosten der Linkspartei, die zuvor in der Wählergunst vor der AfD lag. Dennoch zeigen auch diese Daten, dass die Einschätzung der postsowjetischen Wähler als kompakt rechts der Mitte positionierter Gruppe so nicht mehr zutrifft – in allen Erhebungsjahren vereinten die SPD, die Linkspartei und die Grünen zusammen gut 43 % der postsowjetischen Stimmen auf sich. Der grundsätzliche Kontrast zu den türkeistämmigen als mehrheitlich links der Mitte positionierter migrantischer Wählergruppe bleibt allerdings bestehen, wobei die Unionsparteien nicht mehr so marginal bei dieser Wählerklientel sind, wie dies früher der Fall war. Ein geringer Anteil der türkeistämmigen Wähler könnte sich sogar vorstellen, AfD zu wählen.

Die ALLBUS-Daten liefern auch die Grundlage für eine systematische Untersuchung der Faktoren, die dieses spezifische Wahlverhalten der postsowjetischen Wähler erklären können. Die Korrelationsanalyse bezieht sich dabei einerseits auf die kumulierten Angaben zur Wahlabsicht für AfD und Linkspartei, andererseits auf die ebenfalls in Tabelle 7.2 verzeichneten tatsächlich abgegebenen Stimmen bei der letzten Bundestagswahl, kumuliert für die Survey-Jahre 2014, 2016 und 2018. Die Eigenschaft als postsowjetischer Migrant ist dabei die zentrale erklärende Variable, die durch eine Reihe von Kontrollvariablen flankiert wird. Die in Tabelle 7.3 dargestellten Ergebnisse legen nahe, dass es allgemeine und gruppenspezifische Faktoren gibt, die für die Erklärung des Wahlverhaltens relevant sind. Unter den allgemeinen Kontrollvariablen stechen zwei signifikante sozioökonomische Faktoren heraus, die für beide Parteien relevant sind: Die (selbst eingeschätzte) Zugehörigkeit zur Unter- bzw. Arbeiterschicht sowie eine niedrigere allgemeine Lebenszufriedenheit erhöhen die Wahrscheinlichkeit einer Präferenz bzw. einer Stimmabgabe für die AfD wie auch einer Wahlabsicht für Die Linke. Eine positive Einschätzung der aktuellen Wirtschaftslage in der Bundesrepublik korreliert wiederum signifikant negativ mit den Stimmen für AfD und Die Linke. Für die eigene Wirtschaftslage ist dieser Zusammenhang nur

Tabelle 7.3: Wahlkorrelate für AfD/NPD und Linkspartei

	Wahlabsicht AfD			Wahlabsicht Die Linke			Tatsächliche Stimme AfD			Tatsächliche Stimme Die Linke		
	B	s.e.	Sig.	B	s.e.	Sig.	B	s.e.	Sig.	B	s.e.	Sig.
PSM	.501	.291		.689	.310	*	.931	.328	**	.513	.354	
Allbus 2018	.023	.113		-.043	.117		.841	.136	***	.041	.122	
Bildungsniveau	-.029	.057		.191	.057	**	-.093	.071		.094	.060	
Männlich	.537	.124	***	.365	.121	**	.525	.156	**	.337	.128	**
Alter	-.011	.003	**	.005	.004		-.024	.004	***	.001	.004	
Einkommen	.019	.027		-.115	.033	**	.014	.034		-.127	.035	***
Arbeitslos	.082	.299		-.191	.351		-.457	.412		-.390	.404	
Politisch Rechts	.610	.037	***	-.679	.039	***	.646	.045	***	-.600	.041	***
Unter- bzw. Arbeiterschicht	.689	.127	***	.397	.142	**	.506	.158	**	.284	.150	
Stolz auf Deutschland	.205	.144		-.423	.122	**	.429	.185	*	-.506	128	***
Lebenszufriedenheit	-.158	.033	***	-.117	.035	**	-.143	.041	***	-.073	.038	
Aktuelle Wirtschaftslage BRD	-.501	.079	***	-.111	.081		-.386	.096	***	-.310	.084	***
Eigene Wirtschaftslage	-.030	.085		-.124	.087		-.140	.105		-.186	.091	*
Constant	-2.805	.475	***	1.630	.500	**	-3.175	.602	***	2.853	.544	
R2	.261			.240			.266			.233		
% correctly predicted	90.9			92.1			93.6			92.1		

Daten aus: ALLBUS 2014 (Nr. 5240), 2016 (Nr. 5250), 2018 (Nr. 5272)
***p<.001, **p<.01, *p<.05

bei den tatsächlichen Stimmen für die Linkspartei signifikant. Unter den weiteren sozioökonomischen Faktoren verringert ein höheres Einkommen signifikant die Wahrscheinlichkeit, Die Linke zu wählen, während ein höheres Bildungsniveau diese Wahrscheinlichkeit erhöht. Das Alter korreliert negativ mit AfD-Stimmen, d. h. ältere Wähler stimmen mit geringerer Wahrscheinlichkeit für die AfD als jüngere Wähler. Besonders relevant sind aber auch ideelle Faktoren: Die eigene Einstufung als politisch rechts erhöht die Wahrscheinlichkeit, extrem rechts zu wählen und verringert die Wahrscheinlichkeit, die Linkspartei zu wählen. Ähnliches gilt für den angegebenen Stolz auf Deutschland. In einem gewissen Maße erklärt sich der überdurchschnittliche Zuspruch der postsowjetischen Wähler zu beiden Parteien also aus allgemeinen sozioökonomischen und ideellen Faktoren.

Diese Faktoren wirken sich auch auf die Wahrscheinlichkeit von Untergruppen innerhalb des russlanddeutschen Spätaussiedlersamples aus, entweder die AfD/NPD oder die Linkspartei zu wählen (Tabelle 7.4). Russlanddeutsche, die

Tabelle 7.4: Wahrscheinlichkeiten russlanddeutscher Spätaussiedler AfD/NPD bzw. Die Linke zu wählen, differenziert nach Untergruppen (%)

	AfD/NPD		Die Linke	
	Wahlabsicht	Letzte BTW	Wahlabsicht	Letzte BTW
Gesamt	13,0	12,3	16,7	13,3
Geschlecht				
Männlich	16,5	16,1	17,2	13,4
Weiblich	9,3	8,3	16,2	13,1
Alter				
jünger als der Durchschnitt	13,5	14,2	17,7	15,0
älter als der Durchschnitt	12,4	10,9	15,4	11,9
Bildungsniveau				
Kein Abschluss bzw. Volks-, Hauptschulabschluss	17,5	17,2	13,3	10,6
Realschulabschluss bzw. Fachhochschulreife	13,1	13,1	16,2	12,7
Hochschulreife	9,7	9,9	19,6	15,0
Einkommen				
Weniger als der Durchschnitt	15,1	14,0	18,5	14,8
Höher als der Durchschnitt	13,9	14,0	13,5	9,6
Schichteinstufung				
Unter- bzw. Arbeiterschicht	17,5	18,9	20,5	18,1
Mittelschicht	9,5	9,0	14,4	11,2
Obere Mittel- bzw. Oberschicht	4,9	4,0	9,9	13,0
Arbeitslos				
Ja	24,4	19,7	26,6	20,9
Nein	13,3	12,1	14,7	13,0
Gesundheitszustand				
Schlecht	19,1	16,0	18,9	16,5
Zufriedenstellend	15,7	14,2	16,8	14,3
Gut	12,9	12,6	14,9	12,4
Lebenszufriedenheit				
Unzufrieden	31,6	29,4	29,8	23,3
Gleichgültig	19,9	18,8	22,0	17,4
Zufrieden	11,8	11,4	15,7	12,7
Ideologische Selbsteinstufung				
Rechts	42,8	42,0	1,4	1,3
Mitte	13,0	11,8	9,7	7,9
Links	2,9	2,4	44,4	36,1
Stolz auf Deutschland				
Ja	15,2	14,4	10,6	10,1
Nein	10,5	8,0	24,6	23,9

Daten aus: ALLBUS 2014 (Nr. 5240), 2016 (Nr. 5250), 2018 (Nr. 5272)

sich der Unter- bzw. Arbeiterschicht zurechnen, wählen überdurchschnittlich oft AfD und Linke, ebenso Arbeitslose. Auch Unzufriedenheit mit dem eigenen Leben treibt die Stimmen für beide Parteien nach oben. Jüngere russlanddeutsche

Wähler wählen überdurchschnittlich oft AfD oder Linke, ältere unterdurchschnittlich. Unterschiede zeigen sich bei den Auswirkungen des Bildungsniveaus: Während russlanddeutsche Spätaussiedler mit niedrigem Bildungsabschluss überdurchschnittlich zur AfD tendieren, ist es bei den Linkswählern genau umgekehrt – je höher das Bildungsniveau, desto höher die Wahrscheinlichkeit, die Linkspartei zu wählen. Ein höheres Einkommen senkt die Wahrscheinlichkeit links zu wählen wiederum deutlich, während es für die AfD praktisch keine Rolle spielt. Bemerkenswert ist die unterschiedliche Bedeutung des Faktors Geschlecht: Männer wählen sehr viel häufiger AfD als Frauen, während bei den Linkswählern der Unterschied minimal ist. Die ideellen Faktoren sind schließlich – wenig überraschend – spiegelbildlich angelegt: wer sich als politisch rechts identifiziert, wählt auch sehr viel wahrscheinlicher rechts, bei einer Identifikation als links ist es genau umgekehrt. Entsprechend verhält es sich mit dem „Stolz auf Deutschland", dessen Abwesenheit die Präferenz für die Linke in noch höherem Maße verstärkt als seine Anwesenheit die Präferenz für die AfD.

Jenseits aller dieser sozioökonomischen Korrelate können wir Tabelle 7.3 aber auch entnehmen, dass die Eigenschaft als postsowjetischer Migrant für sich genommen einen statistisch signifikanten Faktor zur Voraussage der Wahl der AfD/NPD bzw. der Wahlabsicht für die Linkspartei darstellt. Diese Variable hat also einen eigenständigen Einfluss, der in zwei dieser vier Analysen auch unter Einbeziehung der zuvor erwähnten allgemeinen Kontrollvariablen nicht verschwindet und gemäß den Koeffizienten sogar der jeweils stärkste aller untersuchten Variablen ist. Dies bedeutet, dass postsowjetische Migranten – auch unter sonst gleichen Bedingungen – mit signifikant höherer Wahrscheinlichkeit die AfD oder die Linkspartei wählen bzw. wählen wollen, als Menschen ohne diesen Hintergrund.

Entsprechend gilt es zu überlegen, welche Faktoren jeweils relevant sein können, um die AfD oder die Linkspartei speziell für ein postsowjetisches Elektorat attraktiv zu machen. In Bezug auf Die Linke sind wir an dieser Stelle mangels einschlägiger Untersuchungen auf Mutmaßungen angewiesen. Die russlandfreundliche Haltung der Partei ist dabei ein möglicher Aspekt. Denkbar ist auch ein gewisser „Ostalgie"-Faktor – in der Rückschau mag manchem postsowjetischen Wähler das Leben im Staatssozialismus attraktiver erscheinen, als dies früher noch der Fall war. Allgemeiner gesprochen deutet die strukturelle Ähnlichkeit des postsowjetischen mit dem ostdeutschen Wahlverhalten einen möglichen „postsozialistischen Komplex" an, der die Erfahrung von Staatssozialismus einerseits und den Krisen und Verwerfungen der Transformationszeit andererseits beinhaltet und dazu beiträgt, sich verstärkt den politischen Rändern zuzuwenden.

In Bezug auf die verstärkte AfD-Präferenz unter postsowjetischen Migranten scheinen identitätspolitische Positionierungen der russlanddeutschen Spätaussiedler die größte Erklärungskraft zu haben. Dazu liegen Untersuchungen aus dem Kontext der IMGES-Studie vor (Goerres/Spies/Meyer 2020). Die Autoren gingen in ihren Fokusgruppeninterviews mit insgesamt 22 russlanddeutschen Spätaussiedlern verschiedener Generationen zunächst einmal der Frage nach, aus welchen Gründen die früher dominante Bindung der Russlanddeutschen an die CDU überhaupt zurückgeht. Grundlegend ist dabei die Annahme, dass die CDU den durch die kollektiven Erfahrungen der Russlanddeutschen entstandenen Bedürfnissen nach Anerkennung, insbesondere ihrer Anerkennung als Deutsche, besonders gut entsprach. Diese Gruppenidentifikation, so stellten die Autoren fest, ist nicht weniger geworden. Die bei der älteren Generation vorhandene Dankbarkeit der CDU und speziell ex-Bundeskanzler Helmut Kohl gegenüber, sie „ins Land geholt" zu haben, verschwindet jedoch bei der jüngeren Generation – der in Tabelle 7.4 erkennbare höhere Zuspruch jüngerer Spätaussiedler zu AfD bzw. Linkspartei ist ein Ergebnis dieser schwindenden Bindung an die CDU. Der zentrale ausschlaggebende Faktor, der sich aus den Interviews ergab, ist aber die Migrations- und Flüchtlingspolitik der Bundesregierung. Die Reaktion der Befragten darauf hatte eine starke identitätspolitische Komponente. Die Befragten grenzten sich von heutigen Zuwanderern ab und verwiesen auf ihre eigene Eigenschaft als Christen, die sich vermeintlich besser integrierten als die muslimischen Neuankömmlinge, eine ähnliche Mentalität und Kultur wie die Bundesdeutschen hätten und zudem keine Flüchtlinge, sondern Heimkehrer seien. Auch Neidmotive kamen zum Vorschein: Die Flüchtlinge bekämen viele Dinge, die die Spätaussiedler damals nicht bekommen hätten. Insgesamt sei das Vertrauen in die CDU durch Merkels Agieren in der Flüchtlingskrise erschüttert (Goerres/Mayer/Spies 2020, S. 1217). Dies, so vermuteten die Interviewten, treibe viele Russlanddeutsche dazu, die AfD zu wählen, ebenso wie das offen nationalistische Programm der Partei und ihre positive Haltung gegenüber Russland. Russlanddeutsche Kandidaten seien hingegen für die Wählergunst zweitrangig (Goerres/Mayer/Spies 2020, S. 1218). Letztlich, so die Autoren, sei der Vergleich der eigenen Migrationserfahrungen mit den Geschehnissen der „Flüchtlingskrise" ein wichtiger Faktor für die negative Einschätzung der aktuellen Flüchtlingspolitik, was auch ein spezieller Faktor im Vergleich zu anderen Wählern sei (Goerres/Mayer/Spies 2020, S. 1219).

In den von mir durchgeführten Interviews habe auch ich die Studierenden zu ihrer Einschätzung der AfD-Nähe von Russlanddeutschen und auch anderer postsowjetischer Migranten befragt, sowohl hinsichtlich ihrer Ausprägung als auch möglicher Gründe dafür. Keiner der Interviewten verneinte, dass die AfD in der Community eine zunehmend wichtige Rolle spielt. Der in seinem russlanddeutschen Umfeld stark vernetzte Pascal gab die detailliertesten Einschätzungen zu den Gründen, wobei bei ihm wie auch in anderen Interviews viele Argumente um die „Flüchtlingskrise" kreisten. Man habe sich in Deutschland integriert und sehe die neue Heimat bedroht. Es existiere aber auch die Furcht, im Zuge der Flüchtlingskrise selbst wieder zum Ziel von Ressentiments zu werden. Gleichzeitig sei die Empathie für andere Migranten verloren gegangen. Auch die Bewunderung für Putin und die Beeinflussung durch russische Medien spiele eine Rolle, aber auch „ganz normale" Angst um den eigenen Job. Für integrationswillige Zuwanderer habe man dabei eigentlich Sympathie, für die, denen man Unwilligkeit unterstelle, aber nicht. Und schließlich könne man durch eine betont ausländerfeindliche Haltung auch die eigene Position als Inländer bekräftigen: „So fühle ich mich auch deutsch!" Das Alter sei bei all dem nicht entscheidend, auch viele junge Menschen würden so reden, vor allem Männer. Insgesamt gebe es aber wenig politische Reflexion und viele Nichtwähler, jedoch auch „harte Meinungen".

Auch Thomas, der sich und seinen Freundeskreis dezidiert als „sehr links" identifiziert, bestätigt die verbreitete AfD-Nähe unter den Russlanddeutschen, wobei seine Informationen eher von Freunden und Bekannten kommen, die besser mit der Community vertraut sind als er. Er erklärt sich diese Tendenzen mit der „close-knit community" der Russlanddeutschen, die ihre „Belagerungsmentalität" und Xenophobie aus Russland nach Deutschland mitgebracht hätten. Für ihn hat das Ganze aber auch eine persönliche Dimension, denn auch seine Eltern seien sehr konservativ und besonders sein Vater zeige sich homophob, was er gar nicht gut finde.

Dass sich an der Haltung zur AfD innerhalb der Familien die Geister scheiden können, zeigt Nadjas Fall besonders eindrücklich. Im Interview tat sie sich zunächst schwer mit einer Einschätzung der Thematik. Insgesamt seien persönliche Faktoren („Bildungsgrad und Denkvermögen", wie sie es formulierte) ausschlaggebend, nicht die Herkunft. Dann berichtete sie aber, dass ihr Vater die AfD gewählt habe, was sie sehr schockiert habe. Mit ihm gebe es keine vernünftige Diskussionsgrundlage mehr. Mit ihrer Mutter sei sie auch nicht immer einer Meinung, aber man könne zumindest reden. Zwei ihrer Brüder seien eher politikverdrossen, einer habe aber starke Meinungen, wobei sie hoffe, dass er trotzdem nicht AfD wählt.

„Rechtsruck in Klein-Moskau?" – Lokalstudien

Die Problematik des Zuspruchs postsowjetischer Migranten und speziell russlanddeutscher Spätaussiedler zur AfD beschränkte sich in der öffentlichen Diskussion aber nicht allein auf das Stimmverhalten der Gesamtgruppe. In der Berichterstattung war vor allem der vermeintliche „Rechtsruck in Klein-Moskau" präsent – die verschiedentlich beobachteten auffällig hohen AfD-Wahlergebnisse in „russlanddeutschen" Vierteln. Diese wurden vereinzelt zwar belegt (Golova 2017), aber bisher nicht systematisch ausgewertet. Um diese Lücke zu schließen, habe ich hier lokale Wahlergebnisse und sozioökonomische Daten aus insgesamt 23 Städten (davon 17 in Westdeutschland und sechs in Ostdeutschland) analysiert, um diese Korrelation überprüfen zu können. Es handelte sich dabei um Städte verschiedener Größe und mit unterschiedlich hohen Anteilen an postsowjetischen Migranten an der Gesamtbevölkerung aus fast allen Bundesländern.[51] Das AfD-Wahlergebnis eines Stadtteils oder Wahlbezirks (je nach Stadt sind die Bezugseinheiten unterschiedlich) bei der Bundestagswahl 2017 bzw. bei der letzten Landtagswahl (allesamt im Zeitraum 2016-2019 und damit nach der „Flüchtlingskrise") als abhängige Variable wird dabei mit verschiedenen unabhängigen Variablen in Beziehung gesetzt, die für die Erklärung eines solchen Ergebnisses relevant sein können.

Die erste unabhängige Variable ist der Anteil der postsowjetischen Migranten als hier primär relevantem Faktor. Je nach Stadt sind dies Migranten aus allen postsowjetischen Herkunftsländern oder aus den drei Hauptherkunftsländen Russland, Kasachstan und der Ukraine. Hierbei wurde aufgrund unterschiedlicher Datenverfügbarkeit nicht zwischen Deutschen mit Migrationshintergrund bzw. Spätaussiedlern und Ausländern unterschieden. Eine Fokussierung auf ausschließlich deutsche Staatsbürger mit postsowjetischem Migrationshintergrund bzw. auf postsowjetische Spätaussiedler in den zwölf Städten, in denen dies möglich war, lieferte aber auch keine signifikant anderen Ergebnisse (vgl. Doerschler/Panagiotidis 2021).

Weitere unabhängige Variablen sind der Arbeitslosenanteil, der Ausländeranteil und die Wahlbeteiligung. Der Arbeitslosenanteil dient dabei als der offensichtlichste (und einzige flächendeckend vorhandene) Indikator für die wirtschaftliche Situation des Stadtteils, ausgehend von der Annahme, dass eine schlechte wirtschaftliche Situation und hohe Arbeitslosigkeit rechtspopulistische Parteien begünstigen können. Der Ausländeranteil wiederum könnte anzeigen, ob die Wahrnehmung einer „Überfremdung" im eigenen Stadtteil für AfD-Wähler von Bedeutung ist (vgl. dazu Weber 2015). Eine niedrige Wahlbeteiligung wiederum kann auch relevant für starke Ergebnisse extremer Parteien sein, wobei beim Aufstieg der AfD auch das Gegenteil beobachtet wurde (Decker 2018). So oder so ist dieser Faktor eine relevante Kontrollvariable. Die gleichen Variablen werden mit den Wahlergebnissen der Linkspartei korreliert, welche ihrerseits, wie oben gesehen, unter den postsowjetischen Migranten überdurchschnittlich oft gewählt wird. Maßzahl ist dabei jeweils der Anteil eines jeden Faktors relativ zum Niveau in der Gesamtstadt (Lokationsquotient). Auf diese Weise sind auch auf unterschiedlicher Grundlage erfasste Daten aus verschiedenen Städten miteinander vergleichbar.

---

51 Nach Bundesländern sortiert sind dies: Freiburg, Heidelberg, Pforzheim (Baden-Württemberg), Augsburg, Nürnberg (Bayern), Potsdam (Brandenburg), Kassel (Hessen), Rostock (Mecklenburg-Vorpommern), Hannover, Osnabrück (Niedersachsen), Bielefeld, Bochum, Dortmund, Düsseldorf, Köln (NRW), Koblenz (Rheinland-Pfalz), Saarbrücken (Saarland), Leipzig (Sachsen), Halle (Sachsen-Anhalt), Erfurt, Jena (Thüringen), sowie die Stadtstaaten Hamburg und Berlin. Als einzige Bundesländer nicht repräsentiert sind Bremen und Schleswig-Holstein.

Tabelle 7.5: Wahlkorrelate auf Stadtteilebene

	(1)	(2)	(3)	(4)
	AfD BT	**AfD LT**	**Die Linke BT**	**Die Linke LT**
PSM	0.179***	0.170***	-0.043***	-0.118***
	(0.013)	(0.023)	(0.017)	(0.021)
Arbeitslosigkeit	0.158***	0.207***	0.179***	0.209***
	(0.030)	(0.046)	(0.037)	(0.042)
Wahlbeteiligung	-1.114***	-1.064***	0.065	-0.200
	(0.110)	(0.147)	(0.137)	(0.133)
Ausländeranteil	-0.201***	-0.261***	0.242***	0.234***
	(0.024)	(0.036)	(0.030)	(0.032)
_cons	2.074***	2.033***	0.636***	0.869***
	(0.131)	(0.182)	(0.162)	(0.165)
Beobachtungen	1141	848	1141	848
R^2	0.384	0.294	0.218	0.277
R^2 adjustiert	0.382	0.290	0.215	0.274

Standardfehler sind in Klammern angegeben.
*** $p<0.01$, ** $p<0.05$, * $p<0.1$
Bezugspunkte sind die Bundestagswahl 2017 sowie Landtagswahlen in den verschiedenen Bundesländern im Zeitraum 2016-2019. Die Angaben zu Anteilen postsowjetischer Migranten, Arbeitsloser und Ausländer sind veröffentlichten und nicht-veröffentlichen Daten der Statistikämter der verschiedenen Städte entnommen.

Das Ergebnis der Analyse der 23 Städte ist eine statistisch signifikante Korrelation der AfD-Stimmen bei den Bundes- und Landtagswahlen mit allen unabhängigen Variablen (Tabelle 7.5). Das adjustierte R^2, welches uns auf einer Skala von 0 bis 1 Auskunft über die Modellpassung gibt, liegt bei der Bundestagswahl bei 0,382, bei den Landtagswahlen niedriger bei 0,290. Die unabhängigen Variablen dieser Regression erklären also nicht komplett, aber doch in einem beträchtlichen Maße die Zustimmung für AfD oder Linkspartei (zu den möglichen fehlenden Variablen siehe unten).

Der Anteil postsowjetischer Migranten und die Arbeitslosenquote korrelieren beide positiv mit AfD-Stimmenanteilen. In Stadtteilen, wo in Relation mehr postsowjetische Migranten leben oder die Arbeitslosenquote höher ist, wird also mehr AfD gewählt. Bei der Bundestagswahl hatte der Anteil postsowjetischer Migranten im Stadtteil einen stärkeren Effekt als der Arbeitslosenanteil, bei den Landtagswahlen war es umgekehrt. Wahlbeteiligung und Ausländeranteil hingegen korrelierten negativ mit den AfD-Stimmenanteilen. In Stadtteilen mit niedriger Wahlbeteiligung und niedrigem Ausländeranteil war der Anteil an AfD-Stimmen also tendenziell höher. Dass in Stadtteilen mit niedriger Wahlbeteiligung mehr AfD gewählt wurde, erscheint trotz des mobilisierenden Effekts, den die AfD zum Teil auf Nichtwähler hatte, intuitiv nachvollziehbar. Dass ein höherer Ausländeranteil zu niedrigeren AfD-Stimmenanteilen führt, spricht wiederum gegen einen „Überfremdungseffekt", von dem die AfD profitieren könnte, und für die Existenz von Kontakt- und Gewöhnungseffekten. Damit ist gemeint, dass Menschen, die in ihrem Alltag viel Kontakt zu Menschen anderer Herkunft haben, tendenziell keine Parteien mit xenophoben Positionen wählen, während Menschen mit wenig Kontakt zu „Ausländern" die AfD aus Furcht vor einer bevorstehenden „Überfremdung" tendenziell eher unterstützen. Dieser Effekt, den Weber (2015) nur auf Landkreisebene identifizieren konnte, scheint also auch auf Stadtteilebene relevant zu sein. Hier ist allerdings zu bedenken, dass es in Stadtteilen mit einem hohen Ausländeranteil auch einen hohen Anteil von Wählern mit Migrationshintergrund geben kann, etwa wenn Teile einer Migrationsgruppe die deutsche Staatsangehörigkeit haben (vor allem Angehörige der zweiten Generation), andere nicht. Ein solches größeres Kontingent migrantischer Wähler könnte einen eventuellen Rechtsruck unter der Bevölkerung ohne Migrationshintergrund ausgleichen oder sogar übertreffen.

Für die Stimmenanteile der Linkspartei ergibt die Analyse eine statistisch signifikante negative Korrelation mit dem Anteil postsowjetischer Migranten: Wo mehr postsowjetische Migranten leben, wird weniger Linkspartei gewählt. Angesichts der oben angeführten Daten, die Die Linke als zweitstärkste Partei der Gruppe ausweisen, war dies nicht unbedingt zu erwarten. Ähnlich wie bei der AfD korrelieren auch die Stimmen der Linken positiv mit der Arbeitslosenquote. Der Ausländeranteil hingegen korreliert ebenfalls positiv: Wo mehr Ausländer leben, wird also mehr Linkspartei gewählt. Für die Wahlbeteiligung ergibt sich kein statistisch signifikanter Zusammenhang. Für die Stimmanteile der Linken hat das Modell allerdings insgesamt weniger Erklärungskraft, der adjustierte R^2-Wert liegt hier nur bei 0,215 (Bundestagswahl) bzw. 0,274 (Landtagswahlen).

Tabelle 7.6: Wahlkorrelate Augsburger Stadtteile (Auswahl)

	AfD-Anteil	Wahlbeteiligung	PSM	Arbeitslosenquote	Ausländeranteil
Oberhausen-Nord	1,75	0,75	2,12	1,87	1,76
Universitätsviertel	1,61	0,92	4,16	0,87	0,73
Hammerschmiede	1,31	1,01	1,03	0,60	0,61
Oberhausen-Süd	1,21	0,78	0,65	1,74	1,81
Links der Wertach-Nord	1,12	1,05	0,37	2,02	2,39
Links der Wertach-Süd	1,08	0,59	0,37	2,04	2,20

Zahlen geben den Lokationsquotienten im Verhältnis zu den Werten für die Gesamtstadt an

Korrelationen sind natürlich keine Kausalitäten. Grundsätzlich bedeutet die Korrelation zwischen hohen AfD-Ergebnissen und dem Anteil postsowjetischer Migranten, dass sie häufig in Stadtteilen leben, in denen überdurchschnittlich viel AfD gewählt wird. Ein hoher Anteil an postsowjetischen Migranten stellt dabei aber einen Faktor dar, der unabhängig von den Kontrollvariablen Wahlbeteiligung, Arbeitslosigkeit und Ausländeranteil wirkt, wobei diese Variablen ihre Wirkung auch kombinieren können. Zur Illustration sollen hier einige Beispiele von der Bundestagswahl 2017 aus der Stadt Augsburg dienen (Tabelle 7.6). Im Universitätsviertel, wo der Anteil der postsowjetischen Bevölkerung mehr als viermal so hoch liegt wie in der Gesamtstadt, gab es trotz der im Vergleich zur Gesamtstadt unterdurchschnittlichen Arbeitslosigkeit ein weit überdurchschnittliches AfD-Ergebnis. Im Stadtteil Oberhausen-Nord wiederum traf der zweithöchste Anteil postsowjetischer Migranten in der Stadt (mehr als doppelt so hoch wie der Durchschnitt) und eine der höchsten Arbeitslosenquoten mit dem höchsten Anteil von AfD-Stimmen in der Stadt zusammen. Auffällig ist der Kontrast zum benachbarten Oberhausen-Süd, wo Arbeitslosenquote, Ausländeranteil und Wahlbeteiligung fast identisch waren wie in Oberhausen-Nord, aber unterdurchschnittlich viele postsowjetische Migranten leben. Der AfD-Stimmenanteil lag hier nur 1,2-mal höher als im städtischen Schnitt. Ähnliches gilt für die ebenfalls benachbarten Stadtteile Links der Wertach Nord und Süd, wo die Arbeitslosenquote noch höher ist, aber kaum postsowjetische Migranten leben. Hier lagen die AfD-Stimmen nur leicht über dem Durchschnitt. Der gegenüber am anderen Lech-Ufer gelegene Stadtteil Hammerschmiede ist wiederum ein Beispiel dafür, dass es trotz niedriger Arbeitslosenquote, durchschnittlichem Anteil postsowjetischer Migranten und einer durchschnittlichen Wahlbeteiligung zu einem vergleichsweise hohen AfD-Ergebnis kommen kann. Insgesamt ist aber in fast allen Stadtteilen mit überdurchschnittlichem AfD-Ergebnis – zumindest in Westdeutschland – eine oder mehrere der genannten Variablen überdurchschnittlich ausgeprägt.

Die Korrelationsanalyse sowohl der ALLBUS-Daten auf individueller Ebene wie auch die hier vorgenommene Analyse auf Stadtteilebene zeigen also übereinstimmend, dass ein statistisch signifikanter Zusammenhang zwischen postsowjetischen Migranten und hohen AfD-Stimmenanteilen besteht. Die nur mittelstarke Erklärungskraft des Stadtteilmodells verweist aber darauf, dass es jenseits der untersuchten Variablen noch weitere Faktoren gibt, die im Hintergrund wirken und durch das Modell nicht erfasst werden. Ausgehend von der in der obigen Korrelationsanalyse gezeigten Bedeutung der allgemeinen Lebenszufriedenheit kommen dabei schwer zu quantifizierende Faktoren wie die Beschäftigungsqualität in den Blick: Die Menschen in diesen Stadtteilen sind zwar nicht überdurchschnittlich häufig arbeitslos, aber damit ist noch nicht gesagt, was für eine Art von Arbeit sie ausüben. Wenn es prekäre und schlecht bezahlte Jobs sind, dann könnte eine relativ niedrige Arbeitslosenquote trotzdem eine ökonomisch motivierte Unzufriedenheit verbergen, die die AfD-Wählerschaft ansteigen lässt. Die Kausalität könnte auch genau andersherum liegen: Die Präsenz vieler postsowjetischer Migranten treibt die AfD-Ergebnisse nach oben, weil die übrigen Stadtteilbewohner als Reaktion diese Partei wählen. Der negative Zusammenhang von AfD-Stimmen und Ausländeranteil und die damit verbundene Plausibilität der Kontakthypothese spricht aber gegen eine solche „reaktive" Erklärung.

Auch ein besseres Regressionsmodell würde uns jedoch nicht verraten, wie hoch der Anteil der AfD-Wähler unter den postsowjetischen Migranten in bestimmten Stadtteilen tatsächlich ist. Damit verbunden ist die Frage, ob es bestimmte Dynamiken auf lokaler Ebene gibt, die den AfD-Wahlzuspruch noch höher ausfallen lassen als es die ALLBUS- und IMGES-Daten nahelegen. Um dieser Frage nachzugehen, wollen wir nun auf Grundlage von Daten über die Bevölkerungszusammensetzung von Stadtteilen und das vermutete Wahlverhalten der dort vertretenen Gruppen ein Modell erstellen, das uns eine Vorstellung über die mögliche Höhe dieses Anteils geben kann. Hierzu bietet die Stadt Nürnberg hervorragendes Datenmaterial. Dort betrachten wir die Bezirke mit den höchsten Anteilen von postsowjetischen Migranten, in denen auch durchgehend überdurchschnittlich die AfD gewählt wurde (Tabelle 7.7). Dies sind mit den vier Bezirken des Stadtteils Langwasser (Nordwest, Nordost, Südost und Südwest) sowie den Bezirken Röthenbach West und Ost zum einen Viertel, die durch eine „osteuropäische" Bevölkerung, d. h. sowohl durch Zuwanderer aus der ehemaligen Sowjetunion wie auch aus Rumänien (in beiden Bezirken von Röthenbach zahlenmäßig dominant), Polen und der Tschechischen Republik geprägt sind (vgl. Kapitel 4). Der Anteil der deutschen Staatsbürger unter den „Osteuropäern" ist jeweils sehr hoch, was sie für die Wahlergebnisse der Viertel besonders relevant macht. Stärker „multikulturell" geprägte Stadtteile sind Schweinau, Hohe Marter und Sündersbühl. Hier ist die Bevölkerung ethnisch diverser als in den „osteuropäischen" Vierteln, was sich stellvertretend am deutlich höheren Ausländeranteil ablesen lässt. Der Anteil der postsowjetischen bzw. der osteuropäischen Migranten mit deutscher Staatsangehörigkeit an der Gesamtbevölkerung mit deutscher Staatsangehörigkeit im Viertel ist aber im Verhältnis zur Gesamtstadt auch hier überdurchschnittlich hoch. In allen diesen Bezirken lag der AfD-Stimmenanteil bei knapp unter oder knapp über 20 % und damit etwa anderthalbmal so hoch wie im städtischen Durchschnitt von 13,2 %.

Tabelle 7.7: Stadtteileigenschaften

	% PSM-D an dt. Bev.*	**% PSM/OE-D an dt. Bev.****	**% Ausländer an Gesamtbev.**	**% AfD gesamt**	**% Arbeitslosigkeit**
Langwasser-Nordwest	20,2	35,3	16,8	19,6	5,7
Langwasser-Nordost	15,2	32,8	12,2	18,4	5,2
Langwasser-Südost	21,4	38,2	19,0	21,0	7,5
Langwasser-Südwest	14,5	29,4	13,6	19,4	5,3
Röthenbach-West	13,1	37,2	13,1	18,1	5,0
Röthenbach-Ost	12,6	29,9	14,4	18,2	3,3
Schweinau	17,0	36,0	39,2	20,3	8,6
Hohe Marter	12,3	27,0	29,3	18,4	6,9
Sündersbühl	13,2	24,6	37,5	19,8	9,1
Nürnberg gesamt	7,6	14,5	22,9	13,2	5,2

Quelle: Amt für Stadtforschung und Statistik für Nürnberg und Fürth, Datenblätter Migrationshintergrund
* Deutsche Staatsangehörige mit Migrationshintergrund aus Russland, Kasachstan und der Ukraine
** Deutsche Staatsangehörige mit Migrationshintergrund aus Russland, Kasachstan, Ukraine, Rumänien, Polen und Tschechische Republik

Zur Modellierung des Wahlverhaltens habe ich die Bevölkerung mit deutscher Staatsangehörigkeit in vier Gruppen eingeteilt, denen man empirisch fundiert ein bestimmtes Wahlverhalten unterstellen kann: „Deutsche ohne Migrationshintergrund und Südeuropäer“ (Deutsche ohne Migrationshintergrund, Zuwanderer aus den ehemaligen Gastarbeiteranwerbestaaten außer der Türkei), die in gleichem Maße AfD wählen; „außereuropäische Migranten“ (einschließlich der Türkeistämmigen), die nicht die AfD wählen; sowie „Osteuropäer“ (Zuwanderer aus Rumänien, Polen und der Tschechischen Republik) und „postsowjetische Migranten“ (Zuwanderer aus Russland, der Ukraine und Kasachstan).[52] Der postsowjetische AfD-Stimmenanteil errechnet sich nun aus der Differenz zwischen den tatsächlich für die AfD abgegebenen Zweitstimmen und den variabel angesetzten mutmaßlichen Stimmenanteilen der „Deutschen und Südeuropäer“ und der „Osteuropäer“. Da die reale Wahlbeteiligung der einzelnen Gruppen nicht bekannt ist, nehmen wir der Einfachheit halber an, dass alle Gruppen in gleichem Maße zur Wahl gegangen sind. Dies ist für die Gesamtgruppen, wie wir gesehen haben, zwar nicht zutreffend. Auf Stadtteilebene kann man aber die Annahme vertreten, dass die Unterschiede nicht ganz so groß sind.

In Modell 1 (vgl. Tabelle 7.8) unterstellen wir zunächst, dass osteuropäische und postsowjetische Migranten in gleichem Maße die AfD wählen und variieren daher nur die übrigen Stimmenanteile.[53] Würden nur 10 % der Deutschen ohne Migrationshintergrund und der Südeuropäer die AfD wählen, was dem westdeutschen Durchschnitt entspräche, läge der AfD-Stimmenanteil bei den postsowjetischen und osteuropäischen Migranten je nach Stadtteil zwischen 35 % und 58 %. Bei einem angenommenen Anteil von 15 %, was immer noch unter dem Niveau des Stadtteils läge, läge die Spanne zwischen 28 % und 45 %. Bei 20 % sinken die Anteile entsprechend weiter ab, lägen aber mit einer Spanne von

52 Die einzelnen Herkunftskategorien sind durch die statistische Erfassung der Stadt Nürnberg vorgegeben. Die Kategorisierung in die vier Gruppen habe ich auf Grundlage empirischer Erkenntnisse über das Wahlverhalten bestimmter Herkunftsgruppen selbst vorgenommen. Die Subsumierung von Türkeistämmigen in der „außereuropäischen“ Gruppe ist dabei nicht als Kommentar zur Zugehörigkeit der Türkei oder des Islams zu Europa zu verstehen, sondern basiert auf der empirisch begründeten Annahme, dass diese von der AfD als „anders“ markierten Menschen diese Partei nicht wählen (vgl. dazu Tabelle 7.2 sowie Doerschler/Panagiotidis 2021). Die Gleichsetzung von Deutschen ohne Migrationshintergrund mit den südeuropäischen ehemaligen „Gastarbeitern“ ergibt sich aus der Beobachtung, dass der Unterschied zwischen Deutschen ohne und mit Migrationshintergrund (ohne Spätaussiedler) sowohl bei der Wahlabsicht wie auch bei der tatsächlichen Stimmenabgabe bei nur ca. einem Prozentpunkt liegt (ebd.).

53 Diese Annahme kann man auf Grundlage der angegebenen AfD-Wahlabsicht postsowjetischer und andere osteuropäischer Deutscher gemäß ALLBUS 2014–2018 rechtfertigen. Die entsprechenden Werte liegen bei 13,0 % bzw. 11,2 %. Bei den tatsächlich abgegebenen Stimmen ist die Differenz größer (12,3 % gegenüber 8,7 %), ein Umstand, dem die folgenden Modelle 2 und 3 Rechnung tragen.

19 bis 34 % durchgehend immer noch höher als die ALLBUS- und IMGES-Daten erwarten lassen würden.

Tabelle 7.8: Stimmverteilung Modell 1

		Modell 1		
	% AfD gesamt	PSM/OE-AfD % bei Stimmen D/SE 10 %	PSM/OE-AfD % bei Stimmen D/SE 15 %	PSM/OE-AfD % bei Stimmen D/SE 20 %
Langwasser-Nordwest	19,6	40,8	33,3	25,8
Langwasser-Nordost	18,4	39,0	30,5	21,9
Langwasser-Südost	21,0	42,1	35,6	29,1
Langwasser-Südwest	19,4	45,8	35,7	25,6
Röthenbach-West	18,1	35,0	28,1	21,3
Röthenbach-Ost	18,2	40,0	29,6	19,1
Schweinau	20,3	43,1	36,4	29,8
Hohe Marter	18,4	47,8	37,8	27,7
Sündersbühl	19,8	57,3	45,7	34,2

Quelle: Eigene Berechnungen auf Grundlage von Daten des Amts für Stadtforschung und Statistik für Nürnberg und Fürth

In den Modellen 2 und 3 nehmen wir an, dass die postsowjetischen und übrigen osteuropäischen Wähler unterschiedlich wählen (Tabelle 7.9). Wir setzen die Stimmen der osteuropäischen Wähler fix bei 15 % (in Modell 2) bzw. 20 % (in Modell 3) an und variieren die Stimmen der Deutschen ohne Migrationshintergrund und der Südeuropäer. Das 10 % Szenario führt zu jeweils sehr hohen postsowjetischen Stimmenanteilen, die als unrealistisch einzuschätzen sind. Im 15 %-Szenario liegen die postsowjetischen Stimmenanteile mit Werten zwischen 47 % bis über 70 % (in Modell 2) bzw. 42 % bis 68 % (in Modell 3) immer noch sehr hoch. Realistischer erscheinen die Werte jeweils im 20 %-Szenario, wo sie von 25 % bis 50 % (in Modell 2) bzw. 18 % bis 46 % (in Modell 3) reichen.

Tabelle 7.9: Stimmverteilung Modell 2 und 3

		Modell 2			**Modell 3**		
	% AfD gesamt	**PSM-AfD % bei Stimmen D/SE 10 %**	**PSM-AfD % bei Stimmen D/SE 15 %**	**PSM-AfD % bei Stimmen D/SE 20 %**	**PSM-AfD % bei Stimmen D/SE 10 %**	**PSM-AfD % bei Stimmen D/SE 15 %**	**PSM-AfD % bei Stimmen D/SE 20 %**
Langwasser-Nordwest	19,6	60,0	47,0	33,9	56,3	43,2	30,2
Langwasser-Nordost	18,4	66,8	48,4	30,0	61,0	42,6	24,2
Langwasser-Südost	21,0	63,5	51,9	40,3	59,5	47,9	36,3

Langwasser-Südwest	19,4	77,4	57,0	36,5	72,3	51,8	31,3
Röthenbach-West	18,1	72,0	52,5	33,0	62,7	43,2	23,7
Röthenbach-Ost	18,2	74,4	49,6	24,9	67,5	42,8	18,0
Schweinau	20,3	74,4	60,4	46,3	68,8	54,8	40,7
Hohe Marter	18,4	87,1	65,1	43,0	81,2	59,1	37,0
Sündersbühl	19,8	94,1	72,5	50,8	89,7	68,1	46,5

Quelle: Eigene Berechnungen auf Grundlage von Daten des Amts für Stadtforschung und Statistik für Nürnberg und Fürth

Die Modelle geben uns also ein Gefühl dafür, in welcher Größenordnung sich die AfD-Stimmanteile bei postsowjetischen Migranten auf lokaler Ebene bewegen könnten. Dies sind wohlgemerkt hypothetische Berechnungen auf Grundlage realer Zahlen, in denen der postsowjetische Stimmenanteil stets eine Funktion des angenommenen Wahlverhaltens anderer Wählergruppen ist. Manche Szenarien erschienen dabei realistischer als andere. In Modell 1 ist das 10 %-Szenario tendenziell zu verwerfen, auch wenn es dem Durchschnitt der westdeutschen Bevölkerung entspricht. Im 15 %-Szenario kommen wir in Modell 1 in denkbar erscheinende Bereiche zwischen 28 und 45 %. Selbst im 20 %-Szenario, also unter der Annahme, dass die Bevölkerung ohne Migrationshintergrund und die südeuropäische Bevölkerung in diesen Stadtteilen doppelt so viel AfD wählt, wie der westdeutsche Durchschnitt, ergeben sich für die meisten Stadtteile beträchtliche postsowjetische Stimmenanteile für die AfD von mindestens 20 %, mit den „multikulturell" geprägten Vierteln Sündersbühl, Schweinau und Hohe Marter stets als Ausreißern nach oben.

Diese Modellierungen sind beispielhaft zu sehen und müssten in mehreren Städten auf ähnlicher Datengrundlage repliziert werden, um zu belastbaren Einschätzungen zu kommen. Klar ist auch, dass in unterschiedlichen Stadtteilen unterschiedliche Modelle besser passen als in anderen. Die Ergebnisse können aber als Indiz genommen werden, dass in Stadtteilen wie den hier untersuchten die AfD-Zustimmungsrate bei postsowjetischen Migranten noch deutlich über das Niveau hinausgehen könnte, das die repräsentativen Daten der IMGES-Studie wie auch unserer ALLBUS-Studie skizziert haben. Das Minimum ist bei gut 20 % anzusetzen, aber auch Werte deutlich über 30 % erscheinen je nach Stadtteil realistisch.

Wenn wir diesen Befund als gegeben annehmen, stellt sich die Frage nach den damit verbundenen Mechanismen. Die Tatsache, dass die untersuchten „multikulturell" geprägten Bezirke in allen Szenarien die höchsten AfD-Anteile unter den postsowjetischen Migranten bzw. den „Osteuropäern" produzieren, legt den Verdacht nahe, dass die Heterogenität der Quartiersbevölkerung ein wichtiger Faktor sein könnte – wohlgemerkt entgegen dem Ergebnis der Regressionsanalyse, das den Ausländeranteil als hierfür relevanten Indikator negativ mit AfD-Stimmen korreliert sah. Die oben dargelegte Relevanz der spezifischen Konkurrenzsituation der postsowjetischen Migranten innerhalb der zunehmend diversen Migrationsgesellschaft lässt dies aber plausibel erscheinen. Allerdings ist auch zu bedenken, dass es sich um Viertel mit vergleichsweise höherer Arbeitslosigkeit handelt, die die Regressionsanalyse eindeutig als signifikant positiv korrelierten Faktor identifiziert hat und die hier unabhängig von der ethnischen Zusammensetzung des Stadtteils wirken könnte.

Eine allgemeinere Erklärung, die auch die stärker homogenen „osteuropäischen" Viertel miteinschließt, sind sogenannte „neighbourhood effects", wie sie z. B. Vermeulen u. a. (2020) am Beispiel von Türken, Marokkanern und Surinamesen in Amsterdam beschreiben. In dieser Studie geht es darum, dass die starke Konzentration einer ethnischen Gruppe in einem bestimmten Stadtteil zur verstärkten Wahl ethnischer Parteien bzw. Kandidaten beitragen kann, sogenanntes „bloc voting". Diesen Effekt können die Autoren für türkische Wähler nachweisen, für Marokkaner und Surinamesen jedoch nicht in gleichem Maße. Starke zahlenmäßige Konzentration, dichte migrantische Netzwerke und ein hoher Organisationsgrad sind relevante Faktoren, um mehr Wähler eines ethnischen Hintergrunds für eine bestimmte Partei oder einen bestimmten Kandidaten einzunehmen: „Concentration facilitates political conversations, leading to greater political conversion" (Vermeulen u. a. 2020, S. 784). Die so entstehenden „Konversationsnetzwerke" (*conversation networks*) können segregierende Effekte entwickeln und dazu beitragen, dass Individuen eine größere Distanz zwischen ihren Einstellungen und denen der Angehörigen anderer Gruppen wahrnehmen. Dies führt wiederum zu einem stärkeren Gefühl von Gemeinsamkeit und begünstigt so die Wahl einer bestimmten Partei oder bestimmter Kandidaten, die als „eigene" wahrgenommen werden.

Nun ist die AfD keine „ethnische Partei" im engeren Sinne. Allerdings bemühte sie sich schon recht früh um russlanddeutsche und russischsprachige Wähler, beispielsweise durch die Übersetzung ihres Parteiprogramms ins Russische.[54] Netzwerke wie „Russlanddeutsche für die AfD in NRW" und russlanddeutsche Bundestagskandidaten wie Waldemar Herdt, Anton Friesen (beide seit 2017 im Bundestag vertreten) und Waldemar Birkle verstärkten das Image der AfD als Partei, die sich für die Belange der Russlanddeutschen einsetzt. Waldemar Birkle, obwohl letztlich nicht in den Bundestag gewählt, ist auch ein Beispiel dafür, wie solche Nachbarschaftseffekte aussehen können: Während er im Wahlkreis Pforzheim insgesamt 15,8 % der Erststimmen erzielte (Platz 3, hinter den Kandidaten von CDU und SPD), konnte er im russlanddeutsch geprägten Stadtteil Buckenberg 37,5 %, also die Mehrheit der Stimmen in diesem Bezirk auf sich vereinen. In acht der elf Wahllokale des Bezirks erhielt er über 40 % der Stimmen,

54 www.afd.de/grundsatzprogramm-russisch/ (Abfrage: 30.07.2020).

im Wahllokal 704 sogar ganze 47,99 %, noch drei Prozentpunkte mehr als die AfD dort an Zweitstimmen erhielt.[55]

Die Funktionsweise der „Konversationsnetzwerke“ legte wiederum der schon zitierte „Fall Lisa“ offen. Medina Schaubert, Geschäftsführerin des Aussiedler-Vereins Vision e.V. im Berliner Bezirk Marzahn-Hellersdorf, beschreibt diese anschaulich in einem Online-Beitrag für die Bundeszentrale für politische Bildung (Schaubert 2018). Sie spricht von „Besorgnis erregenden Entwicklungen innerhalb der russlanddeutschen und russischsprachigen Community in Marzahn-Hellersdorf“, die ihr Verein schon im Jahr 2014 wahrnahm und insbesondere auf den Einfluss russischer Staatsmedien in Folge des Ukraine-Konflikts zurückführte. Die dort propagierten Narrative des Misstrauens gegenüber westlichen Regierungen fassten nach ihrer Darstellung innerhalb der Community Fuß und verselbständigten sich bis zu dem Punkt, an dem die Gerüchte um die Vergewaltigung des russlanddeutschen Mädchens Lisa zu einer Eskalation führten. Der russische *Pervyj Kanal* berichtete am 17. Januar 2016 über diesen Fall. Was dann passierte, beschreibt Schaubert folgendermaßen:

> Es vergingen keine 24 Stunden nach der Ausstrahlung des Berichtes und innerhalb russischsprachiger Netzwerke in Deutschland machten wütende Aufrufe zu Demonstrationen gegen „Merkels Flüchtlingspolitik“, gegen Flüchtlinge selbst sowie gegen eine angebliche staatliche Vertuschungsstrategie in diesem Zusammenhang die Runde. Die Verbreitung der Aufrufe erfolgte dabei via Messenger-Dienste wie WhatsApp oder soziale Netzwerke wie Odnoklassniki, dem in der „Erlebnisgeneration“ (also diejenige, die die Migration im Erwachsenenalter bewusst vollzogen hatte) russlanddeutscher (Spät-)Aussiedler populärem russischen „StayFriends“-Pendant. Deutschlandweit kam es zu zahlreichen Demonstrationen mit insgesamt schätzungsweise 10.000 Demonstranten. So auch vor dem Kanzleramt in Berlin mit geschätzten 1.000 Demonstranten. (Schaubert 2018)

In der Folge hätten dann rechtsgerichtete Organisationen und insbesondere die AfD von dem Fall profitiert.

Der „Fall Lisa“ ist zugegebenermaßen ein extremer Einzelfall, den es weder vorher noch nachher in auch nur annähernd vergleichbarer Form gab. Er ist auch nicht alleine aus den Entwicklungen innerhalb der russlanddeutschen Community heraus zu erklären. Immerhin ereigneten sich die hier beschriebenen Ereignisse nur zwei bis drei Wochen nach den Vorfällen der Kölner Silvesternacht, als es zu zahlreichen sexuellen Übergriffen auf Frauen durch vornehmlich junge Männer mit Migrationshintergrund kam, die erst Tage später publik wurden. In diesem Kontext waren es nicht allein russische Medien, die das Vertrauen in

55 www.pforzheim.de/buerger/rathaus/wahlen/bundestagswahl.html (Abfrage: 30.07.2020).

deutsche Institutionen untergruben. Auch deutsche Medien wie der Focus hetzten nach Köln systematisch gegen die deutschen Sicherheitsbehörden, sprachen von einem „Schweige-Kartell“ und einer „Multikulti-Omertà“ und unterstellten den Behörden bewusste Vertuschung (Hein u. a. 16.01.2016). Der Journalist Moritz Gathmann (10.02.2016) schrieb in diesem Zusammenhang treffend von „Deutschlands Werk und Russlands Beitrag“.

Dennoch sagt uns dieser Fall etwas über die segregierten Konversationsnetzwerke postsowjetischer Migranten. Während der „Fall Lisa“ der breiteren Öffentlichkeit erst durch die große Demonstration vor dem Kanzleramt am 23. Januar und in verschiedenen Städten am 24. Januar bekannt wurde, hatte es in der Community schon eine ganze Woche lang gebrodelt. Der russischsprachigen Presse in Deutschland war dies nicht entgangen. Schon in ihrer Ausgabe vom 21. Januar titelte die Wochenzeitung *Russkaja Germanija* „Arme Lisa – Wer versucht die Tragödie einer Berliner Gymnasiastin in eine politische Waffe zu verwandeln und warum?“ (Minenkova 21.01.2016) Hier zeigte sich sehr deutlich, dass es in Teilen der postsowjetischen Community in Deutschland Diskurse gab, die sich zwar nicht kontextlos, aber doch separat vom Mainstream des bundesdeutschen Diskurses entwickelten.

Ein vertrauteres Bild, um die hier beschriebenen Phänomene zu erfassen, ist die im Kontext des Aufstiegs des Rechtspopulismus oft bemühte „Echokammer“. Dieses Bild beschreibt die Beobachtung, dass sich vorhandene Meinungen und Einstellungen gewissermaßen hochschaukeln, wenn sich viele Gleichgesinnte darin immer wieder und wieder bestärken und bestätigen. Dieses Phänomen wurde dabei primär im virtuellen Raum verortet, speziell in den sozialen Netzwerken. Diese sind auch im Fall der postsowjetischen Migranten relevant, wie z. B. eine Masterarbeit an der Universität Osnabrück durch eine Analyse einer AfD-nahen Gruppe im russischen sozialen Netzwerk *Odnoklassniki* aufzeigen konnte (Zwenihorodska 2019). Gleichzeitig zeigen uns die Forschungen zu den „neighbourhood effects“, dass auch echte Gespräche in tatsächlichen Räumen in der realen Welt von Bedeutung sind. Wo viele Menschen desselben Hintergrunds zusammenleben, können sich bestimmte vorhandene Einstellungen verstärken. Diese Feststellung ist besonders für die russlanddeutschen Spätaussiedler relevant, die stadträumlich vergleichsweise stark konzentriert leben (vgl. Kapitel 4) und dichte Milieubeziehungen herausbilden (vgl. Kapitel 8).

Postsowjetische Juden und die AfD

Die Diskussion um die vermeintliche Affinität postsowjetischer Migranten zur AfD beschränkt sich meist auf die russlanddeutsche oder auch allgemeiner die russischsprachige Gemeinschaft in Deutschland. Die Einstellungen der in Deutschland lebenden postsowjetischen Juden bleiben in der Diskussion meist außen vor, wohl nicht zuletzt weil sie aufgrund ihrer vergleichsweise geringen Zahl und nur partiellen Einbürgerung keinen nennenswerten Wähleranteil stellen. Dennoch hatten in den Interviews auch die befragten Studierenden mit postsowjetisch-jüdischem Migrationshintergrund etwas zum Thema Politik zu sagen. Aljona etwa verwies in diesem Kontext auf ihre eigenen Eltern und ihren Onkel, die krasse Ansichten zu Flüchtlingen, Migration und Islam verträten. Auch bei ihr habe dies eine persönliche Dimension: einen muslimischen oder schwarzen Freund würden sie beispielsweise nicht akzeptieren. Antonie wiederum bezweifelte, dass es unter den postsowjetischen Juden AfD-Affinität gebe. Auch sie betonte allerdings die verbreitete Islamophobie, die Hand in Hand mit einer konkreten Angst vor Muslimen und muslimischem Antisemitismus gehe. In seinem Buch *Germanija* berichtet Dmitrij Belkin (2016, S. 184) Ähnliches von seinen Eltern: „Meine Eltern sind heute tendenziell gegen die Flüchtlinge. ‚Sie nehmen uns das letzte', sagen sie. [...] Die Flüchtlinge seien bestimmt kriminell und antisemitisch, betonen sie."

Auch die AfD ist sich solcher Stimmungen in der jüdischen und speziell der russisch-jüdischen Gemeinschaft in Deutschland bewusst und versucht, sie auszunutzen. Im Oktober 2018 gründete sich daher die Gruppierung „Juden in der AfD" (JAfD) als parteinaher Verein. Nach eigener Darstellung handelte es sich dabei um eine Basisinitiative. Der Verdacht liegt aber nahe, dass diese Gruppierung eine „Schutzschild-Funktion" für die Partei gegen Vorwürfe des Rechtsradikalismus erfüllen soll (Botsch 2020, S. 6). Beständig halten sich auch die Zweifel, ob es sich dabei um eine sonderlich jüdische Veranstaltung handelt, gab es doch Überlappungen mit der Gruppierung „Russlanddeutsche in der AfD" in der Person eines der Initiatoren, Dimitri Schulz, der angab, aus einer „christlich-jüdischen Familie" zu stammen und sich laut Medienberichten auf seiner Facebook-Seite als „bibeltreu" bezeichnete (Breyton 08.10.2018). Andere Gründungs- und Vorstandsmitglieder sind aber unzweifelhaft jüdischer Herkunft, nicht nur, aber auch aus der ehemaligen Sowjetunion. So stammt die Vorsitzende, die Ärztin Vera Kosova, gebürtig aus Usbekistan, ihr Stellvertreter Artur Abramovych aus der Ukraine. Auch weitere Mitglieder wie Ollie Weksler und Alexander Beresowski, kommen aus der ehemaligen Sowjetunion (Botsch 2020; Lau 05.04.2017).

Diese sowjetischen Erfahrungshintergründe sind auch Teil der Selbstdarstellung einiger JAfD-Mitglieder (Botsch 2020). Besagter Alexander Beresowski beispielsweise stellte seine sowjetische Herkunft an den Anfang einer Rede im baden-württembergischen Landtagswahlkampf 2016, in dem er für die AfD im Wahlkreis Stuttgart I kandidierte, und verknüpfte sie nahtlos mit der anti-EU und anti-Islam-Agenda seiner Partei. Fünfundzwanzig Jahre lang habe er der „Agonie des Untergangs und des Zerfalls der UdSSR" aus nächster Nähe zusehen dürfen, weitere fünfundzwanzig Jahre beobachte er nun in Europa „eine schleichende Verwandlung der Staatengemeinschaft zu einer EUdSSR der Bürokraten,

Apparatschiks und Kirchenfunktionäre". Er kämpfe dagegen, dass sich Deutschland und Europa in den nächsten fünfundzwanzig Jahren „mit einer beispiellosen Unterwerfung zu EUrabien entwickeln."[56] Zugleich betonte Artur Abramovych in der Pressekonferenz zur Gründung der JAfD, dass „wir uns in keinerlei Weise als dem russischen Kulturraum verpflichtet empfinden."[57]

Unabhängig von der Herkunft ihrer Mitglieder stellt sich die Frage, wofür diese Vereinigung inhaltlich steht. Politikwissenschaftler und Rechtsextremismusforscher Gideon Botsch (2020) sieht sie programmatisch auf einer Linie mit der Gesamtpartei hinsichtlich Fragen der Einwanderungspolitik, des Islam, der politischen Linken, des „Mainstreams", der Erinnerungspolitik und der „traditionellen, monogamen Familie" (Botsch 2020, S. 3). Weiterhin arbeitet er zentrale Positionen der Gruppierung zu bestimmten Themen heraus. Die Gruppierung der JAfD bekenne sich „plakativ" zu Israel und projiziere dabei „neurechte Idealvorstellungen" des Landes als militarisierter Siedlergesellschaft auf Deutschland (Botsch 2020, S. 11). Antisemitismus thematisiere sie ausschließlich als Problem der Muslime, der Bundesregierung und der politischen Linken, während er von Seiten der Rechten und in der deutschen Geschichte heruntergespielt oder geleugnet werde. Gleichzeitig bediene die Gruppierung der JAfD selbst antisemitische Stereotype, etwa in ihrer Hetze gegen George Soros (Botsch 2020, S. 12). Innerhalb der jüdischen Gemeinschaft in Deutschland habe sie den Zentralrat als ihren wichtigsten Gegner ausgemacht, ein Feindbild, mit dem sie sowohl an Unmut innerhalb der jüdischen Gemeinschaft wie auch an antisemitische Stereotype bei nicht-jüdischen Rechten anzuknüpfen hoffe (Botsch 2020, S. 10).

Wie steht es aber um die Verwurzelung dieser Gruppierung in der jüdischen Gemeinschaft in Deutschland? Gideon Botsch schätzt sie gering ein: „Dass die Gründungsmitglieder isoliert in die AfD eingetreten sind, verdeutlicht, dass keineswegs persönliche Netzwerke, Bekanntschaften oder gar religiöse, kulturelle oder politische Unterströmungen innerhalb der jüdischen Community in Deutschland Ausgangspunkte oder personelle Basen für die JAfD bilden und konfrontiert damit die Selbstdarstellung als Vertreter*innen eines ‚Neuen Judentums'" (Botsch 2020, S. 6). Auch sei es „den JAfD bislang nicht gelungen […], innerhalb der eigenen Klientel werbend für die AfD, ihre Wertorientierungen, programmatischen Ziele und politischen Haltungen zu wirken" (Botsch 2020, S. 14). An mangelnden Bemühungen scheint dies entgegen von Botschs Einschätzung nicht gelegen zu haben, warnte doch der Zentralratsvorsitzende Josef

56 Russische Juden in der AfD – Alexander Beresowski, www.youtube.com/watch?v=MhZO7DwIjTI (Abfrage: 23.05.2020).

57 Gründung der Bundesvereinigung „Juden in der AfD" PRESSEKONFERENZ, www.youtube.com/watch?v=2P3xbdidHY4 (Abfrage: 23.05.2020).

Schuster schon 2017 davor, die AfD werbe „massiv" in jüdischen Senioreneinrichtungen (Lau 05.04.2017). Wie Schusters mahnende Worte schon andeuten, waren die Reaktionen des organisierten Judentums auf die Gründung der JAfD einhellig negativ.

Ist die Vereinigung „Juden in der AfD" also nur ein schlechter jüdischer Witz? Ja und nein. Nach der Shoah wirkt eine solche Vereinigung von Juden in einer deutschnationalen Partei ohne Frage bizarr. Historisch betrachtet ist sie es aber weniger. Auch im Kaiserreich und der Weimarer Republik führte der Drang zur Assimilation manchen deutschen Juden in rechtsnationale Kreise, was natürlich ohne das Wissen um die kommende Katastrophe, aber mit dem Wissen um den grassierenden Antisemitismus der deutschen Rechten geschah. In der Gegenwart bieten wiederum die Themen Islam (bzw. islamischer Antisemitismus) und Israel Anknüpfungspunkte für jüdische Diskurse und Befindlichkeiten an die Agenda rechtspopulistischer Parteien, nicht nur in Deutschland. Die unter postsowjetischen Juden in Deutschland verbreite Furcht vor Muslimen und muslimischen Antisemitismus wurde oben bereits thematisiert. In Bezug auf Israel gehört es inzwischen zum Repertoire von Politikern von Donald Trump bis Viktor Orbán, sich als große Freunde des jüdischen Staates zu inszenieren, was die gleichzeitige Nutzung antisemitischer Rhetorik (etwa gegen George Soros) bzw. Sympathien für antisemitische Akteure nicht ausschließt. In diesem Szenario ist Israel ein Bollwerk gegen den Islamismus im Nahen Osten – ein Diskurs, den sich auch die Regierung Netanyahu zu eigen zu machen versucht, die mit genannten Politikern beste Beziehungen pflegt (Peters 20.07.2018; Sternhell 24.02.2019; Landau 31.03.2019). Die Vereinigung der JAfD wiederum pflegt Beziehungen mit Vertretern der israelischen Siedlerbewegung, während das offizielle Israel sich bisher ablehnend gezeigt hat (Botsch 2020, S. 7, 11).

Es ist inzwischen auch gut belegt, dass sich die postsowjetisch-jüdische Diaspora in anderen Ländern politisch großenteils rechts der Mitte verortet. Juden aus der ehemaligen Sowjetunion wählen in allen ihren Aufnahmeländern, zu denen entsprechende Untersuchungen vorliegen, rechts (Khanin 2019; Konstantinov 2019). Die Gründe hierfür sind durchaus heterogen. Forscher wie Viacheslav Konstantinov und Vladimir Khanin gehen davon aus, dass diese Präferenz sowohl in aus der Sowjetunion „mitgebrachten" Werthaltungen wie auch an den Erfahrungen liegt, die sie in ihren Aufnahmeländern gemacht haben. Unterschiedliche Faktoren gäben dabei den Ausschlag: In den USA seien es vor allem wirtschaftliche Erwägungen der oft kleinunternehmerisch tätigen russischen Juden, die sie für die Republikaner stimmen ließen. In Israel sei es ihre kompromisslose Einstellung zum israelisch-palästinensischen Konflikt und die Sicherheitsfrage, die sie für die Parteien der säkularen Rechten stimmen ließen, obwohl sie wirtschaftlich eher „links" seien (Khanin 2019, S. 125–126).

Die unterschiedlichen Faktoren in den verschiedenen Ländern deuten schon an, dass sich aus diesen Befunden nur bedingt Schlüsse auf die Haltung der postsowjetischen Juden in Deutschland ziehen lassen, zumal hierzu keinerlei Untersuchungen vorliegen. In Deutschland ist die nationalistische Rechte, wie sie die AfD vertritt, aus historischen Gründen in einem anderen Maße mit einem Tabu belegt, als dies in anderen Ländern der Fall ist. Dies mag für manche Juden aus der ehemaligen Sowjetunion aber weniger bedeutsam sein, ironischerweise vielleicht wegen des eigenen Selbstverständnisses als „Sieger über den Faschismus" denn als „Opfer des Faschismus" (vgl. Kapitel 5). Doch auch die Angst innerhalb der Community ist als möglicher „Push-Faktor" in Richtung Rechtspopulismus nicht zu unterschätzen. Vielleicht muss man den Titel einer selbstdarstellenden Publikation der JAfD, *Was Juden zur AfD treibt*, in dieser Hinsicht durchaus ernst nehmen (Kosova/Fuhl/Abramovych 2019). Anderseits gehört genau das Schüren dieser Angst zur selbsterfüllenden Prophezeiung des Rechtspopulismus, so dass dieser Titel auch in dieser Hinsicht programmatisch gelesen werden muss. Die eingangs zitierte Studentin Antonie kann sich jedenfalls trotz der von ihr diagnostizierten Angst der Community nicht vorstellen, dass sich russische Juden zur AfD hinwenden. JAfD-Mitglied Ollie Weksler wiederum behauptet, dass seit der „illegalen Grenzöffnung" von 2015 seine „gesamte Großfamilie [und] viele meiner jüdischen Verwandten und Bekannten fast buchstäblich auf gepackten Koffern" säßen. „Bis dahin wählen sie aber alle nur die AfD" (zitiert nach Botsch 2020, S. 11).

Es mag sein, dass beide Aussagen Teile der (russisch-)jüdischen Realität im heutigen Deutschland beschreiben. Über die Mehrheitsverhältnisse kann man nur mutmaßen. Zum Abschluss sei daher eine Episode vom jüdischen Gemeindetag 2016 zitiert, über die die ZEIT berichtete. „Einer, der beim letzten Mal in Berlin dabei war, berichtet, dass sich auch einzelne AfD-Sympathisanten zu Wort gemeldet und über muslimischen Antisemitismus gesprochen hätten. Das Gros aber habe einem älteren Mann applaudiert, der in der Diskussion aufgestanden sei und erregt gesagt habe: ‚Leute, machen wir uns doch nichts vor. Wenn sie mit den Muslimen durch sind, geht es uns an den Kragen.'" (Lau 05.04.2017)

Fazit

Differenzierung tut not. Diese Bemerkung mag banal klingen, für die Diskussion der politischen Einstellungen postsowjetischer Migranten ist sie aber von fundamentaler Bedeutung. Dieses Kapitel hat gezeigt, dass weder *die* postsowjetischen Migranten unter maliziösem russischem Einfluss stehen noch *die* Russlanddeutschen in ihrer Gesamtheit nach rechts gerückt sind und mehrheitlich AfD wählen. Bei den Einstellungen gegenüber Russland zeigten sich wichtige Differenzen zwischen verschiedenen Zuwanderergenerationen, die aber nicht mit Alterskohorten gleichzusetzen sind. Die Generation der selbst ausgesiedelten Eltern zeigte sich Russland gegenüber großenteils kritischer als ihre stärker in Deutschland sozialisierten Kinder. Hier deuten sich gewisse Nachwirkungen des Heimwehs der „mitgenommenen Generation" der 1990er Jahre an. Unter der Oberfläche des Diskurses über einen „Rechtsruck" hat sich währenddessen das politische Profil der Gruppe ausdifferenziert: Über 40 % der postsowjetischen Wähler wählen inzwischen Parteien links der Mitte. Gleichzeitig ist dieser „Rechtsruck" in einem Teil der Gruppe mehr als ein medial erzeugtes Stereotyp. Es gibt einen überdurchschnittlich großen – und wachsenden – Anteil von postsowjetischen Wählern mit Wahlpräferenzen rechts der lange hegemonialen CDU. Und dieser ist offenbar nicht nur eine Funktion bestimmter sozialer Eigenschaften.

Erklärungsansätze für die spezifischen Faktoren, die postsowjetische und besonders russlanddeutsche Wähler zur AfD treiben, müssen die spezielle Position dieser Menschen in der bundesdeutschen Migrationsgesellschaft in den Blick nehmen. Ihre Position als „privilegierte Migranten" in einem zunehmend diversen Setting produziert Verunsicherungen und Konkurrenzen, die ihrer Präferenz für nationalistische, immigrationsfeindliche Parteien Vorschub leisten können. In einer vergleichenden Perspektive ist dabei gerade der Umstand erhellend, dass postsowjetische Migranten – anderswo überwiegend jüdischer Herkunft – auch in anderen Ländern großenteils eher rechte Parteien wählen. Auch in diesen anderen nationalen Kontexten sind sie vergleichsweise privilegiert, in Israel als Teil der staatstragenden Ethnonation, in den USA als „weiße" Migranten. Es geht also jeweils um Positionen in den komplexen ethnischen Hierarchien verschiedener Gesellschaften. Im Fall der postsowjetischen Juden in Deutschland ist diese Position noch zusätzlich durch den Bezug auf die deutsche Geschichte gebrochen, was einen positiven Bezug auf deutschnationale Parteien verkompliziert. Auch hier gibt es jedoch Stimmungen, die für eine islam- und immigrationsfeindliche Agenda anschlussfähig sind.

Kapitel 8
Postsowjetische Lebenswelten in Deutschland und transnational

Postsowjetisches Leben in Deutschland ist heterogen. Menschen mit Herkunft aus der ehemaligen Sowjetunion unterscheiden sich nicht nur bezüglich ihrer ethno-administrativen Zuordnung als „russlanddeutsche Spätaussiedler" und „jüdische Kontingentflüchtlinge", sondern auch in Bezug auf ihren Wohnort, ihren Bildungsgrad, ihre Religiosität, ihre Klassenzugehörigkeit und vieles mehr. Einige der mit diesen verschiedenen Eigenschaften verbundenen speziellen Milieus sind besser erforscht als andere. Die relativ geschlossenen Milieus freikirchlich organisierter Russlanddeutscher üben dabei schon länger eine Faszination auf die Forschung aus, da hier Aspekte von Religion, Migration und Integration fokussiert in den Blick kommen (z. B. Pfister-Heckmann 1998; Elwert 2015). Auch die Situation in vermeintlichen „Problemvierteln" hat eine gewisse Aufmerksamkeit erfahren, besonders mit Blick auf die Jugend (z. B. Bartels 2007; Vogelgesang 2008). Andere Untersuchungen nahmen etwa die urbanen Lebenswelten junger russischsprachiger Juden in Berlin in den Blick (Gromova 2013). Auch klassenbasierte Perspektiven auf postsowjetische migrantische Mittelschichten haben in den letzten Jahren Einzug in die Forschungslandschaft gehalten (Klingenberg 2020). All diese Forschungen bereichern unseren Blick auf die postsowjetischen Gemeinschaften in Deutschland und geben einen Eindruck von den vielfältigen Lebenssituationen, die die Erfahrungen postsowjetischer Migranten in Deutschland prägen.

Dieses letzte Kapitel möchte punktuell vertieft in die Lebenswelten postsowjetischer Migranten in Deutschland eintauchen. Der Begriff der „Lebenswelten" ist dabei in einem umfassenden und pluralen Sinne zu verstehen. Es geht hier um soziale Formationen wie Communities, Milieus und Netzwerke, um migrantische Selbstorganisationen und Gemeinden, um alltägliche Praktiken wie Wohnen, Essen und Musik hören, um Freund- und Partnerschaften und um die Einbettung postsowjetischer Migranten in transnationale Zusammenhänge. Relevante Parameter für diese Betrachtungsweise sind u. a. Kategorien von Raum, Religiosität und Klassenzugehörigkeit, die die in der Forschung häufig dominanten ethnischen Perspektiven aufbrechen. Dieser Ansatz erlaubt einen differenzierten Zugriff auf die in sich heterogenen Großkategorien „postsowjetische Migranten", „Spätaussiedler" und „Kontingentflüchtlinge". Statt diese als gegebenen Teil der sozialen Realität vorauszusetzen, öffnen wir so den Blick für unterschiedliche Formen der Vergemeinschaftung, die zum Teil die bestehenden Kategorien reproduzieren, zum Teil diese aber auch überwinden.

Russlanddeutsche Milieus

Eine erste charakteristische Lebenswelt postsowjetischer Migranten sind Klein- und Mittelstädte und Dörfer im ländlichen Raum. Hier lebt die Mehrzahl der russlanddeutschen Spätaussiedler (vgl. Kapitel 4). Die dort existierenden engmaschigen migrantischen Netzwerke beschreibt zum Beispiel der Student Pascal. Er wuchs in einer westfälischen Mittelstadt auf, wo postsowjetische Migranten, v. a. russlanddeutsche Spätaussiedler, über 7 % der Bevölkerung ausmachten, mehr als doppelt so viel wie der Bundesdurchschnitt. Dort lebte er in einer Nachbarschaft mit vielen anderen Russlanddeutschen, von denen ein Großteil aus demselben Dorf in Russland stammte. Die Nachbarn bezeichnet er als „Familie", auch wenn sie in den meisten Fällen keine Blutsverwandten seien. Die russlanddeutsche Community in einem weiteren Sinne beschreibt er als weitverzweigte informelle Netzwerke. Dazu gehören neben dieser erweiterten, nicht-blutsverwandten Familie vor Ort auch Familiennetzwerke in ganz Deutschland und zum Teil auch in Russland (er hat Verwandte in seiner Heimatstadt, in Nordhessen, in Baden-Württemberg und in Russland). Es handelt sich dabei um eine Solidaritäts- und Hilfsgemeinschaft, die sich aber auch über Festlichkeiten konstituiert: Er werde ständig zu Geburtstagen in der erweiterten Familie eingeladen, und auch Hochzeiten seien immer Riesenevents, zu denen die ganze Familie aus der ganzen Republik und auch aus dem Ausland komme. Auch Business-Netzwerke gehören zu dieser Community. Seine ebenfalls russlanddeutsche Freundin arbeite zum Beispiel in einem „russischen" (O-Ton) Steuerbüro, das auch hauptsächlich russische Kunden habe. Russen bzw. Russlanddeutsche (diese Begriffe benutzt er in seiner Erzählung nicht immer trennscharf) gingen auch zu ihren eigenen Handwerkern. Und man gehe auch gezielt zu bestimmten Läden, Imbissen etc., von denen man wisse, dass die Besitzer zur Community gehörten. Man komme darüber hinaus auch in bestimmten Arbeitsbereichen zusammen, beispielsweise in der Pflege, wo viele Russlanddeutsche beschäftigt seien. Relevant für die Gemeinschaftsbildung seien auch die virtuellen sozialen Netzwerke, in denen ein reger Austausch von Informationen und Gerüchten herrsche.

Die beschriebenen dichten Interaktionen tragen auch zu einem Gemeinschaftsgefühl bei, das die Bezeichnung des von Pascal beschriebenen russlanddeutschen Milieus als „Community" angemessen erscheinen lässt. Man kenne und erkenne sich, untereinander und in Abgrenzung von Anderen. Zumindest meine seine Freundin, dass sie Russlanddeutsche, Russen und Deutsche jeweils erkenne; er hingegen könne das nicht. Hier werden dann aber auch schon gewisse Brüche in der Community-Logik deutlich: Pascals Freundin bezeichnet die

„Deutschen“ (also die „einheimischen“ Nachbarn nicht-russlanddeutscher Herkunft) als „Kartoffeln“, aber auch er sei wegen seiner ausschließlichen Sozialisation in Deutschland und seiner mangelhaften Kenntnis des Russischen in ihren Augen eine „Kartoffel“. Pascal selber sieht sich aber sehr wohl als Teil der russlanddeutschen Gemeinschaft. Er gibt an, leichter mit Russlanddeutschen kommunizieren zu können, da man gemeinsame Hintergründe und gemeinsame Erfahrungen habe. Für die ältere Generation seien wiederum beispielsweise russisch-sowjetische Lieder gemeinschaftsstiftend, die er aber nicht kenne. Er erwähnt auch typisch russlanddeutsche Wohnungsdekorationen, an denen man sich erkenne (siehe dazu auch die Ausführungen weiter unten).

Nadjas Heimatort im Nordwesten Deutschlands ist noch kleiner als der von Pascal, mit unter 5000 Einwohnern eher ein Dorf als eine Kleinstadt. Sie wuchs insofern in einer ähnlichen Situation auf, als dass in diesem Ort, wo sie ihre Kindheit und Jugend verbrachte, fast die ganze Familie des Vaters und deren gesamtes sibirisches Dorf lebte, ebenso wie viele andere Russlanddeutsche. Sie beschreibt eine im wesentlichen segregierte Dorfgesellschaft, mit klaren Trennlinien zwischen Spätaussiedlern und „Einheimischen“. Die Angehörigen ihrer Kernfamilie waren aber „Außenseiter“ in dem Sinne, dass sie nicht in einer russlanddeutschen, sondern in einer, wie sie es formuliert, „deutsch-deutschen“ Nachbarschaft lebten und ein gutes Verhältnis mit den „einheimischen“ Nachbarn pflegten. So partizipierten sie auch an sozialen Ereignissen der Dorfgemeinschaft wie dem Maibaum-Aufstellen, was andere Russlanddeutsche (etwa ihre Cousins) nur vom Hörensagen kannten. Diese Form von Integration wurde von den „Eigenen“ nicht immer nur positiv aufgenommen.

Nadja schildert also im Grunde eine ähnlich dicht gewobene russlanddeutsche Gemeinschaft vor Ort wie Pascal, mit zwei wesentlichen Unterschieden. Erstens gehörte ihre Familie nie richtig dazu und möchte dies auch jetzt nicht. Sie und ihre Geschwister sind allesamt „Ausreißer“, sind vom Dorf weggezogen, um zu studieren bzw. zu arbeiten, im Gegensatz zu ihren Cousins und Cousinen, die alle dort gebaut und einen Beruf erlernt haben und nun in den lokalen Industrien arbeiten. Zweitens sieht sie eine russlanddeutsche Community im Sinne einer bewusst zusammengehörigen Gemeinschaft erst in den letzten fünf oder zehn Jahren in der Entstehung, etwa seit es ein jährliches Fest der Russlanddeutschen gebe. Früher habe kein so ausgeprägtes Gemeinschaftsgefühl existiert, zumal die Menschen aus dem Dorf ihres Vaters und die übrigen Russlanddeutschen tendenziell zwei unterschiedliche Communities gewesen seien.

Die Existenz dieser kleinstädtischen russlanddeutschen Milieus bedeutet also nicht, dass alle Menschen dieser Herkunft vor Ort Teil dieser Milieus sind oder sich als Teil dieser Milieus verstehen. Thomas zum Beispiel ist gar nicht in der russlanddeutschen Community seiner Heimatstadt, einer Kleinstadt in Ostwestfalen, aufgewachsen, obwohl es sie durchaus gab. Einen von ihm als „Plattenbausiedlung“ beschriebenen und von den Einheimischen (natürlich) als „Klein-

Moskau“ bezeichneten Stadtteil nennt er als Ort dieser Community. Seine Kontakte damit beschreibt er aber als sehr begrenzt, auch wenn er früher mal dort eine Freundin gehabt habe. Auch habe es früher eine „Russendisko“ gegeben, die aber inzwischen geschlossen sei.

Wie wir aus Kapitel 4 wissen, sind auch „kleine Großstädte“ zwischen 100.000 und 250.000 Einwohnern ein recht häufiger Wohnort von Russlanddeutschen. Gut 10 % der Gesamtgruppe leben in solchen Settings. Am Beispiel Osnabrücks bieten die Interviews mit Elvira und Sophia Einblicke in diese Lebenswelt. Elvira wuchs in einem traditionell proletarischen Teil der Stadt auf, der nach der in Kapitel 4 eingeführten Typologie als „multikulturell“ bezeichnet werden kann: Hier leben neben zahlreichen Russlanddeutschen auch Menschen mit vielen anderen Migrationshintergründen. Inzwischen lebt sie in einem eher (klein-)bürgerlichen Viertel, dessen Neubaugebiet bei Russlanddeutschen sehr beliebt ist. Ähnlich wie Pascal und Nadja, beschreibt auch Elvira die russlanddeutsche Community als informelles Netzwerk. Ihr sind keine russlanddeutschen Vereine bekannt, aber sie kennt Kindergruppen (Schwimmen, Musik, Tanz), die ehrenamtlich von Russlanddeutschen betrieben werden – wohl aus der Haltung heraus, dass ihnen „das Performative“ besser liege, als „den Deutschen“. Auch bestimmte Orte sind wichtig zur Konstitution der Gemeinschaft. Dazu gehören „typische“ Stadtteile, etwa gewisse Neubaugebiete, aber auch die Gemeinde Belm, die direkt an die russlanddeutschen Siedlungsschwerpunkte an der nördlichen und östlichen Peripherie Osnabrücks anschließt. Auch Diskotheken sind von Bedeutung, heutzutage das als „Russendisko“ bekannte „Virage“, früher auch das „Arlekino“, in dessen Nachfolgeclub noch Revival-Partys stattfänden. Weiterhin erwähnt Elvira Geschäfte als Orte der Community. Früher gab es in ihrer Nachbarschaft einen russlanddeutschen Supermarkt, der so eine Art Stadtteilladen war, wo man zum Einkaufen hinging, aber auch um Leute zu treffen und zu schwätzen. Inzwischen ist dieser in die Weststadt umgezogen, weiter weg von den russlanddeutschen Siedlungsschwerpunkten der Stadt, aber gut zu erreichen für die zahlreiche russlanddeutsche Bevölkerung des Umlands (insbesondere am Wochenende lassen die Autokennzeichen auf dem Parkplatz erkennen, dass die Strahlkraft des Ladens bis ins benachbarte Nordrhein-Westfalen reicht).

Ähnliche informelle Strukturen und Orte beschreibt auch Sophia, die erst zum Studium nach Osnabrück kam, dort aber schnell Anschluss an die russischsprachige Community fand. Viel laufe über Mundpropaganda. So kam z. B. eine Samstagsschule für russische Sprache in einer Musikschule zustande. Auf ähnliche Weise entstand auch ein Run auf Schwimmkurse beim örtlichen Sportverein, weil es dort eine russische Schwimmlehrerin gab, deren Unterricht man besser („ernsthafter“) fand als den eher spielerischen deutschen Unterricht. Als sie ging, verließen auch alle anderen den Verein. Andere spezifisch russlanddeutsche Vereine seien ihr aber nicht bekannt. Informelle und personenbezogene Netzwerke sind also in diesem Setting von großer Bedeutung.

Migrantische Selbstorganisationen von Russlanddeutschen

Dass den interviewten Studierenden keine russlanddeutschen Organisationen bekannt waren, heißt nicht, dass es sie nicht gibt. In Osnabrück existiert beispielsweise eine Ortsgruppe der Landsmannschaft der Deutschen aus Russland (LmDR), des einzigen bundesweit organisierten Verbandes der Russlanddeutschen (vgl. Wallem 2017a). Die LmDR besteht als Vereinigung von Umsiedlern der Kriegszeit bereits seit 1950 und hat Wurzeln im russlanddeutschen Verbandswesen der Zwischenkriegszeit (Richter-Eberl 2001). Nachdem sie lange Zeit eine Organisation der in der Bundesrepublik etablierten Russlanddeutschen war, ist sie in den letzten Jahren mehr und mehr zu einem Verein der Spätaussiedler geworden, was sich u. a. in neuen Gesichtern an der Spitze der Bundes- und Landesverbände zeigt: Der aktuelle Bundesvorsitzende Johann Thießen und sein Vorgänger Waldemar Eisenbraun sind beide in der ehemaligen Sowjetunion geboren und innerhalb der letzten dreißig Jahre nach Deutschland ausgesiedelt.[58] Auch die jüngere Generation von Russlanddeutschen findet in der Landsmannschaft inzwischen eine gewisse Repräsentanz, in der Hauptorganisation wie auch in der Jugend-LmDR (Wallem 2017a). An verschiedenen Orten gibt es weiterhin eine Vielfalt anderer migrantischer Selbstorganisationen aus dem Kreise der russlanddeutschen Spätaussiedler, die seit den 1990er Jahren entstanden sind (Wallem 2017a).

Die LmDR und andere russlanddeutsche Vereine erfüllen in ihrer Tätigkeit sowohl identitätspolitische wie auch alltagspraktische Funktionen (vgl. Wallem 2020). Die LmDR bemüht sich unter anderem durch erinnerungspolitische Arbeit um die Förderung russlanddeutscher kollektiver Identität. Dazu gehörte zum Beispiel eine Gedenkveranstaltung in Berlin am 28. August 2016 zum 75. Jahrestag der Deportation der Russlanddeutschen (eine, wie Kapitel 1 zeigt, in dieser Pauschalität nicht ganz zutreffende Bezeichnung), der der damalige Bundesinnenminister Thomas de Maizière seine Aufwartung machte. In Osnabrück gab es im September 2019 einen Festakt der LmDR zum 60. Jahrestag der Gründung des Landesverbands Niedersachsen, an dem ich als Podiumsdiskutant teilnahm. Hier wurden allerdings auch die Grenzen der intergenerationalen Vermittlung einer solchen institutionalisierten russlanddeutschen Identität sichtbar: Die ca. 80 Teilnehmer waren überwiegend Angehörige der älteren Generation. Beim Getränkeservice halfen noch einige Jugendliche mit, vermutlich die Enkel der Organisierenden. Die Altersgruppe zwischen 18 und 55 Jahren war hingegen kaum vertreten.

58 Zu Thießens Vita siehe https://lmdr.de/fuehrungswechsel-bei-der-landsmannschaft-der-deutschen-aus-russland-e-v/. Eisenbrauns Kurzlebenslauf findet sich unter http://wiedergeburt.kz/waldemar-eisenbraun/?lang=de.

Zur alltäglichen Arbeit russlanddeutscher Vereine einschließlich der Landsmannschaft gehören aber auch Dinge, die weit über die skizzierte identitätspolitische Arbeit hinausgehen und auf die sehr unterschiedlichen Lebenslagen innerhalb der Großgruppe „Spätaussiedler" verweisen. Am Beispiel Berlin liefert Gesine Wallem (2020) in ihrer kürzlich abgeschlossenen Dissertation spannende Einblicke in die Tätigkeiten verschiedener Spätaussiedler-Vereinigungen. Dazu gehört die Hilfe für die des Deutschen nicht immer perfekt mächtige Klientel mit allerlei Herausforderungen des Alltags, insbesondere im Umgang mit der Sozialbürokratie (Wallem 2020, S. 245). Eine besonders vulnerable Zielgruppe sind dabei die nicht-deutschen Angehörigen von Spätaussiedlern, die seit den Reformen des Spätaussiedleraufnahmeregimes in den 1990er Jahren zwar nach Deutschland einreisen konnten, aber nicht in allen Fällen deutsche Staatsbürger werden durften. Ihr Aufenthaltsstatus hängt von der Person mit Spätaussiedlerstatus ab, mit der sie mitgereist sind, was im Falle von Scheidung oder Tod der Bezugsperson zu tragischen Situationen führen kann. Wallem (2020, S. 246–247) zitiert eine Sozialberaterin zu einem Fall, in dem die russische Frau des Sohnes einer Spätaussiedlerin nach dem Tod ihres Mannes Deutschland verlassen sollte, obwohl sie und ihre Kinder dort seit Jahren lebten. Hier bietet der Aussiedlerverein, der theoretisch Integrationsarbeit für „Deutsche" leisten soll, essenzielle Unterstützung für Menschen, die als Ausländer in die Mühlen der deutschen Bürokratie geraten und gerade nicht die Sicherheit genießen, die mit dem Spätaussiedlerstatus verbunden ist. Im öffentlichen Diskurs über die russlanddeutschen Spätaussiedler bleiben solche Fälle meist unsichtbar.

Russlanddeutsche Religiöse Gemeinden

Ein in höherem Maße organisiertes Milieu ist das der russlanddeutschen Freikirchen. Hier ist eigentlich der Milieubegriff im Plural angemessen, da es nicht „die" russlanddeutschen Freikirchen gibt, sondern eine große Anzahl heterogener religiöser Gemeinden unterschiedlicher Ausrichtungen. Die wichtigsten dieser Glaubensrichtungen, wie sie z. B. im Band von Lothar Weiß (2013a) zu russlanddeutscher Migration und evangelischen Kirchen dargestellt werden, sind lutherische Brüdergemeinden, Mennoniten, Evangeliumschristen und Baptisten, Siebenten-Tags-Adventisten und Pfingstler. Diese scheinbar klare Zuordnung ist aber ein Stück weit eine Illusion, wie Weiß (2013b, S. 124) in seinem Beitrag zu Evangeliumschristen und Baptisten selbst einräumt: „In den Gemeinden gibt es eine starke Vermischung von Mennoniten, Baptisten und Evangeliumschristen. Eine exakte Sortierung ist praktisch unmöglich." Außerdem sind vielfache Spaltungen für alle diese Glaubensrichtungen charakteristisch, was zu einer hochgradig fragmentierten Gemeindelandschaft führt (Weiß 2013a; Klassen 2007; Frank 2017). Darüber hinaus wären noch „einheimische" Religionsgemeinschaften wie die Zeugen Jehovas (vgl. Abbildung 8.1), die Neuapostolische Kirche und die Adventisten zu nennen, die sich schon sehr bald nach der Ankunft „systematisch und offensiv um die Zuwanderer [bemühten], oft auch mit zweisprachigen Anwerbern“ (Theis 2006, S. 20).

Abbildung 8.1

Zweisprachiges deutsch-russisches Schild am Königreichssaal der Zeugen Jehovas in Korbach, Hessen. Foto: Margarete Panagiotidis

Die Angehörigen dieser speziellen religiösen Milieus stellen sicherlich keine Mehrheit unter den Russlanddeutschen dar. Für die Brüdergemeinden findet sich in der Literatur die nicht sehr genaue Schätzung von „einigen Zehntausend“ Mitgliedern (Graßmann 2013, S. 82). Für die freikirchlich organisierten Mennoniten und Baptisten nennt Klassen (2007, S. 137) eine Zahl von ca. 80.000 Mitgliedern im Jahr 2006, wobei Mitglieder dieser taufgesinnten Gemeinschaften nur getaufte Erwachsene sind, nicht aber deren minderjährige Nachkommen. Zählt man jene hinzu, kommt man nach Klassens Berechnung für dasselbe Jahr auf 436.000 Personen, was nicht zuletzt auch ein Ausdruck des Kinderreichtums dieser Gemeinschaften ist (Klassen 2007, S. 368). Hinzu kommen die ca. 30.000 (auch hier ausschließlich erwachsenen) Mitglieder von Pfingstgemeinden und charismatischen Gemeinden, die Leonnard Frank (2017, S. 89) für seine Doktorarbeit ermittelte. Man kann Frank (2017, S. 83) also zustimmen, wenn er die russlanddeutschen Freikirchen als „quantitativ bedeutende und qualitativ besondere“ Minderheit innerhalb der Großgruppe der russlanddeutschen Spätaussiedler bezeichnet.

Die Einschätzungen der Rolle dieser Gemeinschaften, die sich in der Literatur finden, sind sehr unterschiedlich. Manche Studien zeichneten ein sehr kritisches Bild von vermeintlich integrationsfeindlichen „Parallelgesellschaften“ (z. B. Vogelgesang 2008). Auch Weiß (2013c, S. 257) spricht von einer „organisierten kirchlichen Parallelgesellschaft“, stellt aber fest, dass die „Initiativkraft zur Selbstorganisation in Netzwerken eine Integrationsleistung [ist], durch die den Ankommenden in ihrem Situierungsprozess Unterstützung und Identität vermittelt wurden. Sie ist aber auch ein Ansatz für eine Segregation von der pluralen Gesellschaft.“ Andere Autoren wie der Historiker und Theologe Kornelius Ens (2018), Leiter des Museums für russlanddeutsche Kulturgeschichte in Detmold, verorten diese Gemeinschaften in einer längeren historischen Tradition von oppositioneller russlanddeutscher Frömmigkeit in Abgrenzung von der Mehrheitsgesellschaft – der sowjetischen mit ihrem erzwungenen Atheismus, aber nach der Aussiedlung auch der bundesdeutschen mit ihren „individualistischen Glaubenskonstruktionen“, die mit dem „stark auf gemeinschaftliche Normen und enge Sozialbindungen ausgerichteten Kirchenverständnis vieler Russlanddeutscher“ kollidierte. Er schreibt dazu weiter:

> Tendenzen der Gemeinschaftsbildung durch Abgrenzung waren fester Bestandteil russlanddeutscher christlicher Frömmigkeit in der Sowjetunion gewesen. Darauf griff man nun zum Teil zurück. Es galt, eine Strategie der Heimatfindung zu entwickeln und einem Bedarf nach Sicherheiten gerecht zu werden – sozialen, theologischen und auch kirchengemeindlichen Sicherheiten. [...] Nicht zuletzt wegen dieser beschriebenen Abgrenzungstendenzen und ihrer historischen Ursachen erscheint es sinnvoll, Kirchengemeinden, welche überwiegend von Russlanddeutschen initiiert wurden und derzeit einen überproportional hohen Anteil an russlanddeutschen Besuchern haben, als Migrationskirchen zu bezeichnen. (Ens 2018)

Diese „Migrationskirchen“ spielten bereits eine wichtige Rolle im Migrationsprozess selbst, der zum Teil entlang von solchen Glaubensnetzwerken verlief. In ihrer Masterarbeit an der Universität Osnabrück zitiert Tatsiana Wolf-Aliashkevich (2015) zum Beispiel ein auf Russisch geführtes Interview mit dem Pastor einer freien evangelisch-lutherischen Brüdergemeinde im Hochsauerlandkreis, dessen in den 1980er Jahren in seinem Kolchos in Kasachstan gegründete Gemeinde sich nach der Aussiedlung in Deutschland wieder zusammenfand: „Und natürlich, als die Leute, die sich dort versammelten, hierher immigriert sind, suchten sie den Kontakt miteinander, und sie sammelten sich und fanden sich. Und als ich [1995] ankam guckte ich auch sofort, wo eine ‚Gemeinde von uns‘ [auf Deutsch, JP] ist.“ (Wolf-Aliashkevich 2015, S. 74)

Eine andere wichtige freikirchliche Glaubensgemeinschaft unter den Russlanddeutschen sind die Mennoniten (für Überblicksdarstellungen ihrer Geschichte siehe Lichdi 1983; Dyck 1993). Als überwiegend im Schwarzmeergebiet siedelnde Gruppe wurden sie im Zweiten Weltkrieg von den NS-Behörden mehrheitlich ins besetzte Polen umgesiedelt. Die meisten dieser Umsiedler wurden nach dem Krieg in die Sowjetunion zwangsrepatriiert. Von denen, die im Westen blieben, wanderte die Mehrzahl nach Nord- oder Südamerika weiter. Einige siedelten sich auch dauerhaft in Deutschland an, was den Beginn der russlandmennonitischen Gemeinschaft in der Bundesrepublik markierte (Klassen 2007, S. 94). Diese wuchs insbesondere ab den 1970er Jahren durch die frühen Aussiedler aus der Sowjetunion, unter denen viele Mennoniten waren (Werner 2007). Zunächst schlossen sich diese den bestehenden Gemeinden an, gründeten aber bald auch eigene „Umsiedlergemeinden“ (Klassen 2007, S. 95–100). Die Siedlungsschwerpunkte der Russlandmennoniten liegen in Ostwestfalen, dem Westerwald, dem Rheinland und Baden-Württemberg (Lichdi 2013, S. 98).

Auch im Fall der Mennoniten konstatiert die Literatur einen Rückzug in die eigene Gemeinschaft bei Ankunft in der Bundesrepublik Deutschland. Wie Diether Götz Lichdi (2013, S. 98) schreibt, „legten [sie] Wert darauf, nahe beieinander zu wohnen und ließen sich vielfach vom gleichen Arbeitgeber anstellen. Sie bildeten rasch Gemeinden, in denen sie Bekannte und Verwandte fanden. Ihre gottesdienstlichen Versammlungen hielten sie zuerst in gemieteten Räumen ab. Sie bauten dann in rascher Folge und mit hohem Einsatz von Spenden und Arbeitsaufwand eigene Gemeindehäuser, die für Gottesdienste und kleine Gruppen Raum boten.“ Von den bereits in Deutschland ansässigen, nicht-russlandstämmigen Mennoniten grenzten sie sich auch ab, ihre Hilfsangebote empfanden sie „eher als bevormundend“ (Lichdi 2013, S. 99). Auch waren sie von ihren vermeintlichen Glaubensbrüdern enttäuscht, „weil diese sich in ihrem Verhalten wenig von ihrer Umgebung unterschieden“ (Lichdi 2013, S. 99). Lichdi (2013, S. 111) betont daher die bis heute bestehende Eigenständigkeit und Geschlossenheit der Russlandmennoniten:

> Es gibt in Deutschland mehr Mennoniten aus Russland als einheimische, ihre Gemeinden sind größer und ihre Glieder wohnen näher beieinander, auch ist ihr Gemeindeleben vielfältiger und intensiver. Sie vermitteln einen geschlossenen Eindruck. Gegenüber landeskirchlichen und theologischen Zeitströmungen sind sie zurückhaltend. Bis jetzt verstanden sie es, die Jugend in den Gemeinden zu halten. Ihre konservative, evangelikale Grundhaltung dient ihnen als Schutz vor den Anfechtungen des Zeitgeistes. Ihr Selbstverständnis ist festgefügt und ruht in sich. Deshalb erscheinen sie Außenstehenden immer noch als geschlossene Gruppierung.

Dieses homogene Bild muss allerdings differenziert werden. Einerseits gibt es innerhalb der Gemeinschaft bedeutende, historisch weit zurückreichende Trennlinien, etwa zwischen Mennoniten und Mennoniten-Brüdern. Andererseits verschwimmen aber auch, wie schon erwähnt, die Grenzen zwischen Mennoniten-Brüdern, Evangeliumschristen und Baptisten (Weiß 2013b, S. 119).

Das russlandmennonitische Milieu ist auch deshalb spannend, weil aus seiner Mitte einige der wichtigsten russlanddeutschen Institutionen hervorgehen. Ein Beispiel ist das Museum für Russlanddeutsche Kulturgeschichte in Detmold, das aus einer privaten Initiative innerhalb der in Ostwestfalen stark vertretenen mennonitischen Gemeinschaft entstand. Es befindet sich auf dem Gelände der August-Hermann-Francke Schulen, die durch den 1986 von russlanddeutschen Mennoniten und Baptisten gegründeten Christlichen Schulverein Lippe e.V. (CSV) betrieben werden. Ihnen kommt in der mennonitisch-baptistischen Migrationsgemeinschaft eine besondere Bedeutung zu. Nach Angaben des CSV-Geschäftsführers Peter Dück (2017) haben 75 % der Schülerinnen und Schüler einen russlanddeutschen Migrationshintergrund. Er hält die überdurchschnittlichen Leistungen der Schülerschaft für ein Resultat der besonderen Lernumgebung der Schulen. Zum einen werde es hier, anders als auf der Regelschule, nicht als Defizit wahrgenommen, Russlanddeutscher zu sein. Für die Angehörigen der großen russlanddeutschen Freikirchen im Raum Ostwestfalen sei das Angebot der Schulen attraktiv: „Eltern aus diesen großen russlanddeutschen Freikirchen sehen es als ein hohes Gut an, dass ihre Kinder neben einer qualitativ guten Schulbildung und tollen Rahmenbedingungen vor allem diese christliche Wertevermittlung genießen, deshalb schicken sie ihre Kinder hierher.“ (Dück 2017) Im Rahmen einer solchen Bekenntnisschule und in den damit verwobenen Kirchengemeinden reproduziert sich generationenübergreifend ein distinktes russlanddeutsch-religiöses Milieu, selbst wenn die Herkunft aus der ehemaligen Sowjetunion zeitlich mehr und mehr in den Hintergrund rückt.

Ein drittes spezielles russlanddeutsch-freikirchliches Milieu sind die Pfingstler. Sie sind in verschiedene pfingstliche und charismatische Gemeindeverbände und unabhängige Gemeinden unterteilt. Die größte Gruppe ist die Bruderschaft der Freien Evangeliums Christen Gemeinden in Deutschland (BFECG) mit 120 Gemeinden und ca. 16.000 Mitgliedern (Frank 2017, S. 84). Ähnlich wie bei den anderen freikirchlichen Gruppen gibt es hier eine hochgradig fragmentierte Landschaft voneinander unabhängiger Gemeinden, deren Spaltungen zum Teil bis in die Sowjetzeit zurückgehen. „Dennoch schaffte man es, ein ausgeprägtes Bewusstsein der gemeinsamen pfingstlichen Identität zu bewahren.“ (Frank 2017, S. 85)

Unabhängig von allen quantitativen Aspekten ist aber auch im Fall der Pfingstler die Dichte und Intensität der Gemeindebeziehungen interessant. Pfingstgemeinden bieten ihren Mitgliedern ein umfangreiches Netz an Aktivitäten und Infrastrukturen, die eine relativ separate Existenz ermöglichen. Sascha, ein ehemaliges Mitglied einer in Nordwestdeutschland gelegenen Gemeinde, berichtete mir in einem Interview, dass er seine gesamte Sozialisation in einem solchen Umfeld erhielt. Mit der Zeit sei er aber aus diesem sehr engen und religiös dogmatischen Milieu „herausgewachsen“. Als einer der wenigen seiner Altersgruppe ging er aufs Gymnasium. Seine Altersgenossen gingen meistens auf die Hauptschule, als Resultat der bildungsfeindlichen Einstellung vieler Eltern, die auch bei Gymnasialempfehlung aus Furcht vor „atheistischer“ bzw. „ideologischer“ Bildung wie in der Sowjetunion ihre Kinder lieber nicht dort hinschickten. Nach dem Gymnasium durchlief er zunächst eine pfingstlerisch-theologische Ausbildung, bevor er dann zur Universität wechselte. Den Übergang von der theologisch engen Ausbildung im Pfingstlerseminar zur Universität schildert er als Entdeckung von „Freiheit“. Gleichwohl sieht er sich aber nicht als „Aussteiger“, da er sich nicht aktiv gegen die Gemeinschaft positioniere. Insgesamt schätzt er die religiöse Community ambivalent ein: Sie hätte den Leuten anfangs Halt gegeben, sei aber langfristig hinderlich bei der sozialen Integration. Die wirtschaftliche Integration hingegen sei sehr gut gelungen, in seiner Herkunftsgemeinde gingen praktisch alle, zumindest die Männer, einer bezahlten Arbeit nach, die Frauen oft nicht oder nur geringfügig.

Bemerkenswert ist schließlich das politische Mobilisierungspotenzial der Pfingstgemeinden. Dieses wurde im lokalen Rahmen sichtbar, als in der Gemeinde Molbergen im Landkreis Cloppenburg, einer Hochburg der russlanddeutschen Pfingstbewegung, zwei Vertreter der Pfingstgemeinde, die für die CDU im Gemeinderat saßen, vor der Kommunalwahl 2016 zur politisch eigentlich marginalen Zentrumspartei wechselten und diese daraufhin in Molbergen aus dem Stand über 18 % der Stimmen erlangte – wohlgemerkt in einer Gemeinde, in der die CDU 2011 noch 86 % aller Stimmen auf sich vereinen konnte (2016 waren es „nur“ noch 65 %).[59] Hier zeigt sich ein bemerkenswertes Maß an Gruppenkohäsion und gemeinsamer Mobilisierung innerhalb der Pfingstlergemeinschaft. Gleichzeitig entstammt auch ein Teil des russlanddeutschen AfD-Wählerpotenzials dem freikirchlichen Milieu, nach Einschätzung meines Interviewpartners als Resultat eines apokalyptisch-endzeitlichen Denkens, das die Welt in Gut und Böse aufteile und das auch der flüchtlingsfeindlichen Stimmung in der Gemeinschaft Vorschub geleistet habe. Prominentester Vertreter dieser Strömung ist der AfD-Bundestagsabgeordnete und frühere Politiker der Partei Bibeltreuer Christen (PBC) Waldemar Herdt, einer von zwei MdBs russlanddeutscher Herkunft im 19. Bundestag (Klatt 2018; siehe auch Kapitel 7). Auch der Umstand, dass die AfD bei der Bundestagswahl 2017 in Molbergen 15,2 % erzielte (offenbar auf Kosten der von 2013 bis 2017 von 73,8 % auf 56,8 % „abgestürzten“ CDU), mag hier als Indiz dienen.

---

59 www.molbergen.de/rathaus--buergerservice/gemeinderat-gremien/wahlen/kommunalwahl-2016.php; www.molbergen.de/rathaus--buergerservice/gemeinderat-gremien/wahlen/kommunalwahl-2011.php (Abfrage: 30.07.2020).

Jüdische Gemeinden und Lebenswelten

Im Fall der jüdischen Immigration aus der ehemaligen Sowjetunion hatten Gemeinden eine andere, viel stärker institutionalisierte Rolle als bei russlanddeutschen Spätaussiedlern. Bei Ankunft der Kontingentflüchtlinge in den 1990er Jahren existierten bereits jüdische Gemeindestrukturen, denen im Aufnahme- und Integrationsprozess eine zentrale Bedeutung zukam. Sie sollten die Neuankömmlinge versorgen und integrieren und dabei gleichzeitig ihre durch Überalterung bedingten demografischen Probleme lösen, „revitalisiert" werden (Körber 2009, S. 238–239). Die oben im russlanddeutschen Fall vorgenommene Unterscheidung zwischen säkular-landsmannschaftlichen Verbänden und religiösen Gemeinschaften trägt dabei nur zum Teil der Realität Rechnung: Die jüdischen Gemeinden in Deutschland sind zwar grundsätzlich religiöse Gemeinschaften (auch in den Augen des öffentlichen Rechts), hatten aber eine doppelte Aufgabe als religiöse *und* gesellschaftliche Integrationsinstanzen für die Zuwanderer (Marggraf 2019).

Es gehörte zu den Paradoxien dieses doppelten Integrationsprozesses, dass die Neuankömmlinge wesentlich zahlreicher waren als die in den Gemeinden etablierten Juden, die ihrerseits großenteils Nachfahren von osteuropäischen Juden waren. Zum Ende der „Nullerjahre" waren über 90 % aller jüdischen Gemeindemitglieder postsowjetische Zuwanderer. Diese neuen Mehrheitsverhältnisse veränderten die Gemeinden nachhaltig: Aus „einheimischen" Gemeinden, die die „Neuen" integrieren sollten, wurden faktische Immigrantengemeinden (Körber 2009, S. 250). Russisch wurde nun eine wichtige Sprache des Judentums in Deutschland. Gleichzeitig stellten die sowjetisch-säkular geprägten Zuwanderer mit ihrem ethnischen statt religiösen Verständnis von Judentum das Selbstverständnis der jüdischen Gemeinden in Deutschland auf die Probe (Körber 2009, S. 243 f.).

Verkomplizierend kam hinzu, dass die jüdischen Gemeinden zwar die Zuwanderer integrieren sollten, viele von ihnen aber aufgrund lediglich patrilinearer jüdischer Abstammung gar nicht zur Aufnahme in die Gemeinde berechtigt waren. Schon dieser Umstand verhinderte, dass die Kontingentflüchtlinge in ihrer Gesamtheit Teil der jüdischen Gemeinden in Deutschland werden konnten. Insgesamt hat sich nur etwa die Hälfte der Zuwanderer jüdischen Gemeinden angeschlossen (Körber 2009, S. 233). Untersuchungen zeigten auch insbesondere in der Anfangsphase der Immigration einen hohen Grad an ethnischer Binnenorganisation der postsowjetischen Juden, die sich eben nicht nur einfach als Juden verstanden, sondern ein besonderes Gruppenbewusstsein bewahrten (Körber 2009, S. 241, 246). Zum Teil konnte dieses spezielle russisch-jüdische Gemeinschaftsgefühl auch innerhalb der Gemeinden gepflegt werden, die zu „Kristallisationspunkten für gruppeninterne Sozialisierung" wurden und als „Raum für vertraute Formen von Kulturveranstaltungen in der Muttersprache genutzt" wurden (Remennick 2019, S. 79).

Trotz der vorhandenen jüdischen Gemeindestrukturen einerseits und des Eigenbewusstseins der postsowjetischen Juden andererseits konnte sich russisch-jüdisches Leben weniger leicht in relativ geschlossenen Milieus entwickeln, als es bei den Spätaussiedlern teilweise der Fall war. Ein Grund dafür ist, dass die für russlanddeutsche Milieus so prägenden Familiennetzwerke weniger stark in Deutschland lokalisiert, sondern als Folge der multidirektionalen Migrationsprozesse postsowjetischer Juden (vgl. Kapitel 1) stark transnational aufgestellt sind, wobei in der Regel ein bedeutender Teil der Familie in Israel oder den USA lebt (vgl. weiter unten). Ein weiterer Grund ist, dass für eine signifikante räumliche Konzentration bei gut 200.000 über ganz Deutschland verteilten Zuwanderern schlicht die Anzahl zu gering war. Dies gilt selbst für Berlin mit seinen mindestens 25.000 Juden und dem in der öffentlichen Wahrnehmung als „russisch" bzw. „russisch-jüdisch" markierten Stadtteil Charlottenburg (Gromova 2013, S. 12). So schildert Alina Gromova (2013, S. 9) in ihrer Studie über junge russischsprachige Juden in Berlin ihre Schwierigkeiten, diese im Stadtraum klar zu lokalisieren: „Ich wollte in das Viertel gehen, das Gefühl für das Leben meiner Akteure bekommen, mich in ihren Alltag hineinversetzen. Nur, es gab kein Viertel, in das ich hingehen konnte; es gab nicht *die* Bank, auf die ich mich setzen konnte, um das Geschehen um mich herum zu beobachten." Stattdessen zeigt ihre Studie, wie sich postsowjetische Juden im hochgradig heterogenen und umkämpften Berliner Stadtraum „ihre eigenen Räume [konstruieren], die sie entsprechend ihrer kulturellen, religiösen und sozialen Bedürfnissen gestalten und [die] sich wie ein Netz über die bestehenden Organisationsstrukturen und personelle[n] Netzwerke spannen, ohne mit diesen komplett identisch zu sein" (Gromova 2013, S. 14). Gerade im Fall der von Gromova untersuchten jungen russischsprachigen Juden liegen diese Räume meist jenseits der Gemeinden. Sie sind auch nicht von vornherein als „jüdisch" markiert, sondern werden erst durch konflikthafte Kontakt- und Abgrenzungsprozesse der sie frequentierenden russisch-jüdischen Berliner mit Angehörigen anderer Gruppen (darunter ganz zentral den russlanddeutschen Spätaussiedlern) zu Orten, an denen die jungen Menschen „an ihrer eigenen Form des Jüdischseins ‚bastelten'" (Gromova 2013, S. 35; vgl. auch Gromova 2015). Hieraus entstehen „soziale Gebilde […], die sich von den herkömmlichen Gemeinschaften unterscheiden und sich gemäß dem fragmentarisch-individualistischen Charakter der späten Moderne gestalten", und in denen (russisch-)jüdische Zugehörigkeit vor allem ein „Lebensstil" ist (Gromova 2013, S. 282).

So gesehen ist die Erwartung einer „Revitalisierung" der jüdischen Gemeinden durch die russisch-jüdischen Zuwanderer, aber auch die damit verbundene Hoffnung auf eine Rückführung dieser stark säkularisierten Juden zu einem religiös verstandenen Judentum nur teilweise erfüllt worden. Untersuchungen zur Identitätsentwicklung russisch-jüdischer Jugendlicher zeigen zum Beispiel, dass die institutionellen Angebote der Jugendarbeit der Gemeinden zwar identitätsstiftende Wirkung haben und die jungen Menschen trotz des säkularen Hintergrunds ihrer Familien an die jüdische Religion heranführen können. Diese Wirkung ist jedoch nicht unbedingt von Dauer, zumindest nicht in dem Sinne, dass diese Personen beim Erreichen des Erwachsenenalters den Gemeinden zwingend erhalten bleiben (Mordkowitsch 2017, S. 75). Ob die postsowjetisch-jüdische Zuwanderung also mittelfristig die Nachwuchsprobleme der jüdischen Gemeinden beheben kann, bleibt abzuwarten. Wie Forschungen wie die von Alina Gromova zeigen, sind in einem sich pluralisierenden Judentum in Deutschland, dem „Deutschen Judentum Zwei" (Belkin 2010), aber eben auch andere Formen generationenübergreifender jüdischer Vergemeinschaftung denk- und nachweisbar.

Russischsprachige Orte und Verbände

Russlanddeutsche und russisch-jüdische Milieus sind in vielerlei Hinsicht getrennte Lebenswelten (Plamper 2019, S. 262). Die Gründe hierfür sind unter anderem räumlich: Russlanddeutsche Spätaussiedler leben vor allem in kleinen und mittleren Städten, jüdische Zuwanderer tendenziell eher in größeren Städten (vgl. Kapitel 4). In einer Stadt wie Berlin, wo beide Gruppen zahlreich vertreten sind, konzentrieren sie sich in unterschiedlichen Stadtteilen im Westen und Osten der Stadt. Forschungen etwa von Baerwolf (2006) und Gromova (2013) haben gezeigt, dass sich diese unterschiedlichen Lebenswelten kaum berühren, bzw. die existierenden Kontakte latente Abgrenzungstendenzen noch verstärken. Doch auch in einer kleineren Stadt wie Osnabrück scheinen sich die Berührungspunkte in Grenzen zu halten. Die Spätaussiedlerin Elvira berichtet etwa, dass sie mit russischen Juden keinen Kontakt hatte, selbst wenn sie in derselben Nachbarschaft lebten. Dies sei nicht aus Abneigung geschehen, es habe sich einfach nicht ergeben. Die aus einer jüdisch-ukrainisch stammende Familie Aljona erzählt umgekehrt, dass sie in ihrem Umfeld im Großraum Hannover wenig mit Spätaussiedlern zu tun hatte, obwohl sie in größerer Zahl in ihrer Nachbarschaft lebten. Ähnliches gibt auch Antonie an, die in diesem Zusammenhang den Begriff „Klassismus" anbringt: Die russischen Juden würden als „kultivierte Menschen" auf die „vom Dorf" stammenden Russlanddeutschen herabsehen. Es sind also auch mitgebrachte Stereotype aus der Sowjetunion mit ihrem starken Zentrum-Peripherie Gefälle, die den Kontakt zwischen den Communities einschränken (vgl. Plamper 2019, S. 262).

Dies ist aber nur ein Teil der Geschichte. Ein anderer, weniger beachteter und erforschter Teil sind russischsprachige Orte, Milieus und Organisationen jenseits ethno-administrativer Unterscheidungen. Antonie verweist in diesem Kontext auf Konzerte russischer Künstler, die in Deutschland auftreten und für postsowjetische Migranten ganz unterschiedlicher Hintergründe von Interesse sind (vgl.

auch Plamper 2019, S. 262). Gesine Wallem (2020) schreibt in ihrer Dissertation über kulturelle Events in Berlin, die zwar prinzipiell von Aussiedlervereinen organisiert werden, an denen sich aber auch andere russischsprachige Institutionen beteiligen. Ihr Fallbeispiel ist ein russlanddeutsches Kulturfestival vor einigen Jahren, das als Partner und Sponsoren mit russischen Spezialitätenläden, einem Berliner russischsprachigen Radiosender, dem staatsoffiziellen „Russischen Haus der Wissenschaft und Kultur" und dem Gazprom-Konzern kooperierte. Die auftretenden Künstler hatten ganz unterschiedliche Hintergründe, ebenso wie das Publikum, das verschiedene Generationen von Immigranten und jungen Menschen mit postsowjetischem Migrationshintergrund umfasste (Wallem 2020, S. 262–264). Was alle diese Menschen nach Wallems Einschätzung vereint ist ihre Beziehung zur ehemaligen Sowjetunion und konkret der Bezug zur oder Gebrauch der russischen Sprache, der eine „emotionale Verbindung zwischen den Teilnehmern und dem Publikum des Festivals herstelle" (Wallem 2020, S. 265). In diesem Umfeld verschwammen dann die etwa im landsmannschaftlichen Diskurs hochgehaltenen scheinbar klaren Trennlinien zwischen Russlanddeutschen und Russen bzw. Russischsprachigen. Die Russlanddeutschen werden hier auch in den Augen des Veranstalters zu einem von vielen anderen „russischsprachigen Völkern", gar zu einem „multikulturellen Volk" (Wallem 2020, S. 267–270). Die einstige „Wohngemeinschaft" (*kommunalka*) des Vielvölkerreiches Sowjetunion (vgl. Slezkine 1994) feiert hier gleichsam ein Wiedersehen.

Ein organisatorischer Ausdruck dieser Konzeption postsowjetischer Gemeinschaft in Deutschland jenseits von ethno-administrativen Trennlinien ist der Bundesverband Russischsprachiger Eltern (BVRE). Dieser Dachverband gemeinnütziger Vereine hat den Anspruch, „die Meinungen und Interessen der in den Mitgliedsvereinen organisierten russischsprachigen Eltern in Deutschland" zu vertreten und ist anerkannter Bildungsträger der Bundeszentrale für politische Bildung.[60] Er bringt Aktive ganz unterschiedlicher postsowjetischer Hintergründe zusammen, die für sich das Label „russischsprachig" – und nicht etwa „russisch" – in Anspruch nehmen. Dezidiert „russlanddeutsche" Vereine finden sich hier aber nicht. Von den hier organisierten insgesamt 54 Vereinen aus dem gesamten Bundesgebiet tragen viele die Kombination „deutsch-russisch" oder „russisch-deutsch" im Titel, es findet sich aber auch eine Organisation wie die „Vereinigung aserbaidschanischer Studierender und Wissenschaftler in der Bundesrepublik Deutschland".[61] Das Gründungsmitglied Club Dialog e.V. Berlin möchten den „geistig-kulturellen Austausch zwischen den russischsprachigen und deutschsprachigen Berliner/innen und Menschen anderer nationaler Her-

60 www.bvre.de/wir-ueber-uns.html (Abfrage: 30.07.2020).

61 www.bvre.de/vereinigung-aserbaidschanischer-studierender-und-wissenschaftler-in-der-bundesrepublik-deutschland-vasw-ev-berlin.html (Abfrage: 30.07.2020).

kunft" fördern und die „Integration von Einwanderern, insbesondere russischsprachiger Migranten und Spätaussiedler" unterstützen.[62] Andere Mitgliedervereine wie „Familienwelt e.V." aus Köln nennen als ihre Aufgabe, „Spätaussiedlern, Migrantenfamilien und internationalen Familien bei ihrer sozialen, beruflichen und gesellschaftlichen Integration" zu helfen.[63] Der Verein „MOSAIK. Deutsch-Osteuropäisches Integrations- und Kulturzentrum e.V." bezieht sich noch allgemeiner auf „Migranten aus Osteuropa und der ehemalischen Sowjetunion [sic]".[64] Der Verein Quarteera e.V. aus Berlin wiederum formuliert als Ziel, „Homophobie in der russischsprachigen Community in Deutschland zu bekämpfen".[65] Im Juli 2020 organisierte der Verein daher eine Gay-Pride-Parade in Marzahn, an der laut einem Bericht auch etliche junge Tschetschenen teilnahmen.[66] Russischsprachige migrantische Selbstorganisation erhält hier eine explizit politische Dimension, in der die Kämpfe verfolgter sexueller Minderheiten in der ehemaligen Sowjetunion zu einem Thema der postsowjetischen Migrationsgemeinschaft in Deutschland werden.

Ein kaum erforschter Ort für postsowjetische Migranten verschiedener Hintergründe sind russisch-orthodoxe Gemeinden. Wenn man über postsowjetische Migration primär als Migration russlanddeutscher bzw. jüdischer Minderheiten nachdenkt, verliert man leicht aus dem Blick, dass ein beträchtlicher Teil der Familienangehörigen der Spätaussiedler und Kontingentflüchtlinge weder deutsch noch jüdisch ist. Wie in Kapitel 5 erwähnt, identifizieren sich 21 % der in der Studie der Boris Nemtsov Foundation (2016a, S. 16) untersuchten postsowjetischen Migranten als russisch, ukrainisch oder belorussisch. Gut 7 % aller Spätaussiedler deklarierten sich bei Ankunft in Deutschland als orthodox (Ens 2018), wobei dieser Anteil im Laufe der 1990er und 2000er Jahre immer weiter anstieg. Von den jüdischen Kontingentflüchtlingen ist nur etwa die Hälfte jüdisch im halachischen Sinne, zumindest ein Teil der anderen Hälfte dürfte sich zur Orthodoxie bekennen. Solche Registrierungen sagen freilich nichts über tatsächliche Glaubenspraktiken oder gar Gottesdienstbesuche aus. Nichtsdestotrotz ist offensichtlich, dass es hier eine potenziell beträchtliche Schnittmenge zwischen postsowjetischen Migranten mit unterschiedlichem Migrationsstatus gibt, die Anknüpfungspunkte für neue Formen der Vergemeinschaftung bieten (vgl. auch Magnis 2016).

---

62 www.bvre.de/club-dialog-ev-berlin.html (Abfrage: 30.07.2020).

63 www.bvre.de/familienwelt-ev-koeln.html (Abfrage: 30.07.2020).

64 www.bvre.de/mosaik-deutsch-osteuropaeisches-integrations-und-kulturzentrum-ev-aachen.html (Abfrage: 30.07.2020).

65 www.quarteera.de/wir (Abfrage: 30.07.2020).

66 Cosmo – Radio po-russki, Gej-prajd v Marcane, 18.07.2020, www.facebook.com/radioporusski/videos/617226672234377 (Abfrage: 30.07.2020).

Und schließlich ist noch eine weitere im postsowjetischen Raum verbreitete Religion als möglicher Kristallisationspunkt für Vergemeinschaftungsprozesse zu bedenken: der Islam. Dieser kommt in Forschungen zur postsowjetischen Migration meist nur in negativer Funktion vor, als – häufig bedrohlich konstruiertes – „Other“ von Russlanddeutschen in Zentralasien und von Juden in Deutschland (vgl. auch Kapitel 7). Der Umstand, dass viele Russlanddeutsche aus muslimisch geprägten Republiken stammten, wirft aber auch die Frage nach möglichen muslimischen Familienangehörigen auf. Interethnische Ehen mit Kasachen und anderen zentralasiatischen Nationalitäten waren selten, aber nicht undenkbar. Über solche Angehörigen wissen wir aber praktisch nichts, weder in quantitativer noch in qualitativer Hinsicht. Auch die in Kapitel 5 und in diesem Kapitel weiter unten dokumentierten Fälle von Eheschließungen russlanddeutscher Frauen in Deutschland mit postsowjetischen Migranten muslimischer Herkunft können an dieser Stelle nur konstatiert werden. Die Konversion des russlanddeutschen AfD-Politikers Arthur Wagner zum Islam, die Anfang 2018 sogar international einige Schlagzeilen machte, fällt wohl eher in die Rubrik des skurrilen Einzelfalls (Metzner 31.01.2018).

Stärker im Licht der Öffentlichkeit stehen tschetschenische Flüchtlinge als relativ große und in den letzten Jahren durch Sekundärmigration aus Polen noch gewachsene postsowjetische Migrationsgruppe muslimischen Glaubens. Ihre Medienpräsenz wird dominiert zum einen durch Geschichten von organisierter (Clan-)Kriminalität, zum anderen durch einen beständigen Islamismusverdacht. Dieser wird nicht zuletzt durch die Beteiligung von radikalisierten Tschetschenen an Attentaten wie etwa dem Bombenanschlag auf den Boston-Marathon oder an den Kämpfen des „Islamischen Staats“ genährt (Dornblüth 2019). Zu den Lebensgeschichten und Lebensumständen tschetschenischer Flüchtlinge jenseits solcher Extremfälle liegen nur in begrenztem Maße Forschungen vor. So zeigte etwa Marit Cremer (2017) in einer biografischen Studie tschetschenischer Geflüchteter, wie diese zwischen den unterschiedlichen Bezugssystemen des tschetschenischen Gewohnheitsrechts und des Islams navigieren. Die Hinwendung zum Islam könne dabei stabilisierende Wirkung in der beständigen Krisensituation von Flucht und Exil haben. Insgesamt sind aber auch in Bezug auf diese Migrationsgruppe die Kenntnisse noch sehr lückenhaft.

Alltagspraktiken: Wohnen, Essen und Musik

Lebenswelt ist vor allem auch Alltag, und Alltag ist alles andere als banal. Wie einige der interessantesten neueren Forschungen im Feld der postsowjetischen Migration gezeigt haben, lässt sich vor allem in Dimensionen des alltäglichen Lebens der ambivalente Umgang verschiedener postsowjetischer Migranten mit dem geteilten sowjetischen Erbe nachvollziehen. Überlegungen zur kulturellen

Identifikation postsowjetischer Migranten erhalten hier eine materielle Dimension, was in der Praxis zu einem Verschwimmen der in anderen Kontexten scheinbar klar gezogenen Linien zwischen „russlanddeutschen", „russischen", „jüdischen", „deutschen" und sonstigen Zugehörigkeiten beiträgt. Allerdings kann gerade dieses Verschwimmen zu einem umso stärkeren Abgrenzungsbedürfnis führen.

Eine solche alltäglich-materielle Dimension ist das Wohnen. Natalja Salnikova (2013) untersuchte in einem Aufsatz beispielsweise „das russlanddeutsche Zuhause als Identitätsspiegel einer Aussiedlergemeinschaft". Sie konstruiert dabei eine „Biografie" bestimmter Gegenstände, die die von ihr untersuchten Spätaussiedler aus der ehemaligen Sowjetunion mitgebracht haben und die für sie bis heute eine identitätsstiftende Funktion haben – selbst wenn diese einem Wandel unterliegt. Salnikova (2013, S. 157) schreibt zum Beispiel über Wohnungseinrichtungen als ein „Nachspiel des ‚sowjetisch-kollektiven Geschmacks'". Dieser Geschmack äußert sich in scheinbar banalen Gegenständen wie verzierten und blickdichten Gardinen sowie massiven Wohnzimmerschränken, in denen gleichsam wie in einem Museum bestimmte definierende Gegenstände auf- und ausgestellt werden können. Diese fungieren als „ethnische Identitätsmarker" (Salnikova 2013, S. 159), wobei die Bedeutung von Ethnizität hier ambivalent ist: Was scheinbar „typisch russlanddeutsch" ist, ist letztlich Ausdruck sowjetischer Praktiken, die weder als „russlanddeutsch" noch als „russisch" angemessen bezeichnet sind. Salnikova beschreibt auch die umfangreichen Bleikristallsammlungen, die die von ihr beforschten Spätaussiedlerfamilien mitgebracht haben, entweder am Stück im Umzugscontainer oder peu à peu bei späteren Reisen nach der Aussiedlung. Es handelt sich dabei um „zerbrechliche Statussymbole" (Salnikova 2013, S. 163), wobei diese statusgebende Funktion im sowjetischen Kontext zu verstehen ist, wo Bleikristallglas ein wertvolles Tauschgut war. Waren die entsprechenden Trinkgläser in der Sowjetunion noch primär Teil festlicher Kontexte, findet in Deutschland eine „Veralltäglichung" dieser Gegenstände statt. In der jüngeren Generation stoßen sie insgesamt auf weniger Begeisterung und werden zum Teil als „Kitsch" wahrgenommen. Geschmack unterliegt also einem generationellen Wandel. Für die erste Generation erfüllen diese Gegenstände aber noch eine „Rückbesinnungsfunktion" und zwar „nach innen" – als Teil der Selbstvergewisserung über das eigene Leben und die eigenen Verdienste – und „nach außen", als Teil der Repräsentation des „kulturellen Reichtums des Herkunftslandes. Sie dienen so der sozialen wie auch der kulturellen Selbstrepräsentation der Russlanddeutschen." (Salnikova 2013, S. 175)

Darja Klingenberg (2018, 2020) erweitert diese Perspektive auf das „Wohnen nach der Migration" um eine in Migrationskontexten oft vernachlässigte Schicht- oder Klassenkomponente. Ihr Fokus liegt auf postsowjetischen Angehörigen der Mittelschicht, die auf ganz unterschiedlichen „Tickets" – als Kontingentflüchtlinge, Spätaussiedler, Bildungsmigranten u. a. – nach Deutschland gekommen sind. Mittelschichtszugehörigkeit versteht sie dabei „als Selbstverständnis, als Ausrichtung auf einen bestimmten Lebensentwurf und umkämpfte Distinktionspraxis“ (Klingenberg 2018, S. 149). Diese Klassenperspektive liegt quer zu den üblichen Betrachtungen nach Herkunftsgruppen und verweist auf ähnliche Problemstellungen und Herausforderungen von Menschen unterschiedlicher „ethnischer“ Herkunft. Dabei geht es zentral um die Auseinandersetzung mit Ethnisierung und Deklassierung im Migrationskontext und um die Verteidigung der schon in der Sowjetunion prekären Mittelklasseposition von Angehörigen marginalisierter Minderheiten. Die angesprochene Distinktionspraxis erfolgt dabei nicht zuletzt über Kategorien von Geschmack, mit denen Mittelklassemigranten ihre „Normalität“ beweisen wollen und sich von anderen Menschen ähnlicher geografischer Herkunft distanzieren: „Dass man nicht so wohne, wie die anderen ‚Russen‘, höre ich beim Betreten jeder zweiten Wohnung“ (Klingenberg 2018, S. 154). Der von Salnikova (2013) beschriebene postsowjetische Einrichtungsgeschmack dient hier als vermeintliches Kleinbürgerideal eher zur Abgrenzung: „Die meisten bürgerlichen russischsprachigen Migrant_innen bemühen sich in der Einrichtung um eine neutrale Modernität und Individualität. Man grenzt sich ab von Klischees sowjetischer Einrichtung und anliegenden russischsprachigen migrantischen Milieus, die weiter Teppiche an die Wände hängen und Wohnzimmer mit Schrankwänden und Bleikristallgläsern möblieren“ (Klingenberg 2018, S. 158). Das Ergebnis ist die prekäre Aushandlung der eigenen Herkunft und Zugehörigkeit in einem „widersprüchlichen Bezugsraum […] mal als stolze Identifikation mit einigen Aspekten der russischen Kultur und mal als Unwohlsein, mit den anderen Russen zusammengeworfen zu werden“ (Klingenberg 2018, S. 160). Die Abgrenzung erfolgt aber auch – und umso vehementer – von anderen, insbesondere muslimischen Migranten, wobei mehrheitsgesellschaftliche wie tradierte sowjetische Ressentiments zum Tragen kommen. Diese „Entsolidarisierung“ sei nicht zuletzt das Resultat „der prekären Position der Mittelschichten. Als solche gilt es, die Distanz zwischen den gut integrierten und den problematischen Migrant_innen beständig aufrecht zu erhalten“ (Klingenberg 2018, S. 161).

Auch in Bezug auf Essen spiegelt sich die ambivalente Auseinandersetzung mit dem sowjetischen Erbe im Alltag postsowjetischer Migranten wider. Es gibt einen sowjetischen Geschmackskomplex, der in Deutschland oft als „russisch“ wahrgenommen wird (vgl. Kapitel 6), aber als „Kochkunst der sowjetischen Völker“ schon zu Sowjetzeiten Teil der Inszenierung wie auch der Realität der Sowjetunion als Vielvölkerreich war (vgl. z. B. das Kochbuch von Pochljobkin 1984). Hier koexistiert das starke Bewusstsein um „Nationalgerichte“ mit Ernährungspraktiken, die sich klaren nationalen Zuschreibungen entziehen. Die „sowjetische Küche“ wirkt bis in die Gegenwart nach, im postsowjetischen Raum wie auch bei Emigranten von dort, unterliegt dabei aber gleichzeitig auch einem Wandel im Kontext migrations- wie globalisierungsbedingter Veränderungen (vgl. Flack 2017, 2020; Bernstein 2010).

In Deutschland ist inzwischen ein umfangreiches Netz an Lebensmittelinfrastruktur entstanden, das die Zubereitung und den Konsum von aus der alten Heimat bekannten Speisen ermöglicht (Salnikova 2013; Flack 2019). Nationale oder ethnische Zuschreibungen sind in diesem kommerziellen Kontext tendenziell zweitrangig. Die 1997 im ostwestfälischen Oerlinghausen von Russlanddeutschen gegründete Supermarktkette „Mix Markt“ zum Beispiel beschreibt ihre Produktpalette in ihrer Selbstdarstellung als „osteuropäisches Ethno-Food“ bzw. „osteuropäische Spezialitäten“, was in diesem Fall russische, polnische und rumänische Produkte umfasst.[67] Der Verbreitungsraum beschränkt sich dabei nicht auf Deutschland: Mix Markt betreibt inzwischen neben 167 Filialen in ganz Deutschland auch 131 Märkte in mehreren europäischen Ländern wie Belgien, Griechenland, Großbritannien, Italien, den Niederlanden, Portugal, Spanien, Zypern, Frankreich, Montenegro, Österreich und Tschechien.[68] Interessant ist, dass ein Großteil der Waren in Deutschland produziert wird, welches somit zu einer europäischen Drehscheibe für russische bzw. osteuropäische Produkte wird – ähnlich übrigens wie im Fall türkischer Nahrungsmittel.[69]

„Russische“ Restaurants gehören tendenziell noch nicht zum Standard der „ethnischen“ Ernährungslandschaft der Bundesrepublik, sind aber inzwischen auch immer häufiger anzutreffen. Auch die in diesem Kontext vorgenommenen nationalen bzw. ethnischen Zuschreibungen sind ein spannender Aspekt. Als Beispiel sei das Restaurant „Ukraine“ in Osnabrück genannt, welches in seinem deutschen Webauftritt „russische und ukrainische Spezialitäten“ bewirbt, wobei diese Begrifflichkeiten scheinbar austauschbar verwendet werden, wie folgende Passage nahelegt:

> Unser Mittagstisch aus *russischen* Spezialitäten wird Sie von täglichen Anstrengungen ablenken. Mit *russischen und ukrainischen* Spezialitäten gestärkt und voller Energie können Sie Ihren Tätigkeiten nachgehen. Ein romantisches Abendessen mit Ihrem liebsten Menschen bei Kerzenschein im *russischen* Restaurant „Ukraine“ in Osnabrück bleibt als unvergesslicher Moment in Ihrem Leben und eröffnet eine ganze Welt neuer Empfindungen [Hervorhebungen von mir, J.P.].[70]

Zielgruppe des Restaurants sind dabei selbst gemäß der deutschsprachigen Webseite offenbar primär postsowjetische Migranten, wenn es den Kunden in direkter Ansprache verspricht, „dass Sie auch die russischen und ukrainischen Ge-

67 www.mixmarkt.eu/de/germany/ueber-uns/ (Abfrage: 30.07.2020).
68 www.mixmarkt.eu/de/germany/ueber-uns/mix-markt-in-europa/ (Abfrage: 30.07.2020).
69 www.mixmarkt.eu/de/germany/ueber-uns/geschichte/ (Abfrage: 30.07.2020).
70 www.ukraine-restaurant.de/ (Abfrage: 30.07.2020).

richte, die Sie von Klein auf kennen, in einem wahrhaftig neuem Geschmack erleben werden."[71]

Der Appell auf Deutsch an die russischen kulinarischen Kindheitserinnerungen der Kunden verweist darauf, dass sich bestimmte familiär vermittelte Geschmäcker länger und leichter bewahren als konkrete Sprachkenntnisse. Dies zeigen auch die von mir geführten Interviews mit Studierenden postsowjetischer Herkunft. Zwar sprechen nicht alle von ihnen fließend oder überhaupt Russisch – alle sind aber mit „russischem" Essen aufgewachsen und haben noch immer einen mehr oder weniger starken Bezug dazu. Thomas zum Beispiel, der kaum Russisch kann und keine Bindungen zur russlanddeutschen Community hat, fühlt sich in der russischen Küche nach eigenen Angaben sehr zu Hause. Die emotionale Komponente ist dabei sehr stark, russisches Essen ist für ihn „comfort food". Er möge alle Variationen von Teigtaschen, der „heilige Gral" sei allerdings das zentralasiatische Reisgericht Plov. Plov ist auch in Aljonas Familie wichtig, da ihre Großeltern väterlicherseits eine Zeit lang in Kirgisien lebten, wo ihre Großmutter als Lehrerin arbeitete und dieses Gericht dort kennen- und schätzen lernte. Auch Borschtsch sei nach wie vor in der Familie sehr präsent. Insgesamt esse man inzwischen aber weniger traditionelle „russische" Gerichte, auch wegen des gestiegenen Gesundheitsbewusstseins. Sehr wichtig seien aber immer noch typische Salate zu Feiertagen. Hierin unterscheidet sich Aljonas jüdisch-ukrainische Familie gar nicht von Elviras russlanddeutsch-russischer Familie, in der diese Salate auch die Festtagstafeln zieren (zur Bedeutung von Salaten für die russisch-sowjetisch Festkultur vgl. auch Flack 2017, 2020). Sophia wiederum, die für ihre eigene Familie kocht, bereitet im Alltag gemischte Kost zu, praktische Dinge, die schnell gehen müssen. Sie macht aber auch gelegentlich Pelmeni, Pfannkuchen und typisch georgische Chinkali (Teigtaschen mit Fleisch). Am „typischsten russisch" sei bei ihnen allerdings das Grillen – sie haben ein Mangal zur Zubereitung von Schaschlik, keinen Rost.

Ein weiterer Bereich, in dem sich ein herkunftsunabhängiges postsowjetisches Repertoire abzeichnet, ist Musik. Die gemeinschaftsstiftende Wirkung russisch-sowjetischer Lieder für die ältere Generation von Spätaussiedlern und Konzerte russischer Künstler als Orte postsowjetischer Vergemeinschaftung wurden oben bereits erwähnt. Die musikalischen Bezüge in den postsowjetischen Raum und in die sowjetische Vergangenheit wurden aber auch in meinen Interviews mit den Studierenden deutlich. Elvira zum Beispiel hört nach eigener Aussage russische Musik, wenn sie „die Seele baumeln lassen" möchte. Pascal hört bei seiner Freundin mit. Sophia und ihr Mann hören viel russische Musik, auch neuere Lieder. Auch ihrem jüngsten Sohn gefalle das. Doch so wie Darja Klingenberg ein Abgrenzungsbedürfnis postsowjetischer Mittelschichtsangehöriger gegen-

71 www.ukraine-restaurant.de/ (Abfrage: 30.07.2020).

über „schlechtem" russischem Einrichtungsgeschmack diagnostizierte, kam auch in meinen Interviews ein Abgrenzungsbedürfnis mancher der Befragten gegenüber stereotypem „Russenpop" zum Ausdruck: Aljona betont etwa dezidiert, dass sie neuerer russischer Musik und insbesondere schlechter Popmusik nichts abgewinnen könne, dafür aber sowjetischen Künstlern wie Valerij Leont'ev. Auch Antonie hebt hervor, dass sie keine russische Popmusik mag, dafür aber die Punk-Gruppe „Leningrad" und alternative Musik dieser Art. Nadja mag die sowjetische Rockband „Kino" und ihren legendären, jung verstorbenen Sänger Viktor Coj, während sie russische Popmusik nur ab und zu von ihren Cousins bekäme. Diese sei aber definitiv nicht ihr Geschmack. Der musikalisch sehr interessierte Thomas wiederum kann aus musiktheoretischer Sicht sogar solcher Popmusik etwas abgewinnen. Für ihn ist „russische" Musik insgesamt aber eine sehr offene Kategorie, seine erste Assoziation ist Europop der 1980er und 1990er Jahre. Er mag aber auch experimentell-hybride Musik mit russischen Elementen und alternative russische Popmusik, z. B. von „Glukoza".

Freundeskreise und Partnerwahl

Die alltägliche Lebenswelt von Menschen konstituiert sich nicht zuletzt auch aus ihren Sozialkontakten, aus ihren Freunden und Lebenspartnern. Die Perspektive auf das soziale Umfeld von Migranten ist dabei für die Migrationsforschung in mindestens zweierlei Hinsicht von Interesse. Einerseits kann man Freundschaften und insbesondere Liebesbeziehungen zu „Einheimischen" als Indikator für gesellschaftliche Integration interpretieren – zweifellos mit starken assimilatorischen Untertönen. Die grundsätzliche Annahme ist hier, dass Migranten sich in einem neuen Land zunächst auf ihre – als gegeben vorausgesetzte – eigene Gruppe beziehen und aus dieser dann nach und nach den Weg in die Mehrheitsgesellschaft suchen.

Andererseits kann man durch die Analyse von „eigenethnischen" Sozialkontakten und Freundeskreisen – in der Sozialpsychologie als „Homophilie" bezeichnet – auch die Entstehung und die Reproduktion einer migrantischen „Community" beobachten. Die Gruppe ist hier nicht als gegeben anzusehen, sondern sie entsteht erst durch die Grenzziehung nach außen (Barth 1969). Anhand des Falls der postsowjetischen Migration lässt sich dieser Konstruktionscharakter gut nachvollziehen, da verschiedene „eigene" Bezugsgruppen denkbar sind. So können sich Russlanddeutsche bei ihrer Eigengruppenpräferenz beispielsweise auf die Gesamtheit der russlanddeutschen Spätaussiedler beziehen, oder auf eine stärker eingegrenzte Eigengruppe, etwa eine religiöse Gemeinde – oder aber auch auf die größere Gemeinschaft russischsprachiger Migranten. Ähnliches gilt, mutatis mutandis, für die postsowjetisch-jüdischen Zuwanderer, die sich auf die Gemeinschaft russischsprachiger Juden im engeren Sinne, die jüdische Gemeinschaft im weiteren Sinne, oder aber auch auf alle Russischsprachigen beziehen können. Durch entsprechende Grenzziehungen und Vergemeinschaftungsprozesse können also verschiedene postsowjetische migrantische Communities entstehen bzw. fortbestehen.

Der integrationsfokussierte Ansatz findet sich beispielsweise in sozialpsychologischen Forschungen zu migrantischen Freundeskreisen. Freundschaften außerhalb der eigenen Gruppe gelten hier als Indikator für Akkulturation und soziale Adaptation. Eine Langzeitstudie unter postsowjetischen Jugendlichen in Deutschland (russlanddeutsche Spätaussiedler) und Israel (russische Juden) zeigte beispielsweise einen Wandel über einen Zeitraum von sieben Jahren von fast durchgehend eigenethnischen Freundeskreisen hin zu einer stärkeren Durchmischung (Silbereisen/Titzmann 2007; Titzmann/Silbereisen 2009). Die Forscher interessierte nun die Frage, wie sich erklären lässt, warum Jugendliche eher Freunde aus der eigenen Gruppe haben oder eher nicht. Ein Faktor ist demnach Sprache: Je mehr die Mehrheitssprache gesprochen wird, desto mehr interethnische Freundschaften gibt es, denn so hat man ein gemeinsames Kommunikationsmedium (Titzmann 2014, S. 108). Ein weiterer Faktor ist die allgemeine Einstellung hinsichtlich Akkulturation: Je stärker die Orientierung auf die eigene Gruppe und Herkunftskultur, desto wahrscheinlicher sind Freundschaften innerhalb dieser Gruppe (Titzmann 2014, S. 108). Das Alter kann sich unterschiedlich auswirken: Grundsätzlich ist die Erwartung, dass ältere Jugendliche eher Freunde der gleichen ethnischen Herkunft haben, da ihnen kulturelle Ähnlichkeiten wichtiger sind als jüngeren Jugendlichen. Allerdings nimmt diese Tendenz über die Zeit ab, in dem Maße, in dem sich die Jugendlichen an ihr neues Umfeld anpassen (Titzmann 2014, S. 109). Wichtig ist schließlich v. a. der schulische Kontext: Je mehr Mitschüler es aus der eigenen Herkunftsgruppe gibt, desto stärker ist die Tendenz zu eigenethnischen Freundschaften; je geringer ihr Anteil, desto eher kommt es zu interethnischen Freundschaften (Titzmann 2014, S. 110).

Die Bedeutung des Kontexts für die Formierung von Freundeskreisen zeigt sich auch in den Lebensgeschichten der interviewten Studierenden, wenn auch nicht unbedingt in der geradlinigen Art und Weise, die die sozialpsychologischen Modelle nahelegen. Grundsätzlich gaben alle Interviewten an, spätestens seit dem Studium einen gemischten Freundeskreis zu haben. In der Jugend sei das zum Teil noch anders gewesen. So hatte z. B. Nadja in der Jugend eine Russlanddeutsche als „beste Freundin“ (ein Begriff, den sie eigentlich nicht mag). Auf dem Gymnasium habe es dann aber praktisch keine Russlanddeutschen gegeben, wodurch die Diversifizierung wie von selbst passierte – ganz gemäß der Erwartung der Sozialpsychologen. Ihr heutiger Freundeskreis sei praktisch gar nicht mehr russlanddeutsch oder russischsprachig. Elvira hatte nach eigenen Aussagen in der Jugend einen ausgedehnten russlanddeutschen Freundeskreis. Sie wechselte dann aber nicht auf das Gymnasium, auf das viele jugendliche Spätaussiedler gingen, weil dort Russisch als Fremdsprache angeboten wurde, sondern auf ein anderes, das ihre Cousine schon besuchte. Die dortige Schülerschaft beschreibt sie als „eher deutsch", ursprünglich gab es nur zwei Russlanddeutsche, später fünf. Diese kannten sich aber alle und bildeten auch eine Clique. Dies widerspricht der Erwartung des sozialpsychologischen Modells: Die geringe Präsenz von Schülern aus der eigenen Gruppe führte hier zu einem stärkeren Bezug aufeinander, gerade weil man sich in einer Minderheitenposition befand.[72] Aljona wiederum wuchs in einer Nachbarschaft mit vielen russischsprachigen Migranten auf, unter denen sie auch einige Freunde hatte, die meisten davon Kontingentflüchtlinge wie sie selbst. Auch auf der Schule hatte sie eine gute Freundin, die Russisch sprach. In Aljonas Fall zeigt sich aber auch, wie sich die Selektivität des deutschen Schulsystems auf die Formierung von Freundeskreisen auswirken kann. Trotz des hohen Anteils von Russlanddeutschen in ihrer Umgebung hatte sie nämlich praktisch keine Freunde dieses Hintergrunds, da diese eher auf die Realschule als aufs Gymnasium gingen.

Eine ganz andere Konstellation beschreibt Sophia, die in Süddeutschland im Großraum Stuttgart aufwuchs und auf eine ethnisch stark gemischte Schule ging. Dort waren ihre Freunde Griechen, Türken, Jugoslawen und auch – aber offenbar nicht hauptsächlich – „Russen" (O-Ton), wobei diese eher Juden als Spätaussiedler gewesen seien. „Alles außer Deutsche", wie sie es pointiert zusammenfasst. An der Universität sei ihr Freundeskreis v. a. deutsch, allerdings habe sie nun auch mehr russischsprachige Freundinnen – überwiegend Frauen von hochqualifizierten Arbeitsmigranten aus den GUS-Staaten – die sie über den Kindergarten ihres Sohnes kennenlerne. Ihr Fall zeigt zum einen, dass Freundschaftsorientierungen sich keinesfalls linear entwickeln, sondern auch in einem späteren Lebensstadium der Eigengruppenbezug zunehmen kann (wenn wir in diesem Fall die „Russischsprachigen" im weiteren Sinne als Sophias Eigengruppe ansehen). Zum anderen wäre es auch zu schematisch, nur zwischen der „eigenen Gruppe" einerseits und der „Mehrheitsgesellschaft" andererseits zu differenzieren. Das heterogene Umfeld von Sophias Jugend lässt sich mit solchen Kategorien nicht angemessen erfassen. Die freundschaftsmäßige Integration erfolgte hier in ein bestimmtes (post-)migrantisches Milieu. Forschungen zu jungen postsowjetischen Juden haben Ähnliches gezeigt (vgl. Mordkowitsch 2017, Remennick 2019). Und auch Spätaussiedler berichten teilweise ähnliche Erfahrungen, zum Beispiel der inzwischen dreißigjährige Paul, der mit fünf Jahren nach Deutschland kam und im ländlichen Nordwesten des Landes aufwuchs. In einem

72 Dies kann ich aus Beobachtungen aus meiner eigenen Schulzeit bestätigen: Diejenigen Russlanddeutschen, die es zu jenem Zeitpunkt in den späten 1990er Jahren in die gymnasiale Oberstufe schafften, waren dann auch miteinander befreundet. Gleichzeitig schloss dies aber Freundschaften mit Schülern anderer Herkunft nicht aus.

Interview mit Lea-Sophie Pörtner für ihre Bachelorarbeit an der Universität Bremen erzählte er Folgendes: „Wenn man jetzt hier im Nachbarort oder in der nächsten Stadt ist mit allem was irgendwie Ausländer ist, die sind per du. Die hat da … man hat da in den Jugendjahren irgendwie so'ne Affinität zueinander gehabt und dann war man irgendwie verbunden. Ob die jetzt aus dem weiten Süden kamen oder aus dem weiten Osten und ich weiß nicht." (Pörtner 2019, S. 279)

Pascals Erzählung bietet weitere Ansatzpunkte, um das beschriebene sozialpsychologische Modell von „homophiler Freundschaft" kritisch zu hinterfragen. Wenn der Gebrauch der Mehrheitssprache und die Orientierung auf die „Herkunftskultur" (*heritage culture*) als Prädiktor für weniger bzw. mehr eigenethnische Freundschaften gesehen werden, stößt man in seinem Fall an gewisse Grenzen. Sein Umfeld war zwar lange Zeit durch einen starken Bezug auf die (russlanddeutsche) Eigengruppe geprägt. Diese Orientierung lässt sich aber kaum in sprachlichen oder kulturellen Faktoren fassen, denn die russische Sprache war offenbar kein relevantes Bindeglied für seinen Freundeskreis. Man kann also auch „auf Deutsch" einen russlanddeutschen Freundeskreis haben.

Mittelfristig noch relevanter für die Persistenz oder Erosion von Gruppengrenzen ist die Frage der Partnerwahl innerhalb oder außerhalb der eigenen Gruppe. Hier bieten die Studierendeninterviews Anschauungsmaterial für unterschiedliche Partnerschaftskonstellationen, die die grundsätzliche Unterscheidung zwischen „eigenethnischen" und „interethnischen" Verbindungen auf die Probe stellen. Die Wahl eines Partners mit gleicher ethnischer Herkunft wird vor allem bei Elvira und Pascal deutlich, die beiden Studierenden mit russlanddeutschem Hintergrund, die aktuell in einer Beziehung sind. Beide haben russlanddeutsche Partner. Pascal erzählt dazu, dass seine Mutter schon früher die Absicht verfolgte, ihn mit einem russlanddeutschen Mädchen zu verkuppeln. Seine jetzige Freundin lernte er im Familienurlaub kennen – seiner Vermutung nach auch unter Nachhilfe seiner Mutter. Auch Thomas hatte früher mal eine russlanddeutsche Freundin aus dem „Klein-Moskau" seiner Heimatstadt. Die russischsprachige Griechin Sophia ist wiederum mit einem Russlanddeutschen verheiratet, der als Teenager aus Sibirien nach Deutschland kam. Bei einer solchen Verbindung innerhalb der postsowjetischen, russischsprachigen Großgruppe kommt die Unterscheidung zwischen „eigenethnisch" und „interethnisch" an ihre Grenzen. Aljona und Antonie hingegen haben ausländische Partner, Aljona aus Südeuropa, Antonie aus dem Nahen Osten. Besonders Aljona legt ostentativ keinen Wert auf eine Partnerschaft mit einem „Deutschen" oder einem „Russen".

Ein etwas breiteres Panorama der Heiratsverbindungen postsowjetischer Migranten zeigt die schon in Kapitel 5 zitierte Auswertung der Familienchronik der Neuen Osnabrücker Zeitung im Zeitraum von 2015 bis Mitte 2020. Wenn auch nicht im statistischen Sinne repräsentativ haben diese Zahlen vor allem bezüglich der zahlenmäßig dominanten russlanddeutschen Spätaussiedler eine gewisse Aussagekraft. In über der Hälfte der dokumentierten 474 Paare mit mindestens einem postsowjetischen Ehepartner sind beide Partner mutmaßlich russlanddeutsche Spätaussiedler. In gut einem Sechstel aller Fälle lässt die Namenskombination auf eine Verbindung zwischen einem russlanddeutschen Mann und einer Frau anderer Herkunft schließen. Die Namen der Ehepartnerinnen deuten dabei zu fast gleichen Anteilen auf einen „einheimischen" wie auf andere postsowjetische Hintergründe hin (russisch-jüdisch, russisch-griechisch, aber auch russisch, ukrainisch oder belorussisch). In fast einem Fünftel der Fälle weist die Namenskombination auf eine Verbindung zwischen einer russlanddeutschen Frau mit einem Partner anderer Herkunft hin. Hier scheint die Tendenz zu „einheimischen" Partnern etwas stärker zu sein, der Anteil an Partnern postsowjetischer Herkunft etwas geringer. Anders als russlanddeutsche Männer sind manche der russlanddeutschen Frauen auch mit Partnern liiert, deren Namen türkischer oder anderer muslimischer Herkunft sind – darunter muslimische Namen aus dem postsowjetischen Raum, aus Mittelasien und dem (Trans-)Kaukasus. In einem Fall stammt ein Partner mutmaßlich aus einem afrikanischen Land.

Mit allen Einschränkungen, die wir hinsichtlich der Aussagekraft der Daten vornehmen müssen, sehen wir hier also einerseits eine durchaus anhaltende Tendenz zur Partnerwahl innerhalb der eigenen Community bei russlanddeutschen Spätaussiedlern. Trends einer Partnerwahl außerhalb dieser Community wirken in zwei Richtungen: einerseits – und relativ stärker – in Richtung „einheimischer" Partner, andererseits in Richtung Partner mit anderen russischsprachigen bzw. postsowjetischen Hintergründen in Deutschland oder direkt aus dem postsowjetischen Raum. Hier bilden sich also einerseits Prozesse ab, die man klassischerweise als „Integration" bezeichnen würde, oder im Kontext der älteren Forschung zu den Heimatvertriebenen nach dem Zweiten Weltkrieg auch als „Konnubium", also die Aufnahme von Heiratsbeziehungen mit den „Einheimischen" (vgl. Frantzioch 1987). Andererseits deutet sich aber auch die Herausbildung einer postsowjetisch-russischsprachigen Community jenseits der ursprünglichen ethnischen Herkunftsgruppen ab. Das Hinzukommen von Partnern mit anderen postsowjetischen Hintergründen könnte dabei die Weitergabe der russischen Sprache stärken, wobei dies keine ausgemachte Sache ist: Die im bundesdeutschen Kontext nach wie vor ungewöhnliche Tendenz der russischsprachigen Ehemänner, die deutschen Nachnamen ihrer Frauen anzunehmen (siehe Kapitel 5), lässt auf ein immer noch vorhandenes Assimilationsbestreben schließen, das auch wie schon in den 1990er Jahren einer Sprachvermittlung im Wege stehen könnte. Dies ließe sich im Detail jedoch nur durch genauere anthropologische Studien erforschen – genauso wie die Frage, ob Russlanddeutsche mit „einheimischen" Partnern Teil ihrer Community bleiben oder sich stärker davon distanzieren.

Transnationalismus und Diaspora

In diesem Kapitel ist schon verschiedentlich angeklungen, dass die Lebenswelten postsowjetischer Migranten in Deutschland nicht ausschließlich auf deutsche Kontexte beschränkt sind. Etwa die eben erwähnten Eheschließungen mit Partnern aus der ehemaligen Sowjetunion verweisen auf die transnationale Dimension postsowjetischer Lebenswelten. Transnationalismus war und ist das wohl dominante Paradigma der internationalen Migrationsforschung der letzten ca. zweieinhalb Jahrzehnte. Grundlegend für diesen Forschungsansatz ist die Erkenntnis, dass Migranten in der Regel nicht einfach aus einem Land *aus*wandern und in ein anderes *ein*wandern und dort heimisch werden, sondern dass es zwischen Herkunfts- und Ankunftskontexten vielfältige Austauschbeziehungen, Hin- und Herbewegungen, ja sogar Pendelmigrationen gibt (Glick Schiller/Basch/Blanc-Szanton 1992; Pries 1997; Faist/Fauser/Reisenauer 2013). Freilich sagt der Umstand, dass dies für die Migrationsforschung eine solch große Erkenntnis darstellte, mehr über die Migrationsforschung als über die Migration aus, denn grenzüberschreitende Kommunikationsbeziehungen innerhalb verstreuter Familien und Dorfgemeinschaften wie auch zirkuläre Wanderungen gab es schon früher und waren für Migranten eigentlich immer der Normalfall (siehe aus der aktuellen historischen Migrationsforschung z. B. Kaltenbrunner 2017). Da aber die Migrationsforschung häufig den Integrationsparadigmen der Nationalstaaten folgte, waren solche Phänomene früher eher von untergeordnetem Interesse, während man sich mehr für die Integration im jeweiligen nationalen Kontext interessierte (Wimmer/Glick Schiller 2002; Thränhardt/Bommes 2010).

Vor diesem Hintergrund sich wandelnder Forschungstrends rückte auch die postsowjetische Migration schon vor einiger Zeit in den Fokus der transnational orientierten Migrationsforschung, obwohl es sich hierbei zumindest im Fall der russlanddeutschen Spätaussiedler um eine ursprünglich tatsächlich sehr wenig transnational ausgerichtete Migrationsbewegung handelte. Während der Kern vieler transnationaler Migrationsprojekte gerade darin besteht, mit der Heimatgemeinde in Kontakt zu bleiben, die verbliebene Familie zu unterstützten und ggf. später wieder zurückzukehren, war dies für deutsche Emigranten aus der Sowjetunion meist ganz anders: Der Abschied war für immer, das Ziel war, entweder auf einmal oder in mehreren Phasen mit der ganzen Familie auszureisen und sich woanders ein neues Leben aufzubauen, ohne Absicht der Rückkehr. Zu Sowjetzeiten war dies durch das Migrationsregime gleichsam aufgezwungen: In Zeiten der Blockkonfrontation waren grenzüberschreitende Beziehungen gar nicht erwünscht. Diese Endgültigkeit der Ausreise charakterisierte auch noch die Emigration aus dem zusammenbrechenden Staat. Aussiedlung aus der Sowjetunion war in gewisser Hinsicht so, wie sich dies geradlinige Migrationsmodelle immer gewünscht hatten.

Die jüdische Emigration funktionierte schon zu Sowjetzeiten etwas anders (siehe auch Kapitel 1). Zwar war die Auswanderung auch für sowjetische Juden eine Reise ohne Wiederkehr. Ihre Migrationsziele waren aber von vornherein vielfältiger. Obwohl prinzipiell vorgesehen war, dass sie als Juden in den jüdischen Staat, also nach Israel, gehen sollten, boten sich für sie aufgrund vielfältiger Migrations- und Unterstützungsnetzwerke weitere Ziele an, allen voran die USA, aber auch schon vor 1989 Deutschland (Panagiotidis 2012). Diese Entwicklung setzte sich im Rahmen des spät- und post-sowjetischen Exodus fort, wobei die USA aufgrund von Einwanderungsbeschränkungen als Ziel an Bedeutung abnahmen, Israel zum Hauptwanderungsziel wurde und auch Deutschland wegen seiner großzügigen Aufnahme von Kontingentflüchtlingen als Destination wichtiger wurde. Entsprechend entstanden ein grenzüberschreitendes Gemeinschaftsgefühl und multiple transnationale Familiennetzwerke über drei Kontinente, welches für die transnationale Migrationsforschung reiches Anschauungsmaterial bot und bietet (Lewin-Epstein//Ritterband/Ro'i 1997; Ben-Rafael u. a. 2006; Remennick 2007; Bernstein 2010). Der hohe Anteil an Familien mit einem nicht-jüdischen Ehepartner sorgte gleichzeitig dafür, dass trotz des flächendeckenden jüdischen Exodus auch in den Herkunftsländern familiäre Bezüge bestehen blieben. Antonies und Aljonas Familienkonstellationen sind vor diesem Hintergrund als durchaus typisch zu bezeichnen: Antonies Großeltern leben in Israel, ihre Mutter und Tante in Deutschland, andere Verwandte in den USA und in Russland. Vor der zweiten Intifada besuchten sie ihre Großeltern auch jährlich in Jerusalem. Aljona hat Familie in der Ukraine – die Eltern ihrer ukrainischen Mutter, aber auch Verwandte ihres jüdischen Vaters – in Israel, den USA, Kasachstan und Russland.

Doch auch die Spätaussiedler-Migration wurde „transnationaler". Auch hier galt, dass mit der Aussiedlung einer größeren Zahl „gemischter" Familien in den 1990er Jahren auch die Anzahl der Angehörigen wuchs, die zurückblieben, und damit auch vermehrt Ansatzpunkte für transnationale Beziehungen entstanden. Während bei ausschließlich russlanddeutschen Familien alle Familienangehörigen mehrerer Generationen auswandern konnten, konnten nicht-deutsche Ehepartner nicht ihre Eltern, Geschwister usw. mitbringen. Durch die Verschärfung der Zuwanderungsbedingungen blieben zudem auch immer mehr Angehörige russlanddeutscher Familien in den Herkunftsländern zurück, während sich andere bewusst gegen die Aussiedlung entschieden (Sanders 2013). Transnationale Studien zur russlanddeutschen Spätaussiedlermigration nahmen entsprechend in den 2000er Jahren an Bedeutung zu (z. B. Ipsen-Peitzmeier/Kaiser 2006; Kaiser/Schönhuth 2015). Darunter waren beispielsweise Untersuchungen zu transnationalen Praktiken und Lebensentwürfen von in Deutschland bildungserfolgreichen Spätaussiedlern, die ihre bikulturelle Kompetenz durch zumindest temporäre Rückkehr in den postsowjetischen Raum in Wert setzen (Schmitz 2013), oder auch Studien zu „transnationalen Unterstützungsnetzwerken" von Spätaussiedlern (Gamper/Fenicia 2013; Sienkiewicz 2015). Auch die „Dagebliebenen“ wurden verstärkt Gegenstand wissenschaftlicher Aufmerksamkeit (Sanders 2016, 2018; Flack 2020).

Inzwischen gibt es auch substanzielle Forschungen zum Phänomen der dauerhaften Rückkehr (vgl. grundlegend Schönhuth/Kaiser 2015). Zahlenmäßig ist dieses schwer zu fassen, da remigrierende Spätaussiedler statistisch gesehen emigrierende Deutsche sind. Politisch war das Thema obendrein lange Zeit sensibel, da die Remigration von Russlanddeutschen in den postsowjetischen Raum der Annahme eines „Kriegsfolgenschicksals“, das sie dort immer noch erleiden, zuwiderläuft. Zuletzt erhielt diese Thematik eine noch pikantere Dimension, als russische Medien anfingen, Fälle von nach Russland zurückgekehrten Spätaussiedlern propagandistisch auszuschlachten (Klimeniouk 2018b). Unabhängig von solchen politischen Fragen eröffnen Forschungen zur Remigration von Russlanddeutschen aber spannende Perspektiven jenseits „klassischer“ Kategorien der Remigrationsforschung von „return of innovation“, „return of failure“ oder „return of conservatism“ (Cassarino 2004). Anna Flack (2020) präsentiert zum Beispiel in ihrer Dissertation Fallstudien von Remigranten ins sibirische Altaigebiet. Die dort porträtierten Eheleute Müller kehrten nach mehreren Jahren in Deutschland in ihr Dorf im Altai zurück, um dort Subsistenzwirtschaft zu betreiben. Diese konservative Stoßrichtung relativiert sich allerdings durch den von Flack aufgezeigten weiterhin gepflegten transnationalen Lebensstil von Frau Müller, die etwa an bestimmten in Deutschland eingeübten Konsumpraktiken festhält. Die Studentin Katja wiederum war als Kind nach Deutschland gekommen und nach massiven Schwierigkeiten bei der schulischen Integration als Jugendliche nach Russland zurückgekehrt. Ihre in der Bundesrepublik erworbenen Deutschkenntnisse qualifizierten sie aber für ein Deutschstudium in Russland, wodurch das vermeintliche Scheitern eine innovative Wendung erhielt.

Transnationale Wanderung beschränkt sich jedoch nicht allein auf die Rückkehr in das Herkunftsland. Auch die Weiterwanderung zu ganz anderen Migrationszielen lässt sich bei russlanddeutschen Spätaussiedlern in den letzten Jahren beobachten. So emigrierten vor allem Menschen aus dem oben dargestellten freikirchlichen Milieu – Mennoniten und Pfingstler – nach Nord- und Südamerika. Dabei knüpften sie an ältere russlanddeutsche Wanderungstraditionen an, waren doch die peripheren Siedlungsräume des Doppelkontinents schon seit dem letzten Viertel des 19. Jahrhunderts und bis in die 1950er Jahre bevorzugtes Migrationsziel insbesondere religiös konservativer Russlanddeutscher. Den Mennoniten dienten als Anziehungspunkte dabei existierende mennonitische Siedlungen in Kanada und Bolivien.[73] Unter den Pfingstchristen gab es schon seit den 1990er

73 Die russlanddeutsch-mennonitische Migration nach Kanada erforscht momentan Anna Kozlova im Rahmen ihrer Dissertation an der Carleton University, Ottawa. Das Migrationsziel Bolivien untersucht Anna Flack (Osnabrück) im Rahmen ihres Postdoc-Projekts.

Jahren Bestrebungen, in Kanada Land zu erwerben, um sich und ihre Kinder dort weltlichen Einflüssen zu entziehen (Frank 2017, S. 101–103). Mindestens 2.000 Mitglieder des größten Pfingstlerverbandes BFECG haben seitdem mit ihren Familien Deutschland Richtung Kanada verlassen, wobei manche auch zurückkehrten (Frank 2017, S. 113). Gerade das im bundesdeutschen Kontext als besonders verschlossen wahrgenommene freikirchliche Milieu wird so in zunehmendem Maße transnationalisiert.

Abbildung 8.2

Satellitenschüsseln an einem Wohnhaus im hessischen Korbach. Im abgebildeten Haus sind vier der acht Mietparteien russlanddeutscher Herkunft. Foto: Jannis Panagiotidis

Teil der intensivierten Transnationalisierung nicht nur postsowjetischer migrantischer Lebenswelten sind auch die durch moderne Medien erleichterten Kommunikationsbedingungen mit dem Herkunftsland bzw. innerhalb grenzüberschreitender Netzwerke. Transnationalismus ist also nicht zuletzt auch ein virtuelles Phänomen. Ein Aspekt dieser virtuellen Einbindung in eine transnationale russischsprachige Sphäre ist der Konsum russischen Fernsehens, der traditionell mit Hilfe von Satellitenschüsseln erfolgt (vgl. Abbildung 8.2), inzwischen auch über digitale Angebote wie „Kartina.TV". Von zunehmender Bedeutung sind aber auch virtuelle soziale Netzwerke. Zu deren Erforschung hat die Soziologin Tatiana Golova (2018, 2020) Pionierarbeit geleistet. Ihre Untersuchungen zeigen, dass postsowjetische Migranten großenteils andere soziale Netzwerke benutzen als andere Bevölkerungsgruppen in Deutschland: weniger Facebook, dafür mehr russischsprachige Angebote, speziell Odnoklassniki („Klassenkameraden", OK.ru) und VKontakte („In Kontakt", VK.com) (Golova 2018). Diese sozialen Netzwerke dominieren insgesamt im postsowjetischen Raum, nicht nur in Russland, und erreichen auch signifikante Teil der postsowjetischen Bevölkerung in Deutschland: Anfang 2018 benutzten ca. 1,3 Millionen Menschen in Deutschland mindestens einmal monatlich Odnoklassniki, etwa 40 Prozent der postsowjetischen Bevölkerung des Landes (Golova 2018). Für VKontakte geht Golova (2020) von 430.000 monatlich aktiven Nutzern aus. Damit unterscheiden sich die postsowjetischen Nutzer in Deutschland aber auch von den Nutzungsgewohnheiten in der ehemaligen Sowjetunion: In Russland und Kasachstan ist VKontakte das wichtigste soziale Netzwerk. Die Vorliebe der Emigranten für das „Stay Friends"-artige Netzwerk Odnoklassniki ist dabei laut Golova (2018) kein Zufall: Sein Angebot entspricht den Bedürfnissen von „herkunftsorientierten" und „ethnoorientierten" Nutzern, also solchen, die sich subjektiv stark zu ihrer Herkunftsregion zugehörig fühlen und solchen, die stark mit ihrer ethnischen Community in Deutschland verbunden sind. Hier können sich also Leute vernetzen, die aus demselben Ort in der ehemaligen Sowjetunion – Golova (2018) nennt als Beispiel „ein Städtchen in Nordkasachstan" – stammen, oder aber Gruppen von postsowjetischen Migranten, die in Deutschland am selben Ort leben. So finden verstreute Gemeinschaften virtuell wieder zusammen, während am neuen Wohnort neue Gemeinschaften durch Online-Interaktion entstehen bzw. sich verdichten. Golova (2018) spricht insgesamt davon, dass „russischsprachige Migranten Züge einer (fragmentierten) digitalen Diaspora aufweisen."

„Diaspora" ist ein Konzept, das zum Abschluss der Diskussion transnationaler Praktiken und Bezüge noch thematisiert werden muss. Bei russlanddeutschen Vertretern in Deutschland trifft die Verwendung dieses Begriffs im Kontext der Spätaussiedlermigration zum Teil auf wenig Gegenliebe. Dies hat zum einen mit den historischen Konnotationen von Diaspora als Zustand des „Exils" zu tun – während Russlanddeutsche durch ihre „Rückkehr" in die „historische Heimat" diesen Exilzustand doch gerade überwunden hätten. Andererseits sind es aber wie beim Thema der Remigration auch hier die aktuellen politischen Bezüge, die dem Begriff eine besondere Brisanz verleihen. Konkret geht es um die in den letzten Jahren verstärkt zu beobachtende Vereinnahmung der Spätaussiedler als „Landsleute" durch die russische Regierung (Klimeniouk 2018b). In dieser expansiv gedachten Konzeption einer „russischen Welt" (*russkij mir*) werden die

Russlanddeutschen zum Objekt einer russischen Diasporapolitik, die besonders seit der mit dem Schutz von „Landsleuten“ begründeten Krim-Annexion 2014 kritisch beäugt wird (Laruelle 2015). In diesem angespannten Kontext ist es politisch sehr verständlich, wenn russlanddeutsche Vertreter jeglichen Eindruck einer Vereinnahmung von außen vermeiden wollen.

Aus wissenschaftlicher Perspektive gibt es aber durchaus Gründe, von den Russlanddeutschen als Diaspora zu sprechen. Ruth Wittlinger (2018) betont zum Beispiel die räumliche Zerstreuung und hybride Identitätsbildung von Russlanddeutschen zwischen Russland bzw. der ehemaligen Sowjetunion und Deutschland, die die Gruppe als diasporisch kennzeichneten. Auch kann man die oben beschriebenen realen und virtuellen Netzwerke als diasporische Praktiken interpretieren. Die Tatsache, dass es untereinander vernetzte russlanddeutsche Organisationen in Deutschland (die LmDR), der ehemaligen Sowjetunion (den Internationalen Verband der deutschen Kultur mit Sitz in Moskau sowie Organisationen in den ehemaligen Sowjetrepubliken) und in Nordamerika (American Historical Society of Germans from Russia; Germans from Russia Heritage Society) gibt, ist ebenfalls ein Indiz für eine zumindest in Ansätzen vorhandene diasporische Organisationsform (vgl. Bridenthal 2005; Schmaltz 2018). Gleichzeitig gibt es innerhalb des Gesamtkonstrukts „Russlanddeutsche“ weitere besondere transnationale Gemeinschaften, die etwa im Fall der global verstreuten und vernetzten Russlandmennoniten auf religiös-landsmannschaftlicher Basis organisiert sind.

Im Fall der postsowjetischen Juden ist die diasporische Gemengelage ähnlich komplex, wenn nicht noch komplexer, und die identifikatorischen Bezugspunkte sind vielfältig (vgl. Bernstein 2010). Einerseits kann man von ihnen als Teil der jüdischen Diaspora in einem umfassenden Sinne sprechen, also der Juden außerhalb des Staates Israel. Mit diesem Staat sind sie durch familiäre Beziehungen und auch die stets präsente Möglichkeit zur Erlangung der Staatsbürgerschaft in vielen Fällen mehr oder weniger eng verbunden. Gleichzeitig befinden sie sich aber nicht im „Exil“ – wie es der klassische hebräische Diaspora-Begriff *galut* impliziert – sondern haben sich aus freien Stücken gegen Israel und für ein Leben in Deutschland entschieden. Andererseits kann man die postsowjetischen Juden in Deutschland auch als Teil einer russisch-jüdischen Diaspora in ihrem eigenen Recht sehen, deren Bezugspunkt allerdings weniger Russland als Land oder gar Staat, sondern eher die russische Sprache und Kultur ist und deren Netzwerke mehrere Kontinente überspannen (Remennick 2007).

Ein möglicher gemeinsamer diasporischer Bezugspunkt für postsowjetische Migranten ist schließlich die über-ethnische „russischsprachige“ Diaspora, wie sie zum Beispiel Natalia Kühn (2012) in ihrer Dissertation am Beispiel von postsowjetischen Migranten unterschiedlicher Herkunft in Deutschland und Kanada untersucht hat. Auch hier ist der Bezugspunkt eher die russische Sprache als der russische Staat. Wichtig bei all diesen Erwägungen ist, den Diaspora-Begriff nicht essenziell zu verstehen, sondern als Ergebnis heterogener Netzwerke und hybrider Positionierungen: Diasporen sind keine monolithischen Blöcke, die einfach „sind“, sondern Ensembles von transnationalen Netzwerken und Praktiken, die je nach Kontext mit Bedeutung aufgeladen werden können. Entsprechend können sich dieselben Personen auch als Teil unterschiedlicher diasporischer Konstrukte definieren.

Fazit

Postsowjetische Lebenswelten in Deutschland sind vielfältig – ein „multiverse“, wie es die Studie der Boris Nemtsov Stiftung formulierte (Boris Nemtsov Foundation 2016b, S. 42). Jenseits der ethno-administrativen Unterscheidungen zwischen russlanddeutschen Spätaussiedlern, jüdischen Kontingentflüchtlingen und Menschen anderer Herkunft hat dieses Kapitel schlaglichtartig gezeigt, welche unterschiedlichen Milieus und Communities auch innerhalb dieser Großkategorien bestehen. Diese sind häufig voneinander getrennt, räumlich und lebensweltlich. Manchmal überschneiden sie sich auch, durch direkte Begegnung oder indirekt durch geteilte kulturelle Praktiken. In beiden Fällen kann es gerade die Gemeinsamkeit sein, die zu stärkerer Abgrenzung führt, was mit mitgebrachten Stereotypen und Ressentiments aus dem sowjetischen Kontext, aber auch der gemeinsamen Wahrnehmung durch die Mehrheitsgesellschaft als „Russen“ zu tun hat, von der man sich distanzieren möchte. In jedem Fall entwickeln sich die verschiedenen Communities dynamisch und unter Bezug aufeinander – sie sind ein Produkt der Migration. Zugleich sind sie stets in transnationale Zusammenhänge eingebunden, die jenseits politischer Unterwanderungsängste zur Normalität einer vielfältigen Migrationsgesellschaft gehören.

Fazit
Postsowjetische Migration und bundesdeutsche Migrationsgesellschaft

Dieses Buch hat in den vorangegangenen acht Kapiteln verschiedene Dimensionen der Präsenz postsowjetischer Migranten in Deutschland ausgeleuchtet. Dabei wurde deutlich, dass der gemeinsame und vergleichende Blick auf die zwei Hauptuntergruppen, Russlanddeutsche und Juden aus der ehemaligen Sowjetunion, neue Perspektiven sowohl auf diese Menschen als auch auf die deutsche Migrationspolitik und -gesellschaft eröffnet. Russlanddeutsche und postsowjetische Juden teilen eine Vielzahl strukturell ähnlicher Erfahrungen, von der Existenz als Diasporaminoritäten in der Sowjetunion über die Migration nach Deutschland durch ein identitätsbasiertes Aufnahmeregime bis zur Infragestellung der Legitimität ihrer zugeschriebenen Identität durch die bundesdeutsche Mehrheitsgesellschaft. Beide Gruppen sind in ihrer großen Mehrzahl nunmehr seit zwanzig bis dreißig Jahren in Deutschland ansässig und haben sich in diesem Zeitraum weiterentwickelt. Ihre Identifikationen, Communities und Lebenswelten in Deutschland differenzieren sich immer weiter aus, und zwar nicht nur entlang der – nach wie vor zweifellos sehr relevanten – ethnischen Trennlinien, sondern auch unabhängig davon und stets in Interaktion untereinander und mit anderen Teilen der Migrationsgesellschaft. Wie wir auch gesehen haben, ist diese gesellschaftliche Integration kein konfliktfreier Prozess. Sie wird begleitet von Stereotypisierungen, Anfeindungen und Konkurrenzen, zuletzt auch von politischen Verwerfungen innerhalb der lange Zeit politisch unscheinbaren postsowjetischen Gruppe. Aus der vergleichenden Betrachtung der Kennziffern, die die soziökonomische Integration beider Gruppen beschreiben, lassen sich wiederum Rückschlüsse auf die unterschiedlichen Effekte der diesen Prozess rahmenden Integrationsregime ziehen – auch hier wieder in einer gesamtgesellschaftlichen Perspektive.

Ausgehend von der Annahme, dass die sowjetische Geschichte für das Verständnis der postsowjetischen Migration unerlässlich ist, folgte Kapitel 1 den beiden hier untersuchten Hauptgruppen – Russlanddeutschen und Juden – durch ihr „sowjetisches Jahrhundert". Trotz ihrer unterschiedlichen Hintergründe und weitgehend getrennten Lebenswelten wurden hier auch bedeutsame Gemeinsamkeiten deutlich, konkret die geteilte Erfahrung von kultureller Assimilation an die russisch-sowjetische Gesellschaft bei gleichzeitig fortbestehendem ethnischen Eigenbewusstsein, das nicht zuletzt Folge anhaltender Diskriminierung war. Diese ambivalente Existenz war eine der Voraussetzungen für die schon in den 1970er Jahren beginnende Emigration aus der Sowjetunion, die nach den liberalisierenden Reformen der Perestroika und schließlich dem Zusammenbruch der Sowjetunion zu einer Massenbewegung wurde.

Eine weitere Voraussetzung waren die speziellen Aufnahme- und Integrationsregime der Bundesrepublik Deutschland für beide Gruppen, die Kapitel 2 unter die Lupe nahm. Russlanddeutsche fanden Aufnahme als Aussiedler bzw. Spätaussiedler, ein Status, den in den Jahrzehnten des Kalten Kriegs schon über eine Million Menschen aus Osteuropa – vor allem aus Polen und Rumänien, zu einem kleineren Teil auch der Sowjetunion – erhalten hatten. Dieser garantierte ihnen die deutsche Staatsbürgerschaft sowie Hilfe bei der Integration. Während sie dafür ihre „deutsche Volkszugehörigkeit" nachweisen mussten, hatten die jüdischen Zuwanderer aus der Sowjetunion qua ihrer sowjetischen Klassifikation als Juden Zugang zum Status des Kontingentflüchtlings, der ihnen zwar keinen deutschen Pass, aber einen sicheren Aufenthaltsstatus und Integrationshilfen sicherte. Beide Gruppen waren somit im Vergleich zu anderen Migranten „privilegiert", wobei diese Besserstellung in beiden Fällen eine historische Wiedergutmachungsfunktion hatte.

Kapitel 3 ging dann der Frage der sozioökonomischen Integration postsowjetischer Migranten in Deutschland nach. Diese hat sich gemäß zentralen Kennziffern wie Erwerbslosenquote, Einkommen und Bezug von Transferleistungen in den letzten Jahren und Jahrzehnten positiv entwickelt. Dies ist nicht nur wegen der schwierigen Ausgangslage in den ersten Jahren nach der Einwanderung bemerkenswert, sondern auch wegen der in soziökonomischer Hinsicht nichtselektiven Einwanderungsregime für beide Gruppen. Während in aktuellen Einwanderungsdebatten immer wieder eine stärkere Auswahl von Migranten nach „Nützlichkeit" gefordert wird, ist die sozioökonomische Integration der postsowjetischen Migranten auch ohne solche Auswahlkriterien alles in allem positiv verlaufen. Eine klare Bleibeperspektive, ein sicherer Status und eine aktive Integrationspolitik scheinen wichtiger zu sein als qualitative Restriktionen. Zugleich bleiben Problemfelder sichtbar, in Form „ungenutzter Potenziale" durch unzureichende Anerkennung von Bildungsabschlüssen, verbreitete prekäre Arbeitsverhältnisse und wachsende Altersarmut. Besonders letztere ist ein Thema, in dem die Bundespolitik gefordert ist, Lösungen für beide Gruppen zu finden. Ob die wirtschaftliche Rezession in Folge der Corona-Krise die postsowjetischen Migranten überproportional hart treffen wird, ist an dieser Stelle noch nicht abzusehen.

Kapitel 4 beschäftigte sich mit der räumlichen Verteilung der postsowjetischen Migranten auf verschiedenen Ebenen. Wie auch im Fall der sozioökonomischen Integration eignen sie sich hier gleichsam als „Testfall" für die Wirksamkeit staatlicher Maßnahmen der Migrationssteuerung. Spätaussiedler und Kontingentflüchtlinge unterlagen beide dem Verteilungsregime des Königsteiner Schlüssels, flankiert durch Bestimmungen zur Wohnortbindung. Ziel war die

Verhinderung der Konzentration vieler Migranten an bestimmten Orten. Auf der Makroebene des Bundes hat dies auch funktioniert – im Vergleich mit anderen Migrationsgruppen sind postsowjetischen Migranten am gleichmäßigsten auf die Bundesländer verteilt. Auf lokaler Ebene ist es aber paradoxerweise genau umgekehrt: Dort leben die russlanddeutschen Spätaussiedler vergleichsweise am stärksten konzentriert, und zwar insbesondere an den Orten, wo ihr Bevölkerungsanteil relativ niedrig ist. Wo mehr von ihnen leben, ist der Grad der Konzentration in der Regel geringer. Dieser Befund versieht die Sinnhaftigkeit der auch im Umgang mit heutigen Flüchtlingen praktizierten administrativen „Zerstreuung" von Migranten im Bundesgebiet mit einem dicken Fragezeichen.

Im stärker qualitativ ausgerichteten Kapitel 5 richtete sich der Fokus zum einen auf Aspekte von Sprache und Identifikation. Charakteristisch für die Aushandlung von Zugehörigkeit bei Spätaussiedlern und Kontingentflüchtlingen war das Auseinanderfallen von Selbstwahrnehmung, administrativer Klassifikation und Fremdwahrnehmung. Menschen, die „als" Deutsche und „als" Juden in Deutschland Aufnahme fanden, wurden hier in der gesellschaftlichen Wahrnehmung zu „Russen". Der Gebrauch der russischen Sprache war hierfür ganz entscheidend, da er besonders im Fall der Spätaussiedler als konträr zu einer legitimen Identität als Deutsche gesehen wurde. Auf entsprechend wenig Gegenliebe stößt bei organisierten Russlanddeutschen die Bezeichnung als „Russischsprachige" – ein Label, das sich andere postsowjetische Migranten ganz bewusst aneignen. Doch tatsächlich ist diese Bezeichnung auch irreführend, wenn man sie für alle postsowjetischen Migranten und ihre Nachfahren verwendet, denn der Gebrauch und die Weitergabe des Russischen ist insbesondere bei den Spätaussiedlern fragmentarisch – nicht zuletzt aufgrund des damit lange Zeit verbundenen Stigmas. Darüber hinaus entwickeln sich die Identifikationen der verschiedenen postsowjetischen Migranten dynamisch weiter, teilweise unter andauerndem Bezug auf die Identitätsvorgaben der sowjetischen Nationalitätennomenklatur und des deutschen Migrationsregimes, teilweise aber auch jenseits davon, insbesondere in der zweiten, in Deutschland sozialisierten Generation.

Zum anderen beschäftigte sich Kapitel 5 noch mit der Bedeutung von Namen im Kontext von Zugehörigkeit und Identifikation. Hier hatten Spätaussiedler die Möglichkeit, ihre Namen „einzudeutschen", d. h. entweder zu *über*setzen (z. B. von Evgenij zu Eugen) oder bei fehlendem Äquivalent zu *er*setzen (etwa Svetlana durch Elisabeth). Beides sollte im Prinzip freiwillig sein, sorgte aber faktisch für Assimilationsdruck und wurde von den Spätaussiedlern oft als Zwang wahrgenommen. Wie eine (nicht-repräsentative) Stichprobe der Namensgebungen von Kindern postsowjetischer Familien im Raum Osnabrück in den letzten fünf Jahren ergab, ist von diesem Postulat der Assimilation durch „typische" Namen nichts übrig. Die Anpassung an lokale Gepflogenheiten erfolgt im Gegenteil durch eine diverse und plurale Namensgebungspraxis, die sich in die inzwischen hochgradig differenzierte bundesdeutsche Namenslandschaft einpasst.

Kapitel 6 griff die schon in Kapitel 5 angedeuteten Aspekte von Fremdwahrnehmungen, Vorurteilen und Stereotypen auf. Diese waren zunächst nicht immer negativ – Russlanddeutsche galten im politischen Diskurs als kinderreiche, gläubige und fleißige „Musterdeutsche", russische Juden als Kulturbürger und *Intelligenty*, die dem durch die Shoah zerstörten deutsch-jüdischen Geistesleben neue Vitalität verleihen könnten. Das Auseinanderklaffen dieser Idealbilder und der sozialen Realität sorgte in der Öffentlichkeit für Ressentiments und Tendenzen zur Delegitimierung der Aufnahme beider Gruppen. Bei den Russlanddeutschen kam hinzu, dass sie nicht nur das Objekt xenophober Anfeindungen wurden, sondern auch von ansonsten migrationsfreundlichen linksliberalen Kreisen aufgrund des „ethnischen Privilegs" ihrer Einreise kritisch beäugt wurden. Entsprechend zeigt die Analyse dieses Kapitels, dass Vorurteile gegen Russlanddeutsche nicht nur eine Funktion allgemeiner Xenophobie oder Ausländerfeindlichkeit sind, sondern auch eine ganz eigene Dynamik entwickeln. Postsowjetische Juden wiederum werden nicht nur wegen ihrer wahrgenommenen Eigenschaft als „Russen" zum Objekt von Argwohn, sondern auch zur Zielscheibe antisemitischen Hasses. Angehörige beider Gruppen wurden auch schon Opfer rassistischer Gewalt, was in der Öffentlichkeit bisher kaum thematisiert wurde. Ein Russlanddeutscher findet sich paradoxerweise aber auch in den Reihen der Täter – die vielleicht extremste Illustration der ambivalenten Stellung dieser Gruppe in der deutschen Gesellschaft.

In Kapitel 7 ging es um die politischen Einstellungen postsowjetischer Migranten. Besonders in Bezug auf die Russlanddeutschen waren diese in den letzten Jahren das Objekt öffentlicher Mutmaßungen – das Stereotyp vom Putin-treuen, AfD-wählenden Spätaussiedler machte die Runde. Die in diesem Kapitel analysierten Daten erlauben einen differenzierteren Blick. Das Verhältnis zur russischen Politik etwa fällt in verschiedenen Migrationskohorten sehr unterschiedlich aus, wobei die Sozialisation in Deutschland hierfür gar nicht entscheidend scheint. Vielmehr zeigt sich die sowjetisch sozialisierte Elterngeneration, die in den 1990er Jahren aktiv auswanderte, besonders kritisch gegenüber Russland, während ihre inzwischen erwachsenen Kinder, die in den meisten Fällen noch einen Großteil ihrer Kindheit und Jugend in der (ehemaligen) Sowjetunion verbracht hatten und als „mitgenommene Generation" nicht unbedingt sehr bereitwillig nach Deutschland kamen, hier allgemein größere Sympathien erkennen lassen – ähnlich wie die erst in den „Nullerjahren" nachgezogenen Angehörigen der Elterngeneration. Wichtig für die Haltung gegenüber Russland scheint also vor allem zu sein, ob man das Land aus freien Stücken verlassen hat oder nicht.

Auch der Befund zum Verhältnis zur AfD ist differenziert zu betrachten. Der überproportionale Zuspruch der Russlanddeutschen zu dieser Partei ist einerseits mehr als ein mediales Klischee. Die Eigenschaft als Russlanddeutscher ist ein statistisch signifikanter Faktor, der die Wahrscheinlichkeit, rechtspopulistisch zu wählen, erhöht, und zwar unabhängig von sozioökonomischen und ideellen Kontrollvariablen. Der gleiche Befund ergibt sich bei der Analyse von Wahldaten auf Stadtteilebene, wo die überdurchschnittliche Präsenz von Russlanddeutschen bzw. postsowjetischen Migranten ein signifikanter Prädiktor für überdurchschnittliche AfD-Ergebnisse ist. Diesem Umstand liegen mutmaßlich stark empfundene migrationsgesellschaftliche Konkurrenzen im Kontext der „Flüchtlingskrise" von 2015 zu Grunde – auf lokaler Ebene noch verstärkt durch diskursive Echokammern innerhalb der eigenen Community („neighborhood effects"). Gleichzeitig wird stets übersehen, dass über 40 % der Russlanddeutschen inzwischen Parteien links der Mitte wählen und die Linkspartei phasenweise in ihrer Popularität in der Gruppe vor der AfD lag. Es gibt also keinen pauschalen Rechtsruck, sondern eine Ausdifferenzierung des Wahlverhaltens, zu der auch eine Schwerpunktverschiebung innerhalb des rechten Lagers von der CDU hin zur AfD gehört.

Ähnlich differenzierte Daten zum Wahlverhalten der postsowjetischen Juden in Deutschland liegen nicht vor. Die Gruppierung „Juden in der AfD" versuchte diese Klientel auch für den Rechtspopulismus einzunehmen, unter Anknüpfung an zweifellos vorhandene flüchtlings- und islamfeindliche Haltungen in der postsowjetisch-jüdischen Community. Der Erfolg scheint aber bisher überschaubar.

Kapitel 8 beleuchtete schließlich schlaglichtartig verschiedene Bereiche postsowjetischer Lebenswelten in Deutschland. Hier wurde deutlich, dass es schon innerhalb der oft als homogen wahrgenommenen Großgruppe „Russlanddeutsche" sehr unterschiedliche Milieus und Communities gibt. Während die relativ geschlossenen Milieus freikirchlich organisierter Russlanddeutscher in der Forschung schon öfter Aufmerksamkeit erhalten haben, gibt es auch weniger beachtete säkular geprägte dörfliche und kleinstädtische russlanddeutsche Lebenswelten, die für die meisten Menschen dieses Hintergrunds charakteristisch sein dürften. Diese sind keine hermetisch geschlossenen „Parallelgesellschaften" (falls es so etwas überhaupt gibt), aber doch identifizierbare und untereinander eng vernetzte Communities. Die ihnen zugrunde liegenden Netzwerke sind meist informell, wobei es auch russlanddeutsche migrantische Selbstorganisationen gibt, die in diesem Kapitel betrachtet wurden. Stärker institutionalisiert ist das jüdische Leben in Deutschland, deren Gemeinden Körperschaften des öffentlichen Rechts sind und zum – auch staatlich erwünschten – Anlaufpunkt für postsowjetische Juden wurden. Allerdings spielt sich das Leben postsowjetischer Juden gerade in der jüngeren Generation vor allem jenseits der Gemeinden ab, wobei dies nicht zwingend eine Abkehr von der Selbstdefinition als „Jude" bedeutet. Jenseits der ethnischen und/oder religiös definierten Gruppen und Milieus gibt es zudem auch andere Formen der Vergemeinschaftung, in denen die geteilte russische Sprache und das sowjetische kulturelle Erbe eine Rolle spielen. Hier verschwimmen die sonst als gegeben vorausgesetzten ethnischen Trennlinien. Auch in ganz alltäglichen Dingen wie Wohnen, Essen und Musik wird auf gemeinsame kulturelle Repertoires zurückgegriffen. Die hier zum Ausdruck kommende Nähe kann aber auch zu einem verstärkten Abgrenzungsbedürfnis von „anderen Russen“ führen, wobei hier neben ethnischen Identifikationen auch Klassenzugehörigkeiten eine Rolle spielen.

Die Analyse von Freundeskreisen und Partnerwahl lieferte wiederum Perspektiven auf die Formierung bzw. Erosion von Communities durch mehr oder weniger scharfe Grenzziehungen bei den Sozialkontakten. Insbesondere die Analyse eines (nicht repräsentativen) Samples von Paaren aus dem Osnabrücker Raum, von denen mindestens ein Partner aus dem postsowjetischen Raum kam, liefert einen gemischten Befund: Eine vergleichsweise starke Tendenz zu „eigenethnischen“ Partnerschaften bei den in der Region zahlreich vertretenen Russlanddeutschen koexistiert mit Trends zu „interethnischen“ Partnerschaften, einerseits mit „Einheimischen“, andererseits mit Angehörigen anderer russischsprachiger oder postsowjetischer Communities. Hier scheinen sich also Communitygrenzen einerseits zu verfestigen, andererseits zu verschieben oder aufzulösen.

Abschließend behandelte Kapitel 8 noch die transnationale Einbettung der postsowjetischen Communities in Deutschland. Diese findet nicht nur Ausdruck in Verwandtschafts- und Freundschaftsbeziehungen in die Herkunftsländer im postsowjetischen Raum, sondern besonders im Fall der postsowjetischen Juden auch in einer transkontinentalen Vernetzung als Folge der multidirektionalen Emigration nach 1989. Auch Russlanddeutsche knüpfen zum Teil an ältere transkontinentale Wanderungstraditionen an, insbesondere solche aus freikirchlichen Milieus. Die Transnationalisierung ist in vielerlei Hinsicht aber auch ein virtuelles Phänomen, das sich großenteils in den sozialen Netzwerken abspielt. Postsowjetische Migranten in Deutschland sind somit in unterschiedliche transnationale Netzwerke eingebunden, die man als Ausprägungen komplexer diasporischer Konstrukte interpretieren kann.

Was sagen uns diese vielfältigen Befunde über den Platz postsowjetischer Migranten in der bundesdeutschen Migrationsgesellschaft? Gut drei Jahrzehnte nach dem Ende der Sowjetunion und dem Beginn der umfangreichen Migration ehemaliger sowjetischer Bürger nach Deutschland sind sie in all ihrer Heterogenität ein fester Bestandteil dieser Gesellschaft. Müsste man die Frage „ist ihre Integration gelungen“ einfach mit „ja“ oder „nein“ beantworten, würde die Antwort „ja“ heißen. Dieser Befund bedeutet aber nicht, Narrative von den „auffällig unauffälligen“, gar „unsichtbaren“ Mustermigranten fortschreiben zu müssen. „Unauffälligkeit“ ist kein Wert an sich. Zudem sorgt voranschreitende Integration nicht unbedingt für weniger, sondern für mehr Sichtbarkeit, da die nunmehr etablierten einstigen Außenseiter eine Stimme finden und ihre Anliegen artikulieren können.

Die daraus entstehenden Konflikte um symbolische und materielle Ressourcen sind Teil des von Aladin El-Mafaalani (2018) beschriebenen „Integrationsparadoxes“. Sie gehören zur Aushandlung einer Migrationsgesellschaft, eines

„neuen Wir“ (Plamper 2019) dazu. Jan Plamper (2019, S. 261) identifiziert dabei jüdische Kontingentflüchtlinge als „Avantgarde [und] Stichwortgeber in der Migrationsdebatte“. Die Impulse kommen dabei etwa aus den Reihen postsowjetisch-jüdischer Kulturschaffender, von Autorinnen wie Olga Grjasnowa, Katja Petrowskaja, Sasha Marianna Salzmann, Alina Bronsky und Lena Gorelik, und Autoren wie den schon erwähnten Dmitrij Kapitelman und Dmitrij Belkin sowie, in seiner unnachahmlichen ironisch gebrochenen Weise, Wladimir Kaminer. Auch aus der ehemaligen Sowjetunion stammende politische Persönlichkeiten jüdischer Herkunft wie Sergey Lagodinsky und Marina Weisband sind im bundesdeutschen Diskurs zu hören.

Doch auch russlanddeutsche Spätaussiedler suchen zunehmend eine Stimme. Künstlerisch kommen diese von Autorinnen wie Eleonora Hummel, deren Romane inzwischen eine gewisse Bekanntheit erreicht haben und versuchen, russlanddeutsche Narrative in bundesdeutsche Debatten einzubringen (vgl. Casteel 2018). Politisch artikuliert sich die russlanddeutsche Stimme bisher am auffälligsten am rechten Rand, was eine Folge der Versäumnisse aller politischen Parteien ist, diese politische Klientel einzubinden. Es handelt sich aber auch und vor allem um eine Konsequenz der Hierarchisierungen innerhalb des bundesdeutschen Migrationsdiskurses. Auch dies ist ein Grund, von undifferenzierten Erzählungen über kollektive Erfolgsgeschichten bestimmter Migranten genauso Abstand zu nehmen wie von der pauschalen Identifikation von „Problemgruppen“.

Die Frage nach dem gesellschaftlichen Platz postsowjetischer Migranten kann man aber auch konkret räumlich verstehen. Wie in diesem Buch verschiedentlich deutlich wurde, ist vor allem der Platz der russlanddeutschen Spätaussiedler mehrheitlich jenseits der großen Städte, in Klein- und Mittelstädten und auf dem Land. In der bundesdeutschen Migrationsforschung findet dieser Raum bisher kaum Beachtung, obwohl dort mehr als zwei Drittel aller Bewohner Deutschlands wohnen. Migration gilt immer noch als primär städtisches Phänomen. Die Beschäftigung mit der postsowjetischen Migration kann dazu beitragen, auch die Migrationsgesellschaft jenseits der großen Städte auf die Agenda der Forschung und von Politik von Öffentlichkeit zu bringen. Denn auch und vor allem dort wird die Zukunft dieser Gesellschaft ausgehandelt.

Bibliografie

Interviews

Aljona, 24.09.2019, Osnabrück

Antonie, 18.09.2019, Osnabrück

Elvira, 28.08.2019, Osnabrück

Nadja, 30.10.2019, Osnabrück

Pascal, 05.09.2019, Osnabrück

Sascha, 20.12.2019, Osnabrück

Sophia, 02.09.2019, Osnabrück

Svetlana H., 08.02.2010, Sindelfingen

Thomas, 05.09.2019, Osnabrück

Valeri und Elena S., 16.04.2008, Korbach

Rechtsquellen

Gesetz über Fremdrenten der Sozialversicherung an Berechtigte im Bundesgebiet und im Land Berlin, über Leistungen der Sozialversicherung an Berechtigte im Ausland sowie über freiwillige Sozialversicherung (Fremdrenten- und Auslandsrentengesetz) vom 7. August 1953, Bundesgesetzblatt 1953, Teil I,
www.bgbl.de/xaver/bgbl/start.xav?startbk=Bundesanzeiger_BGBl&jumpTo=bgbl153s0848.pdf

Gesetz über die Angelegenheiten der Vertriebenen und Flüchtlinge (Bundesvertriebenengesetz, BVFG) vom 22. Mai 1953, Bundesgesetzblatt, Teil I,
www.bgbl.de/xaver/bgbl/start.xav?startbk=Bundesanzeiger_BGBl&jumpTo=bgbl153022.pdf

Gesetz über die Angelegenheiten der Vertriebenen und Flüchtlinge (Bundesvertriebenengesetz, BVFG), in der Fassung der Bekanntmachung vom 10. August 2007 (BGBl. I S. 1902), das zuletzt durch Artikel 162 der Verordnung vom 19. Juni 2020 (BGBl. I S. 1328) geändert worden ist.
www.gesetze-im-internet.de/bvfg/BJNR002010953.html

Gesetz über Maßnahmen für im Rahmen humanitärer Hilfsaktionen aufgenommener Flüchtlinge vom 22.7.1980, Bundesgesetzblatt Teil I,
www.bgbl.de/xaver/bgbl/start.xav?startbk=Bundesanzeiger_BGBl&jumpTo=bgbl180s1057.pdf

Gesetz zur Bereinigung von Kriegsfolgegesetzen (Kriegsfolgenbereinigungsgesetz, KfbG) vom 21. Dezember 1992, Bundesgesetzblatt, Teil I,
www.bgbl.de/xaver/bgbl/start.xav?startbk=Bundesanzeiger_BGBl&jumpTo=bgbl192s2094.pdf

Gesetz zur Neuregelung des Fremdrenten- und Auslandsrentenrechts und zur Anpassung der Berliner Rentenversicherung an die Vorschriften des Arbeiterrentenversicherungs-Neuregelungsgesetzes und des Angestelltenversicherungs-Neuregelungsgesetzes (Fremdrenten- und Auslandsrenten-Neuregelungsgesetz, FANG) vom 25. Februar 1960,
www.gesetze-im-internet.de/fang/BJNR000939960.html

Grundgesetz für die Bundesrepublik Deutschland. www.gesetze-im-internet.de/gg/

Sekundärliteratur

Aly, Götz (1995): „Endlösung“: Völkerverschiebung und der Mord an den europäischen Juden. Frankfurt a.M.: Fischer Taschenbuch.

Arad, Yitzhak (2009): The Holocaust in the Soviet Union. Lincoln: University of Nebraska Press.

Armborst, Kerstin (2001): Ablösung von der Sowjetunion: Die Emigrationsbewegung der Juden und Deutschen vor 1987. Münster: LIT.

Bade, Klaus J. (2007): Leviten lesen: Migration und Integration in Deutschland. Abschiedsvorlesung von Prof. Dr. Klaus J. Bade am 27. Juni 2007 in der Aula des Schlosses zu Osnabrück. In: IMIS-Beiträge, H. 31, S. 43–64.

Bade, Klaus J./Troen, S. Ilan (Hrsg.) (1993): Zuwanderung und Eingliederung von Deutschen und Juden aus der früheren Sowjetunion in Deutschland und Israel. Bonn: Bundeszentrale für politische Bildung.

Baerwolf, Astrid (2006): Identitätsstrategien von jungen „Russen“ in Berlin. Ein Vergleich zwischen russischen Deutschen und russischen Juden. In: Ipsen-Petzmeier, Sabine/Kaiser, Markus (Hrsg.): Zuhause fremd – Russlanddeutsche zwischen Russland und Deutschland. Bielefeld: transcript, S. 173–196.

Banse, Dirk/Ginsburg, Michael/Müller, Uwe/Eichhofer, André/Smirnova, Julia (15.03.2015): Warum Deutsche für Putin in der Ukraine sterben. www.welt.de/politik/deutschland/article138427424/Warum-Deutsche-fuer-Putin-in-der-Ukraine-sterben.html (Abfrage: 13.07.2020).

Banse, Dirk/Ginsburg, Michael (31.01.2016): „Man hat die reingelassen. Und uns gibt man nichts!“ www.welt.de/politik/deutschland/article151685379/Man-hat-die-reingelassen-Und-uns-gibt-man-nichts.html (Abfrage: 07.07.2020).

Bartels, Nadine (2007): Symbol misslungener Integration? Zur ethnischen Kolonie russlanddeutscher Migrantinnen und Migranten in Lahr. Marburg: Elwert.

Barth, Fredrik (Hrsg.) (1969): Ethnic Groups and Boundaries. The Social Organization of Culture Difference. Boston: Little, Brown & Co.

Beck, Volker (2019): Wider die Ungleichbehandlung. Spätaussiedler und jüdische Zuwanderer im Renten- und Staatsbürgerschaftsrecht. In: Osteuropa 69, H. 9–11, S. 133–165.

Becker, Franziska (2001): Ankommen in Deutschland: Einwanderungspolitik als biographische Erfahrung im Migrationsprozeß russischer Juden. Berlin: Reimer.

Belkin, Dmitrij (2010): Mögliche Heimat. Deutsches Judentum Zwei. In: Belkin, Dmitrij/Gross, Raphael (Hrsg.): Ausgerechnet Deutschland! Jüdisch-russische Einwanderung in die Bundesrepublik. Berlin: Nicolai, S. 25–29.

Belkin, Dmitrij (2016): Germanija: Wie ich in Deutschland jüdisch und erwachsen wurde. Frankfurt a.M.: Campus.

Belkin, Dmitrij/Gross, Raphael (Hrsg.) (2010): Ausgerechnet Deutschland! Jüdisch-russische Einwanderung in die Bundesrepublik. Berlin: Nicolai.

Belkin, Ljudmila (2017): Verantwortung und Asylpolitik: zur Vorgeschichte der jüdischen Kontingentflüchtlinge. In: Mazurkiewicz, Marek u. a. (Hrsg.): Polen, Deutsche und Tschechen und die Herausforderungen von Migration und Integration. Opole: Colloquium Opole, S. 230–250.

Bemporad, Elissa (2013): Becoming Soviet Jews: The Bolshevik Experiment in Minsk. Bloomington: Indiana University Press.

Ben-Rafael, Eliezer/Lyubyansky, Mikhail/Glöckner, Olaf/Harris, Paul/Israel, Yael/Jasper, Willi/Schoeps, Julius (2006): Building a Diaspora: Russian Jews in Israel, Germany and the USA. Leiden: Brill.

Benz, Wolfgang (2007): Zweifache Opfer Nationalsozialistischer Bevölkerungspolitik: Die Zwangsmigration von Volksdeutschen. In: Melville, Ralph/Pešek, Jiří/Scharf, Claus (Hrsg.): Zwangsmigrationen im mittleren und östlichen Europa: Völkerrecht – Konzeptionen – Praxis. Mainz: Philipp von Zabern, S. 247–258.

Bergmann, Jörg/Borufka, Sarah/Metag, Katharina (24.01.2016): Propaganda und Parallelgesellschaft: Leben in Deutschrussland. www.bz-berlin.de/berlin/marzahn-hellersdorf/propaganda-und-parallelgesellschaft-leben-in-deutschrussland (Abfrage: 07.07.2020).

Bering, Dietz (1987): Der Name als Stigma. Antisemitismus im deutschen Alltag, 1812–1933. Stuttgart: Klett-Cotta.
Bernstein, Julia (2010): Food for Thought: Transnational Contested Identities and Food Practices of Russian-speaking Jewish Migrants in Israel and Germany. Frankfurt am Main: Campus.
Berry, John W. (1997): Immigration, Acculturation, and Adaptation. In: Applied Psychology: An International Review 46, S. 5–34.
Böhmer, Christof (1990): Die Rückübertragung der Namen deutscher Aussiedler in die ursprüngliche deutsche Form. In: Das Standesamt 43, H. 6, S. 153–157.
Böhmer, Christof (1991): Die Namensführung der Aussiedler. Das Dilemma mit den Friedlandrichtlinien. In: Das Standesamt 44, H. 8, S. 213–217.
Bommes, Michael (2012): National Welfare State, Biography and Migration: Labour Migrants, Ethnic Germans and the Re-Ascription of Welfare State Membership. In: Boswell, Christina/D'Amato, Gianni (Hrsg.): Immigration and Social Systems. Collected Essays of Michael Bommes. Amsterdam: Amsterdam University Press, S. 37–58.
Boris Nemtsov Foundation (2016a): Russians in Germany. www.freiheit.org/sites/default/files/uploads/2016/10/10/boris-nemtsov-foundationrussiansingermanyprint.pdf (Abfrage: 09.10.2018).
Boris Nemtsov Foundation (2016b): Russischsprachige Deutsche. https://nemtsovfund.org/de/2016/11/die-boris-nemtsov-foundation-studie-russisch-sprechende-deutsche (Abfrage: 13.04.2020).
Botsch, Gideon (2020): Die „Juden in der AfD" und der Antisemitismus. In: Mitteilungen der Emil Julius Gumbel Forschungsstelle, Ausgabe 7, April, S. 1-15. www.mmz-potsdam.de/files/MMZ-Potsdam/Download-Dokumente/EJG_Mitteilungen_2020_01.pdf.
Brandes, Detlef (2008): Die Sudetendeutschen im Krisenjahr 1938. München: Oldenbourg.
Brekemann, Alexander/Breczinski, Maria (2015): Der Düsseldorfer Wehrhahn-Anschlag. Ein Rück- und Ausblick (fast) 15 Jahre danach. In: Lotta-Magazin, www.lotta-magazin.de/ausgabe/online/der-d-sseldorfer-wehrhahn-anschlag (Abfrage: 06.07.2020).
Brent, Jonathan/Naumov, Vladimir (2003): Stalin's Last Crime. The Doctor's Plot. London: Murray.
Breyton, Ricarda (08.10.2018): „Juden in der AfD" – Partei spricht von „historischer Bedeutung". www.welt.de/politik/deutschland/article181798440/Neue-Gruppierung-Juden-in-der-AfD-Partei-spricht-von-historischer-Bedeutung.html (Abfrage: 15.05.2020).
Bridenthal, Renate (2005): Germans from Russia: The Political Network of a Double Diaspora. In: O'Donnell, Krista/Bridenthal, Renate/Reagin, Nancy (Hrsg.): The Heimat Abroad: The Boundaries of Germanness. Ann Arbor: University of Michigan Press, S. 187–218.
Brubaker, Rogers (1994): Nationhood and the National Question in the Soviet Union and post-Soviet Eurasia: An Institutionalist Account. In: Theory and Society 23, S. 47–78.
Brubaker, Rogers (1995): Nationalism Reframed: Nationhood and the National Question in the New Europe. Cambridge: Cambridge University Press, 1995.
Brubaker, Rogers (1998): Migrations of Ethnic Unmixing in the New Europe. In: International Migration Review 32, H. 4, S. 1047–1065.
Brunner, José and Iris Nachum (2009): „Vor dem Gesetz steht ein Türhüter": Wie und warum israelische Antragsteller ihre Zugehörigkeit zum deutschen Sprach- und Kulturkreis beweisen mussten. In: Frei, Norbert/Brunner, José/ Goschler, Constantin (Hrsg.): Die Praxis der Wiedergutmachung: Geschichte, Erfahrung und Wirkung in Deutschland und Israel. Göttingen: Wallstein, S. 387–424.
Brüß, Joachim (2003): Soziale Nähe und Distanz zwischen deutschen, türkischen und Aussiedler-Jugendlichen. In: Groenemeyer, Axel/Mansel, Jürgen (Hrsg.): Die Ethnisierung von Alltagskonflikten. Wiesbaden: VS Verlag für Sozialwissenschaften, S. 109–134.
Carvacho, Héctor (2010): Ideological Configurations and Prediction of Attitudes toward Immigrants in Chile and Germany. In: International Journal of Conflict and Violence 4, H. 2, S. 220–233.
Cassarino, Jean-Pierre (2004): Theorising Return Migration: The Conceptual Approach to Return Migrants Revisited. In: International Journal on Multicultural Societies 6, H. 2, S. 253-279.
Casteel, James (2007): The Russian Germans in the Interwar German National Imaginary. In: Central European History 40, S. 429–466.

Casteel, James (2016): Russia in the German Global Imaginary: Imperial Visions & Utopian Desires, 1905-1941. Pittsburgh: University of Pittsburgh Press.

Casteel, James (2018): Transcultural Memories among Russian-German and Russian-Jewish Migrants in Germany: Literature, Museums, and Narrations of the Soviet Past. In: Dönninghaus, Victor/Panagiotidis, Jannis/Petersen, Hans-Christian (Hrsg.): Jenseits der „Volksgruppe“: Neue Perspektiven auf die Russlanddeutschen zwischen Russland, Deutschland und Amerika. Berlin: de Gruyter Oldenbourg, S. 179-204.

Cremer, Marit (2017): Angekommen und integriert? Bewältigungsstrategien im Migrationsprozess. Frankfurt a.M.: Campus.

Dalos, György (2014): Geschichte der Russlanddeutschen: von Katharina der Großen bis zur Gegenwart. München: Beck.

Decker, Frank (2018): Wahlergebnisse und Wählerschaft der AfD. www.bpb.de/politik/grundfragen/parteien-in-deutschland/afd/273131/wahlergebnisse-und-waehlerschaft (Abfrage: 20.05.2020).

Dekel-Chen, Jonathan L. (2005): Farming the Red Land: Jewish Agricultural Colonization and Local Soviet Power, 1924–1941. New Haven: Yale University Press.

Destatis/WZB (2016): Datenreport 2016. Ein Sozialbericht für die Bundesrepublik Deutschland. Bonn: Bundeszentrale für politischen Bildung.

Dietz, Barbara (2000): German and Jewish Migration from the Former Soviet Union to Germany: Background, Trends, and Implications. In: Journal of Ethnic and Migration Studies 26, H. 4, S. 635–652.

Dietz, Barbara/Hilkes, Peter (1992): Russlanddeutsche: Unbekannte im Osten. München: Olzog.

Dietz, Barbara/Lebok, Uwe/Polian, Pavel (2002): The Jewish Emigration from the Former Soviet Union to Germany. In: International Migration 40, H. 2, 29–48.

Doerschler, Peter/Panagiotids, Jannis (2021): „Alternative für Russlanddeutschland“? Russlanddeutsche Spätaussiedler und die AfD. In: Brinkmann, Heinz Ulrich/Reuband, Karl-Heinz (Hrsg.): Rechtspopulismus in Deutschland – Wahlverhalten in Zeiten politischer Polarisierung. Wiesbaden: Springer VS (im Erscheinen).

Dönninghaus, Victor (2009): Minderheiten in Bedrängnis: sowjetische Politik gegenüber Deutschen, Polen und anderen Diaspora-Nationalitäten 1917–1938. München: Oldenbourg.

Dornblüth, Gesine (2019): Gefährder und Gefährdete: Tschetschenen in Europa. https://www.deutschlandfunk.de/tschetschenen-in-europa-gefaehrder-und-gefaehrdete.724.de.html?dram:article_id=438028 (Abfrage 08.04.2020).

Dück, Katharina (2013): „Als mein Kind geboren wurde, hatte ich wieder Lust, russisch zu sprechen”: Zu Sprachkompetenzen, Spracheinstellungen und Spracherziehung der zweiten Generation der Deutschen aus der ehemaligen Sowjetunion. In: Hermann, Michael C./Öhlschläger, Rainer (Hrsg.): Hier die Russen – dort die Deutschen. Über die Integrationsprobleme russlanddeutscher Jugendlicher 250 Jahre nach dem Einladungsmanifest von Katharina II. Baden-Baden: Nomos, S. 79–95.

Dück, Peter (2017): “Ob die gleichen Schüler an öffentlichen Schulen dasselbe Leistungsniveau erreichen würden, weiß ich nicht.” Ein Interview mit Peter Dück, Geschäftsführer des Christlichen Schulvereins Lippe e.V. www.bpb.de/gesellschaft/migration/kurzdossiers/252540/interview-mit-peter-dueck (Abfrage: 09.07.2020)

Dyck, Cornelius (1993): An Introduction to Mennonite History: A Popular History of the Anabaptists and the Mennonites. 3. Auflage. Scottdale, PA: Herald Press.

Eder, Klaus/Rauer, Valentin/Schmidtke, Oliver (2004): Die Einhegung des Anderen: türkische, polnische und russlanddeutsche Einwanderer in Deutschland. Wiesbaden: VS Verlag für Sozialwissenschaften.

Eisenbraun, Waldemar (2016): Editorial. In: Volk auf dem Weg Nr. 11, S. 3.

Eisfeld, Alfred (Hrsg.) (2016): Deutsche im Schwarzmeergebiet, auf der Krim und im Kaukasus vom 19. Jahrhundert bis 1941. Hamburg: Dr. Kovač.

Eisfeld, Alfred (2018): Leben und Kultur der Deutschen in der Kasachischen SSR nach der Deportation. www.bpb.de/gesellschaft/migration/russlanddeutsche/277018/leben-und-kultur-der-deutschen-in-der-kasachischen-ssr-nach-der-deportation (Abfrage: 27.06.2020).

Eisfeld, Alfred/Hausmann, Guido/Neutatz, Dietmar (Hrsg.) (2013): Besetzt, interniert, deportiert: Der Erste Weltkrieg und die deutsche, jüdische, polnische und ukrainische Zivilbevölkerung im östlichen Europa. Essen: Klartext.

Eisfeld, Alfred/Herdt, Victor (Hrsg.) (1996): Deportation, Sondersiedlung, Arbeitsarmee: Deutsche in der Sowjetunion 1941 bis 1956. Köln: Verlag Wissenschaft und Politik.

Eisfeld, Alfred/Martynenko, Vladimir (2012): Filtration und operative Erfassung der ethnischen Deutschen in der Ukraine durch die Organe des Inneren und der Staatssicherheit während des Zweiten Weltkrieges und in der Nachkriegszeit. In: Nordost-Archiv 21, S. 104–181.

El-Mafaalani, Aladin (2018): Das Integrationsparadox: Warum gelungene Integration zu mehr Konflikten führt. Köln: Kiepenheuer & Witsch.

Elwert, Frederik (2015): Religion als Ressource und Restriktion im Integrationsprozess: eine Fallstudie zu Biographien freikirchlicher Russlanddeutscher. Wiesbaden: Springer VS.

Endrikat, Kirsten/Schaefer, Dagmar/Mansel, Jürgen/Heitmeyer, Wilhelm (2002): Soziale Desintegration. Die riskanten Folgen negativer Anerkennungsbilanzen. In: Heitmeyer, Wilhelm (Hrsg.): Deutsche Zustände. Folge 1, Frankfurt a. M.: Suhrkamp, S. 37–58.

Ens, Kornelius (2018): Religiosität unter Russlanddeutschen. www.bpb.de/gesellschaft/migration/kurzdossiers/252539/religiositaet-unter-russlanddeutschen (Abfrage: 07.04.2020).

Estraikh, Gennady (2018): Escape through Poland: Soviet Jewish Emigration in the 1950s. In: Jewish History 31, S. 291–317.

Faist, Thomas/Fauser, Margit/Reisenauer, Eveline (2013): Transnational Migration. Cambridge: Polity.

Fays, Jean-Charles (10.03.2016): Mehr rechte Straftaten in der Region. In: Neue Osnabrücker Zeitung, S. 9.

Flack, Anna (2017): „Heute Butterbreze, morgen Spaghetti Bolognese, übermorgen Borschtsch". Ernährung als Identitäts- und Akkulturationsindikator am Beispiel einer russlanddeutschen Spätaussiedlerin. In: Drascek, Daniel (Hrsg.): Kulturvergleichende Perspektiven auf das östliche Europa. Fragestellungen, Forschungsansätze, Methoden. Münster: Waxmann, S. 129–149.

Flack, Anna (2019): „Russische" Supermärkte und Restaurants. In: Flack, Anna/Panagiotidis, Jannis (Hrsg.): (Spät-)Aussiedler in der Migrationsgesellschaft. Informationen zur politischen Bildung, Nr. 340. Bonn: Bundeszentrale für politische Bildung, S. 31–33.

Flack, Anna (2020): Zugehörigkeiten und Esskultur. Alltagspraxen von remigrierten und verbliebenen Russlanddeutschen in Westsibirien. Bielefeld: transcript.

Fleischhauer, Ingeborg (1983): Das Dritte Reich und die Deutschen in der Sowjetunion. Stuttgart: Deutsche Verlags-Anstalt.

Foroutan, Naika (2019): Die postmigrantische Gesellschaft: Ein Versprechen der pluralen Demokratie. Bielefeld: transcript.

Frank, Leonnard (2017): Gemeindeaufbau russlanddeutscher Pfingstgemeinden in der UdSSR und der BRD. Diss., University of South Africa.

Frantzioch, Marion (1987): Die Vertriebenen: Hemmnisse, Antriebskräfte und Wege ihrer Integration in der Bundesrepublik Deutschland. Berlin: Reimer.

Freitag, Gabriele (2004): Nächstes Jahr in Moskau! Die Zuwanderung von Juden in die sowjetische Metropole 1917–1932. Göttingen: Vandenhoeck & Ruprecht.

Friedmann, Jan (09.09.2017): Rechtsruck in „Klein-Moskau". www.spiegel.de/politik/deutschland/afd-warum-die-partei-bei-russlanddeutschen-so-beliebt-ist-a-1166915.html (Abfrage: 12.06.2020).

Gabowitsch, Mischa (2010): Pogromgerüchte in der UdSSR der Perestroika-Zeit. In: Belkin, Dmitrij/Gross, Raphael (Hrsg.): Ausgerechnet Deutschland! Jüdisch-russische Einwanderung in die Bundesrepublik. Berlin: Nicolai, S. 42–45.

Gamper, Markus/Fenicia, Tatjana (2013): Transnationale Unterstützungsnetzwerke von Migranten. Eine qualitative Studie zu Spätaussiedlern aus der ehemaligen UdSSR. In: Schönhuth, Michael u. a. (Hrsg.): Visuelle Netzwerkforschung. Qualitative, quantitative und partizipative Zugängen. Bielefeld: transcript, S. 249–276.

Gans, Herbert J. (1979): Symbolic Ethnicity: The Future of Ethnic Groups and Cultures in America. In: Ethnic and Racial Studies 2, H. 1, S. 1–20.

Gathmann, Moritz (10.02.2016): Deutschlands Werk und Russlands Beitrag. https://uebermedien.de/1665/deutschlands-werk-und-russlands-beitrag/ (Abfrage: 14.07.2020).

Gerhards, Jürgen/Kämpfer, Sylvia (2017): Symbolische Grenzen und die Grenzarbeit von Migrantinnen und Migranten. Ein Typologisierungsvorschlag am Beispiel des Umgangs mit Vornamen. In: Zeitschrift für Soziologie 46, H. 5, S. 303–325.

Girg, Bastian u. a. (25.01.2016): Russlanddeutsche als Putins Fünfte Kolonne. www.br.de/nachrichten/demos-russlanddeutsche-bayern-100.html (Abfrage: 21.03.2016).

Gitelman, Zvi (2012): Jewish Identities in Postcommunist Russia and Ukraine: An Uncertain Ethnicity. Cambridge: Cambridge University Press.

Glas, Andreas (08.02.2016): Warum Russlanddeutsche gegen Flüchtlinge wettern. www.sueddeutsche.de/bayern/ingolstadt-warum-russlanddeutsche-gegen-fluechtlinge-wettern-1.2853336 (Abfrage: 07.07.2020).

Glick Schiller, Nina/Basch, Linda/Blanc-Szanton, Cristina (1992): Transnationalism: A New Analytic Framework for Understanding Migration. In: Glick Schiller, Nina (Hrsg.): Towards a Transnational Perspective on Migration: Race, Class, Ethnicity, and Nationalism Reconsidered. New York: New York Academy of Sciences, S. 1–24.

Gluskin, Irina (2016): Die russisch-jüdische Migration aus den Staaten der ehemaligen Sowjetunion im Spiegel der publizistischen Darstellung in Deutschland. Masterarbeit, Universität Osnabrück.

Goerres, Achim/Spies, Dennis C./Mayer, Sabrina J. (2018): How did Immigrant Voters Vote at the 2017 Bundestag Election? First Results from the Immigrant German Election Study (IMGES).

Goerres, Achim/Mayer, Sabrina J./Spies, Dennis (2020): Immigrant Voters against their Will: A Focus Group Analysis of Identities, Political Issues and Party Allegiances among German Resettlers during the 2017 Bundestag Election Campaign. In: Journal of Ethnic and Migration Studies 46, H. 7, S. 1205–1222.

Golova, Tatiana (2017): Die Russlanddeutschen und die Bundestagswahl. ZOiS Spotlight 25/2017. www.zois-berlin.de/publikationen/zois-spotlight-2017/die-russlanddeutschen-und-die-bundestagswahl (Abfrage: 20.05.2020).

Golova, Tatiana (2018): Postsowjetische Migranten in Sozialen Netzwerken. www. www.bpb.de/gesellschaft/migration/russlanddeutsche/274864/postsowjetische-migranten-in-sozialen-netzwerken (Abfrage: 03.04.2020).

Golova, Tatiana (2020): Post-Soviet Migrants in Germany, Transnational Public Spheres and Russian Soft Power. In: Journal of Information Technology & Politics. DOI:10.1080/19331681.2020.1742265.

Gorelik, Lena (2010): Von Einsteins zur Russenmafia. Der Wahrnehmungswandel der Kontingentflüchtlinge in den deutschen Medien. In: Belkin, Dmitrij/Gross, Raphael (Hrsg.): Ausgerechnet Deutschland! Jüdisch-russische Einwanderung in die Bundesrepublik. Berlin: Nicolai, S. 65–67.

Gosewinkel, Dieter (2001): Einbürgern und Ausschließen. Die Nationalisierung der Staatsangehörigkeit vom Deutschen Bund bis zur Bundesrepublik Deutschland, Göttingen: Vandenhoeck & Ruprecht.

Graßmann, Walter (2013): Lutheraner. In: Weiß, Lothar (Hrsg.): Russlanddeutsche Migration und evangelische Kirchen. Göttingen: Vandenhoeck & Ruprecht, S. 74–94.

Greif, Siegfried/Gediga, Günther/Janikowski, Andreas (2003): Erwerbslosigkeit und beruflicher Abstieg von Aussiedlerinnen und Aussiedlern. In: Bade, Klaus J./Oltmer, Jochen (Hrsg.): Aussiedler: deutsche Einwanderer aus Osteuropa. 2. Auflage. Göttingen: V&R Unipress, S. 81–106.

Grill, Tobias (2018): "Pioneers of Germanness in the East"? Jewish-German, German, and Slavic Perceptions of East European Jewry during the First World War. In: Grill, Tobias (Hrsg.): Jews and Germans in Eastern Europe: Shared and Comparative Histories. Berlin: de Gruyter Oldenbourg, S.125–159.

Gromova, Alina (2013): Generation „koscher light": urbane Räume und Praxen junger russischsprachiger Juden in Berlin. Bielefeld: transcript.

Gromova, Alina (2015): Jüdische Vergemeinschaftung als Praxis der Distinktionen. Auf den Spuren der kulturellen Praktiken und sozialen Positionierungen in der Migrationsgesellschaft. In: Körber, Karen (Hrsg.): Russisch-jüdische Gegenwart in Deutschland. Interdisziplinäre Perspektiven auf eine Diaspora im Wandel. Göttingen: Vandenhoeck & Ruprecht, S. 60–81.

Grossmann, Atina/Lewinsky, Tamar (2012): Erster Teil: 1945–1949. Zwischenstation. In: Brenner, Michael (Hrsg.): Geschichte der Juden in Deutschland. Von 1945 bis zur Gegenwart. München: C.H. Beck, S. 67–152.

Gruber, Sabine/Rüßler, Harald (2002): Hochqualifiziert und arbeitslos: Jüdische Kontingentflüchtlinge in Nordrhein-Westfalen. Problemaspekte ihrer beruflichen Integration. Eine empirische Studie. Opladen: Leske + Budrich.

Grüner, Frank (2006): Die Tragödie von Babij Jar im sowjetischen Gedächtnis. Künstlerische Erinnerung versus offizielles Schweigen. In: Grüner, Frank/ Heftrich, Urs/Löwe, Heinz-Dietrich (Hrsg.): Zerstörer des Schweigens. Formen künstlerischer Erinnerung an die nationalsozialistische Rassen- und Vernichtungspolitik in Osteuropa. Köln u. a.: Böhlau, S. 57–96

Grüner, Frank (2008): Patrioten und Kosmopoliten: Juden im Sowjetstaat 1941–1953. Köln u. a.: Böhlau.

Hahn, Hans-Henning/Hahn, Eva (2002): Nationale Stereotypen. Plädoyer für eine historische Stereotypenforschung. In: Hahn, Hans-Henning (Hrsg.): Stereotyp, Identität und Geschichte. Die Funktion von Stereotypen in gesellschaftlichen Diskursen. Frankfurt a.M.: Peter Lang, S. 17–56.

Harris, Paul A. (2003): Russische Juden und Aussiedler: Integrationspolitik und lokale Verantwortung. In: Bade, Klaus J./Oltmer, Jochen (Hrsg.): Aussiedler: deutsche Einwanderer aus Osteuropa. 2. Auflage. Göttingen: V&R Unipress, S. 247–263.

Hasselmann, Jörn (23.01.2016): Neonazis und Russen: Gemeinsame Demo vor dem Kanzleramt. www.tagesspiegel.de/berlin/13-jaehrige-angeblich-entfuehrt-und-vergewaltigt-neonazis-und-russen-gemeinsame-demo-vor-dem-kanzleramt/12870386.html (Abfrage: 07.07.2020).

Haug, Sonja/Sauer, Leonore (2007): Zuwanderung und Integration von (Spät-)Aussiedlern – Ermittlung und Bewertung der Auswirkungen des Wohnortzuweisungsgesetzes. Bundesamts für Migration und Flüchtlinge, Forschungsbericht Nr. 3.

Hein, Jan-Philipp/Hufelschulte, Josef/Kutzim, Julian/Lehmkuhl, Frank/Spilcker, Axel/Wendt, Alexander (16.01.2016): Das Schweige-Kartell. Focus Nr. 3. www.focus.de/politik/deutschland/politik-und-gesellschaft-das-schweige-kartell_id_5212427.html (Abfrage: 11.06.2020).

Heitmeyer, Wilhelm (2002): Gruppenbezogene Menschenfeindlichkeit. Die theoretische Konzeption und erste empirische Ergebnisse. In: Heitmeyer, Wilhelm (Hrsg.): Deutsche Zustände. Folge 1, Frankfurt a. M.: Suhrkamp, S. 15–34.

Heleniak, Timothy (2003): The End of an Empire: Migration and the Changing Nationality Composition of the Soviet Successor States. In: Münz, Rainer/Ohliger, Rainer (Hrsg.): Diasporas and Ethnic Migrants: Germany, Israel, and the post-Soviet Successor States in Comparative Perspective. London: Cass, S. 115–140.

Hermann, Michael C./Öhlschläger, Rainer (Hrsg.) (2013): Hier die Russen – dort die Deutschen. Über die Integrationsprobleme russlanddeutscher Jugendlicher 250 Jahre nach dem Einladungsmanifest von Katharina II. Baden-Baden: Nomos.

Heyder, Aribert: Bessere Bildung, Bessere Menschen? Genaueres Hinsehen hilft weiter. In: Heitmeyer, Wilhelm (Hrsg.): Deutsche Zustände. Folge 2, Frankfurt a. M.: Suhrkamp, S. 78–99.

Hilkes, Peter (2003): Migrationsverläufe: Aussiedlerzuwanderung aus der Ukraine. In: Bade, Klaus J./Oltmer, Jochen (Hrsg.): Aussiedler: deutsche Einwanderer aus Osteuropa. 2. Auflage. Göttingen: V&R Unipress, S. 55–79.

Hirschler, Nicole (2002): Neue „alte" Heimat DDR. „Repatriierung" und Familienzusammenführung von Personen deutscher Herkunft aus der UdSSR in die DDR: Konzeptionen und ihre Umsetzung im innen- und außenpolitischen Spannungsfeld. Diss., Universität Osnabrück.

Ho, Arnold K./Sidanius, Jim/Pratto, Felicia/Levin, Shana/Thomsen, Lotte/Kteily, Nour / Sheehy-Skeffington, Jennifer (2012): Social Dominance Orientation: Revisiting the Structure and Function of a Variable Predicting Social and Political Attitudes. In: Personality and Social Psychology Bulletin 38, H. 5, S. 583–606.

Holz, Klaus (2001): Nationaler Antisemitismus: Wissenssoziologie einer Weltanschauung. Hamburg: Hamburger Edition.

Hoops, Maik (2018): Fremdzuschreibungen natio-ethno-kultureller Zugehörigkeit und deren Einfluss auf die Identitätsbildung: Die Erfahrungen der Nachkommen russlanddeutscher AussiedlerInnen. Bachelorarbeit, Universität Osnabrück.

Hüttermann, Jörg (2010): Entzündungsfähige Konfliktkonstellationen: Eskalations- und Integrationspotentiale in Kleinstädten der Einwanderungsgesellschaft. Weinheim: Juventa.
Iceland, John/Weinberg, Daniel H./Steinmetz, Erika (2002): Racial and Ethnic Residential Segregation in the United States: 1980-2000. Census 2000 Special Reports. Washington, DC: US Government Printing Office.
Ipsen-Peitzmeier, Sabine/Kaiser, Markus (Hrsg.) (2006): Zuhause fremd – Russlanddeutsche zwischen Russland und Deutschland. Bielefeld: transcript.
Isurin, Ludmila/Riehl, Claudia Maria (2017): Integration, Identity and Language Maintenance in Young Immigrants: Russians Germans or German Russians. Amsterdam: John Benjamins.
Jones, Clive (1996): Soviet-Jewish Aliyah, 1989-1992: Impact and Implications for Israel and the Middle East. London: Cass.
Joppke, Christian (2005): Selecting by Origin. Ethnic Migration in the Liberal State. Cambridge, Mass.: Harvard University Press.
Joppke, Christian/Rosenhek, Zeev (2002): Contesting Ethnic Immigration: Germany and Israel Compared. In: Archives européennes de sociologie 43, H. 3, S. 301–335.
Kaiser, Markus/Schönhuth, Michael (Hrsg.) (2015): Zuhause? Fremd? Migrations- und Beheimatungsstrategien zwischen Deutschland und Eurasien. Bielefeld: transcript.
Kaleta, Philip/Kapliuk, Kateryna/Lutska, Kateryna/Stepaniuk, Yana (14.06.2017): Alternative für Russlanddeutschland. www.spiegel.de/spiegel/afd-warum-so-viele-russlanddeutsche-die-afd-unterstuetzen-a-1151697.html (Abfrage: 30.06.2020).
Kaltenbrunner, Matthias (2017): Das global vernetzte Dorf: eine Migrationsgeschichte. Frankfurt a.M.: Campus.
Kapitelman, Dmitrij (2016): Das Lächeln meines unsichtbaren Vaters. München: Hanser.
Kappeler, Andreas (1993): Russland als Vielvölkerreich. Entstehung, Geschichte, Zerfall. 2., durchges. Aufl. München: Beck.
Kapphan, Andreas (2001): Migration und Stadtentwicklung. Die Entstehung ethnischer Konzentration und ihre Auswirkungen. In: Frank Gesemann (Hrsg.): Migration und Integration in Berlin. Wissenschaftliche Analysen und politische Perspektiven. Opladen: Leske & Budrich, S. 89–108.
Kassis, Wassilis/Panagiotidis, Jannis/Heller, Patricia (2016): „Ich würde nicht in eine Wohngegend mit vielen Russlanddeutschen ziehen". Stehen soziale Vorurteile gegen Russlanddeutsche in engem Zusammenhang mit Ausländerfeindlichkeit und Dominanzorientierung? In: Jahrbuch des BKGE 24, S. 335–355.
Khanin, Vladimir (2019): Die Diaspora russischsprachiger Juden. Politische Einstellungen und politischer Einfluss. In: Osteuropa 69, H. 9–11, S. 123–132.
Kiel, Svetlana (2009): Wie deutsch sind Russlanddeutsche? Eine empirische Studie zur ethnisch-kulturellen Identität in russlanddeutschen Aussiedlerfamilien. Münster: Waxmann.
Kiel, Svetlana (2015): Heterogene Selbstbilder: Identitätsentwürfe und -strategien bei russlanddeutschen (Spät-)Aussiedlern. In: Kaiser, Markus/Schönhuth, Michael (Hrsg.): Zuhause? Fremd? Migrations- und Beheimatungsstrategien zwischen Deutschland und Eurasien. Bielefeld: transcript, S. 73–89.
Kienemann, Christoph (2018): Der koloniale Blick gen Osten. Osteuropa im Diskurs des Deutschen Kaiserreiches von 1871. Paderborn: Schöningh.
Klassen, John N. (2007): Russlanddeutsche Freikirchen in der Bundesrepublik Deutschland. Grundlinien ihrer Geschichte, ihrer Entwicklung und Theologie. Bonn: Verlag für Kultur und Wissenschaft.
Klatt, Thomas (2018): Die AfD und das Christentum. www.deutschlandfunk.de/religion-in-der-politik-die-afd-und-das-christentum.886.de.html?dram:article_id=417169 (Abfrage: 11.07.2020).
Klekowski von Koppenfels, Amanda (2003): Who Organizes? The Political Opportunity Structure of Co-Ethnic Migrant Mobilization. In: Münz, Rainer/Ohliger, Rainer (Hrsg.): Diasporas and Ethnic Migrants. Germany, Israel and Post-Soviet Successor States in Comparative Perspective. London: Cass, S. 305–323.
Klimeniouk, Nikolai (2018a): Fleißige deutsche Opfer, frustrierte russische Täter: Russlanddeutsche in den bundesdeutschen Medien. www.bpb.de/gesellschaft/migration/russlanddeutsche/276854/fleissige-deutsche-opfer-frustrierte-russische-taeter (Abfrage: 01.04.2020).

Klimeniouk, Nikolai (2018b): Russlanddeutsche (Spät-)Aussiedler in russischen Medien. www.bpb.de/gesellschaft/migration/russlanddeutsche/276808/russlanddeutsche-spaet-aussiedler-in-russischen-medien (Abfrage: 22.07.2020).

Klingenberg, Darja (2018): Geschmack, Distinktion und Melancholie marginalisierter Mittelschichten. Positionierungen russischsprachiger Migrant_innen. In: Tewes, Oliver/Gül, Garabet (Hrsg.): Der soziale Raum der postmigrantischen Gesellschaft. Weinheim: Beltz Juventa, S. 149–169.

Klingenberg, Darja (2019): Auffällig unauffällig: Russischsprachige Migrantinnen in Deutschland. In: Osteuropa 69, H. 9–11, S. 255–276.

Klingenberg, Darja (2020): Wohnen nach der Migration. Materialismus, Hoffnung und Melancholie russischsprachiger migrantischer Mittelschichten. Frankfurt am Main: Campus.

Klötzel, Lydia (1999): Die Russlanddeutschen zwischen Autonomie und Auswanderung: die Geschichte einer nationalen Minderheit vor dem Hintergrund des wechselhaften deutsch-sowjetischen/russischen Verhältnisses. Münster: LIT.

Kochanowski, Jerzy/Sach, Maike (Hrsg.) (2006): Die „Volksdeutschen“ in Polen, Frankreich, Ungarn und der Tschechoslowakei. Mythos und Realität. Osnabrück: fibre.

Koenen, Gerd (1991): Mythus des 21. Jahrhunderts? Vom russischen zum Sowjet-Antisemitismus – ein historischer Abriss. In: Koenen, Gerd/Hielscher, Karla: Die schwarze Front. Der neue Antisemitismus in der Sowjetunion. Reinbek: Rowohlt, S. 119–223.

Konstantinov, Viacheslav (2019): Wahlort Israel. Die politische Stimme der Einwanderer. In: Osteuropa 69, H. 9–11, S. 101–122.

Köppen, Bernhard (2015): Identität und Selbstzuschreibung von (Spät-)Aussiedlern in Rheinland-Pfalz. In: Nienaber, Birte/Roos, Ursula (Hrsg.): Internationalisierung der Gesellschaft und die Auswirkungen auf die Raumentwicklung. Beispiele aus Hessen, Rheinland-Pfalz und dem Saarland. Hannover: ARL Akademie für Raumforschung und Landesplanung, S. 111–130.

Körber, Karen (2009): Puschkin oder Thora? Der Wandel der jüdischen Gemeinden in Deutschland. In: Tel Aviver Jahrbuch für Deutsche Geschichte 37, S. 233–254.

Körber, Karen (Hrsg.) (2015a): Russisch-jüdische Gegenwart in Deutschland: Interdisziplinäre Perspektiven auf eine Diaspora im Wandel. Göttingen: Vandenhoeck & Ruprecht.

Körber, Karen (2015b): Zäsur, Wandel oder Neubeginn? Russischsprachige Juden in Deutschland zwischen Recht, Repräsentation und Realität. In: Körber, Karen (Hrsg.): Russisch-jüdische Gegenwart in Deutschland: Interdisziplinäre Perspektiven auf eine Diaspora im Wandel. Göttingen: Vandenhoeck & Ruprecht, S. 13–36.

Körber, Karen (2019): Widerständiger Pragmatismus. Junge russischsprachige Juden in Deutschland. In: Osteuropa 69, H. 9–11, S. 83–90.

Kosova, Vera/Fuhl, Wolfang/Abramovych, Artur (Hrsg.) (2019): Was Juden zur AfD treibt. Neues Judentum und neuer Konservatismus. Jüdische Stimmen aus Deutschland. Bad Schussenried: Gerhard Hess.

Kostyrčenko, Gennadij V. (2001): Tajnaja politika Stalina. Vlast‘ i antisemitizm. Moskau: Meždunarodnye Otnošenija.

Kreichauf, René (2018): Das Siedlungsverhalten von Spätaussiedler_innen in ostdeutschen Kleinstädten. In: Dönninghaus, Victor/Panagiotidis, Jannis/Petersen, Hans-Christian (Hrsg.): Jenseits der „Volksgruppe“: Neue Perspektiven auf die Russlanddeutschen zwischen Russland, Deutschland und Amerika. Berlin: de Gruyter Oldenbourg, S. 155–178.

Kriege, Stephanie (25.01.2016): Russlanddeutscher aus dem Südkreis meldete Demo in Osnabrück an. www.noz.de/lokales/osnabrueck/artikel/662479/russlanddeutscher-aus-dem-sudkreis-meldete-demo-in-osnabruck-an#gallery&0&0&662479.

Krieger, Viktor (2015): Kolonisten, Sowjetdeutsche, Aussiedler: eine Geschichte der Russlanddeutschen. Bonn: Bundeszentrale für politische Bildung.

Krieger, Viktor (2018): Rotes deutsches Wolgaland: Zum 100. Jubiläum der Gründung der Wolgadeutschen Republik. Eine populärwissenschaftliche Darstellung. Düsseldorf: VIRA.

Kuchenbecker, Antje (2000): Zionismus ohne Zion. Birobidžan: Idee und Geschichte eines jüdischen Staates in Sowjet-Fernost. Berlin: Metropol.

Kühn, Natalia (2012): Die Wiederentdeckung der Diaspora. Gelebte Transnationalität russischsprachiger MigrantInnen in Deutschland und Kanada, Wiesbaden. Wiesbaden: Springer VS.
Kurilo, Olga (2010): Die Lebenswelt der Russlanddeutschen in den Zeiten des Umbruchs, 1917-1991: ein Beitrag zur kulturellen Mobilität und zum Identitätswandel. Essen: Klartext.
Kurilo, Olga (2015): Russlanddeutsche als kulturelle Hybride. Schicksal einer Mischkultur im 21. Jahrhundert. In: Kaiser, Markus/Schönhuth, Michael (Hrsg.): Zuhause? Fremd? Migrations- und Beheimatungsstrategien zwischen Deutschland und Eurasien. Bielefeld: transcript, S. 53–72.
Kurth, Alexandra/Salzborn, Samuel (2009): Antislawismus und Antisemitismus. Politisch-psychologische Reflexionen über das Stereotyp des Ostjuden. In: Dmitrów, Edmund/Weger, Tobias (Hrsg.): Deutschlands östliche Nachbarschaften. Eine Sammlung von historischen Essays für Hans Henning Hahn. Frankfurt a.M.: Peter Lang, S. 309–324.
Lachmann, Günther/Mumme, Thorsten (12.01.2016): Wohnortpflicht für Migranten? Gab es schon einmal. www.welt.de/politik/deutschland/article150890295/Wohnortpflicht-fuer-Migranten-Gab-es-schon-einmal.html (Abfrage: 09.06.2020).
Lagodinsky, Sergey (2018): Der schlechteste jüdische Witz seit Langem. www.welt.de/debatte/kommentare/article181684468/Juden-in-der-AfD-Der-schlechteste-juedische-Witz-seit-Langem.html (Abfrage: 23.05.2020).
Landau, Noa (31.03.2019): Netanyahu Welcomes Brazil's Bolsonaro to Israel, Days Before Election. www.haaretz.com/israel-news/.premium-brazil-s-bolsonaro-arrives-in-israel-days-before-election-1.7067601 (Abfrage: 23.05.2020).
Lapierre, Nicole (1995): Changer de nom. Paris: Stock.
Laruelle, Marlene (2015): The „Russian World". Russia's Soft Power and Geopolitical Imagination. Washington DC: Center on Global Interests. http://globalinterests.org/wp-content/uploads/2015/05/FINAL-CGI_Russian-World_Marlene-Laruelle.pdf (Abfrage 22.07.2020).
Lau, Mariam (05.04.2017): Ausgerechnet die AfD wirbt um jüdische Mitglieder. Sogar mit Erfolg. www.zeit.de/2017/15/muslimischer-antisemitismus (Abfrage: 22.05.2020).
Lauerbach, Teresa/Göddecke-Stellmann, Jürgen (2019): Segregation, Konzentration, Dekonzentrationsstrukturen von Zuwanderern in deutschen Großstädten. In: Stadtforschung und Statistik 32, H. 2, S. 6–13.
Lazin, Fred A. (2005): The Struggle for Soviet Jewry in American Politics: Israel versus the American Jewish Establishment. Lanham, MD: Lexington Books.
Lewin-Epstein, Noah/Ritterband, Paul/Ro'i, Yaacov (Hrsg.) (1997): Russian Jews on Three Continents: Migration and Resettlement. London: Cass.
Lichdi, Diether Götz (1983): Über Zürich und Witmarsum nach Addis Abeba: die Mennoniten in Geschichte und Gegenwart. Maxdorf: Agape-Verlag.
Lichdi, Diether Götz (2013): Mennoniten. In: Weiß, Lothar (Hrsg.): Russlanddeutsche Migration und evangelische Kirchen. Göttingen: Vandenhoeck & Ruprecht, S. 95–112.
Liebau, Elisabeth/Humpert, Andreas/Schneiderheinze, Klaus (2018): Wie gut funktioniert das Onomastik-Verfahren? Ein Test am Beispiel des SOEP-Datensatzes. SOEP Papers on Multidisciplinary Panel Research Data 976. www.diw.de/documents/publikationen/73/diw_01.c.595744.de/diw_sp0976.pdf (Abfrage: 25.06.2020).
Litwinow, Eugen (2013): Mein Name ist Eugen. Gespräche über das Aufwachsen zwischen zwei Kulturen. Berlin: o.V.
Lower, Wendy (2005): Nazi Empire-Building and the Holocaust in Ukraine. Chapel Hill: University of North Carolina Press.
Lustiger, Arno (2000): Rotbuch: Stalin und die Juden. Die tragische Geschichte des Jüdischen Antifaschistischen Komitees und der sowjetischen Juden. Berlin: Aufbau-Taschenbuch-Verlag.
Madievski, Samson (2000): 1953: La Déportation des Juifs Soviétiques était-elle programmée? In: Cahiers du Monde Russe 41, S. 561–568.
Magnis, Constantin (2016): „Unsere Lieder kann uns niemand nehmen". Cicero, Nr. 4.
Mammey, Ulrich (2003): Segregation, regionale Mobilität und soziale Integration von Aussiedlern. In: Bade, Klaus J./Oltmer, Jochen (Hrsg.): Aussiedler: deutsche Einwanderer aus Osteuropa. 2. Auflage. Göttingen: V&R Unipress, S. 107–126.

Mammey, Ulrich/Schiener, Rolf (1998): Zur Eingliederung der Aussiedler in die Gesellschaft der Bundesrepublik Deutschland. Ergebnisse einer Panelstudie des Bundesinstituts für Bevölkerungsforschung. Opladen: Leske & Budrich.
Manz, Stefan (2014): Constructing a German Diaspora: The "Greater German Empire", 1871–1914. New York: Routledge.
Marggraf, Jonas (2019): Doppelte Integrationslotsen. Die Rolle jüdischer Gemeinden bei der Integration jüdischer Zuwanderer und Zuwanderinnen aus der ehemaligen Sowjetunion. Masterarbeit, Universität Münster/Sciences Po Lille.
Martin, Terry (2001): The Affirmative Action Empire: Nations and Nationalism in the Soviet Union, 1923–1939. Ithaca: Cornell University Press.
Maurer, Trude (1986): Ostjuden in Deutschland, 1918–1993. Hamburg: Christians.
Metzner, Thorsten (31.01.2018): Warum ein AfD-Politiker zum Islam konvertierte. https://www.tagesspiegel.de/berlin/arthur-wagner-warum-ein-afd-politiker-zum-islam-konvertierte/20912342.html (Abfrage: 18.08.2020).
Migrationsbericht (2007): Migrationsbericht des Bundesamts für Migration und Flüchtlinge im Auftrag der Bundesregierung. O.O.
Migrationsbericht (2016/2017): Migrationsbericht der Bundesregierung. O.O.
Mikrozensus (2005-2018): Bevölkerung und Erwerbstätigkeit. Bevölkerung mit Migrationshintergrund. Destatis, Statistisches Bundesamt, Fachserie 1, Reihe 2.2.
Minenkova, Elena (21.01.2016): Bednaja Liza… Kto i začem pytaetsja prevratit' tragediju berlinskoj gimnazistki v političeskoe oružie? In: Russkaja Germanija, Nr. 3, S. 1, 5.
Mordkowitsch, Inna (2017): Migration jüdischer Einwanderer aus der ehemaligen Sowjetunion – Die Identitätsentwicklung jüdischer Jugendlicher. Masterarbeit, Universität Osnabrück.
Mukhina, Irina (2007): The Germans of the Soviet Union. London: Routledge.
Münz, Rainer/Ohliger, Rainer (Hrsg.) (2003): Diasporas and Ethnic Migrants. Germany, Israel and post-Soviet Successor States in Comparative Perspective. London: Cass.
Nathans, Benjamin (2002): Beyond the Pale: The Jewish Encounter with Late Imperial Russia. Berkeley: University of California Press.
Neshitov, Tim (01.02.2016): Geschmack des Ostens. www.sueddeutsche.de/politik/russlanddeutsche-geschmack-des-ostens-1.2844291?reduced=true (Abfrage: 07.07.2020).
Netzwerk Fluchtforschung (2016): FluchtforschungsBlog. Flüchtlingsforschung gegen Mythen 4. https://blog.fluchtforschung.net/fluchtlingsforschung-gegen-mythen-4/ (Abfrage: 09.06.2020).
Neutatz, Dietmar (1993): Die „deutsche Frage" im Schwarzmeergebiet und in Wolhynien: Politik, Wirtschaft, Mentalitäten und Alltag im Spannungsfeld von Nationalismus und Modernisierung (1856–1914). Stuttgart: Steiner.
n-tv (25.01.2016): Russlanddeutsche gegen „Ausländergewalt". www.n-tv.de/politik/Russlanddeutsche-gegen-Auslaendergewalt-article16842831.html (Abfrage: 07.07.2020).
Oberpenning, Hannelore (2003): Zuwanderung und Eingliederung von Flüchtlingen, Vertriebenen und Aussiedlern im lokalen Kontext – das Beispiel Espelkamp. In: Bade, Klaus J./Oltmer, Jochen (Hrsg.): Aussiedler: deutsche Einwanderer aus Osteuropa. 2. Auflage. Göttingen: V&R Unipress, S. 281–311.
Panagiotidis, Jannis (2010): Deutsche und jüdische Zuwanderer in die Bundesrepublik Deutschland – eine Beziehungsgeschichte. In: Belkin, Dmitrij/Gross, Raphael (Hrsg.): „Ausgerechnet Deutschland!" Jüdisch-russische Einwanderung in die Bundesrepublik. Berlin: Nicolai, S. 79–81.
Panagiotidis, Jannis (2012): The Oberkreisdirektor Decides Who Is a German': Jewish Immigration, German Bureaucracy, and the Negotiation of National Belonging (1953-1990). In: Geschichte und Gesellschaft 38, H. 3, S. 503–533.
Panagiotidis, Jannis (2014): Kein fairer Tausch. Zur Bedeutung der Reform der Aussiedlerpolitik im Kontext des Asylkompromisses. In: Luft, Stefan/Schimany, Peter (Hrsg.): 20 Jahre Asylkompromiss. Bilanz und Perspektiven. Bielefeld: transcript, S. 105–126.
Panagiotidis, Jannis (2015a): Germanizing Germans: Co-ethnic Immigration and Name Change in West Germany, 1953–93. In: Journal of Contemporary History 50, H. 4, S. 854–874.

Panagiotidis, Jannis (2015b): What is the Germans Fatherland? The GDR and the Resettlement of Ethnic Germans from Socialist Countries (1949–1989). In: East European Politics & Societies and Cultures 29, H. 1, S. 120–146.
Panagiotidis, Jannis (2015c): Staat, Zivilgesellschaft und Aussiedlermigration, 1950–1989. In: Oltmer, Jochen (Hrsg.): Handbuch Staat und Migration in Deutschland seit dem 17. Jahrhundert. München: De Gruyter, S. 895–929.
Panagiotidis, Jannis (2016a): Sifting Germans from Yugoslavs: Co-Ethnic Selection, Danube Swabian Migrants, and the Contestation of Aussiedler Immigration in West Germany in the 1950s and 1960s. In: Coy, Jason/Poley, Jared C./Schunka, Alexander (Hrsg.): Migrations in the German Lands, 1500–2000. New York: Berghahn, S. 209–226.
Panagiotidis, Jannis (2016b): Bestens integriert. Rechte Tendenzen unter Russlanddeutschen lassen sich nicht mit „Fremdheit“ erklären. Analyse und Kritik, Nr. 617, www.akweb.de/ak_s/ak617/17.htm (Abfrage: 27.07.2020).
Panagiotidis, Jannis (2017): Experimentierfeld der Migrationspolitik: Die Herausforderung der Aussiedlerintegration im Wandel der Zeit. In: Deutschland Archiv, S. 11–21.
Panagiotidis, Jannis (2019a): The Unchosen Ones. Diaspora, Nation, and Migration in Israel and Germany. Bloomington: Indiana University Press.
Panagiotidis, Jannis (2019b): Identität und Ethnizität bei Bundesbürgern mit russlanddeutschem Migrationshintergrund. www.bpb.de/gesellschaft/migration/russlanddeutsche/283533/identitaet-und-ethnizitaet-bei-bundesbuergern-mit-russlanddeutschem-migrationshintergrund (Abfrage: 25.06.2020).
Panagiotidis, Jannis (2019c): La politique d'accueil des Spätaussiedler dans l'histoire migratoire de l'Allemagne après 1945. In: 20 & 21. Revue d'histoire 143, S. 55–68.
Panagiotidis, Jannis (2020a): “Not the Concern of the Organization?” The IRO and the Overseas Resettlement of Ethnic Germans from Eastern Europe after World War II. In: Historical Social Research, im Erscheinen.
Panagiotidis, Jannis (2020b): „Wir Strebermigranten“? Migration und Erfolg bei (Spät-)Aussiedlern. In: Genkova, Petia/Riecken, Andrea (Hrsg.): Handbuch Migration und Erfolg. Psychologische und sozialwissenschaftliche Aspekte. Wiesbaden: Springer, S. 107–120.
Park, Robert E. (1950a): Human Migration and the Marginal Man (1928). In: Robert E. Park: Race and Culture. Glencoe: Free Press, S. 345–356.
Park, Robert E: (1950b): Cultural Conflict and the Marginal Man (1937). In: Robert E. Park: Race and Culture. Glencoe: Free Press 1950, S. 372–376.
Peters, Dominik (20.07.2018): Rechte Freunde. Visegrad-Staaten und Israel. www.spiegel.de/politik/ausland/viktor-orban-in-israel-benjamin-netanyahu-empfaengt-ungarns-premier-a-1219175.html (Abfrage: 23.05.2020).
Petersen, Hans-Christian (2018): Zwischen „Klein-Moskau“ und der „Alternative für Russlanddeutschland“. Anmerkungen zum Bild der AfD als „Partei der Russlanddeutschen“ aus Sicht der historischen Stereotypenforschung. www.stereotyp-und-geschichte.de/zwischen-klein-moskau-und-der-alternative-fuer-russlanddeutschland (Abfrage: 01.04.2020).
Petersen, Hans-Christian (2020): Deutsche Antworten auf die „slavische Frage“. Das östliche Europa als kolonialer Raum in den Debatten der Frankfurter Paulskirche. In: Fahlbusch, Michael/Haar, Ingo/Lobenstein-Reichmann, Anja/Reitzenstein, Julien (Hrsg.): Völkische Wissenschaften: Ursprünge, Ideologien und Nachwirkungen. Berlin: De Gruyter Oldenbourg, S. 54–76.
Pettigrew, Thomas F. (2009): Secondary Transfer Effect of Contact. Do Intergroup Contact Effects Spread to Noncontacted Outgroups? In: Social Psychology 40, S. 55–65.
Pfister-Heckmann, Heike (1998): Sehnsucht Heimat? Die Rußlanddeutschen im niedersächsischen Landkreis Cloppenburg. Münster: Waxmann.
Plamper, Jan (2019): Das neue Wir. Warum Migration dazugehört: eine andere Geschichte der Deutschen. Frankfurt am Main: S. Fischer.
Pochljobkin (1984): Nationale Küchen. Die Kochkunst der sowjetischen Völker. Leipzig: Verlag für die Frau.
Pohl, Michaela (2008): The „Planet of One Hundred Languages“: Ethnic Relations and Soviet Identity in the Virgin Lands. In: Breyfogle, Nicholas/Schrader, Abby/Sunderland, Willard (Hrsg.): Peo-

pling the Russian Periphery: Borderland Colonization in Eurasian History. London: Routledge, S. 238–262.
Polonsky, Antony (2012): The Jews in Poland and Russia, vol. 3: 1914–2008. Oxford: Littman Library of Jewish Civilization.
Polonsky, Antony (2013): The Jews in Poland and Russia: A Short History. Oxford: Littman Library of Jewish Civilization.
Popkov, Vyacheslav (2010): Trans-National Russian-Speaking Space in Germany: Main Features. In Čapo, Jasna/Voß, Christian/Roth, Klaus (Hrsg.): Co-ethnic Migrations Compared: Central and Eastern European Context. München: Sagner, S. 251–261.
Pörtner, Lea-Sophie (2019): Annexion oder Reintegration? Die Bewertung der Krimkrise durch Russlanddeutscher der 1. und 2. Generation. Bachelorarbeit, Universität Bremen.
Postillon (28.01.2016): Zum Schutz russischer Bürger: Vermummte Milizionäre annektieren Berlin-Marzahn. www.der-postillon.com/2016/01/zum-schutz-russischer-burger-vermummte.html (Abfrage: 10.06.2020).
Pries, Ludger (Hrsg.) (1997): Transnationale Migration. Baden-Baden: Nomos.
Reinecke, Christiane (2012): Auf dem Weg zu einer neuen sozialen Frage? Ghettoisierung und Segregation als Teil einer Krisensemantik der 1970er Jahre. In: Informationen zur modernen Stadtgeschichte, H. 2, S. 110–131.
Remennick, Larissa (2007): Russian Jews on Three Continents: Identity, Integration, and Conflict. New Brunswick, NJ: Transaction Publishers.
Remennick, Larissa (2019): Zwischen allen Welten. Zur Auswirkung von Migration auf Kinder russischsprachiger Juden in Deutschland und Israel. In: Osteuropa 69, H. 9–11, S. 63–82.
Retterath, Hans-Werner (2006): Chancen der Koloniebildung im Integrationsprozess russlanddeutscher Aussiedler? In: Ipsen-Peitzmeier, Sabine/Kaiser, Markus (Hrsg.): Zuhause fremd – Russlanddeutsche zwischen Russland und Deutschland. Bielefeld: transcript, S. 129–149.
Richter-Eberl, Ute (2001): Ethnisch oder National? Aspekte der russlanddeutschen Emigration in Deutschland 1919–1969. Frankfurt a.M.: Peter Lang.
Riek, Götz-Achim (2000): Die Migrationsmotive der Rußlanddeutschen: eine Studie über die sozialintegrative, politische, ökonomische und ökologische Lage in Rußland. Stuttgart: ibidem.
Riese, Dinah (23.01.2020): Arm, jüdisch, eingewandert. Flüchtlinge aus der früheren UdSSR. https://taz.de/Fluechtlinge-aus-der-frueheren-UdSSR/!5655973/ (Abfrage: 28.06.2020).
Ro'i, Yaacov (Hrsg.) (2012): The Jewish Movement in the Soviet Union. Baltimore: Woodrow Wilson Center Press.
Römhild, Regina (1998): Die Macht des Ethnischen: Grenzfall Russlanddeutsche. Perspektiven einer politischen Anthropologie. Frankfurt a.M.: Peter Lang.
Rosenthal, Gabriele/Stephan, Viola/Radenbach, Niklas (2011): Brüchige Zugehörigkeiten: wie sich Familien von „Russlanddeutschen" ihre Geschichte erzählen. Frankfurt a.M.: Campus.
Salnikova, Natalja (2013): Zwischen Bleikristallglas, Mantovarka und Puskin: Das russlanddeutsche Zuhause als Identitätsspiegel einer Aussiedlergemeinschaft. In: Jahrbuch für deutsche und osteuropäische Volkskunde 54, S. 150–177.
Sanders, Rita (2013): Deutsche im ländlichen Kasachstan: Das Streben nach besseren Lebensumständen und die Rolle von Ethnizität. In: Zeitschrift für Ethnologie 138, S. 195–216.
Sanders, Rita (2016): Staying at Home: Identities, Memories and Social Networks of Kazakhstani Germans. New York: Berghahn.
Sanders, Rita (2018): „Wir werden kleiner und wachsen dadurch innerlich": Gemeinschaft, Moral und Identität im Alltag zweier Luthergemeinden in Kasachstan und Kaliningrad. In: Dönninghaus, Victor/Panagiotidis, Jannis/Petersen, Hans-Christian (Hrsg.): Jenseits der „Volksgruppe". Neue Perspektiven auf die Russlanddeutschen zwischen Russland, Deutschland und Amerika. Berlin: de Gruyter Oldenbourg, S. 205–229.
Savoskul, Maria (2006): Russlanddeutsche in Deutschland: Integration und Typen der ethnischen Selbstidentifizierung. In: Ipsen-Peitzmeier, Sabine/Kaiser, Markus (Hrsg.): Zuhause fremd – Russlanddeutsche zwischen Russland und Deutschland. Bielefeld: transcript, S. 197–221.

Schaubert, Medina (2018): „Der Fall Lisa“ – Entwicklungen in Berlin Hellersdorf-Marzahn. www.bpb.de/gesellschaft/migration/russlanddeutsche/271945/der-fall-lisa-entwicklungen-in-berlin-hellersdorf-marzahn (Abfrage: 14.05.2020).

Schlögel, Karl (12.01.2016): Stiefmütterchen Berlin. www.zeit.de/zeit-geschichte/2015/04/russen-in-deutschland-berlin-charlottenburg-russlanddeutsche-wuensdorf (Abfrage: 25.06.2020).

Schmaltz, Eric J. (2002): Reform, 'Rebirth', and Regret: The Early Autonomy Movement of Ethnic Germans in the USSR, 1955–1989. PhD Diss., University of Nebraska.

Schmaltz, Eric J. (2014): Deutsche aus Russland in Amerika. Eine Geschichte der Selbstbehauptung und Transformation. In: Nach Übersee. Deutschsprachige Auswanderer aus dem östlichen Europa um 1900. Potsdam: Deutsches Kulturforum östliches Europa, S. 172–187.

Schmaltz, Eric J. (2018): What's in a Name? Russian Germans, German Russians, or Germans from Russia, and the Challenges of Hybrid Identities. In: Dönninghaus, Victor/Panagiotidis, Jannis/Petersen, Hans-Christian (Hrsg.): Jenseits der „Volksgruppe“. Neue Perspektiven auf die Russlanddeutschen zwischen Russland, Deutschland und Amerika. Berlin: de Gruyter Oldenbourg, S. 41–72.

Schmitz, Anett (2013): Transnational leben: bildungserfolgreiche (Spät-)Aussiedler zwischen Deutschland und Russland. Bielefeld: transcript.

Schnar, Natalie (2010): Sprache als Kriterium ethnischer Identität: eine empirische Studie zum Stellenwert des Russischen im Ethnizitätskonzept russlanddeutscher Jugendlicher in der Diaspora Deutschland. Hamburg: Dr. Kovač.

Schoeps, Julius H./Glöckner, Olaf (2008): Fifteen Years of Russian-Jewish Immigration to Germany: Successes and Setbacks. In: Bodemann Y. Michal (Hrsg.): The New German Jewry and the European Context: The Return to the European Jewish Diaspora. Basingstoke: Palgrave MacMillan, S. 144–157.

Schönhuth, Michael/Kaiser, Markus (2015): Einmal Deutschland und wieder zurück. Umkehrstrategien von (Spät-)Aussiedlern im Kontext sich wandelnder Migrationsregime. In: Kaiser, Markus/Schönhuth, Michael (Hrsg.): Zuhause? Fremd? Migrations- und Beheimatungsstrategien zwischen Deutschland und Eurasien. Bielefeld: transcript, S. 275–290.

Shneer, David (2004): Yiddish and the Creation of Soviet Jewish Culture: 1918–1930. Cambridge: Cambridge University Press.

Sidanius, Jim/Pratto, Felicia (1999): Social Dominance. An Intergroup Theory of Social Hierachy and Oppression. Cambridge: Cambridge University Press.

Sienkiewicz, Joanna (2015): Informelle (trans-)nationale soziale Sicherung von Kasachstandeutschen in Deutschland. In: Kaiser, Markus/Schönhuth, Michael (Hrsg.): Zuhause? Fremd? Migrations- und Beheimatungsstrategien zwischen Deutschland und Eurasien. Bielefeld: transcript, S. 355–378.

Silbereisen, Rainer K./Titzmann, Peter F. (2007). Peers among Immigrants—Some Comments on "Have we missed something?" In Engels, Rutger C. M. E./ Kerr, Margarte/Stattin, Hakan (Hrsg.): Friends, Lovers and Groups: Key Relationships in Adolescence. New York, NY: Wiley, S. 155–166.

Simonov, Nelly (2013): Die heimatlosen Heimkehrer: Zwei Subkulturen im Vergleich. Sozialpsychologische Aspekte der Identität von russlanddeutschen Spätaussiedlern in Deutschland und irischen Heimkehrern in Irland. Hamburg: Dr. Kovač.

Slezkine, Yuri (1994): The USSR as a Communal Apartment, or How a Socialist State Promoted Ethnic Particularism. In: Slavic Review 53, H. 2, S. 414–452.

Slezkine, Yuri (2006): Das jüdische Jahrhundert. Göttingen: Vandenhoeck & Ruprecht.

Smith, Jeremy (2013): Red Nations: The Nationalities Experience in and after the USSR. Cambridge: Cambridge University Press.

Soldt, Rüdiger (11.02.2016): Die Wut der Russlanddeutschen. www.faz.net/aktuell/politik/fluechtlingskrise/fluechtlingskrise-die-wut-der-russlanddeutschen-14061209.html (Abfrage: 07.07.2020).

Spiegel (40/1990): „Geht doch nach Israel“. www.spiegel.de/spiegel/print/d-13500327.html (Abfrage: 08.07.2020).

Spiegel (13/1993): Invaliden des 5. Punkts. www.spiegel.de/spiegel/print/d-13688577.html (Abfrage: 08.07.2020).
Spiegel (35/1995): Rückkehr nach Charlottengrad. www.spiegel.de/spiegel/print/d-9209125.html (Abfrage: 08.07.2020).
Steinhart, Eric C. (2015): The Holocaust and the Germanization of Ukraine. Cambridge: Cambridge University Press.
Sternhell, Zeev (24.02.2019): Why Benjamin Netanyahu Loves the European Far-Right. https://foreignpolicy.com/2019/02/24/why-benjamin-netanyahu-loves-the-european-far-right-orban-kaczynski-pis-fidesz-visegrad-likud-antisemitism-hungary-poland-illiberalism (Abfrage: 23.05.2020).
Stoessel, Katharina/Titzmann, Peter F./Silbereisen, Rainer K. (2014): Being "Them" and "Us" at the Same Time? Subgroups of Cultural Identification Change Among Adolescent Diaspora Immigrants. In: Journal of Cross-Cultural Psychology 45, H. 7, S. 1089–1109.
Stola, Dariusz (2010): Kraj bez wyjścia: Migracje z Polski, 1949–1989. Warszawa: Instytut Pamięci Narodowej.
Stola, Dariusz (2015): Opening a Non-exit State: The Passport Policy of Communist Poland, 1949–1980. In: East European Politics and Societies and Cultures 29, H. 1, S. 96–119.
Stonequist, Everett V. (1935): The Problem of the Marginal Man. In: The American Journal of Sociology 41, H. 1, S. 1–12.
Strippel, Andreas (2011): NS-Volkstumspolitik und die Neuordnung Europas. Rassenpolitische Selektion der Einwandererzentralstelle des Chefs der Sicherheitspolizei und des SD (1939–1945). Paderborn: Schöningh.
taz (27.10.1990): „Die ausgestreckte Hand der Juden annehmen" – Bonner Debatte über Einreisestopp sowjetischer Juden.
Theis, Stefanie (2006): Religiosität von Russlanddeutschen. Stuttgart: Kohlhammer.
Thränhardt, Dietrich (2003): Integration und Partizipation von Einwanderergruppen im lokalen Kontext. In: Bade, Klaus J./Oltmer, Jochen (Hrsg.): Aussiedler: deutsche Einwanderer aus Osteuropa. 2. Auflage. Göttingen: V&R Unipress, S. 229–246.
Thränhardt, Dietrich/Bommes, Michael (Hrsg.) (2010): National Paradigms of Migration Research. Göttingen: V&R unipress.
Thum, Gregor (Hrsg.) (2006): Traumland Osten: deutsche Bilder vom östlichen Europa im 20. Jahrhundert. Göttingen: Vandenhoeck & Ruprecht.
Tinguy, Anne De/Hadjiisky, Magdalena (1997): Repatriation of Persons Following the Political Changes in Central and Eastern Europe. Strasbourg: Council of Europe.
Titzmann, Peter (2014): Immigrant Adolescents' Adaptation to a New Context: Ethnic Friendship Homophily and Its Predictors. In: Child Development Perspectives 8, H. 2, S. 107–112.
Ulrich, Marieke (2011): Brüchige Zugehörigkeiten und parallele Lebenswelten der Enkelgeneration. In: Rosenthal, Gabriele/Stephan, Viola/Radenbach, Niklas: Brüchige Zugehörigkeiten: Wie sich Familien von „Russlanddeutschen" ihre Geschichte erzählen. Frankfurt a.M.: Campus, S. 242–263.
Vermeulen, Floris/Kranendonk, Maria/Michon, Laure (2020): Immigrant Concentration at the Neighbourhood Level and Bloc Voting: The Case of Amsterdam. Urban Studies 57, H. 4, S. 766–788.
Vogelgesang, Waldemar (2003): Tiefe Gräben und schmale Brücken: Die Einstellung Jugendlicher zu Ausländern im Stadt-Land-Vergleich. In: Groenemeyer, Axel/Mansel, Jürgen (Hrsg.): Die Ethnisierung von Alltagskonflikten. Wiesbaden: VS Verlag für Sozialwissenschaften, S. 89–108.
Vogelgesang, Waldemar (2008): Jugendliche Aussiedler: zwischen Entwurzelung, Ausgrenzung und Integration. Weinheim: Juventa.
Vogelgesang, Waldemar (2013): Auf dem Weg zur Normalität – Integrationsfortschritte von jugendlichen Spätaussiedlern. In: Hermann, Michael C./Öhlschläger, Rainer (Hrsg.): Hier die Russen – dort die Deutschen. Über die Integrationsprobleme russlanddeutscher Jugendlicher 250 Jahre nach dem Einladungsmanifest von Katharina II. Baden-Baden: Nomos, S. 15–32.
Vogelgesang, Waldemar/Kersch, Luisa (2020): Angekommen in Deutschland? Integrationsverläufe von jugendlichen Spätaussiedlern aus Russland. In: Krieger, Viktor (Hrsg.): Russlanddeutsche im Wandel der Zeit. 250 Jahre Kultur und Geschichte. Berlin: LIT, im Erscheinen.

Volkskammer (1990): Volkskammer der Deutschen Demokratischen Republik, 10. Wahlperiode, Drucksache Nr. 4, http://webarchiv.bundestag.de/volkskammer/dokumente/drucksachen/100004.pdf (Abfrage: 30.07.2020).
Wallem, Gesine (2017a): Russlanddeutsches Verbandswesen. www.bpb.de/gesellschaft/migration/kurzdossiers/252538/russlanddeutsches-verbandswesen (Abfrage: 13.04.2020).
Wallem, Gesine (2017b): The Name and The Nation: Banal Nationalism and Name Change Practices in the Context of Co-ethnic Migration to Germany. In: Skey, Michael/Antonsich, Marco (Hrsg.): Everyday Nationhood: Theorising Culture, Identity and Belonging after Banal Nationalism. London: Palgrave Macmillan, S. 77–96.
Wallem, Gesine (2020): Doing ‚Russian-Germanness'. Performativity and Co-ethnic Belongings in the Context of post-Soviet migration to Germany. Diss., Sciences Po Paris.
Weber, Hannes (2015): Mehr Zuwanderer, mehr Fremdenangst? Ein Überblick über den Forschungsstand und ein Erklärungsversuch aktueller Entwicklungen in Deutschland. In: Berliner Journal für Soziologie 25, S. 397–428.
Wehner, Markus (31.01.2016): Unser Mädchen Lisa. www.faz.net/aktuell/politik/russlands-informationskrieg-hat-angela-merkel-als-ziel-14043618.html#/elections (Abfrage: 07.07.2020).
Weisflog, Christian (25.01.2016): Wie Putins Propaganda die Russlanddeutschen aufhetzt. www.nzz.ch/international/wie-putins-propaganda-die-russlanddeutschen-aufhetzt-1.18683335 (Abfrage: 25.06.2020).
Weiß, Lothar (Hrsg.) (2013a): Russlanddeutsche Migration und evangelische Kirchen. Göttingen: Vandenhoeck & Ruprecht.
Weiß, Lothar (2013b): Evangeliumschristen und Baptisten. In: Weiß, Lothar (Hrsg.): Russlanddeutsche Migration und evangelische Kirchen. Göttingen: Vandenhoeck & Ruprecht, S. 113–133.
Weiß, Lothar (2013c): Zusammenfassung. In: Weiß, Lothar (Hrsg.): Russlanddeutsche Migration und evangelische Kirchen. Göttingen: Vandenhoeck & Ruprecht, S. 254–264.
Weiss, Yfaat/Gorelik, Lena (2012): Die russisch-jüdische Zuwanderung. In: Brenner, Michael (Hrsg.): Geschichte der Juden in Deutschland. Von 1945 bis zur Gegenwart. München: C.H. Beck, S. 379–418.
Wenzel, Hans-Joachim (2003): Aussiedlerzuwanderung als Strukturproblem in ländlichen Räumen. In: Bade, Klaus J./Oltmer, Jochen (Hrsg.): Aussiedler: deutsche Einwanderer aus Osteuropa. 2. Auflage. Göttingen: V&R Unipress, S. 264–280.
Werner, Hans (2007): Imagined Homes: Soviet German Immigrants in Two Cities. Winnipeg: University of Manitoba Press.
Wilkiewicz, Leszek (1980): „Du Schäfer und nicht Iwanow". Zu einem Seminar mit jugendlichen Spätaussiedlern. In: Osteuropa 30, H. 2, S. 139–148.
Wimmer, Andreas/Glick Schiller, Nina (2002): Methodological Bationalism and beyond: Nation-state Building, Migration and the Social Sciences. In: Global Networks: A Journal of Transnational Affairs 2, H. 4, S. 301–334.
Wittlinger, Ruth (2018): A German Diaspora? Russian Germans between Homelands and Hostlands. In: Dönninghaus, Victor/Panagiotidis, Jannis/Petersen, Hans-Christian (Hrsg.): Jenseits der „Volksgruppe". Neue Perspektiven auf die Russlanddeutschen zwischen Russland, Deutschland und Amerika. Berlin: de Gruyter Oldenbourg, S. 231–247.
Woellert, Franziska/Kröhnert, Steffen/Sippel, Lilli/Klingholz, Reiner (2009): Ungenutzte Potenziale. Zur Lage der Integration in Deutschland. Berlin: Berlin-Institut für Bevölkerung und Entwicklung.
Wolf-Aliashkevich, Tatsiana (2015): Religion, Sprache, Migration: Rolle der evangelisch-lutherischen Brüdergemeinden im Leben der Russlanddeutschen. Masterarbeit, Universität Osnabrück.
Wolff, Larry (1994): Inventing Eastern Europe: The Map of Civilization on the Mind of the Enlightenment. Stanford: Stanford University Press.
Worbs, Susanne/Bund, Eva/Kohls, Martin/Babka von Gostomski, Christian (2013): (Spät-)Aussiedler in Deutschland. Eine Analyse aktueller Daten und Forschungsergebnisse. Bundesamt für Migration und Flüchtlinge, Forschungsbericht Nr. 20.
Wüst, Andreas (2002): Wie wählen Neubürger? Politische Einstellungen und Wahlverhalten eingebürgerter Personen in Deutschland. Opladen: Leske & Budrich.

Zick, Andreas/Küpper, Beate/Heitmeyer, Wilhelm (2010): Prejudices and Group-focused Enmity: A Socio-functional Perspective. In: Pelinka, Anton/Bischof, Karin/Stögner, Karin (Hrsg.): Handbook of Prejudice. Amherst, NY: Cambria Press, S. 273–302.
Zimmermann, Irina (2020): Die Figur des Russlanddeutschen in der frühen Nachkriegszeit des Ersten Weltkriegs in Deutschland. Masterarbeit, Universität Osnabrück.
Zwenihorodska, Anastasiya (2019): Zwischen Populismus und Partizipation: Die Untersuchung des Zusammenhangs von Gefühlsäußerungen und Wahlentscheidungen der Russlanddeutschen im Jahre 2017 anhand der Odnoklassniki-Gruppe „Russlanddeutsche für die AfD". Masterarbeit, Universität Osnabrück.